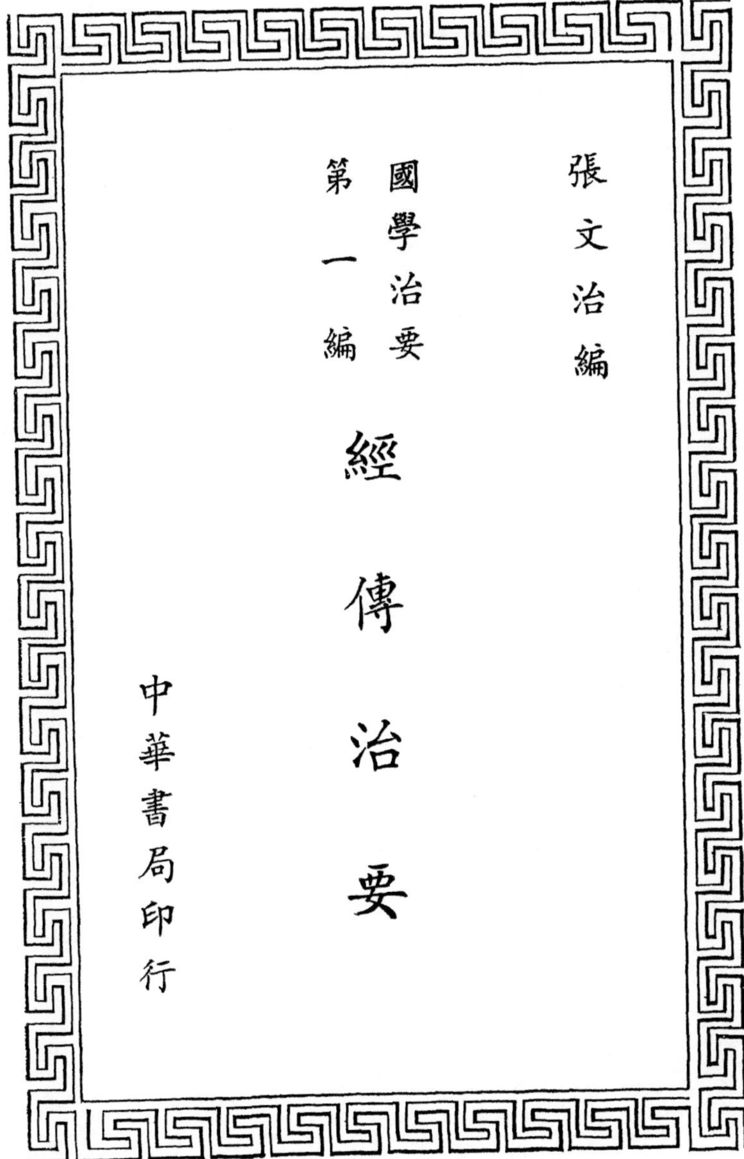

張文治編

國學治要

第一編

經傳治要

中華書局印行

國學治要總綱

第一編　經傳治要

經傳十種 易 書 詩 周禮 儀禮 禮記 大戴禮記附 春秋左氏傳 春秋公羊傳 春秋穀梁傳 孝經

經傳序論

小學著述序論

第二編　史書治要

史書五種附錄 國語 戰國策 史記 漢書 資治通鑑 通志序 文獻通考序

史評二種 史通 文史通義

第三編　諸子治要

諸子十七種 荀子 春秋繁露 法言 中說 以上儒家 老子 列子 莊子 以上道家 管子 商子 韓非子 以上法家 公孫龍子 名家 墨子 墨家 鬼谷子 縱橫家 呂氏春秋 淮南子 論衡 以上雜家 孫子 兵家

隋唐以前諸子論學名著

第四編　理學治要

理學七家 周敦頤 張載 程顥 程頤 朱熹 陸九淵 王守仁

宋元以來各家論學名著

第五編　古文治要

古文十七家 屈原 賈誼 司馬相如 劉向 揚雄 韓愈 柳宗元 歐陽修 蘇洵 曾鞏 王安石 蘇軾 虞集 宋濂 歸有光 姚鼐 曾國藩

歷代各家名文

歷代論文名著

歷代小說名著

第六編　詩詞治要

詩十五家 曹植 阮籍 陶潛 鮑照 王維 李白 杜甫 白居易 蘇軾 黃庭堅 陸游 元好問 高啟 吳偉業 王士禎 附錄古詩 樂府古辭

詞九家 溫庭筠 李煜 歐陽修 蘇軾 秦觀 周邦彥 辛棄疾 姜夔 張炎 附錄女士李清照

歷代論詩名著 論詞附

第七編　書目治要

漢書藝文志

隋書經籍志

清四庫全書序目

右國學治要總綱七編。通計爲篇約近三千。爲字百有餘萬。其編纂之旨趣略曰吾國開明最古。學術廣博。然其大要。載之簡册。統於四部。是書分編。卽依四部之名。稍加離析。所采諸書。亦皆四部名著。考之公論。百世不朽。大凡於經史諸子。皆以著述爲主。而存其犖犖近古者。各若干種。於理學詩文。皆以作者爲綱。而舉其初祖大宗。名實相符者。各若干家。每家每種之中。則溯本窮源。以定取舍。如諸子理學。本以立意爲宗。故惟取其述學之名篇。史書多錄大事。而兼存原書之體例。經傳則事理俱富。約包子史兩編。古文詩詞。雖以詞章爲重。而浮靡無物之作。概不收。及書目一編。兼總諸學。既可辨識古今學術之流別。且關後學讀書之門徑。故以殿焉。至於歷代賢哲之作。其立言雖不專家。而舒文載實。名貴一世。多有助於學問者。若經傳等書之序論。與歷代各家論學論文之篇。或敍述源流。或辨別是非。或補苴缺漏。或參加考訂。今並博選精擇。分隸各編。總期吾國歷代之學術文章。藉此以進窺堂奧。繁而不蕪。簡而不陋。以便好學之士。依類講求。旁推互覽。深造自得。昔吾先正有言曰。守約以施博。又曰。温故而知新。此是書所由作也。雖然。刪述之事。夫何易言。古今文章總集。如蕭選姚纂之傳世者。彪炳一時。而論者猶有微詞。況是書囊括四部。提要鈎玄。編者孤陋寡聞。草創手定。其不被人指摘者幾希。惟冀當代鴻博。不吝示教。俾異日次第修正。則拜賜多矣。

丁卯年秋月編者謹識。

再案此書之名治要。凡幾經更改。其後讀唐魏徵之羣書治要。見其采擷經傳子史之文。

略存菁華、以便誦讀。合以此書體例。頗為相近。於是其名遂定。惟魏氏之書。乃奉敕編撰。專備人君乙夜所披覽。關係治道政教者。固為詳盡、而於一國學術之大體、斯文之精粹、以今時學者之所求。斷之仍多缺憾。故此書特擴充其範圍。選四部名著。斟酌繁簡。定為七編。庶足為現今高級中學教本之用。近閱某君論文一篇、略謂中等學校國文科、宜編纂一種公用教本、此種教本所取材料、不妨超出本課程所定分量以上、在教授者既可以有相當去取之活動、而其餘亦足以供學者自修之用、此書七編、計其字數、百有餘萬、自非高中三年國文課程中所能容納、然若據某君之言而推斷之、則此書之取材過多、正可畀與學者以便利、而勝於他本遵照課程編纂者之執一也、及一般有志國學者研讀之資。每編之中。又各析為數類。大抵其第一類所選。皆為國學之本質。必須熟讀深思。古文詩詞兩編中之第二類、並皆國學之本質、其餘各篇中之各類、間亦有之、惟書目則全非是、然亦祇言其大概如此、非可截然劃分也、其餘各類則多屬指導門徑之作。學者亦宜考覽。藉以輾轉推尋。升堂入室。其為助尤不少焉。特編者自惟不敏。嘗謂學問之道。無窮無盡。人之所見。各有不同。即一人之見。前後往往歧異。如此書草創於庚申之初。八載以來。隨時搜集。復承三益之助。屢加修正。今始獲告竣事。然實未敢自信。他日如續有所得。或更有未安。仍當重行增訂。及別為補編。當代人文字、關係國學、便於討論者、不乏佳構、而此編一律未收、以他日亦當別為專編故也、至於書中所選經史各文。其辭義奧衍。典實繁富。初學讀之。諒多以尋討檢查為苦。暇日亦當從事此役。題曰附參。以資輔行。雖知瑣屑鈔謄。無益於高深。然其勤其勞。癖病所存。猶私冀有愚者之一得。大雅君子。儻不我鄙棄與。

經傳治要卷一序

經傳十種

昔司馬氏爲孔子世家贊曰。中國言六藝者。折中於夫子。注者曰。六藝卽易書詩禮樂春秋。一稱六經。蓋孔子憫道之不行。斯文將喪。乃退與弟子講貫。刪定舊典。以期垂教無窮。故其書永爲我國簡册之冠。厥後漢劉向父子。因校理羣書。而作七略。卽首列六藝。復以論語孝經爾雅數種附之。隋唐以後。諸史志皆易七略爲四部。因更名六藝略爲經部。宋代特升孟子於經。而禮與春秋。儒者又各析之爲三。傳之今日。世遂有十三經十四經之名。惟章實齋龔定庵二子。則著論非之。謂孔子所刪定者。乃周官之舊典。其數僅六。（案樂不見成書、實惟五經。）非孔子自名曰經。他書不得以肊增加。而今書所謂經者。大半本子史傳記之書。强名曰經。殊違正名之義。其言信辨。然吾謂天下之事。不可以一端盡。苟變而得宜。則亦不妨從衆。如今經部中之三傳禮記孝經諸種。稽其微言大義。多足與六經相爲表裏。縱使不名曰經。而已有經之實。爲後世治經者所不能廢。故是編仍一體與孔子之六經同加采錄。時亦參取章龔之意。題其編曰經傳。傳者釋經之作。輔經而行。是以編內所錄。不限於孔子之六經。而亦不出於後世論定諸經之外。共計經傳十種。其不錄者。若爾雅一書。以其訓詁繁碎。不便誦讀。論語孟子合禮記中之大學中庸二篇。自宋以來。通稱四書。其言簡括宏深。爲經傳之錧鎋。百家之權衡者。又以其書家藏戶有。人多誦習。不容刪節。以免掛一漏萬。徒占篇幅耳。案經傳授受、至東漢時、古文今文之爭頗盛、今文謂史記儒林傳所述之十四博士所治諸經、皆以漢世通行之隸書書成者、古文謂西漢末所出之經、如毛詩左傳周官孔安國所傳尙書等種、皆以蝌蚪古文書成者、當哀平時、劉歆奏立古文諸經於學官、光武時復罷之、然其後大儒鄭玄等、皆尊習古文、偏注羣經、故古文之學大昌、今所傳十三經注疏本之注、惟公羊傳何注自序其中多非常異義可怪之論、如張三世、通三統、絀周王魯、受命改制諸說、論者謂其尙存西漢博士遺說之梗概、迫有淸中葉以還、治經者復有厭棄古文、而好言公羊傳者、相與提倡今文學、甚至力詆西漢晚出之古文經傳、皆劉歆僞造、殆有一切罷斥之意、今姑勿深究其論證之確否、卽如梅本尙書、後儒猶以其傳習已久、不能遽廢、況古文羣經耶、故本編采錄經傳、於此等未定之論、皆不敢輕從、特附其說於此、

經傳治要卷一目錄

經傳十種

禮記曲禮（節錄）　檀弓（節錄）　禮運（節錄）　內則（節錄）　學記（節錄）　樂記（節錄）　祭義（節錄）　經解（節錄）　孔子閒居　坊記（節錄）　表記（節錄）　緇衣（節錄）　三年問　儒行　冠義　昏義（節錄以上小戴禮記）　曾子立孝　曾子大孝（節錄）　曾子制言上　曾子疾病　武王踐阼　本命（節錄以上大戴禮記）

春秋左氏傳鄭莊公克段於鄢（隱公元年）　衛石碏殺州吁及子厚（隱公三年四年）　魯臧哀伯諫納郜鼎（桓公二年）　魯曹劌論戰（莊公十年）　齊桓公救邢（閔公元年）　衛文公中興（閔公二年）　齊桓公召陵之盟（僖公四年）　齊桓公寧母之盟（僖公七年）　齊桓公葵丘之盟（僖公九年附錄孟子五霸者章）　宋襄公用鄫子于社（僖公十九年）　宋襄公及楚人戰于泓（僖公二十二年）　晉公子重耳之亡（僖公二十三年）　富辰諫以狄伐鄭（僖公二十四年）　晉文公之文教（僖公二十七年）　邾文公論利民（文公十三年）　魯季文子諫納莒僕（文公十八年）　王孫滿對楚莊王問鼎（宣公三年）　晉欒武子論師之壯老（宣公十二年）　楚莊王論武有七德（宣公十二年）　定王使單襄公責晉獻齊捷（成公二年）　劉康公論成子受脤不敬（成公十三年）　晉厲公使呂相絕秦（成公十三年）　晉魏絳伐戎（襄公四年）　晉師曠論衛人出其君（襄公十四年）　魯臧武仲論詰盜（襄公二十一年）　魯叔孫豹論不朽（襄公二十四年）　鄭子產寓書范宣子論重幣（襄公二十四年）　齊晏子不死君難（襄公二十五年）　宋子罕論弭兵（襄公二十七年）　吳季札論樂（襄公二十九年）　子產始為政（襄公三十年）　子產論毀鄉校（襄公三十一年）　子產論以政為學（襄公三十一年）　晏子使晉與叔向各論國情（昭公三年）　晉向叔與鄭子產論刑鑄書（昭公六年）　子產論伯有為鬼（昭公七年）

經傳治要卷二序

經傳序論

學者之治經。貴通大義。辨源流。知塗徑。故略讀經傳之後。於先儒序論名貴之作。尤不可不悉心考覽。案梁昭明太子文選載卜孔二序。爲經序之最古者。世多以爲依託。然其淵源甚遠。理無可廢。劉書王說於經傳之流別論述頗詳。六藝論雖輯自散逸。而多存古說。亦爲後儒所珍視。蓋嘗論之。周孔之經傳。不幸阨於秦火。漢興。搜殘補缺。置博士講習。及至東都。鄭君網羅百家。徧注羣經。微言大義。煥乎復明。魏晉之際。儒者如王肅王弼等。皆喜出新意。與鄭君立異。然亦時有所獲。迨南北分朝。好尚不同。唐初孔賈等先後奉敕纂修七經正義。疏折衷各家異說。垂爲定制。傳至現代。凡考論經傳之古義者。莫不賴之取材。中古以還。傳注充斥。門戶各別。約而言之。宋儒注經。多發揮義理。淸人一變。獨提倡訓詁。其道相反。而實相成。善夫阮伯元之序儒林傳也。謂周官師儒。立教相助爲功。漢宋二家。各得其一。譬之門徑堂室。未可偏譏。焦陳諸君之言。亦多所發明。因知辨生末學。由來無取。江方二氏。素以博雅自矜。乃各左袒著書。內鬨不已。豈非門戶之見未融。而其說自不免蔽與。故今彙錄先儒之經傳序論。於二家之作。一律博觀約取。絕無偏阿。即其互相攻駮之言。不盡中肯。而可以

經傳治要卷二目錄

經傳序論

經傳治要卷三序

小學著述序論

周官小學。教之六藝。故禮樂射御書數。皆謂之小學。漢以後。始專以文字之學當之。蓋文字者。羣書之本。亦卽學人之始步也。惟古人入學讀書。皆以窮經爲主。小學之書。亦以訓釋經義者爲多。故編錄羣書者。相承附諸經部。間嘗推言之。文字孳乳之精蘊。具於六書。其大端可分爲三。曰形體。曰聲音。曰意義。（意義一端。先儒皆謂之訓詁。實則訓詁乃注釋之謂。先儒但知凡字之意義。必須注釋始明。而不知凡字之形體與聲音。亦莫不然。故稱謂訓詁一語。實可兼包三端。不能與形體聲音二者爲類而並言。學者宜詳參之。）周秦以前著述無徵。漢志載爾雅小學書十餘家。今據其殘剩者推考。原書其存若亡。皆不見關係重要。獨東京時許君作說文解字十五篇。溯源古篆。包舉諸端。至今論者。莫不推爲文字之統宗。羣書之津梁。非特上邁蒼雅。發明經訓而已也。魏晉以還。知味者希。文字日荒。北朝江式。有志復古。而卒未成。其後陸法言作切韻。略存聲音之故。二徐校注說文。頗建推行之功。中歷元明。小學更晦。淸儒深懲前代講學者空疏之敝。提倡樸學。於時研經之士。多上攀兩漢。然考其所以致此者。實由小學先通。遂得就文字各端之正變。以推究經傳之本義。吾觀亭林竹汀之言音韻。王氏父子之爲訓詁校勘。戴段朱王諸君之注釋說文。並卓絕一代。殆無不兼長經學者。近人因稱淸

經傳治要卷三目錄

小學著述序論

經傳治要卷一

經傳十種

易　亦名周易。舊說本卜筮之書。夏曰連山。殷曰歸藏。今其書皆亡。存者曰周易。乃文王周公所作。因伏羲所畫八卦。重之爲六十四卦。三百八十四爻。而繫之辭。孔子讀而善之。作傳十篇。是謂易翼。及秦焚書。周易獨以卜筮得存。故其書於諸經中最爲完善。或曰。案孔子易傳之言。易有君子之道四。辭變象占。各觀所尙。參伍錯綜。以極萬物之情。而通天下之故。蓋易不獨爲卜筮之用。故又爲後世言形而上者之所本也。

繫辭上

天尊地卑。乾坤定矣。卑高以陳。貴賤位矣。動靜有常。剛柔斷矣。方以類聚。物以羣分。吉凶生矣。在天成象。在地成形。變化見矣。是故剛柔相摩。八卦相盪。鼓之以雷霆。潤之以風雨。日月運行。一寒一暑。乾道成男。坤道成女。乾知大始。坤作成物。乾以易知。坤以簡能。易則易知。簡則易從。易知則有親。易從則有功。有親則可久。有功則可大。可久則賢人之德。可大則賢人之業。易簡而天下之理得矣。天下之理得。而成位乎其中矣。

聖人設卦觀象。繫辭焉而明吉凶。剛柔相推而生變化。是故吉凶者。失得之象也。悔吝者。憂虞之象也。變化者。進退之象也。剛柔者。晝夜之象也。六爻之動。三極之道也。是故君子所居而安者易之序也。所樂而玩者。爻之辭也。是故君子居則觀其象而玩其辭。動則觀其變而玩其占。是以自天祐之吉无不利。

彖者言乎象者也。爻者言乎變者也。吉凶者言乎其失得也。悔吝者言乎其小疵也。无咎者。善補過也。是故列貴賤者存乎位。齊小大者存乎卦。辯吉凶者存乎辭。憂悔吝者存乎介。震无咎者存乎悔。是故卦有小大。辭有險易。辭也者。各指其所之。

易與天地準。故能彌綸天地之道。仰以觀於天文。俯以察於地理。是故知幽明之故。原始反終。故知死生之說。精氣爲物。遊魂爲變。是故知鬼神之情狀。與天地相似。故不違。知周乎萬物而道濟天下。故不過。旁行而不流。樂天知命。故不憂。安土敦乎仁。故能愛。範圍天地之化而不過。曲成萬物而不遺。通乎晝夜之道而知。故神无方而易无體。一陰一陽之謂道。繼之者善也。成之者性也。仁者見之謂之仁。知者見之謂之知。百姓日用而不知。故君子之道鮮矣。

顯諸仁。藏諸用。鼓萬物而不與聖人同憂。盛德大業至矣哉。富有之謂大業。日新之謂盛德。生生之謂易。成象之謂乾。效法之謂坤。極數知來之謂占。通變之謂事。陰陽不測之謂神。夫易廣矣大矣。以言乎遠則不禦。以言乎邇則靜而正。以言乎天地之間則備矣。夫乾其靜也專。其動也直。是以大生焉。夫坤其靜也翕。其動也闢。是以廣生焉。廣大配天地。變通配四時。

陰陽之義配日月。易簡之善配至德。子曰。易其至矣乎。夫易。聖人所以崇德而廣業也。知崇禮卑。崇效天。卑法地。天地設位。而易行乎其中矣。成性存存。道義之門

聖人有以見天下之賾。而擬諸其形容。象其物宜。是故謂之象。聖人有以見天下之動。而觀其會通。以行其典禮。繫辭焉以斷其吉凶。是故謂之爻。言天下之至賾而不可惡也。言天下之至動而不可亂也。擬之而後言。議之而後動。擬議以成其變化。

鳴鶴在陰。其子和之。我有好爵。吾與爾靡之。子曰。君子居其室。出其言善。則千里之外應之。況其邇者乎。居其室。出其言不善。則千里之外違之。況其邇者乎。言出乎身。加乎民。行發乎邇。見乎遠。言行。君子之樞機。樞機之發。榮辱之主也。言行。君子之所以動天地也。可不愼乎。同人先號咷而後笑。子曰。君子之道。或出或處。或默或語。二人同心。其利斷金。同心之言。其臭如蘭。初六。藉用白茅。无咎。子曰。苟錯諸地而可矣。藉之用茅。何咎之有。愼之至也。夫茅之爲物薄。而用可重也。愼斯術也以往。其无所失矣。勞謙。君子有終。吉。子曰。勞而不伐。有功而不德。厚之至也。語以其功下人者也。德言盛。禮言恭。謙也者。致恭以存其位者也。亢龍有悔。子曰。貴而无位。高而无民。賢人在下位而无輔。是以動而有悔也。不出戶庭。无咎。子曰。亂之所生也。則言語以爲階。君不密則失臣。臣不密則失身。幾事不密則害成。是以君子愼密而不出也。子曰。作易者其知盜乎。易曰。負且乘。致寇至。負也者。小人之事也。乘也者。君子之器

也。小人而乘君子之器。盜思奪之矣。上慢下暴。盜思伐之矣。慢藏誨盜。冶容誨淫。易曰負且乘致寇至。盜之招也。

大衍之數五十。其用四十有九。分而爲二以象兩。掛一以象三。揲之以四以象四時。歸奇於扐以象閏。五歲再閏。故再扐而後掛。天數五。地數五。五位相得而各有合。天數二十有五。地數三十。凡天地之數五十有五。此所以成變化而行鬼神也。乾之策二百一十有六。坤之策百四十有四。凡三百有六十。當期之日。二篇之策。萬有一千五百二十。當萬物之數也。是故四營而成易。十有八變而成卦。八卦而小成。引而伸之。觸類而長之。天下之能事畢矣。顯道神德行。是故可與酬酢。可與祐神矣。

子曰。知變化之道者。其知神之所爲乎。易有聖人之道四焉。以言者尚其辭。以動者尚其變。以制器者尚其象。以卜筮者尚其占。是以君子將有爲也。將有行也。問焉而以言。其受命也如嚮。无有遠近幽深。遂知來物。非天下之至精。其孰能與於此。參伍以變。錯綜其數。通其變。遂成天下之文。極其數。遂定天下之象。非天下之至變。其孰能與於此、易无思也。无爲也。寂然不動。感而遂通天下之故。非天下之至神。其孰能與於此。夫易聖人之所以極深而研幾也。唯深也。故能通天下之志。唯幾也。故能成天下之務。唯神也。故不疾而速。不行而至。子曰。易有聖人之道四焉者。此之謂也。

天一地二。天三地四。天五地六。天七地八。天九地十。子曰。夫易何爲者也。夫易開物成務。冒天下之道。如斯而已者也。是故聖人以通天下之志。以定天下之業。以斷天下之疑。是故蓍之德圓而神。卦之德方以知。六爻之義易以貢。聖人以此洗心。退藏於密。吉凶與民同患。神以知來。知以藏往。其孰能與此哉。古之聰明叡知神武而不殺者夫。是以明於天之道。而察於民之故。是興神物以前民用。聖人以此齊戒。以神明其德夫。是故闔戶謂之坤。闢戶謂之乾。一闔一闢謂之變。往來不窮謂之通。見乃謂之象。形乃謂之器。制而用之謂之法。利用出入。民咸用之謂之神。

是故易有太極。是生兩儀。兩儀生四象。四象生八卦。八卦定吉凶。吉凶生大業。是故法象莫大乎天地。變通莫大乎四時。縣象著明莫大乎日月。崇高莫大乎富貴。備物致用。立成器以爲天下利。莫大乎聖人。探賾索隱。鉤深致遠。以定天下之吉凶。成天下之亹亹者。莫大乎蓍龜。是故天生神物。聖人則之。天地變化。聖人效之。天垂象。見吉凶。聖人象之。河出圖。洛出書。聖人則之。易有四象。所以示也。繫辭焉。所以告也。定之以吉凶。所以斷也。易曰。自天祐之。吉无不利。子曰。祐者助也。天之所助者順也。人之所助者信也。履信思乎順。又以尙賢也。是以自天祐之。吉无不利也。

子曰。書不盡言。言不盡意。然則聖人之意。其不可見乎。子曰。聖人立象以盡意。設卦以盡情僞。繫辭以盡其言。變而通之以盡利。鼓之舞之以盡神。乾坤其易之縕邪。乾坤成列。而易立乎其中矣。乾坤毀則无以見易。易不可見。則乾坤或幾乎息矣。是故形而上者謂之道。形而下者謂之器。化而裁之謂之變。推而行之謂之通。舉而錯之天下之民謂之事業。是故夫象。聖人有以見天下之賾。而擬諸其形容。象其物宜。是故謂之象。聖人有以見天下之動。而觀其會通。以行其典禮。繫辭焉以斷其吉凶。是故謂之爻。極天下之賾者存乎卦。鼓天下之動者存乎辭。化而裁之存乎變。推而行之存乎通。神而明之存乎其人。默而成之。不言而信。存乎德行。

繫辭下

八卦成列。象在其中矣。因而重之。爻在其中矣。剛柔相推。變在其中矣。繫辭焉而命之。動在其中矣。吉凶悔吝者。生乎動者也。剛柔者。立本者也。變通者。趣時者也。吉凶者。貞勝者也。天地之道。貞觀者也。日月之道。貞明者也。天下之動。貞夫一者也。夫乾確然示人易矣。夫坤隤然示人簡矣。爻也者。效此者也。象也者。像此者也。爻象動乎內。吉凶見乎外。功業見乎變。聖人之情見乎辭。天地之大德曰生。聖人之大寶曰位。何以守位曰仁。何以聚人曰財。理財正辭。禁民爲非曰義。

古者包犧氏之王天下也。仰則觀象於天。俯則觀法於地。觀鳥獸之文。與地之宜。近取諸身。

遠取諸物。於是始作八卦。以通神明之德。以類萬物之情。作結繩而爲罔罟。以佃以漁。蓋取諸離。包犧氏沒。神農氏作。斲木爲耜。揉木爲耒。耒耨之利。以教天下。蓋取諸益。日中爲市。致天下之民。聚天下之貨。交易而退。各得其所。蓋取諸噬嗑。神農氏沒。黃帝堯舜氏作。通其變。使民不倦。神而化之。使民宜之。易窮則變。變則通。通則久。是以自天祐之。吉无不利。黃帝堯舜垂衣裳而天下治。蓋取諸乾坤。刳木爲舟。剡木爲楫。舟楫之利。以濟不通。致遠以利天下。蓋取諸渙。服牛乘馬。引重致遠。以利天下。蓋取諸隨。重門擊柝。以待暴客。蓋取諸豫。斷木爲杵。掘地爲臼。臼杵之利。萬民以濟。蓋取諸小過。弦木爲弧。剡木爲矢。弧矢之利。以威天下。蓋取諸睽。上古穴居而野處。後世聖人易之以宮室。上棟下宇。以待風雨。蓋取諸大壯。古之葬者。厚衣之以薪。葬之中野。不封不樹。喪期无數。後世聖人易之以棺椁。蓋取諸大過。上古結繩而治。後世聖人易之以書契。百官以治。萬民以察。蓋取諸夬。

是故易者。象也。象也者。像也。彖者。材也。爻也者。效天下之動者也。是故吉凶生而悔吝著也。陽卦多陰。陰卦多陽。其故何也。陽卦奇。陰卦耦。其德行何也。陽一君而二民。君子之道也。陰二君而一民。小人之道也。易曰。憧憧往來。朋從爾思。子曰。天下何思何慮。天下同歸而殊塗。一致而百慮。天下何思何慮。日往則月來。月往則日來。日月相推而明生焉。寒往則暑來。暑往則寒來。寒暑相推而歲成焉。往者屈也。來者信也。屈信相感而利生焉。尺蠖之屈。以求信也。龍蛇之蟄。以存身也。精義入神。以致用也。利用安身。以崇德也。過此以往。未之或知也。窮神知化。德之盛也。

易曰。困于石。據于蒺蔾。入于其宮。不見其妻。凶。子曰。非所困而困焉。名必辱。非所據而據焉。身必危。既辱且危。死期將至。妻其可得見耶。易曰。公用射隼于高墉之上。獲之。无不利。子曰。隼者禽也。弓矢者器也。射之者人也。君子藏器於身。待時而動。何不利之有。動而不括。是以出而有獲。語成器而動者也。子曰。小人不恥不仁。不畏不義。不見利不勸。不威不懲。小懲而大誡。此小人之福也。易曰。履校滅趾。无咎。此之謂也。善不積。不足以成名。惡不積。不足以滅身。小人以小善爲无益而弗爲也。以小惡爲无傷而弗去也。故惡積而不可揜。罪大而不可解。易曰。何校滅耳。凶。子曰。危者。安其位者也。亡者。保其存者也。亂者。有其治者也。是故君子安而不忘危。存而不忘亡。治而不忘亂。是以身安而國家可保也。易曰。其亡其亡。繫于苞桑。子曰。德薄而位尊。知小而謀大。力小而任重。鮮不及矣。易曰。鼎折足。覆公餗。其形渥。凶。言不勝其任也。子曰。知幾其神乎。君子上交不諂。下交不瀆。其知幾乎。幾者動之微。吉之先見者也。君子見幾而作。不俟終日。易曰。介于石。不終日。貞吉。介如石焉。寧用終日。斷可識矣。君子知微知彰。知柔知剛。萬夫之望。子曰。顏氏之子。其殆庶幾乎。有不善未嘗不知。知之未嘗復行也。易曰。不遠復。无祇悔。元吉。天地絪縕。萬物化醇。男女構精。萬物化生。易曰。三人行則損一人一人行。則得其友。言致一也。子曰。君子安其身而後動。易其心而後語。定其交而後求。君子脩此三者。故全也。危以動。則民不與也。懼以語。則民不應也。无交而求。則民不與也。莫之與。則傷之者至矣。易曰。莫益之。或擊之。立心勿恆。凶。

子曰。乾坤其易之門邪。乾陽物也。坤陰物也。陰陽合德。而剛柔有體。以體天地之撰。以通神明之德。其稱名也。雜而不越。於稽其類。其衰世之意邪。夫易彰往而察來。而微顯闡幽。開而當名辨物。正言斷辭。則備矣。其稱名也小。其取類也大。其旨遠。其辭文。其言曲而中。其事肆而隱。因貳以濟民行。以明失得之報。

易之興也。其於中古乎。作易者。其有憂患乎。是故履。德之基也。謙。德之柄也。復。德之本也。恆。德之固也。損。德之脩也。益。德之裕也。困。德之辨也。井。德之地也。巽。德之制也。履和而至。謙尊而光。復小而辨於物。恆雜而不厭。損先難而後易。益長裕而不設。困窮而通。井居其所而遷。巽稱而隱。履以和行。謙以制禮。復以自知。恆以一德。損以遠害。益以興利。困以寡怨。井以辯義。巽以行權。

易之爲書也不可遠。爲道也屢遷。變動不居。周流六虛。上下无常。剛柔相易。不可爲典要。唯變所適。其出入以度。外內使知懼。又明於憂患與故。无有師保。如臨父母。初率其辭而揆其方。既有典常。苟非其人。道不虛行。易之爲書也。原始要終以爲質也。六爻相雜。唯其時物也。

其初難知。其上易知。本末也。初辭擬之。卒成之終。若夫雜物撰德。辨是與非。則非其中爻不備。噫亦要存亡吉凶。則居可知矣。知者觀其彖辭。則思過半矣。

二與四同功而異位。其善不同。二多譽。四多懼。近也。柔之爲道。不利遠者。其要无咎。其用柔中也。三與五同功而異位。三多凶。五多功。貴賤之等也。其柔危。其剛勝邪。易之爲書也。廣大悉備。有天道焉。有人道焉。有地道焉。兼三材而兩之。故六。六者非它也。三材之道也。道有變動。故曰爻。爻有等。故曰物。物相雜。故曰文。文不當。故吉凶生焉。易之興也。其當殷之末世。周之盛德邪。當文王與紂之事邪。是故其辭危。危者使平。易者使傾。其道甚大。百物不廢。懼以終始。其要无咎。此之謂易之道也。

夫乾。天下之至健也。德行恆易以知險。夫坤。天下之至順也。德行恆簡以知阻。能說諸心。能研諸侯之慮。定天下之吉凶。成天下之亹亹者。是故變化云爲。吉事有祥。象事知器。占事知來。天地設位。聖人成能。人謀鬼謀。百姓與能。八卦以象告。爻彖以情言。剛柔雜居。而吉凶可見矣。變動以利言。吉凶以情遷。是故愛惡相攻而吉凶生。遠近相取而悔吝生。情僞相感而利害生。凡易之情。近而不相得則凶。或害之。悔且吝。將叛者其辭慙。中心疑者其辭枝。吉人之辭寡。躁人之辭多。誣善之人其辭游。失其守者其辭屈。

文言

元者。善之長也。亨者。嘉之會也。利者。義之和也。貞者。事之幹也。君子體仁足以長人。嘉會足以合禮。利物足以和義。貞固足以幹事。君子行此四德者。故曰乾元亨利貞。初九曰潛龍勿用。何謂也。子曰。龍德而隱者也。不易乎世。不成乎名。遯世无悶。不見是而无悶。樂則行之。憂則違之。確乎其不可拔。潛龍也。九二曰見龍在田。利見大人。何謂也。子曰。龍德而正中者也。庸言之信。庸行之謹。閑邪存其誠。善世而不伐。德博而化。易曰見龍在田。利見大人。君德也。九三曰君子終日乾乾。夕惕若厲。无咎。何謂也。子曰。君子進德修業。忠信所以進德也。修辭立其誠。所以居業也。知至至之。可與幾也。知終終之。可與存義也。是故居上位而不驕。在下位而不憂。故乾乾因其時而惕。雖危无咎矣。九四曰或躍在淵。无咎。何謂也。子曰。上下无常。非爲邪也。進退无恆。非離羣也。君子進德修業。欲及時也。故无咎。九五曰飛龍在天。利見大人。何謂也。子曰。同聲相應。同氣相求。水流溼。火就燥。雲從龍。風從虎。聖人作而萬物覩。本乎天者親上。本乎地者親下。則各從其類也。上九曰亢龍有悔。何謂也。子曰。貴而无位。高而无民。賢人在下位而无輔。是以動而有悔也。潛龍勿用。下也。見龍在田。時舍也。終日乾乾。行事也。或躍在淵。自試也。飛龍在天。上治也。亢龍有悔。窮之災也。乾元用九。天下治也。潛龍勿用。陽氣潛藏。見龍在田。天下文明。終日乾乾。與時偕行。或躍在淵。乾道乃革。飛龍在天。乃位乎天德。亢龍有悔。與時偕極。乾元用九。乃見天則。乾元者。始而亨者也。利貞者。性情也。乾始能以美利利天下不言所利大矣哉大哉乾乎剛健中正純粹精也六爻發揮旁通情也時乘六龍以御天也雲行雨施天下平也君子以成德爲行日可見之行也潛之爲言也隱而未見行而未成是以君子弗用也君子學以聚之問以辨之寬以居之仁以行之易曰見龍在田利見大人君德也九三重剛而不中上不在天下不在田故乾乾因其時而惕雖危无咎矣九四重剛而不中上不在天下不在田中不在人故或之或之者疑之也故无咎夫大人者與天地合其德與日月合其明與四時合其序與鬼神合其吉凶先天而天弗違後天而奉天時天且弗違而況於人乎況於鬼神乎亢之爲言也知進而不知退知存而不知亡知得而不知喪其惟聖人乎知進退存亡而不失其正者其惟聖人乎　乾卦

坤至柔而動也剛至靜而德方後得主而有常含萬物而化光坤道其順乎承天而時行積善之家必有餘慶積不善之家必有餘殃臣弒其君子弒其父非一朝一夕之故其所由來者漸矣由辯之不早辯也易曰履霜堅冰至蓋言順也直其正也方其義也君子敬以直內義以方外敬義立而德不孤直方大不習无不利則不疑其所行也陰雖有美含之以從王事弗敢成也地道也妻道也臣道也地道无成而代有終也天地變化草木蕃天地閉賢人隱易曰括囊无咎无譽蓋言謹也君子黃中通理正位居體美在其中而暢於四支發於事業美之至也陰疑於陽必戰爲其嫌於无陽也故稱龍焉猶未離其類也故稱血焉夫玄黃

者。天地之雜也。天玄而地黃。 坤卦

序卦

有天地然後萬物生焉。盈天地之閒者唯萬物。故受之以屯。屯者盈也。屯者物之始生也。物生必蒙。故受之以蒙。蒙者蒙也。物之穉也。物穉不可不養也。故受之以需。需者飲食之道也。飲食必有訟。故受之以訟。訟必有衆起。故受之以師。師者衆也。衆必有所比。故受之以比。比者比也。比必有所畜。故受之以小畜。物畜然後有禮。故受之以履。履而泰然後安。故受之以泰。泰者通也。物不可以終通。故受之以否。物不可以終否。故受之以同人。與人同者物必歸焉。故受之以大有。有大者不可以盈。故受之以謙。有大而能謙必豫。故受之以豫。豫必有隨。故受之以隨。以喜隨人者必有事。故受之以蠱。蠱者事也。有事而後可大。故受之以臨。臨者大也。物大然後可觀。故受之以觀。可觀而後有所合。故受之以噬嗑。嗑者合也。物不可以苟合而已。故受之以賁。賁者飾也。致飾然後亨則盡矣。故受之以剝。剝者剝也。物不可以終盡。剝窮上反下。故受之以復。復則不妄矣。故受之以无妄。有无妄然後可畜。故受之以大畜。物畜然後可養。故受之以頤。頤者養也。不養則不可動。故受之以大過。物不可以終過。故受之有坎。坎者陷也。陷必有所麗。故受之以離。離者麗也。

天以地。然後有萬物。有萬物然後有男女。有男女然後有夫婦。有夫婦然後有父子。有父子然後有君臣。有君臣。然後有上下。有上下。然後禮義有所錯。夫婦之道。不可以不久也。故受之以恆。恆者久也。物不可以久居其所。故受之以遯。遯者退也。物不可以終遯。故受之以大壯。物不可以終壯。故受之以晉。晉者進也。進必有所傷。故受之以明夷。夷者傷也。傷於外者必反其家。故受之以家人。家道窮必乖。故受之以睽。睽者乖也。乖必有難。故受之以蹇。蹇者難也。物不可以終難。故受之以解。解者緩也。緩必有所失。故受之以損。損而不已必益。故受之以益。益而不已必決。故受之以夬。夬者決也。決必有所遇。故受之以姤。姤者遇也。物相遇而後聚。故受之以萃。萃者聚也。聚而上者謂之升。故受之以升。升而不已必困。故受之以困。困乎上者必反下。故受之以井。井道不可不革。故受之以革。革物者莫若鼎。故受之以鼎。主器者莫若長子。故受之以震。震者動也。物不可以終動。止之。故受之以艮。艮者止也。物不可以終止。故受之以漸。漸者進也。進必有所歸。故受之以歸妹。得其所歸者必大。故受之以豐。豐者大也。窮大者必失其居。故受之以旅。旅而无所容。故受之以巽。巽者入也。入而後說之。故受之以兌。兌者說也。說而後散之。故受之以渙。渙者離也。物不可以終離。故受之以節。節而信之。故受之以中孚。有其信者必行之。故受之以小過。有過物者必濟。故受之以既濟。物不可窮也。故受之以未濟終焉。

經傳治要卷一

國學治要一

經傳十種

書　亦名尚書。所載皆上古典謨訓誥誓命之文。爲孔子所删定。上斷唐堯。下訖秦穆。實世界最古之史也。秦火書亡。漢初濟南伏生口授晁錯二十八篇。號爲今文尚書。武帝時。魯恭王壞孔子宅。於壁中得竹簡尚書。皆蝌蚪文。孔安國合以今文。省其重複。多若干篇。爲之作傳。是名古文尚書。然其書不顯行於世。至東晉梅賾始得而上之。唐人爲作正義。傳於現代。凡五十八篇。惟自宋元以來。朱熹吳澂皆謂古文本文字平易。與今文本不類。疑出依託。至淸初閻若璩掊擊最力。考證詳明。因斷爲梅氏所僞作。平心而論。古文本僞容有之。然朱彝尊謂是書久頒學官。其言多綴輯逸經成文。無悖於理。譬之汾陰漢鼎。亦未嘗不爲實物。故是編特兩本並錄。但各別爲一類。以便誦覽。至其眞僞是非之故。則當俟讀者之自得之也。

堯典第一

曰若稽古帝堯。曰放勳。欽明文思安安。允恭克讓。光被四表。格於上下。克明俊德。以親九族。九族既睦。平章百姓。百姓昭明。協和萬邦。黎民於變時雍。乃命羲和。欽若昊天。歷象日月星辰。敬授民時。分命羲仲。宅嵎夷。曰暘谷。寅賓出日。平秩東作。日中星鳥。以殷仲春。厥民析。鳥獸孳尾。申命羲叔。宅南交。平秩南僞。敬致日永。星火。以正仲夏。厥民因。鳥獸希革。分命和仲。

宅西。曰昧谷。寅餞內日。平秩西成。宵中星虛。以殷仲秋。厥民夷。鳥獸毛毨。申命和叔。宅朔方。曰幽都。平在朔易。日短星昴。以正仲冬。厥民隩。鳥獸氄毛。帝曰。咨女羲暨和。期三百有六旬有六日。以閏月定四時成歲。允釐百工。庶績咸熙。帝曰。疇咨若時登庸。放齊曰。胤子朱啟明。帝曰。吁。嚚訟可乎。帝曰。疇咨若予采。驩兜曰。都。共工方鳩僝功。帝曰。吁。靜言庸違。象恭滔天。帝曰。咨。四岳。湯湯洪水方割。蕩蕩懷山襄陵。浩浩滔天。下民其咨。有能俾乂。僉曰。於。鯀哉。帝曰。吁。咈哉。方命圮族。岳曰。異哉。試可乃已。帝曰。往欽哉。九載績用弗成。帝曰。咨。四岳。朕在位七十載。女能庸命巽朕位。岳曰。否德忝帝位。曰。明明敭仄陋。師錫帝曰。有鰥在下。曰虞舜。帝曰。俞。予聞。如何。岳曰。瞽子。父頑。母嚚。象傲。克諧以孝。烝烝乂。不格姦。帝曰。我其試哉。女于時。觀厥刑于二女。釐降二女于嬀汭。嬪于虞。帝曰。欽哉。慎徽五典。五典克從。納于百揆。百揆時敘。賓于四門。四門穆穆。納于大麓。烈風雷雨弗迷。帝曰。格。女舜。詢事考言。乃底可績。三載。女陟帝位。舜讓于德弗嗣。正月上日。受終于文祖。在璿機玉衡。以齊七政。肆類于上帝。禋于六宗。望于山川。偏于羣神。揖五瑞。既月乃日。覲四岳羣牧。班瑞于羣后。歲二月。東巡狩。至于岱宗。柴。望秩于山川。肆覲東后。協時月正日。同律度量衡。修五禮。五玉。三帛。二生。一死。贄。如五器。卒乃復。五月南巡狩。至于南岳。如岱禮。八月西巡狩。至于西岳。如初。十有一月朔巡狩。至于北岳。如西禮。歸格于藝祖。用特。五載一巡狩。羣后四朝。敷奏以言。明試以功。車服以庸。肇十有二州。封十有二山。濬川。象以典刑。流宥五刑。鞭作官刑。扑作教刑。金作贖刑。眚災肆赦。怙終賊刑。欽哉欽哉。惟刑之卹哉。流共工于幽州。放驩兜于崇山。竄三苗于三危。殛鯀于羽山。四罪而天下咸服。二十有八載。放勳乃殂落。百姓如喪考妣。三載。四海遏密八音。月正元日。舜格于文祖。詢于四岳。闢四門。明四目。達四聰。咨十有二牧。曰食哉惟時。柔遠能邇。惇德允元。而難任人。蠻夷率服。舜曰。咨四岳。有能奮庸熙帝之載。使宅百揆。亮采惠疇。僉曰。伯禹作司空。帝曰。俞。咨禹。女平水土。惟時懋哉。禹拜稽首。讓于稷契暨皋陶。帝曰。俞。女往哉。帝曰。棄。黎民阻飢。女居稷。播時五穀。帝曰。契。百姓不親。五品不遜。女作司徒。敬敷五教。在寬。帝曰。皋陶。蠻夷猾夏。寇賊姦宄。女作士。五刑有服。五服三就。五流有宅。五宅三居。惟明克允。帝曰。疇若予工。僉曰。垂哉。帝曰。俞。咨垂。女共工。垂拜稽首。讓于殳斨暨伯與。帝曰。俞。往哉。女諧。帝曰。疇若予上下草木鳥獸。禹曰。益哉。帝曰。俞。咨益。女作朕虞。益拜稽首。讓于朱虎熊羆。帝曰。俞。往哉。女諧。帝曰。咨四岳。有能典朕三禮。僉曰。伯夷。帝曰。俞。咨伯。女作秩宗。夙夜惟寅。直哉惟清。伯拜稽首。讓于夔龍。帝曰。俞。往。欽哉。帝曰。夔。命女典樂。教胄子。直而溫。寬而栗。剛而無虐。簡而無傲。詩言志。歌永言。聲依永。律和聲。八音克諧。無相奪倫。神人以和。夔曰。於。予擊石拊石。百獸率舞。帝曰。龍。朕堲讒說殄行。驚朕師。命女作內言。夙夜出內朕命。惟允。帝曰。咨女二十有二人。欽哉。惟時亮天功。三載考績。三考。黜陟幽明。庶績咸熙。分北三苗。舜生三十徵庸三十。在位五十載。陟方乃死。

皐陶謨 第二

曰若稽古皐陶。曰允迪厥德。謨明弼諧。禹曰。俞。如何。皐陶曰。都。愼厥身。修思永。惇敘九族。庶明勵翼。邇可遠在茲。禹拜昌言曰。俞。皐陶曰。都。在知人。在安民。禹曰。吁。咸若時。惟帝其難之。知人則哲。能官人。安民則惠。黎民懷之。能哲而惠。何憂乎驩兜。何遷乎有苗。何畏乎巧言令色孔壬。皐陶曰。都。亦行有九德。亦言其人有德。乃言曰。載采采。禹曰。何。皐陶曰。寬而栗。柔而立。愿而恭。亂而敬。擾而毅。直而溫。簡而廉。剛而塞。彊而義。彰厥有常。吉哉。日宣三德。夙夜浚明有家。日嚴祗敬六德。亮采有邦。翕受敷施。九德咸事。俊乂在官。百僚師師。百工惟時。撫于五辰。庶績其凝。無敎逸欲有邦。兢兢業業。一日二日萬幾。無曠庶官。天工人其代之。天敘有典。勑我五典五惇哉。天秩有禮。自我五禮五庸哉。同寅協恭和衷哉。天命有德。五服五章哉。天討有罪。五刑五用哉。政事懋哉懋哉。天聰明。自我民聰明。天明威。自我民明威。達于上下。敬哉有土。皐陶曰。朕言惠可厎行。禹曰。俞。乃言厎可績。皐陶曰。予未有知。思曰贊贊襄哉。帝曰。來禹。女亦昌言。禹拜曰。都。帝。予何言。予思日孜孜。皐陶曰。吁。如何。禹曰。洪水滔天。浩浩懷山襄陵。下民昏墊。予乘四載。隨山栞木。暨益奏庶鮮食。予決九川。距四海。濬畎澮。距川。暨稷。播奏庶艱食鮮食。懋遷有無化居。烝民乃粒。萬邦作乂。皐陶曰。俞。師女昌言。禹曰。都。帝。愼乃在位。帝曰。俞。禹曰。安女止。惟幾惟康。其弼直。惟動丕應徯志。以昭受上帝。天其申命用休。帝曰。吁。臣哉鄰哉。鄰哉臣哉。禹曰。俞。帝曰。臣作朕股肱耳目。予欲左右有民。女翼。予欲宣力四方。女爲。予欲觀古人之象。日月星辰山龍華蟲作會。宗彝藻火粉米黼黻絺繡。以五采彰施于五色作服。女明。予欲同六律五聲八音。七始訓。以出內五言。汝聽。予違。女弼。女無面從。退有後言。欽四鄰。庶頑讒說。若不在時。侯以明之。撻以記之。書用識哉。欲竝生哉。工以內言。時而颺之。格則承之庸之。否則威之。禹曰。俞哉。帝光天之下。至于海隅蒼生。萬邦黎獻。共惟帝臣。惟帝時舉。敷內以言。明庶以功。車服以庸。誰敢不讓。敢不敬應。帝不時。敷同日奏。罔功。帝曰。無若丹朱敖。惟慢遊是好。敖虐是作。罔晝夜頟頟。罔水行舟。朋淫于家。用殄厥世。予創若時。禹曰。予娶塗山。辛壬癸甲。啟呱呱而泣。予弗子。惟荒度土功。弼成五服。至于五千。州十有二師。外薄四海。咸建五長。各迪有功。苗頑弗卽工。帝其念哉。帝曰。迪朕德。時乃功惟敍。皐陶方祗厥敍。方施象刑惟明。夔曰。戛擊鳴球。搏拊琴瑟以詠。祖考來格。虞賓在位。羣后德讓。下管鼗鼓。合止柷敔。笙鏞以間。鳥獸蹌蹌。簫韶九成。鳳皇來儀。夔曰。於。予擊石拊石。百獸率舞。庶尹允諧。帝庸作歌曰。勑天之命。惟時惟幾。乃歌曰。股肱喜哉。元首起哉。百工熙哉。皐陶拜手稽首颺言曰。念哉。率作興事。愼乃憲。欽哉。屢省乃成。欽哉。乃賡載歌曰。元首明哉。股肱良哉。庶事康哉。又歌曰。元首叢脞哉。股肱惰哉。萬事墮哉。帝拜曰。俞。往欽哉。

湯誓 第五

王曰。格爾衆庶。悉聽朕言。非台小子。敢行稱亂。有夏多罪。天命殛之。今爾有衆。女曰。我后不恤我衆。舍我穡事而割正。予惟聞女衆言。夏氏有罪。予畏上帝。不敢不正。今女其曰。夏罪其如台。夏王率遏衆力。率割夏邑。有衆率怠弗協。曰。時日害喪。予及女皆亡。夏德若茲。今朕必往。爾尚輔予一人。致天之罰。予其大賚女。爾無不信。朕不食言。爾不從誓言。予則奴戮女。罔有攸赦。

洪範 第十一

惟十有三祀。王訪于箕子。王乃言曰。嗚呼箕子。惟天陰騭下民。相協厥居。我不知其彝倫攸敘。箕子乃言曰。我聞在昔。鯀陻洪水。汨陳其五行。帝乃震怒。不畀洪範九疇。彝倫攸斁。鯀則殛死。禹乃嗣興。天乃錫禹洪範九疇。彝倫攸敘。初一曰五行。次二曰敬用五事。次三曰農用八政。次四曰協用五紀。次五曰建用皇極。次六曰乂用三德。次七曰明用稽疑。次八曰念用庶徵。次九曰饗用五福。威用六極。一五行。一曰水。二曰火。三曰木。四曰金。五曰土。水曰潤下。火曰炎上。木曰曲直。金曰從革。土爰稼穡。潤下作鹹。炎上作苦。曲直作酸。從革作辛。稼穡作甘。二五事。一曰貌。二曰言。三曰視。四曰聽。五曰思。貌曰恭。言曰從。視曰明。聽曰聰。思曰睿。恭作肅。從作乂。明作哲。聽作謀。睿作聖。三八政。一曰食。二曰貨。三曰祀。四曰司空。五曰司徒。六曰司寇。七曰賓。八曰師。四五紀。一曰歲。二曰月。三曰日。四曰星辰。五曰厤數。五皇極。皇建其有極。斂時五福。用敷錫厥庶民。惟時厥庶民于女極。錫女保極。凡厥庶民。無有淫朋。人無有比德。惟皇作極。凡厥庶民。有猷有爲有守。女則念之。不協于極。不離于咎。皇則受之。而康而色。曰予攸好德。女則錫之福。時人德斯其惟皇之極。無虐煢獨而畏高明。人之有能有爲。使羞其行而邦其昌。凡厥正人。既富方穀。女弗能使有好于而家。時人斯其辜。于其無好女雖錫之福。其作女用咎。無偏無頗。遵王之義。無有作好。遵王之道。無有作惡。遵王之路。無偏無黨。王道蕩蕩。無黨無偏。王道平平。無反無側。王道正直。會其有極。歸其有極。曰皇極之敷言。是彝是訓。于帝其訓。凡厥庶民。極之敷言。是訓是行。以近天子之光。曰天子作民父母。以爲天下王。六三德。一曰正直。二曰剛克。三曰柔克。平康正直。彊弗友剛克。燮友柔克。沈潛剛克。高明柔克。惟辟作福。惟辟作威。惟辟玉食。臣無有作福作威玉食。臣之有作福作威玉食。其害于而家。凶于而國。人用側頗僻。民用僭忒。七稽疑。擇建立卜筮人。乃命卜筮。曰雨。曰霽。曰圛。曰雺。曰克。曰貞。曰悔。凡七。卜五。占用二。衍忒。立時人作卜筮。三人占。則從二人之言。女則有大疑。謀及乃心。謀及卿士。謀及庶民。謀及卜筮。女則從。龜從。筮從。卿士從。庶民從。是之謂大同。身其康彊。子孫其逢吉。女則從。龜從。筮從。卿士逆。庶民逆。吉。卿士從。龜從。筮從。女則逆。庶民逆。吉。庶民從。龜從。筮從。女則逆。卿士逆。吉。女則從。龜從。筮逆。卿士逆。庶民逆。作內吉。作外。凶。龜筮共違于人。用靜吉。用作凶。八庶徵。曰雨。曰暘。曰燠。曰寒。曰風。曰時。五是來備。各以其敘。庶草蕃廡。一極備凶。一極無凶。曰休徵。曰肅時雨若。曰乂時暘若。曰晢時燠若。曰謀時寒若。曰聖時風若。曰咎徵。曰狂恆雨若。曰僭恆暘若。曰豫恆燠若。曰急恆寒若。曰霿恆風若。曰王省惟歲。卿士惟月。師尹惟日。歲月日時無易。百穀用成。乂用明。俊民用章。家用平康。日月歲時既易。百穀用不成。乂用昏不明。俊民用微。家用不甯。庶民惟星。星有好風。星有好雨。日月之行。則有冬有夏。月之從星。則以風雨。九五福。一曰壽。二曰富。三曰康甯。四曰攸好德。五曰考終命。六極。一曰凶短折。二曰疾。三曰憂。四曰貧。五曰惡。六曰弱。

金縢 第十二

既克商二年。王有疾弗豫。二公曰。我其爲王穆卜。周公曰。未可以戚我先王。公乃自以爲功。爲三壇同墠。爲壇於南方北面。周公立焉。植璧秉圭。乃告太王王季文王。史乃冊祝曰。惟爾元孫某。遘厲虐疾。若爾三王。是有丕子之責于天。以旦代某之身。予仁若考。能多材多藝。能事鬼神。乃元孫不若旦多材多藝。不能事鬼神。乃命于帝庭。敷佑四方。用能定爾子孫于下地。四方之民。罔不祇畏。嗚呼。無墜天之降寶命。我先王亦永有依歸。今我卽命于元龜。爾之許我。我其以璧與圭歸俟爾命。爾不許我。我乃屏璧與圭。乃卜三龜。一習吉。啟籥見書。乃幷是吉。公曰。體王其罔害。予小子新命于三王。惟永終是圖。茲攸俟。能念予一人。公歸。乃納冊於金縢之匱中。王翌日乃瘳。武王既喪。管叔及其羣弟。乃流言於國曰。公將不利于孺子。周公乃告二公曰。我之弗辟。我無以告我先王。周公居東二年。則罪人斯得。于後公乃爲詩以貽王。名之曰鴟鴞。王亦未敢誚公。秋大熟。未穫。天大雷電以風。禾盡偃。大木斯拔。邦人大恐。王與大夫盡弁。以啟金縢之書。乃得周公所自以爲功代武王之說。二公及王乃問諸史與百執事。對曰。信。噫。公命我勿敢言。王執書以泣曰。其勿穆卜。昔公勤勞王家。惟予沖人弗及知。今天動威。以彰周公之德。惟朕小子其親逆。我國家禮亦宜之。王出郊。天乃雨。反風。禾則盡起。二公命邦人。凡大木所偃。盡起而築之。歲則大熟。

無逸 第二十

周公曰。烏呼。君子所其無逸。先知稼穡之艱難。乃逸。則知小人之依。相小人。厥父母勤勞稼穡。厥子乃不知稼穡之艱難。乃逸。乃喭。既誕。否則侮厥父母曰。昔之人無聞知。周公曰。烏呼。我聞曰。昔在殷王中宗。嚴恭寅畏。天命自度。治民祗懼。不敢荒甯。肆中宗之享國七十有五年。其在高宗。時舊勞于外。爰暨小人。作其即位。乃或亮陰。三年不言。其惟不言。言乃雍。不敢荒甯。嘉靖殷邦。至于小大。無時或怨。肆高宗之享國五十有九年。其在祖甲。不義惟王。舊爲小人。作其卽位。爰知小人之依。能保惠于庶民。不敢侮鰥寡。肆祖甲之享國三十有三年。自時厥後立王。生則逸。生則逸。不知稼穡之艱難。不聞小人之勞。惟耽樂之從。自時厥後。亦罔或克壽。或十年或七八年。或五六年。或三四年。周公曰。嗚呼。厥亦惟我周。大王王季。克自抑畏。文王卑服。卽康功田功。徽柔懿恭。懷保小民。惠鮮鰥寡。自朝至于日中昃。不皇暇食。用咸和萬民。文王不敢盤于遊田。以庶邦惟正之供。文王受命惟中身。厥享國五十年。周公曰。嗚呼。繼自今嗣王。則其無淫于觀。于逸。于遊。于田。以萬民惟正之供。無皇曰。今日耽樂。乃非民攸訓。非天攸若。時人丕則有愆。無若殷王受之迷亂。酗于酒德哉。周公曰。嗚呼。我聞曰。古之人猶胥訓告。胥保惠。胥教誨。民無或胥譸張爲幻。此厥不聽。人乃訓之。乃變亂先王之正刑。至于小大。民否則厥心違怨。否則厥口詛祝。周公曰。嗚呼。自殷王中宗。及高宗。及祖甲。及我周文王。茲四人迪哲。厥或告之曰。小人怨女詈女。則皇自敬德。厥愆。曰。朕之愆。允若時。不啻不敢含怒。此厥不聽。人乃或譸張爲幻。曰。小人怨女詈女。則信之。則若時。不永念厥辟。不寬綽厥心。亂罰無罪。殺無辜。怨有同。是叢于厥身。周公曰。嗚呼。嗣王其監于茲。

秦誓　第二十八

公曰。嗟。我士。聽無譁。予誓告女羣言之首。古人有言曰。民訖自若是多盤。責人斯無難。惟受責俾如流。是惟艱哉。我心之憂。日月逾邁。若弗員來。惟古之謀人。則曰未就予忌。惟今之謀人。姑將以爲親。雖則員然。尚猷詢茲黃髮。則罔所愆。番番良士。旅力既愆。我尚有之。仡仡勇夫。射御不違。我尚不欲。惟截截善諞言。俾君子易辭。我皇多有之。昧昧我思之。如有一介臣斷斷猗。無他技。其心休休焉。其如有容。人之有技。若已有之。人之彥聖。其心好之。不啻如自其口出。是能容之。以保我子孫黎民。亦職有利哉。人之有技。冒疾以惡之。人之彥聖。而違之。俾不達。是不能容。以不能保我子孫黎民。亦曰殆哉。邦之杌隉。曰由一人。邦之榮懷。亦尙一人之慶。

以上書今文依吳汝綸寫定尙書家塾本

附錄　吳汝綸寫定今文尙書二十八篇序

古尙書百篇。今存者二十八篇。虞夏商周之遺文。可見者盡此矣。漢時書多十六篇。由時師莫能說。不傳。卒以亡。惜哉惜哉。古帝王之事。與後世同。其所爲傳載萬世。薄九閡。彌厚土。不敝壞者。非獨道勝。亦其文崇奧。有以久大之也。揚子雲最四代之書。以爲渾渾爾噩噩灝灝爾。彼有以通其故矣。由晉宋以來。士汩於晚出之僞篇。莫復知子雲之所謂。獨韓退之氏稱虞夏書。亦曰渾渾。于商于周。獨取其詰屈聱牙者。詩曰。惟其有之。是以似之。信哉。其徒李漢敘論六藝。又曰書禮剔其僞。書之僞。蓋自此發。且必退之與其徒常所講說云爾。而漢誦述之。不然。漢之智殆不及此。聖人者。道與文故并至。下此則偏勝焉。少衰焉。要皆有孤詣獨到。非可放效而襲似之者。知言者可望而決耳。吾尤惜近儒考辨僞篇。論稍稍定矣。至問所謂渾渾者。噩噩者。灝灝者。詰屈而聱牙者。其蘉然而莫辨猶若也。於是竊其文自典謨迄秦繆。頗采文字異者著于篇。庶綴學之士。有以考求揚韓氏之說。而得其意焉。嗟乎。自古求道者。必有賴於文。而文章與時升降。春秋以還。丘明所記。管晏老氏所言。去尚書抑遠矣。秦繆區區起邠荒。賓諸夏。無可言者。獨其文崒然。躋千載。上視三代殆無愧色。吾又以知帝王之文之肸蠁于後人者。蓋終古不絕息也。

自漢氏言尚書有今文古文。其別由伏孔二家。二家經皆出壁中。皆古文。而皆以今文讀之。歐陽夏侯受伏氏讀。不見其壁中書。壁中書本古文。以傳朝錯入中祕。自是今文始盛行。吾疑安國與其徒。亦故用今文教授。孔氏所由起其家。用此二家之異。在篇卷多寡耳。不在文古今也。太史公言。尚書滋多自孔氏。而劉歆議立逸書。譏太常以尚書為備。其時膠東庸生遺學。亦以多十六篇與中古文同。凡前漢人重孔氏學。稱古文逸書。皆以此。及賈馬鄭之徒出。乃始斷斷於古文之二十八篇。而廢棄其逸十六篇。以無師說。絕不講。朝錯所受壁中書雖朽折。至哀帝時尚在孔氏。古文若廢棄逸十六篇不講。而止傳伏氏所有二十八篇。則與朝錯所受書何以異。且又何以大遠乎今文邪。今文自前漢時立學官。有祿利。學者習歐陽夏侯經說之成市。而朝錯壁中書。僅乃能傳讀而已。此同出伏氏一師之所傳。盛衰懸絕乃如此。其於古文逸書而以不誦絕之。誠無足怪。若賈馬鄭諸儒者。誚歐陽。詆夏侯。不習博士經。不徇祿利。背時趨。崇古學矣。乃亦不誦逸書。何歟。帝王之文。

至難得也。遭秦焚不盡亡。伏氏少失焉。而復出於孔子之堂壁。可謂至幸。是後雖微弱。猶尙絲聯繩續。彌留四百年而卒廢棄於諸儒崇古學者之手。自是以來。逸十六篇。舍太史公所錄湯誥外。無復遺存者矣。此可爲深惜者也。光緒十三年秋七月桐城吳汝綸記

大禹謨

曰若稽古大禹。曰文命敷於四海。祗承于帝。曰后克艱厥后。臣克艱厥臣。政乃乂。黎民敏德。帝曰。俞。允若茲。嘉言罔攸伏。野無遺賢。萬邦咸寧。稽于衆。舍己從人。不虐無告。不廢困窮。惟帝時克。益曰。都。帝德廣運。乃聖乃神。乃武乃文。皇天眷命。奄有四海。爲天下君。禹曰。惠迪吉。從逆凶。惟影響。益曰。吁。戒哉。儆戒無虞。罔失法度。罔遊于逸。罔淫于樂。任賢勿貳。去邪勿疑。疑謀勿成。百志惟熙。罔違道以干百姓之譽。罔咈百姓以從己之欲。無怠無荒。四夷來王。禹曰。於。帝念哉。德惟善政。政在養民。水火金木土穀惟修。正德利用厚生惟和。九功惟敘。九敘惟歌。戒之用休。董之用威。勸之以九歌。俾勿壞。帝曰。俞。地平天成。六府三事允治。萬世永賴。時乃功。帝曰。格。汝禹。朕宅帝位三十有三載。耄期倦于勤。汝惟不怠。總朕師。禹曰。朕德罔克。民不依。皐陶邁種德。德乃降。黎民懷之。帝念哉。念茲在茲。釋茲在茲。名言茲在茲。允出茲在茲。惟帝念功。帝曰。皐陶。惟茲臣庶。罔或干予正。汝作士。明于五刑。以弼五教。期于予治。刑期于無刑。民協于中。時乃功。懋哉。皐陶曰。帝德罔愆。臨下以簡。御衆以寬。罰弗及嗣。賞延于世。

宥過無大。刑故無小。罪疑惟輕。功疑惟重。與其殺不辜。寧失不經。好生之德。洽于民心。茲用不犯于有司。帝曰。俾予從欲以治。四方風動。惟乃之休。帝曰。來禹。降水儆予。成允成功。惟汝賢。克勤于邦。克儉于家。不自滿假。惟汝賢。汝惟不矜。天下莫與汝爭能。汝惟不伐。天下莫與汝爭功。予懋乃德。嘉乃丕績。天之歷數在汝躬。汝終陟元后。人心惟危。道心惟微。惟精惟一。允執厥中。無稽之言勿聽。弗詢之謀勿庸。可愛非君。可畏非民。衆非元后何戴。后非衆罔與守邦。欽哉。慎乃有位。敬修其可願。四海困窮。天祿永終。惟口出好興戎。朕言不再。禹曰。枚卜功臣。惟吉之從。帝曰。禹。官占惟先蔽志。昆命于元龜。朕志先定。詢謀僉同。鬼神其依。龜筮協從。卜不習吉。禹拜稽首固辭。帝曰。毋。惟汝諧。正月朔旦。受命于神宗。率百官若帝之初。帝曰。咨禹。惟時有苗弗率。汝徂征。禹乃會羣后。誓于師曰。濟濟有衆。咸聽朕命。蠢茲有苗。昏迷不恭。侮慢自賢。反道敗德。君子在野。小人在位。民棄不保。天降之咎。肆予以爾衆士。奉辭罰罪。爾尚一乃心力。其克有勳。三旬苗民逆命。益贊于禹曰。惟德動天。無遠弗屆。滿招損。謙受益。時乃天道。帝初于歷山。往于田。日號泣于旻天。于父母。負罪引慝。祗載見瞽瞍。夔夔齋慄。瞽亦允若。至誠感神。矧茲有苗。禹拜昌言曰。俞。班師振旅。帝乃誕敷文德。舞干羽于兩階。七旬。有苗格。

附錄　論語堯曰章

堯曰。咨爾舜。天之曆數在爾躬。允執其中。四海困窮。天祿永終。舜亦以命禹。曰予小子履。敢用玄牡。敢昭告於皇皇后帝。有罪不敢赦。帝臣不蔽。簡在帝心。朕躬有罪。無以萬方。萬方有罪。罪在朕躬。周有大賚。善人是富。雖有周親。不如仁人。百姓有過。在予一人。謹權量。審法度。修廢官。四方之政行焉。興滅國。繼絕世。舉逸民。天下之民歸心焉。所重民食喪祭。寬則得衆。信則民任焉。敏則有功。公則說。

五子之歌

太康尸位以逸豫。滅厥德。黎民咸貳。乃盤遊無度。畋于有洛之表。十旬弗反。有窮后羿。因民弗忍。距于河。厥弟五人。御其母以從。徯于洛之汭。五子咸怨。述大禹之戒以作歌。其一曰。皇祖有訓。民可近。不可下。民惟邦本。本固邦寧。予視天下。愚夫愚婦。一能勝予。一人三失。怨豈在明。不見是圖。予臨兆民。懍乎若朽索之馭六馬。爲人上者。柰何不敬。其二曰。訓有之。內作色荒。外作禽荒。甘酒嗜音。峻宇彫牆。有一于此。未或不亡。其三曰。惟彼陶唐。有此冀方。今失厥道。亂其紀綱。乃底滅亡。其四曰。明明我祖。萬邦之君。有典有則。貽厥子孫。關石和鈞。王府則有。荒墜厥緒。覆宗絕祀。其五曰。嗚呼曷歸。予懷之悲。萬姓仇予。予將疇依。鬱陶乎予心。顏厚有忸怩。弗慎厥德。雖悔可追。

伊訓

惟元祀十有二月乙丑。伊尹祠于先王。奉嗣王祗見厥祖。侯甸羣后咸在。百官總已以聽冢宰。伊尹乃明言烈祖之成德。以訓于王。曰。嗚呼。古有夏先后方懋厥德。罔有天災。山川鬼神亦莫不寧。暨鳥獸魚鼈咸若。于其子孫弗率。皇天降災。假手于我有命。造攻自鳴條。朕哉自亳。惟我商王布昭聖武。代虐以寬。兆民允懷。今王嗣厥德。罔不在初。立愛惟親。立敬惟長。始于家邦。終于四海。嗚呼。先王肇修人紀。從諫弗咈。先民時若。居上克明。爲下克忠。與人不求備。檢身若不及。以至于有萬邦。茲惟艱哉。敷求哲人。俾輔于爾後嗣。制官刑。儆于有位。曰。敢有恆舞于宮。酣歌于室。時謂巫風。敢有殉于貨色。恆于遊畋。時謂淫風。敢有侮聖言。逆忠直。遠耆德。比頑童。時謂亂風。惟茲三風十愆。卿士有一于身。家必喪。邦君有一于身。國必亡。臣下不匡。其刑墨。具訓于蒙士。嗚呼。嗣王祗厥身。念哉。聖謨洋洋。嘉言孔彰。惟上帝不常。作善降之百祥。作不善。降之百殃。爾惟德罔小。萬邦惟慶。爾惟不德罔大。墜厥宗。

說命上

王宅憂。亮陰三祀。既免喪。其惟弗言。羣臣咸諫于王。曰。嗚呼。知之曰明哲。明哲實作則。天子惟君萬邦。百官承式。王言惟作命。不言。臣下罔攸稟令。王庸作書以誥。曰。以台正于四方。惟恐德弗類。茲故弗言。恭默思道。夢帝賚予良弼。其代予言。乃審厥象。俾以形旁求于天下。說築傅巖之野。惟肖。爰立作相。王置諸其左右。命之曰。朝夕納誨。以輔台德。若金。用汝作礪。若濟巨川。用汝作舟楫。若歲大旱。用汝作霖雨。啓乃心。沃朕心。若藥弗瞑眩。厥疾弗瘳。若跣弗視地。厥足用傷。惟暨乃僚。罔不同心。以匡乃辟。俾率先王。迪我高后。以康兆民。嗚呼。欽予時命。其惟有終。說復于王曰。惟木從繩則正。后從諫則聖。后克聖。臣不命其承。疇敢不祗若王之休命。

說命中

惟說命總百官。乃進于王曰。嗚呼。明王奉若天道。建邦設都。樹后王君公。承以大夫師長。不惟逸豫。惟以亂民。惟天聰明。惟聖時憲。惟臣欽若。惟民從乂。惟口起羞。惟甲胄起戎。惟衣裳在笥。惟干戈省厥躬。王惟戒茲。允茲克明。乃罔不休。惟治亂在庶官。官不及私昵。惟其能。爵罔及惡德。惟其賢。慮善以動。動惟厥時。有其善。喪厥善。矜其能。喪厥功。惟事事。乃其有備。有備無患。無啓寵納侮。無恥過作非。惟厥攸居。政事惟醇。黷于祭祀。時謂弗欽。禮煩則亂。事神則難。王曰。旨哉。說乃言惟服。乃不良于言。予罔聞于行。說拜稽首曰。非知之艱。行之惟艱。王忱不艱。允協于先王成德。惟說不言有厥咎。

說命下

王曰。來汝說。台小子舊學于甘盤。既乃遯于荒野。入宅于河。自河徂亳。暨厥終罔顯。爾惟訓于朕志。若作酒醴。爾惟麴糵。若作和羹。爾惟鹽梅。爾交脩予。罔予棄。予惟克邁乃訓。說曰。王人求多聞。時惟建事。學于古訓。乃有獲。事不師古。以克永世。匪說攸聞。惟學遜志。務時敏。厥脩乃來。允懷于茲。道積于厥躬。惟斅學半。念終始典于學。厥德脩罔覺。監于先王成憲。其永無愆。惟說式克欽承。旁招俊乂。列于庶位。王曰。嗚呼。說。四海之內。咸仰朕德。時乃風。股肱惟人。良臣惟聖。昔先正保衡。作我先王。乃曰。予弗克俾厥后惟堯舜。其心愧恥。若撻于市。一夫不獲。則曰時予之辜。佑我烈祖。格于皇天。爾尚明保予。罔俾阿衡。專美有商。惟后非賢不乂。惟賢非后不食。其爾克紹乃辟于先王。永綏民。說拜稽首曰。敢對揚天子之休命。

武成

惟一月壬辰旁死魄。越翼日癸巳。王朝步自周。于征伐商。厥四月哉生明。王來自商。至于豐。乃偃武修文。歸馬于華山之陽。放牛于桃林之野。示天下弗服。丁未。祀于周廟。邦甸侯衞。駿奔走。執豆籩。越三日庚戌。柴望。大告武成。既生魄。庶邦冢君暨百工。受命于周。王若曰。嗚呼。羣后。惟先王建邦啟土。公劉克篤前烈。至于大王。肇基王迹。王季其勤王家。我文考文王克成厥勳。誕膺天命。以撫方夏。大邦畏其力。小邦懷其德。惟九年大統未集。予小子其承厥志。底商之罪。告于皇天后土。所過名山大川。曰。惟有道曾孫周王發。將有大正于商。今商王受無道。暴殄天物。害虐烝民。爲天下逋逃主。萃淵藪。予小子既獲仁人。敢祗承上帝。以遏亂略。華夏蠻貊。罔不率俾。恭天成命。肆予東征。綏厥士女。惟其士女。篚厥玄黃。昭我周王。天休震動。

用附我大邑周。惟爾有神。尚克相予以濟兆民。無作神羞。既戊午。師逾孟津。癸亥。陳于商郊。俟天休命。甲子昧爽。受率其旅若林。會于牧野。罔有敵于我師。前徒倒戈。攻于後以北。血流漂杵。一戎衣天下大定。乃反商政。政由舊。釋箕子囚。封比干墓。式商容閭。散鹿臺之財。發鉅橋之粟。大賚于四海。而萬姓悅服。列爵惟五。分土惟三。建官惟賢。位事惟能。重民五教。惟食喪祭。惇信明義。崇德報功。垂拱而天下治。

附錄　蔡沈考定武成

惟一月壬辰旁死魄。越翼日癸巳。王朝步自周。于征伐商。厎商之罪。告于皇天后土所過名山大川。曰惟有道曾孫周王發。將有大正于商。今商王受無道。暴殄天物。害虐烝民。爲天下逋逃主。萃淵藪。予小子既獲仁人。敢祗承上帝。以遏亂略。華夏蠻貊。罔不率俾。惟爾有神。尚克相予以濟兆民。無作神羞。既戊午。師逾孟津。癸亥。陳于商郊。俟天休命。甲子昧爽。受率其旅若林。會于牧野。罔有敵于我師。前徒倒戈。攻于後以北。血流漂杵。一戎衣天下大定。乃反商政。政由舊。釋箕子囚。封比干墓。式商容閭。散鹿臺之財。發鉅橋之粟。大賚于四海。而萬姓悅服。厥四月哉生明。王來自商。至于豐。乃偃武修文。歸馬于華山之陽。放牛于桃林之野。示天下弗服。既生魄。庶邦冢君暨百工。受命于周。丁未。祀于周廟。邦甸侯衞。駿奔走。執豆籩。越三日庚戌。柴望。大告武成。王若曰。嗚呼。羣后。惟先王建邦啟土。公劉克篤前烈。至于太王。肇基王迹。王季其勤王家。我文考文王。克成厥勳。誕膺天命。以撫方夏。大邦畏其力。小邦懷其德。惟九年。大統未集。予小子其承厥志。恭天成命。肆予東征。綏厥士女。惟其士女。篚厥玄黃。昭我周王。天休震動。用附我大邑周。列爵惟五。分土惟三。建官惟賢。位事惟能。重民五教。惟食喪祭。惇信明義。崇德報功。垂拱而天下治。

周官

惟周王撫萬邦。巡侯甸。四征弗庭。綏厥兆民。六服羣辟。罔不承德。歸于宗周。董正治官。王曰。若昔大猷。制治于未亂。保邦于未危。曰唐虞稽古。建官惟百。內有百揆四岳。外有州牧侯伯。庶政惟和。萬國咸寧。夏商官倍。亦克用乂。明王立政。不惟其官。惟其人。今予小子。祗勤于德。夙夜不逮。仰惟前代時若。訓迪厥官。立太師太傅太保。茲惟三公。論道經邦。燮理陰陽。官不必備。惟其人。少師少傅少保。曰三孤。貳公弘化。寅亮天地。弼予一人。冢宰掌邦治。統百官。均四海。司徒掌邦教。敷五典。擾兆民。宗伯掌邦禮。治神人。和上下。司馬掌邦政。統六師。平邦國。司寇掌邦禁。詰姦慝。刑暴亂。司空掌邦土。居四民。時地利。六卿分職。各率其屬。以倡九牧。阜成兆民。六年。五服一朝。又六年。王乃時巡。考制度于四岳。諸侯各朝于方岳。大明黜陟。王曰。嗚呼。凡我有官君子。欽乃攸司。慎乃出令。令出惟行。弗惟反。以公滅私。民其允懷。學古入官。議事以制。政乃不迷。其爾典常作之師。無以利口亂厥官。蓄疑敗謀。怠忽荒政。不學牆面。蒞事惟煩。戒爾卿士。功崇惟志。業廣惟勤。惟克果斷。乃罔後艱。位不期驕。祿不期侈。恭儉惟德。無載爾僞。作德心逸日休。作僞心勞日拙。居寵思危。罔不惟畏。弗畏入畏。推賢讓能。庶官乃和。不和政厖。舉能其官。惟爾之能。稱匪其人。惟爾不任。王曰。嗚呼。三事暨大夫。敬爾有官。亂爾有政。以佑乃辟。永康兆民。萬邦惟無斁。

以上書古文依蔡沈集傳本

經傳治要卷一

經傳十種

詩　本里巷歌謠與朝廷樂章。古凡三千篇。孔子多取周詩。上采殷。下取魯。删爲三百十一篇。秦火亡其六篇。一說古詩原無三千之多。所謂删者。如篇删其句。句删其字。又其六篇爲笙詩。有聲無詞。雖經秦火。以其諷誦不專在竹帛。故今詩實全而未嘗亡。漢時立於學官者。有齊魯韓三家。後世皆不傳。獨傳毛公之學。故今稱詩亦曰毛詩。

關雎

關關雎鳩。在河之洲。窈窕淑女。君子好逑。參差荇菜。左右流之。窈窕淑女。寤寐求之。求之不得。寤寐思服。悠哉悠哉。輾轉反側。參差荇菜。左右采之。窈窕淑女。琴瑟友之。參差荇菜。左右芼之。窈窕淑女。鍾鼓樂之。

卷耳

采采卷耳。不盈頃筐。嗟我懷人。寘彼周行。陟彼崔嵬。我馬虺隤。我姑酌彼金罍。維以不永懷。陟彼高岡。我馬玄黃。我姑酌彼兕觥。維以不永傷。陟彼砠矣。我馬瘏矣。我僕痡矣。云何吁矣。

桃夭

桃之夭夭。灼灼其華。之子于歸。宜其室家。桃之夭夭。有蕡其實。之子于歸。宜其家室。桃之夭

夭其葉蓁蓁之子于歸宜其家人以上周南

甘棠

蔽芾甘棠勿翦勿伐召伯所茇蔽芾甘棠勿翦勿敗召伯所憩蔽芾甘棠勿翦勿拜召伯所說召南

柏舟

汎彼柏舟亦汎其流耿耿不寐如有隱憂微我無酒以敖以遊我心匪鑒不可以茹亦有兄弟不可以據薄言往愬逢彼之怒我心匪石不可轉也我心匪席不可卷也威儀棣棣不可選也憂心悄悄慍于羣小覯閔既多受侮不少靜言思之寤辟有摽日居月諸胡迭而微心之憂矣如匪澣衣靜言思之不能奮飛

谷風

習習谷風以陰以雨黽勉同心不宜有怒采葑采菲無以下體德音莫違及爾同死行道遲遲中心有違不遠伊邇薄送我畿誰謂荼苦其甘如薺宴爾新昏如兄如弟涇以渭濁湜湜其沚宴爾新昏不我屑以毋逝我梁毋發我笱我躬不閱遑恤我後就其深矣方之舟之就其淺矣泳之游之何有何亡黽勉求之凡民有喪匍匐救之不我能慉反以我爲讎既阻我德賈用不售昔育恐育鞫及爾顛覆既生既育比予于毒我有旨蓄亦以御冬宴爾新昏以

我御。窮有洸有潰。既詒我肄。不念昔者。伊余來墍。

北門

出自北門。憂心殷殷。終窶且貧。莫知我艱。已焉哉。天實爲之。謂之何哉。王事適我。政事一埤益我。我入自外。室人交徧讁我。已焉哉。天實爲之。謂之何哉。王事敦我。政事一埤遺我。我入自外。室人交徧摧我。已焉哉。天實爲之。謂之何哉。以上邶

柏舟

汎彼柏舟。在彼中河。髧彼兩髦。實維我儀。之死矢靡它。母也天只。不諒人只。汎彼柏舟。在彼河側。髧彼兩髦。實維我特。之死矢靡慝。母也天只。不諒人只。鄘

考槃

考槃在澗。碩人之寬。獨寐寤言。永矢弗諼。考槃在阿。碩人之薖。獨寐寤歌。永矢弗過。考槃在陸。碩人之軸。獨寐寤宿。永矢弗告。

氓

氓之蚩蚩。抱布貿絲。匪來貿絲。來即我謀。送子涉淇。至于頓丘。匪我愆期。子無良媒。將子無怒。秋以爲期。乘彼垝垣。以望復關。不見復關。泣涕漣漣。既見復關。載笑載言。爾卜爾筮。體無咎言。以爾車來。以我賄遷。桑之未落。其葉沃若。于嗟鳩兮。無食桑葚。于嗟女兮。無與士耽。士

之耽兮。猶可說也。女之耽兮。不可說也。桑之落矣。其黃而隕。自我徂爾。三歲食貧。淇水湯湯。漸車帷裳。女也不爽。士貳其行。士也罔極。二三其德。三歲爲婦。靡室勞矣。夙興夜寐。靡有朝矣。言既遂矣。至于暴矣。兄弟不知。咥其笑矣。靜言思之。躬自悼矣。及爾偕老。老使我怨。淇則有岸。隰則有泮。總角之宴。言笑晏晏。信誓旦旦。不思其反。反是不思。亦已焉哉。

伯兮

伯兮朅兮。邦之桀兮。伯也執殳。爲王前驅。自伯之東。首如飛蓬。豈無膏沐。誰適爲容。其雨其雨。杲杲出日。願言思伯。甘心首疾。焉得諼草。言樹之背。願言思伯。使我心痗。以上衛

黍離

彼黍離離。彼稷之苗。行邁靡靡。中心搖搖。知我者。謂我心憂。不知我者。謂我何求。悠悠蒼天。此何人哉。彼黍離離。彼稷之穗。行邁靡靡。中心如醉。知我者。謂我心憂。不知我者。謂我何求。悠悠蒼天。此何人哉。彼黍離離。彼稷之實。行邁靡靡。中心如噎。知我者。謂我心憂。不知我者。謂我何求。悠悠蒼天。此何人哉。

兔爰

有兔爰爰。雉離于羅。我生之初。尚無爲。我生之後。逢此百罹。尚寐無吪。有兔爰爰。雉離于罦。我生之初。尚無造。我生之後。逢此百憂。尚寐無覺。有兔爰爰。雉離于罿。我生之初。尚無庸。我

生之後。逢此百凶。尙寐無聰。以上王

女曰雞鳴

女曰雞鳴。士曰昧旦。子興視夜。明星有爛。將翺將翔。弋鳧與鴈。弋言加之。與子宜之。宜言飲酒。與子偕老。琴瑟在御。莫不靜好。知子之來之。雜佩以贈之。知子之順之。雜佩以問之。知子之好之。雜佩以報之。

出其東門

出其東門。有女如雲。雖則如雲。匪我思存。縞衣綦巾。聊樂我員。出其闉闍。有女如荼。雖則如荼。匪我思且。縞衣茹藘。聊可與娛。以上鄭

還

子之還兮。遭我乎猺之間兮。並驅從兩肩兮。揖我謂我儇兮。子之茂兮。遭我乎猺之道兮。並驅從兩牡兮。揖我謂我好兮。子之昌兮。遭我乎猺之陽兮。並驅從兩狼兮。揖我謂我臧兮。齊

陟岵

陟彼岵兮。瞻望父兮。父曰嗟予子行役。夙夜無已。上愼旃哉。猶來無止。陟彼屺兮。瞻望母兮。母曰嗟予季行役。夙夜無寐。上愼旃哉。猶來無棄。陟彼岡兮。瞻望兄兮。兄曰嗟予弟行役。夙夜必偕。上愼旃哉。猶來無死。

伐檀

坎坎伐檀兮。寘之河之干兮。河水清且漣猗。不稼不穡。胡取禾三百廛兮。不狩不獵。胡瞻爾庭有縣貆兮。彼君子兮。不素餐兮。坎坎伐輻兮。寘之河之側兮。河水清且直猗。不稼不穡。胡取禾三百億兮。不狩不獵。胡瞻爾庭有縣特兮。彼君子兮。不素食兮。坎坎伐輪兮。寘之河之漘兮。河水清且淪猗。不稼不穡。胡取禾三百囷兮。不狩不獵。胡瞻爾庭有縣鶉兮。彼君子兮。不素飧兮。以上魏

山有樞

山有樞。隰有榆。子有衣裳。弗曳弗婁。子有車馬。弗馳弗驅。宛其死矣。他人是愉。山有栲。隰有杻。子有廷內。弗洒弗埽。子有鍾鼓。弗鼓弗考。宛其死矣。他人是保。山有漆。隰有栗。子有酒食。何不日鼓瑟。且以喜樂。且以永日。宛其死矣。他人入室。

鴇羽

肅肅鴇羽。集于苞栩。王事靡盬。不能蓺稷黍。父母何怙。悠悠蒼天。曷其有所。肅肅鴇翼。集于苞棘。王事靡盬。不能蓺黍稷。父母何食。悠悠蒼天。曷其有極。肅肅鴇行。集于苞桑。王事靡盬。不能蓺稻粱。父母何嘗。悠悠蒼天。曷其有常。以上唐

蒹葭

蒹葭蒼蒼。白露爲霜。所謂伊人。在水一方。遡洄從之。道阻且長。遡游從之。宛在水中央。蒹葭萋萋。白露未晞。所謂伊人。在水之湄。遡洄從之。道阻且躋。遡游從之。宛在水中坻。蒹葭采采白露未已。所謂伊人。在水之涘。遡洄從之。道阻且右。遡游從之。宛在水中沚。

黃鳥

交交黃鳥。止于棘。誰從穆公。子車奄息。維此奄息。百夫之特。臨其穴。惴惴其慄。彼蒼者天。殲我良人。如可贖兮。人百其身。交交黃鳥。止于桑。誰從穆公。子車仲行。維此仲行。百夫之防。臨其穴。惴惴其慄。彼蒼者天。殲我良人。如可贖兮。人百其身。交交黃鳥。止于楚。誰從穆公。子車鍼虎。維此鍼虎。百夫之禦。臨其穴。惴惴其慄。彼蒼者天。殲我良人。如可贖兮。人百其身。以上秦

宛丘

子之湯兮。宛丘之上兮。洵有情兮。而無望兮。坎其擊鼓。宛丘之下。無冬無夏。值其鷺羽。坎其擊缶。宛丘之道。無冬無夏。值其鷺翿。陳

匪風

匪風發兮。匪車偈兮。顧瞻周道。中心怛兮。匪風飄兮。匪車嘌兮。顧瞻周道。中心弔兮。誰能亨魚。溉之釜鬵。誰將西歸。懷之好音。檜

蜉蝣

蜉蝣之羽。衣裳楚楚。心之憂矣。於我歸處。蜉蝣之翼。采采衣服。心之憂矣。於我歸息。蜉蝣掘閱。麻衣如雪。心之憂矣。於我歸說。曹

七月

七月流火。九月授衣。一之日觱發。二之日栗烈。無衣無褐。何以卒歲。三之日于耜。四之日舉趾。同我婦子。饁彼南畝。田畯至喜。七月流火。九月授衣。春日載陽。有鳴倉庚。女執懿筐。遵彼微行。爰求柔桑。春日遲遲。采蘩祁祁。女心傷悲。殆及公子同歸。七月流火。八月萑葦。蠶月條桑。取彼斧斨。以伐遠揚。猗彼女桑。七月鳴鵙。八月載績。載玄載黃。我朱孔陽。爲公子裳。四月莠葽。五月鳴蜩。八月其穫。十月隕蘀。一之日于貉。取彼狐狸。爲公子裘。二之日其同。載纘武功。言私其豵。獻豜于公。五月斯螽動股。六月莎雞振羽。七月在野。八月在宇。九月在戶。十月蟋蟀入我牀下。穹窒熏鼠。塞向墐戶。嗟我婦子。曰爲改歲。入此室處。六月食鬱及薁。七月亨葵及菽。八月剝棗。十月穫稻。爲此春酒。以介眉壽。七月食瓜。八月斷壺。九月叔苴。采荼薪樗。食我農夫。九月築場圃。十月納禾稼。黍稷重穋。禾麻菽麥。嗟我農夫。我稼既同。上入執宮功。晝爾于茅。宵爾索綯。亟其乘屋。其始播百穀。二之日鑿冰沖沖。三之日納于凌陰。四之日其蚤。獻羔祭韭。九月肅霜。十月滌場。朋酒斯饗。曰殺羔羊。躋彼公堂。稱彼兕觥。萬壽無疆。

鴟鴞

鴟鴞鴟鴞。既取我子。無毀我室。恩斯勤斯。鬻子之閔斯。迨天之未陰雨。徹彼桑土。綢繆牖戶。今女下民。或敢侮予。予手拮据。予所捋荼。予所蓄租。予口卒瘏。曰予未有室家。予羽譙譙。予尾翛翛。予室翹翹。風雨所漂搖。予維音嘵嘵。

東山

我徂東山。慆慆不歸。我來自東。零雨其濛。我東曰歸。我心西悲。制彼裳衣。勿士行枚。蜎蜎者蠋。烝在桑野。敦彼獨宿。亦在車下。我徂東山。慆慆不歸。我來自東。零雨其濛。果臝之實。亦施于宇。伊威在室。蠨蛸在戶。町畽鹿場。熠燿宵行。亦可畏也。伊可懷也。我徂東山。慆慆不歸。我來自東。零雨其濛。鸛鳴于垤。婦歎于室。洒埽穹窒。我征聿至。有敦瓜苦。烝在栗薪。自我不見。於今三年。我徂東山。慆慆不歸。我來自東。零雨其濛。倉庚于飛。熠燿其羽。之子于歸。皇駁其馬。親結其縭。九十其儀。其新孔嘉。其舊如之何。以上豳

以上國風

鹿鳴

呦呦鹿鳴。食野之苹。我有嘉賓。鼓瑟吹笙。吹笙鼓簧。承筐是將。人之好我。示我周行。呦呦鹿鳴。食野之蒿。我有嘉賓。德音孔昭。視民不恌。君子是則是傚。我有旨酒。嘉賓式燕以敖。呦呦鹿鳴。食野之芩。我有嘉賓。鼓瑟鼓琴。鼓瑟鼓琴。和樂且湛。我有旨酒。以燕樂嘉賓之心。

常棣

常棣之華。鄂不韡韡。凡今之人。莫如兄弟。死喪之威。兄弟孔懷。原隰裒矣。兄弟求矣。脊令在原。兄弟急難。每有良朋。況也永歎。兄弟鬩于牆。外禦其務。每有良朋。烝也無戎。喪亂既平。既安且寧。雖有兄弟。不如友生。儐爾籩豆。飲酒之飫。兄弟既具。和樂且孺。妻子好合。如鼓瑟琴。兄弟既翕。和樂且湛。宜爾家室。樂爾妻帑。是究是圖。亶其然乎。

伐木

伐木丁丁。鳥鳴嚶嚶。出自幽谷。遷于喬木。嚶其鳴矣。求其友聲。相彼鳥矣。猶求友聲。矧伊人矣。不求友生。神之聽之。終和且平。伐木許許。釃酒有藇。既有肥羜。以速諸父。寧適不來。微我弗顧。於粲洒埽。陳饋八簋。既有肥牡。以速諸舅。寧適不來。微我有咎。伐木于阪。釃酒有衍。籩豆有踐。兄弟無遠。民之失德。乾餱以愆。有酒湑我。無酒酤我。坎坎鼓我。蹲蹲舞我。迨我暇矣。飲此湑矣。

采薇

采薇采薇。薇亦作止。曰歸曰歸。歲亦莫止。靡室靡家。玁狁之故。不遑啟居。玁狁之故。采薇采薇。薇亦柔止。曰歸曰歸。心亦憂止。憂心烈烈。載飢載渴。我戍未定。靡使歸聘。采薇采薇。薇亦剛止。曰歸曰歸。歲亦陽止。王事靡盬。不遑啟處。憂心孔疚。我行不來。彼爾維何。維常之華。彼路斯何。君子之車。戎車既駕。四牡業業。豈敢定居。一月三捷。駕彼四牡。四牡騤騤。君子所依。小人所腓。四牡翼翼。象弭魚服。豈不日戒。玁狁孔棘。昔我往矣。楊柳依依。今我來思。雨雪霏霏。行道遲遲。載渴載飢。我心傷悲。莫知我哀。

節南山

節彼南山。維石巖巖。赫赫師尹。民具爾瞻。憂心如惔。不敢戲談。國既卒斬。何用不監。節彼南山。有實其猗。赫赫師尹。不平謂何。天方薦瘥。喪亂弘多。民言無嘉。憯莫懲嗟。尹氏大師。維周之氐。秉國之均。四方是維。天子是毗。俾民不迷。不弔昊天。不宜空我師。弗躬弗親。庶民弗信。弗問弗仕。勿罔君子。式夷式已。無小人殆。瑣瑣姻亞。則無膴仕。昊天不傭。降此鞠訩。昊天不惠。降此大戾。君子如屆。俾民心闋。君子如夷。惡怒是違。不弔昊天。亂靡有定。式月斯生。俾民不寧。憂心如酲。誰秉國成。不自爲政。卒勞百姓。駕彼四牡。四牡項領。我瞻四方。蹙蹙靡所騁。方茂爾惡。相爾矛矣。既夷既懌。如相醻矣。昊天不平。我王不寧。不懲其心。覆怨其正。家父作誦。以究王訩。式訛爾心。以畜萬邦。

正月

正月繁霜。我心憂傷。民之訛言。亦孔之將。念我獨兮。憂心京京。哀我小心。癙憂以痒。父母生我。胡俾我瘉。不自我先。不自我後。好言自口。莠言自口。憂心愈愈。是以有侮。憂心惸惸。念我無祿。民之無辜。并其臣僕。哀我人斯。於何從祿。瞻烏爰止。于誰之屋。瞻彼中林。侯薪侯蒸。民今方殆。視天夢夢。既克有定。靡人弗勝。有皇上帝。伊誰云憎。謂山蓋卑。爲岡爲陵。民之訛言。寧莫之懲。召彼故老。訊之占夢。具曰予聖。誰知烏之雌雄。謂天蓋高。不敢不局。謂地蓋厚。不敢不蹐。維號斯言。有倫有脊。哀今之人。胡爲虺蜴。瞻彼阪田。有菀其特。天之扤我。如不我克。彼求我則。如不我得。執我仇仇。亦不我力。心之憂矣。如或結之。今茲之正。胡然厲矣。燎之方揚。寧或滅之。赫赫宗周。褒姒威之。終其永懷。又窘陰雨。其車既載。乃棄爾輔。載輸爾載。將伯助予。無棄爾輔。員于爾輻。屢顧爾僕。不輸爾載。終踰絕險。曾是不意。魚在于沼。亦匪克樂。潛雖伏矣。亦孔之炤。憂心慘慘。念國之爲虐。彼有旨酒。又有嘉殽。洽比其鄰。昏姻孔云。念我獨兮。憂心慇慇。佌佌彼有屋。蔌蔌方有穀。民今之無祿。天夭是椓哿矣富人。哀此惸獨。

小弁

弁彼鸒斯。歸飛提提。民莫不穀。我獨于罹。何辜于天。我罪伊何。心之憂矣。云如之何。踧踧周道。鞫爲茂草。我心憂傷。惄焉如擣。假寐永歎。維憂用老。心之憂矣。疢如疾首。維桑與梓。必恭敬止。靡瞻匪父。靡依匪母。不屬于毛。不罹于裏。天之生我。我辰安在。菀彼柳斯。鳴蜩嘒嘒。有漼者淵。萑葦淠淠。譬彼舟流。不知所屆。心之憂矣。不遑假寐。鹿斯之奔。維足伎伎。雉之朝雊。尙求其雌。譬彼壞木。疾用無枝。心之憂矣。寧莫之知。相彼投兔。尙或先之。行有死人。尙或墐之君子秉心。維其忍之。心之憂矣。涕既隕之。君子信讒。如或醻之。君子不惠。不舒究之。伐木掎矣。析薪扡矣。舍彼有罪。予之佗矣。莫高匪山。莫浚匪泉。君子無易由言。耳屬于垣。無逝我梁。無發我笱。我躬不閱。遑恤我後。

巧言

悠悠昊天。曰父母且。無罪無辜。亂如此憮。昊天已威。予慎無罪。昊天大憮。予慎無辜。亂之初生。僭始既涵。亂之又生。君子信讒。君子如怒。亂庶遄沮。君子如祉。亂庶遄已。君子屢盟。亂是用長。君子信盜。亂是用暴。盜言孔甘。亂是用餤。匪其止共。維王之卭。奕奕寢廟。君子作之。秩秩大猷。聖人莫之。他人有心。予忖度之。躍躍毚兔。遇犬獲之。荏染柔木。君子樹之。往來行言。心焉數之。蛇蛇碩言。出自口矣。巧言如簧。顏之厚矣。彼何人斯。居河之麋。無拳無勇。職爲亂階。既微且尰。爾勇伊何。爲猶將多。爾居徒幾何。

巷伯

萋兮斐兮。成是貝錦。彼譖人者。亦已大甚。哆兮侈兮。成是南箕。彼譖人者。誰適與謀。緝緝翩翩。謀欲譖人。慎爾言也。謂爾不信。捷捷幡幡。謀欲譖言。豈不爾受。既其女遷。驕人好好。勞人草草。蒼天蒼天。視彼驕人。矜此勞人。彼譖人者。誰適與謀。取彼譖人。投畀豺虎。豺虎不食。投畀有北。有北不受。投畀有昊。楊園之道。猗于畝丘。寺人孟子。作爲此詩。凡百君子。敬而聽之。

蓼莪

蓼蓼者莪。匪莪伊蒿。哀哀父母。生我劬勞。蓼蓼者莪。匪莪伊蔚。哀哀父母。生我勞瘁。缾之罄矣。維罍之恥。鮮民之生。不如死之久矣。無父何怙。無母何恃。出則銜恤。入則靡至。父兮生我。母兮鞠我。拊我畜我。長我育我。顧我復我。出入腹我。欲報之德。昊天罔極。南山烈烈。飄風發發。民莫不穀。我獨何害。南山律律。飄風弗弗。民莫不穀。我獨不卒。

北山

陟彼北山。言采其杞。偕偕士子。朝夕從事。王事靡盬。憂我父母。溥天之下。莫非王土。率土之濱。莫非王臣。大夫不均。我從事獨賢。四牡彭彭。王事傍傍。嘉我未老。鮮我方將。旅力方剛。經營四方。或燕燕居息。或盡瘁事國。或息偃在牀。或不已于行。或不知叫號。或慘慘劬勞。或棲遲偃仰。或王事鞅掌。或湛樂飲酒。或慘慘畏咎。或出入風議。或靡事不爲。

以上小雅

文王

文王在上。於昭于天。周雖舊邦。其命維新。有周不顯。帝命不時。文王陟降。在帝左右。亹亹文王。令聞不已。陳錫哉周。侯文王孫子。文王孫子。本支百世。凡周之士。不顯亦世。世之不顯。厥猶翼翼。思皇多士。生此王國。王國克生。維周之楨。濟濟多士。文王以寧。穆穆文王。於緝熙敬止。假哉天命。有商孫子。商之孫子。其麗不億。上帝既命。侯于周服。侯服于周。天命靡常。殷士膚敏。祼將于京。厥作祼將。常服黼冔。王之藎臣。無念爾祖。無念爾祖。聿修厥德。永言配命。自求多福。殷之未喪師。克配上帝。宜鑒于殷。駿命不易。命之不易。無遏爾躬。宣昭義問。有虞殷自天。上天之載。無聲無臭。儀刑文王。萬邦作孚。

思齊

思齊大任。文王之母。思媚周姜。京室之婦。大姒嗣徽音。則百斯男。惠于宗公。神罔時怨。神罔時恫。刑于寡妻。至于兄弟。以御于家邦。雝雝在宮。肅肅在廟。不顯亦臨。無射亦保。肆戎疾不殄。烈假不瑕。不聞亦式。不諫亦入。肆成人有德。小子有造。古之人無斁。譽髦斯士。

文王有聲

文王有聲。遹駿有聲。遹求厥寧。遹觀厥成。文王烝哉。文王受命。有此武功。既伐于崇。作邑于豐。文王烝哉。築城伊淢。作豐伊匹。匪棘其欲。遹追來孝。王后烝哉。王公伊濯。維豐之垣。四方攸同。王后維翰。王后烝哉。豐水東注。維禹之績。四方攸同。皇王維辟。皇王烝哉。鎬京辟廱。自西自東。自南自北。無思不服。皇王烝哉。考卜維王。宅是鎬京。維龜正之。武王成之。武王烝哉。豐水有芑。武王豈不仕。詒厥孫謀。以燕翼子。武王烝哉。

民勞

民亦勞止。汔可小康。惠此中國。以綏四方。無縱詭隨。以謹無良。式遏寇虐。憯不畏明。柔遠能邇。以定我王。民亦勞止。汔可小休。惠此中國。以爲民逑。無縱詭隨。以謹惛怓。式遏寇虐。無俾民憂。無棄爾勞。以爲王休。民亦勞止。汔可小息。惠此京師。以綏四國。無縱詭隨。以謹罔極。式遏寇虐。無俾作慝。敬慎威儀。以近有德。民亦勞止。汔可小愒。惠此中國。俾民憂泄。無縱詭隨。以謹醜厲。式遏寇虐。無俾正敗。戎雖小子。而式弘大。民亦勞止。汔可小安。惠此中國。國無有殘。無縱詭隨。以謹繾綣。式遏寇虐。無俾正反。王欲玉女。是用大諫。

板

上帝板板。下民卒癉。出話不然。爲猶不遠。靡聖管管。不實於亶。猶之未遠。是用大諫。天之方難。無然憲憲。天之方蹶。無然泄泄。辭之輯矣。民之洽矣。辭之懌矣。民之莫矣。我雖異事。及爾同寮。我卽爾謀。聽我囂囂。我言維服。勿以爲笑。先民有言。詢于芻蕘。天之方虐。無然謔謔。老夫灌灌。小子蹻蹻。匪我言耄。爾用憂謔。多將熇熇。不可救藥。天之方懠。無爲夸毗。威儀卒迷。善人載尸。民之方殿屎。則莫我敢葵。喪亂蔑資。曾莫惠我師。天之牖民。如壎如篪。如璋如圭。如取如攜。攜無曰益。牖民孔易。民之多辟。無自立辟。价人維藩。大師維垣。大邦維屏。大宗維翰。懷德維寧。宗子維城。無俾城壞。無獨斯畏。敬天之怒。無敢戲豫。敬天之渝。無敢馳驅。昊天曰明。及爾出王。昊天曰旦。及爾游衍。

蕩

蕩蕩上帝。下民之辟。疾威上帝。其命多辟。天生烝民。其命匪諶。靡不有初。鮮克有終。文王曰咨。咨女殷商。曾是彊禦。曾是掊克。曾是在位。曾是在服。天降滔德。女興是力。文王曰咨。咨女殷商。而秉義類。彊禦多懟。流言以對。寇攘式內。侯作侯祝。靡屆靡究。文王曰咨。咨女殷商。女炰烋于中國。斂怨以爲德。不明爾德。時無背無側。爾德不明。以無陪無卿。文王曰咨。咨女殷商。天不湎爾以酒。不義從式。既愆爾止。靡明靡晦。式號式呼。俾晝作夜。文王曰咨。咨女殷商。如蜩如螗。如沸如羹。小大近喪。人尚乎由行。內奰于中國。覃及鬼方。文王曰咨。咨女殷商。匪上帝不時。殷不用舊。雖無老成人。尚有典刑。曾是莫聽。大命以傾。文王曰咨。咨女殷商。人亦有言。顚沛之揭。枝葉未有害。本實先撥。殷鑒不遠。在夏后之世

抑

抑抑威儀。維德之隅。人亦有言。靡哲不愚。庶人之愚。亦職維疾。哲人之愚。亦維斯戾。無競維人。四方其訓之。有覺德行。四國順之。訏謨定命。遠猶辰告。敬慎威儀。維民之則。其在于今。興迷亂于政。顚覆厥德。荒湛于酒。女雖湛樂從。弗念厥紹。罔敷求先王。克共明刑。肆皇天弗尚。如彼泉流。無淪胥以亡。夙興夜寐。洒埽廷內。維民之章。修爾車馬。弓矢戎兵。用戒戎作。用逷蠻方。質爾人民。謹爾侯度。用戒不虞。慎爾出話。敬爾威儀。無不柔嘉。白圭之玷。尚可磨也。斯

言之玷。不可為也。無易由言。無曰苟矣。莫捫朕舌。言不可逝矣。無言不讎。無德不報。惠于朋友。庶民小子。子孫繩繩。萬民靡不承。視爾友君子。輯柔爾顏。不遐有愆。相在爾室。尚不愧于屋漏。無曰不顯。莫予云覯。神之格思。不可度思。矧可射思。辟爾為德。俾臧俾嘉。淑慎爾止。不愆于儀。不僭不賊。鮮不為則。投我以桃。報之以李。彼童而角。實虹小子。荏染柔木。言緡之絲。溫溫恭人。維德之基。其維哲人。告之話言。順德之行。其維愚人。覆謂我僭。民各有心。於乎小子。未知臧否。匪手攜之。言示之事。匪面命之。言提其耳。借曰未知。亦既抱子。民之靡盈。誰夙知而莫成。昊天孔昭。我生靡樂。視爾夢夢。我心慘慘。誨爾諄諄。聽我藐藐。匪用為教。覆用為虐。借曰未知。亦聿既耄。於乎小子。告爾舊止。聽用我謀。庶無大悔。天方艱難。曰喪厥國。取譬不遠。昊天不忒。回遹其德。俾民大棘。

烝民

天生烝民。有物有則。民之秉彝。好是懿德。天監有周。昭假于下。保茲天子。生仲山甫。仲山甫之德。柔嘉維則。令儀令色。小心翼翼。古訓是式。威儀是力。天子是若。明命使賦。王命仲山甫。式是百辟。纘戎祖考。王躬是保。出納王命。王之喉舌。賦政于外。四方爰發。肅肅王命。仲山甫將之。邦國若否。仲山甫明之。既明且哲。以保其身。夙夜匪解。以事一人。人亦有言。柔則茹之。剛則吐之。維仲山甫。柔亦不茹。剛亦不吐。不侮矜寡。不畏彊禦。人亦有言。德輶如毛。民鮮克舉之。我儀圖之。維仲山甫舉之。愛莫助之。袞職有闕。維仲山甫補之。仲山甫出祖。四牡業業。征夫捷捷。每懷靡及。四牡彭彭。八鸞鏘鏘。王命仲山甫。城彼東方。四牡騤騤。八鸞喈喈。仲山甫徂齊。式遄其歸。吉甫作誦。穆如清風。仲山甫永懷。以慰其心。

瞻卬

瞻卬昊天。則不我惠。孔塡不寧。降此大厲。邦靡有定。士民其瘵。蟊賊蟊疾。靡有夷屆。罪罟不收。靡有夷瘳。人有土田。女反有之。人有民人。女覆奪之。此宜無罪。女反收之。彼宜有罪。女覆說之。哲夫成城。哲婦傾城。懿厥哲婦。爲梟爲鴟。婦有長舌。維厲之階。亂匪降自天。生自婦人。匪教匪誨。時維婦寺。鞫人忮忒。譖始竟背。豈曰不極。伊胡爲慝。如賈三倍。君子是識。婦無公事。休其蠶織。天何以刺。何神不富。舍爾介狄。維予胥忌。不弔不祥。威儀不類。人之云亡。邦國殄瘁。天之降罔。維其優矣。人之云亡。心之憂矣。天之降罔。維其幾矣。人之云亡。心之悲矣。觱沸檻泉。維其深矣。心之憂矣。寧自今矣。不自我先。不自我後。藐藐昊天。無不克鞏。無忝皇祖。式救爾後。

以上大雅

清廟

於穆清廟。肅雝顯相。濟濟多士。秉文之德。對越在天。駿奔走在廟。不顯不承。無射於人斯。

烈文

烈文辟公。錫茲祉福。惠我無疆。子孫保之。無封靡于爾邦。維王其崇之。念茲戎功。繼序其皇之。無競維人。四方其訓之。不顯維德。百辟其刑之。於乎前王不忘。

閔予小子

閔予小子。遭家不造。嬛嬛在疚。於乎皇考。永世克孝。念茲皇祖。陟降庭止。維予小子。夙夜敬止。於乎皇王。繼序思不忘。

敬之

敬之敬之。天維顯思。命不易哉。無曰高高在上。陟降厥士。日監在茲。維予小子。不聰敬止。日就月將。學有緝熙于光明。佛時仔肩。示我顯德行。以上周

泮水

思樂泮水。薄采其芹。魯侯戾止。言觀其旂。其旂茷茷。鸞聲噦噦。無小無大。從公于邁。思樂泮水。薄采其藻。魯侯戾止。其馬蹻蹻。其馬蹻蹻。其音昭昭。載色載笑。匪怒伊敎。思樂泮水。薄采其茆。魯侯戾止。在泮飲酒。既飲旨酒。永錫難老。順彼長道。屈此羣醜。穆穆魯侯。敬明其德。敬慎威儀。維民之則。允文允武。昭假烈祖。靡有不孝。自求伊祜。明明魯侯。克明其德。既作泮宮。淮夷攸服。矯矯虎臣。在泮獻馘。淑問如皐陶。在泮獻囚。濟濟多士。克廣德心。桓桓于征。狄彼

東南。烝烝皇皇。不吳不揚。不告于訩。在泮獻功。角弓其觩。束矢其搜。戎車孔博。徒御無斁。既克淮夷。孔淑不逆。式固爾猶。淮夷卒獲。翩彼飛鴞。集于泮林。食我桑黮。懷我好音。憬彼淮夷。來獻其琛。元龜象齒。大賂南金。魯

那

猗與那與。置我鞉鼓。奏鼓簡簡。衎我烈祖。湯孫奏假。綏我思成。鞉鼓淵淵。嘒嘒管聲。既和且平。依我磬聲。於赫湯孫。穆穆厥聲。庸鼓有斁。萬舞有奕。我有嘉客。亦不夷懌。自古在昔。先民有作。溫恭朝夕。執事有恪。顧予烝嘗。湯孫之將。

長發

濬哲維商。長發其祥。洪水芒芒。禹敷下土方。外大國是疆。幅隕既長。有娀方將。帝立子生商。玄王桓撥。受小國是達。受大國是達。率履不越。遂視既發。相土烈烈。海外有截。帝命不違。至于湯齊。湯降不遲。聖敬日躋。昭假遲遲。上帝是祗。帝命式于九圍。受小球大球。為下國綴旒。何天之休。不競不絿。不剛不柔。敷政優優。百祿是遒。受小共大共。為下國駿厖。何天之龍。敷奏其勇。不震不動。不戁不竦。百祿是總。武王載旆。有虔秉鉞。如火烈烈。則莫我敢曷。苞有三櫱。莫遂莫達。九有有截。韋顧既伐。昆吾夏桀。昔在中葉。有震且業。允也天子。降予卿士。實維阿衡。實左右商王。以上商

經傳治要卷一

經傳十種

周禮　亦名周官。周公居攝以後所作。擬周室之官制而未盡實行者。分天地春夏秋冬六官。共六篇。統攝各職。爲後世官設六部所由昉。秦火後。漢河間獻王得之於山巖屋壁之中。而失其冬官一篇。因以考工記補之。王莽時。劉歆爲置博士。始行於世。與儀禮禮記合稱三禮。

大宰

大宰之職。掌建邦之六典。以佐王治邦國。一曰治典。以經邦國。以治官府。以紀萬民。二曰教典。以安邦國。以教官府。以擾萬民。三曰禮典。以和邦國。以統百官。以諧萬民。四曰政典。以平邦國。以正百官。以均萬民。五曰刑典。以詰邦國。以刑百官。以糾萬民。六曰事典。以富邦國。以任百官。以生萬民。以八灋治官府。一曰官屬。以舉邦治。二曰官職。以辨邦治。三曰官聯。以會官治。四曰官常。以聽官治。五曰官成。以經邦治。六曰官灋。以正邦治。七曰官刑。以糾邦治。八曰官計。以弊邦治。以八則治都鄙。一曰祭祀。以馭其神。二曰灋則。以馭其官。三曰廢置。以馭其吏。四曰祿位。以馭其士。五曰賦貢。以馭其用。六曰禮俗。以馭其民。七曰刑賞。以馭其威。八曰田役。以馭其衆。以八柄詔王馭羣臣。一曰爵。以馭其貴。二曰祿。以馭其富。三曰予。以馭其幸。四曰置以馭其行。五曰生以馭其福。六曰奪以馭其貧。七曰廢以馭其罪。八曰誅以馭其過。以八統詔王馭萬民。一曰親親。二曰敬故。三曰敬賢。四曰使能。五曰保庸。六曰尊貴。七曰達吏。八曰禮賓。以九職任萬民。一曰三農生九穀。二曰園圃毓草木。三曰虞衡作山澤之材。四曰藪牧養蕃鳥獸。五曰百工飭化八材。六曰商賈阜通貨賄。七曰嬪婦化治絲枲。八曰臣妾聚斂疏材。九曰閒民無常職轉移執事。以九賦斂財賄。一曰邦中之賦。二曰四郊之賦。三曰邦甸之賦。四曰家削之賦。五曰邦縣之賦。六曰邦都之賦。七曰關市之賦。八曰山澤之賦。九曰幣餘之賦。以九式均節財用。一曰祭祀之式。二曰賓客之式。三曰喪荒之式。四曰羞服之式。五曰工事之式。六曰幣帛之式。七曰芻秣之式。八曰匪頒之式。九曰好用之式。以九貢致邦國之用。一曰祀貢。二曰嬪貢。三曰器貢。四曰幣貢。五曰材貢。六曰貨貢。七曰服貢。八曰斿貢。九曰物貢。以九兩繫邦國之民。一曰牧以地得民。二曰長以貴得民。三曰師以賢得民。四曰儒以道得民。五曰宗以族得民。六曰主以利得民。七曰吏以治得民。八曰友以任得民。九曰藪以富得民。正月之吉。始和布治于邦國都鄙。乃縣治象之灋于象魏。使萬民觀治象。挾日而斂之。乃施典于邦國。而建其牧。立其監。設其參。傅其伍。陳其殷。置其輔。乃施則于都鄙。而建其長。立其兩。設其伍。陳其殷。置其輔。乃施灋于官府。而建其正。立其貳。設其攷。陳其殷。置其輔。凡治以典待邦國之治。以則待都鄙之治。以灋待官府之治。以官成待萬民之治。

以禮待賓客之治。祀五帝。則掌百官之誓戒。與其具脩。前期十日。帥執事而卜日。遂戒。及執事。眡滌濯。及納亨。贊王牲事。及祀之日。贊玉幣爵之事。祀大神示亦如之。享先王亦如之。贊玉几玉爵。大朝覲會同。贊玉幣玉獻玉几玉爵。大喪。贊贈玉含玉。作大事。則戒於百官。贊王命。王眡治朝。則贊聽治。眡四方之聽朝。亦如之。凡邦之小治。則冢宰聽之。待四方之賓客之小治。歲終。則令百官府各正其治。受其會。聽其致事。而詔王廢置。三歲。則大計羣吏之治而誅賞之。

大司徒

大司徒之職。掌建邦之土地之圖。與其人民之數。以佐王安擾邦國。以天下土地之圖。周知九州之地域廣輪之數。辨其山林川澤丘陵墳衍原隰之名物。而辨其邦國都鄙之數。制其畿疆而溝封之。設其社稷之壝而樹之田主。各以其野之所宜木。遂以名其社與其野。以土會之灋。辨五地之物生。一曰山林。其動物宜毛物。其植物宜皁物。其民毛而方。二曰川澤。其動物宜鱗物。其植物宜膏物。其民黑而津。三曰丘陵。其動物宜羽物。其植物宜覈物。其民專而長。四曰墳衍。其動物宜介物。其植物宜莢物。其民晳而瘠。五曰原隰。其動物宜贏物。其植物宜叢物。其民豐肉而庳。因此五物者民之常。而施十有二教焉。一曰以祀禮教敬。則民不苟。二曰以陽禮教讓。則民不爭。三曰以陰禮教親。則民不怨。四曰以樂禮教和。則民不乖。五曰以儀辨等則民不越。六曰以俗敎安則民不偷。七曰以刑敎中則民不虣。八曰以誓敎恤則民不怠。九曰以度敎節則民知足。十曰以世事敎能則民不失職。十有一曰以賢制爵則民愼德。十有二曰以庸制祿則民興功。以土宜之灋辨十有二土之名物。以相民宅而知其利害。以阜人民。以蕃鳥獸。以毓草木。以任土事。辨十有二壤之物而知其種。以敎稼穡樹蓺。以土均之灋辨五物九等。制天下之地征。以作民職。以令地貢。以斂財賦。以均齊天下之政。以土圭之灋測土深。正日景。以求地中。日南則景短多暑。日北則景長多寒。日東則景夕多風。日西則景朝多陰。日至之景尺有五寸。謂之地中。天地之所合也。四時之所交也。風雨之所會也。陰陽之所和也。然則百物阜安。乃建王國焉。制其畿方千里而封樹之。凡建邦國以土圭土其地而制其域。諸公之地封疆方五百里。其食者半。諸侯之地封疆方四百里。其食者參之一。諸伯之地封疆方三百里。其食者參之一。諸子之地封疆方二百里。其食者四之一。諸男之地封疆方百里。其食者四之一。凡造都鄙制其地域而封溝之。以其室數制之。不易之地家百晦。一易之地家二百晦。再易之地家三百晦。乃分地職。奠地守。制地貢。而頒職事焉。以爲地灋而待政令。以荒政十有二聚萬民。一曰散利。二曰薄征。三曰緩刑。四曰弛力。五曰舍禁。六曰去幾。七曰眚禮。八曰殺哀。九曰蕃樂。十曰多昏。十有一曰索鬼神。十有二曰除盜賊。以保息六養萬民。一曰慈幼。二曰養老。三曰振窮。四曰恤貧。五曰寬疾。六曰安富。以本俗六安萬民。一曰媺宮室。二曰族墳墓。三曰聯兄弟。四曰聯師儒。五曰聯朋友。六曰同衣服。正月之吉。始和布敎于邦國都鄙。乃縣敎象之灋于象魏。使萬民觀敎象。挾日而斂之。乃施敎灋于邦國都鄙。使之各以敎其所治民。令五家爲比。使之相保。五比爲閭。使之相受。四閭爲族。使之相葬。五族爲黨。使之相救。五黨爲州。使之相賙。五州爲鄉。使之相賓。頒職事十有二于邦國都鄙。使以登萬民。一曰稼穡。二曰樹蓺。三曰作材。四曰阜蕃。五曰飭材。六曰通財。七曰化材。八曰斂材。九曰生材。十曰學藝。十有一曰世事。十有二曰服事。以鄉三物敎萬民而賓興之。一曰六德。知仁聖義忠和。二曰六行。孝友睦婣任恤。三曰六藝。禮樂射御書數。以鄉八刑糾萬民。一曰不孝之刑。二曰不睦之刑。三曰不婣之刑。四曰不弟之刑。五曰不任之刑。六曰不恤之刑。七曰造言之刑。八曰亂民之刑。以五禮防萬民之僞而敎之中。以六樂防萬民之情而敎之和。凡萬民之不服敎而有獄訟者。與有地治者。聽而斷之。其附于刑者。歸于士。祀五帝。奉牛牲。羞其肆。享先王亦如之。大賓客。令野脩道委積。大喪。帥六鄉之衆庶。屬其六引。而治其政令。大軍旅大田役。以旗致萬民。而治其徒庶之政令。若國有大故。則致萬民於王門。令無節者不行於天下。大荒大札。則令邦國移民通財。舍禁弛力。薄征緩刑。歲終。則令敎官正治而致事。正歲。令于敎官曰。各共爾職。修乃事。以聽王命。其有不正。則國有常刑。

大宗伯

大宗伯之職。掌建邦之天神人鬼地示之禮。以佐王建保邦國。以吉禮事邦國之鬼神示。以禋祀祀昊天上帝。以實柴祀日月星辰。以槱燎祀司中司命飌師雨師。以血祭祭社稷五祀五嶽。以貍沈祭山林川澤。以疈辜祭四方百物。以肆獻祼享先王。以饋食享先王。以祠春享先王。以禴夏享先王。以嘗秋享先王。以烝冬享先王。以凶禮哀邦國之憂。以喪禮哀死亡。以荒禮哀凶札。以弔禮哀禍烖。以禬禮哀圍敗。以恤禮哀寇亂。以賓禮親邦國。春見曰朝。夏見曰宗。秋見曰覲。冬見曰遇。時見曰會。殷見曰同。時聘曰問。殷覜曰視。以軍禮同邦國。大師之禮。用衆也。大均之禮。恤衆也。大田之禮。簡衆也。大役之禮。任衆也。大封之禮。合衆也。以嘉禮親萬民。以飲食之禮。親宗族兄弟。以昏冠之禮。親成男女。以賓射之禮。親故舊朋友。以饗燕之禮。親四方之賓客。以脤膰之禮。親兄弟之國。以賀慶之禮。親異姓之國。以九儀之命。正邦國之位。壹命受職。再命受服。三命受位。四命受器。五命賜則。六命賜官。七命賜國。八命作牧。九命作伯。以玉作六瑞。以等邦國。王執鎮圭。公執桓圭。侯執信圭。伯執躬圭。子執穀璧。男執蒲璧。以禽作六摯。以等諸臣。孤執皮帛。卿執羔。大夫執鴈。士執雉。庶人執鶩。工商執鷄。以玉作六器。以禮天地四方。以蒼璧禮天。以黃琮禮地。以青圭禮東方。以赤璋禮南方。以白琥禮西方。以玄璜禮北方。皆有牲幣。各放其器之色。以天產作陰德。以中禮防之。以地產作陽德。

以和樂防之。以禮樂合天地之化。百物之產。以事鬼神。以諧萬民。以致百物。凡祀大神。享大鬼。祭大示。帥執事而卜日。宿。眡滌濯。涖玉鬯。省牲鑊。奉玉齍。詔大號。治其大禮。詔相王之大禮。若王不與祭祀。則攝位。凡大祭祀。王后不與。則攝而薦豆籩。徹。大賓客。則攝而載果。朝覲會同。則爲上相。大喪亦如之。王哭諸侯亦如之。王命諸侯。則儐。國有大故。則旅上帝及四望。王大封。則先告后土。乃頒祀于邦國都家鄉邑。

大司馬

大司馬之職。掌建邦國之九灋。以佐王平邦國。制畿封國。以正邦國。設儀辨位。以等邦國。進賢興功。以作邦國。建牧立監。以維邦國。制軍詰禁。以糾邦國。施貢分職。以任邦國。簡稽鄉民。以用邦國。均守平則。以安邦國。比小事大。以和邦國。以九伐之灋正邦國。馮弱犯寡則眚之。賊賢害民則伐之。暴內陵外則壇之。野荒民散則削之。負固不服則侵之。賊殺其親則正之。放弒其君則殘之。犯令陵政則杜之。外內亂。鳥獸行。則滅之。正月之吉。始和布政于邦國都鄙。乃縣政象之灋于象魏。使萬民觀政象。挾日而斂之。乃以九畿之籍。施邦國之政職。方千里曰國畿。其外方五百里曰侯畿。又其外方五百里曰甸畿。又其外方五百里曰男畿。又其外方五百里曰采畿。又其外方五百里曰衛畿。又其外方五百里曰蠻畿。又其外方五百里曰夷畿。又其外方五百里曰鎮畿。又其外方五百里曰蕃畿。凡令賦。以地與民制之。上地食者參之二。其民可用者家三人。中地食者半。其民可用者二家五人。下地食者參之一。其民可用者家二人。中春教振旅。司馬以旗致民。平列陳。如戰之陳。辨鼓鐸鐲鐃之用。王執路鼓。諸侯執賁鼓。軍將執晉鼓。師帥執提。旅帥執鼙。卒長執鐃。兩司馬執鐸。公司馬執鐲。以教坐作進退疾徐疏數之節。遂以蒐田。有司表貉。誓民。鼓。遂圍禁。火弊。獻禽以祭社。中夏教茇舍。如振旅之陳。羣吏撰車徒。讀書契。辨號名之用。帥以門名。縣鄙各以其名。家以號名。鄉以州名。野以邑名。百官各象其事。以辨軍之夜事。其他皆如振旅。遂以苗田。如蒐之灋。車弊獻禽以享礿。中秋教治兵。如振旅之陳。辨旗物之用。王載大常。諸侯載旂。軍吏載旗。師都載旜。鄉遂載物。郊野載旐。百官載旟。各書其事與其號焉。其他皆如振旅。遂以獮田。如蒐田之灋。羅弊致禽以祀祊。中冬教大閱。前期羣吏戒衆庶。修戰灋。虞人萊所田之野。爲表。百步則一。爲三表。又五十步爲一表。田之日。司馬建旗于後表之中。羣吏以旗物鼓鐸鐲鐃。各帥其民而致。質明。弊旗。誅後至者。乃陳車徒。如戰之陳。皆坐。羣吏聽誓于陳前。斬牲以左右徇陳。曰。不用命者斬之。中軍以鼙令鼓。鼓人皆三鼓。司馬振鐸。羣吏作旗。車徒皆作。鼓行。鳴鐲。車徒皆行。及表乃止。三鼓。摝鐸。羣吏弊旗。車徒皆坐。又三鼓。振鐸。作旗。車徒皆作。鼓進。鳴鐲。車驟徒趨。及表乃止。坐作如初。乃鼓。車馳徒走。及表乃止。鼓戒三闋。車三發。徒三刺。乃鼓退。鳴鐃。且卻。及表乃止。坐作如初。遂以狩田。以旌爲左右和之門。羣吏各帥其車徒以敍和出。左右陳車徒。有司平之。旗居卒間以分地。前後有屯百步。有司巡其前後。險野人爲主。易野車爲主。既陳。乃設驅逆之車。有司表貉于陳前。中軍以鼙令鼓。鼓人皆三鼓。羣司馬振鐸。車徒皆作。遂鼓行。徒銜枚而進。大獸公之。小禽私之。獲者取左耳。及所弊。鼓皆駴。車徒皆譟。徒乃弊。致禽饁獸于郊。入獻禽以享烝。及師。大合軍。以行禁令。以救無辜。伐有罪。若大師。則掌其戒令。涖大卜。帥執事涖釁主及軍器。及致。建大常。比軍衆。誅後至者。及戰。巡陳。眡事而賞罰。若師有功。則左執律。右秉鉞。以先愷樂獻於社。若師不功。則厭而奉主車。王弔勞士庶子。則相。大役。與慮事。屬其植。受其要。以待考而賞誅。大會同。則帥士庶子而掌其政令。若大射。則合諸侯之六耦。大祭祀。饗食。羞牲魚。授其祭。大喪。平士大夫。喪祭。奉詔馬牲。

大司寇

大司寇之職。掌建邦之三典。以佐王刑邦國。詰四方。一曰刑新國用輕典。二曰刑平國用中典。三曰刑亂國用重典。以五刑糾萬民。一曰野刑。上功糾力。二曰軍刑。上命糾守。三曰鄉刑。上德糾孝。四曰官刑。上能糾職。五曰國刑。上愿糾暴。以圜土聚教罷民。凡害人者。寘之圜土而施職事焉。以明刑恥之。其能改者。反於中國。不齒三年。其不能改而出圜土者。殺。以兩造禁民訟。入束矢於朝。然後聽之。以兩劑禁民獄。入鈞金。三日乃致於朝。然後聽之。以嘉石平罷民。凡萬民之有罪過而未麗於法。而害於州里者。桎梏而坐諸嘉石。役諸司空。重罪旬有三日坐。朞役。其次九日坐。九月役。其次七日坐。七月役。其次五日坐。五月役。其下罷三日坐。三月役。使州里任之。則宥而舍之。以肺石達窮民。凡遠近惸獨老幼之欲有復於上而其長弗達者。立於肺石。三日。士聽其辭。以告於上而罪其長。正月之吉。始和。布刑於邦國都鄙。乃縣刑象之灋於象魏。使萬民觀刑象。挾日而斂之。凡邦之大盟約。涖其盟書而登之於天府。大史內史司會及六官。皆受其貳而藏之。凡諸侯之獄訟。以邦典定之。凡卿大夫之獄訟。以邦灋斷之。凡庶民之獄訟。以邦成弊之。大祭祀。奉犬牲。若禋祀五帝。則戒之日。涖誓百官。戒於百族。及納亨。前王。祭之日。亦如之。奉其明水火。凡朝覲會同。前王。大喪亦如之。大軍旅。涖戮於社。凡邦之大事。使其屬蹕。

考工記敘

國有六職。百工與居一焉。或坐而論道。或作而行之。或審曲面埶。以飭五材。以辨民器。或通四方之珍異以資之。或飭力以長地財。或治絲麻以成之。坐而論道。謂之王公。作而行之。謂之士大夫。審曲面埶。以飭五材。以辨民器。謂之百工。通四方之珍異以資之。謂之商旅。飭力以長地財。謂之農夫。治絲麻以成之。謂之婦功。粵無鎛。燕無函。秦無廬。胡無弓車。粵之無鎛也。非無鎛也。夫人而能爲鎛也。燕之無函也。非無函也。夫人而能爲函也。秦之無廬也。非無廬也。夫人而能爲廬也。胡之無弓車也。非無弓車也。夫人而能爲弓車也。知者創物。巧者述之。守之世。謂之工。百工之事。皆聖人之作也。爍金以爲刃。凝土以爲器。作車以行陸。作舟以行水。此皆聖人之所作也。天有時。地有氣。材有美。工有巧。合此四者。然後可以爲良。材美工巧。然而不良。則不時。不得地氣也。橘踰淮而北爲枳。鸜鵒不踰濟。貉踰汶則死。此地氣然也。鄭之刀。宋之斤。魯之削。吳粤之劍。遷乎其地而弗能爲良。地氣然也。燕之角。荊之幹。妢胡之笴。吳粤之金錫。此材之美者也。天有時以生。有時以殺。草木有時以生。有時以死。石有時以泐。水有時以凝。有時以澤。此天時也。凡攻木之工七。攻金之工六。攻皮之工五。設色之工五。刮摩之工五。搏埴之工二。攻木之工。輪。輿。弓。廬。匠。車。梓。攻金之工。築。冶。鳧。㮚。段。桃。攻皮之工。函。鮑。韗。韋。裘。設色之工。畫。繢。鍾。筐。㡛。刮摩之工。玉。楖。雕。矢。磬。搏埴之工。陶。瓬。有虞氏上陶。夏后氏上匠。殷人上梓。周人上輿。故一器而工聚焉者。車爲多。車有六等之數。車軫四尺。謂之一等。戈柲六尺有六寸。既建而迆。崇於軫四尺。謂之二等。人長八尺。崇於戈四尺。謂之三等。殳長尋有四尺。崇於人四尺。謂之四等。車戟常。崇於殳四尺。謂之五等。酋矛常有四尺。崇於戟四尺。謂之六等。車謂之六等之數。凡察車之道。必自載於地者始也。是故察車自輪始。凡察車之道。欲其樸屬而微至。不樸屬。無以爲完久也。不微至。無以爲戚速也。輪已崇。則人不能登也。輪已庳。則於馬終古登阤也。故兵車之輪六尺有六寸。田車之輪六尺有三寸。乘車之輪。六尺有六寸。六尺有六寸之輪。軹崇三尺有三寸也。加軫與轐焉。四尺也。人長八尺。登

經傳治要卷一

經傳十種

儀禮　蓋周代所行之禮制儀式。如冠昏喪祭之事。進退揖讓之文。孔子因之而歎夫郁郁者也。周衰。諸侯惡其害己。滅去其籍。漢興。高堂生傳士禮十七篇。即今儀禮。說者謂三禮中獨儀禮乃孔子刪定六經中之禮經。然其書出於灰燼之餘。多所殘闕。又其條文繁密。今古殊情。自來號爲難讀。信非專家不能詳也。

士冠禮

士冠禮。筮于廟門。主人玄冠。朝服。緇帶。素韠。即位于門東。西面。有司如主人服。即位于西方。東面。北上。筮與席所卦者。具饌于西塾。布席于門中。闑西。閾外。西面。筮人執筴。抽上韇。兼執之。進受命於主人。宰自右少退。贊命。筮人許諾。左還。即席坐。西面。卦者在左。卒筮。書卦。執以示主人。主人受眡。反之。筮人還。東面。旅占。卒。進告吉。若不吉。則筮遠日。如初儀。徹筮席。宗人告事畢。主人戒賓。賓禮辭。許。主人再拜。賓答拜。主人退。賓拜送。前期三日。筮賓。如求日之儀。乃宿賓。賓如主人服。出門左。西面再拜。主人東面答拜。乃宿賓。賓許。主人再拜。賓答拜。主人退。賓拜送。宿贊冠者一人。亦如之。厥明夕。爲期于廟門之外。主人立于門東。兄弟在其南。少退。西面。北上。有司皆如宿服。立于西方。東面。北上。擯者請期。宰告曰。質明行事。告兄弟及有司。告事畢。擯者告期于賓之家。夙興。設洗。直于東榮。南北以堂深。水在洗東。陳服于房中西墉下。東領北上。爵弁服。纁裳。純衣。緇帶。韎韐。皮弁服。素積。緇帶。素韠。玄端。玄裳。黃裳。雜裳可也。緇帶。爵韠。緇布冠缺項。靑組纓屬于缺。緇纚廣終幅。長六尺。皮弁笄。爵弁笄。緇組紘。纁邊。同篋。櫛實於簞。蒲筵二。在南。側尊一甒醴。在服北。有篚實勺觶角柶。脯醢。南上。爵弁皮弁緇布冠各一匴。執以待于西坫南。南面東上。賓升則東面。主人玄端爵韠。立于阼階下。直東序。西面。兄弟畢袗玄。立于洗東。西面北上。擯者玄端。負東塾。將冠者采衣紒。在房中南面。賓如主人服。贊者玄端從之。立于外門之外。擯者告。主人迎。出門左。西面再拜。賓答拜。主人揖贊者。與賓揖。先入。每曲揖。至于廟門。揖入。三揖至于階。三讓。主人升。立于序端。西面。賓西序東面。贊者盥于洗西。升立于房中。西面南上。主人贊者筵于東序少北西面。將冠者出房南面。贊者奠纚笄櫛于筵南端。賓揖將冠者。將冠者卽筵坐。贊者坐。櫛設纚。賓降。主人降。賓辭。主人對。賓盥卒。壹揖壹讓升。主人升復初位。賓筵前坐。正纚。興。降西階一等。執冠者升一等。東面授賓。賓右手執項。左手執前。進容。乃祝。坐如初。乃冠。興。復位。贊者卒。冠者興。賓揖之。適房。服玄端爵韠。出房南面。賓揖之。卽筵坐。櫛設笄。賓盥正纚如初。降二等。受皮弁。右執項。左執前。進祝。加之如初。復位。贊者卒紘。興。賓揖之。適房。服素積素韠。容。出房南面。賓降三等。受爵弁。加之。服纁裳韎韐。其他如加皮弁之儀。徹皮弁冠櫛筵。入于房。筵于戶西。南面。贊者洗于房中。側酌醴。加柶。覆之。面葉。賓揖冠者就筵。筵西。南面。賓授醴于戶東。加柶。面枋。筵前北面。冠者筵西拜受觶。賓東面答拜。薦脯醢。冠者卽筵坐。左執觶。右祭脯醢。以柶祭醴三。興。筵末坐啐醴。建柶。興。降筵。坐奠觶。拜。執觶。興。賓答拜。冠者奠觶于薦東。降筵。北面坐取脯。降自西階。適東壁。北面見于母。母拜受。子拜送。母又拜。賓降。直西序。東面。主人降。復初位。冠者立于西階東。南面。賓字之。冠者對。賓出。主人送于廟門外。請醴賓。賓禮辭。許。賓就次。冠者見於兄弟。兄弟再拜。冠者答拜。見贊者。西面拜。亦如之。入見姑姊。如見母。乃易服。服玄冠玄端爵韠。奠摯見於君。遂以摯見於鄉大夫鄉先生。乃醴賓。以壹獻之禮。主人酬賓束帛儷皮。贊者皆與。贊冠者爲介。賓出。主人送于外門外。再拜。歸賓俎。若不醴。則醮用酒。尊于房戶之閒。兩甒。有禁。玄酒在西。加勺。南枋。洗有篚在西。南順。始加。醮用脯醢。賓降取爵于篚。辭降。如初。卒洗。升酌。冠者拜受。賓答拜。如初。冠者升筵。坐。左執爵。右祭脯醢。祭酒。興。筵末坐啐酒。降筵拜。賓答拜。冠者奠爵于薦東。立于筵西。徹薦爵。筵尊不徹。加皮弁。如初儀。再醮。攝酒。其他皆如初。加爵弁。如初儀。三醮。有乾肉折俎。嚌之。其他如初。北面取脯。見于母。若殺。則特豚。載合升。離肺。實于鼎。設扃鼏。始醮。如初。再醮。兩豆。葵菹。蠃醢。兩籩。栗脯。三醮。攝酒如再醮。加俎。嚌之。皆如初。嚌肺。卒醮。取籩脯以降。如初。若孤子。則父兄戒宿。冠之日。主人紒而迎賓。拜。揖。讓。立于序端。皆如冠主。禮於阼。凡拜。北面于阼階上。賓亦北面于西階上答拜。若殺。則舉鼎陳于門外。直東塾北面若庶子。則冠于房外。南面。遂醮焉。冠者母不在。則使人受脯于西階下。戒賓。曰某有子某將加布於其首願吾子之教之也。賓對曰某不敏。恐不能共事。以病吾子。敢辭。主人曰某猶願吾子之終教之也。賓對曰吾子重有命。某敢不從。宿曰某將加布於某之首。吾子將莅之。敢宿。賓對曰某敢不夙興。始加。祝曰令月吉日。始加元服。棄爾幼志。順爾成德。壽考惟祺。介爾景福。再加曰吉月令辰。乃申爾服。敬爾威儀。淑慎爾德。眉壽萬年。永受胡福。三加曰以歲之正。以月之令。咸加爾服。兄弟具在。以成厥德。黃耇無疆。受天之慶。醴辭曰甘醴惟厚。嘉薦令芳。拜受祭之。以定爾祥。承天之休。壽考不忘。醮辭曰旨酒既清。嘉薦亶時。始加元服。兄弟具來。孝友時格。永乃保之。再醮曰旨酒既湑。嘉薦伊脯。乃申爾服。禮儀有序。祭此嘉爵。承天之祜。三醮曰旨酒令芳。籩豆有楚。咸加爾服。肴升折俎。承天之慶。受福無疆。字辭曰禮儀既備。令月吉日。昭告爾字。爰字孔嘉。髦士攸宜。宜之于假。永受保之。曰伯某甫仲叔季唯其所當。屨夏用葛。玄端黑屨。青絇繶純。純博寸。素積白屨。以魁柎之。緇絇繶純。純博寸。爵弁纁屨。黑絇繶純。純博寸。冬皮屨可也。不屨繐屨。

記

冠義。始冠緇布之冠也。太古冠布。齊則緇之。其緌也。孔子曰吾未之聞也。冠而敝之可也。適子冠於阼。以著代也。醮於客位。加有成也。三加彌尊。諭其志也。冠而字之。敬其名也。委貌。周道也。章甫。殷道也。毋追。夏后氏之道也。周弁。殷冔。夏收。三王共皮弁素積。無大夫冠禮。而有其昏禮。古者五十而后爵。何大夫冠禮之有。公侯之有冠禮也。夏之末造也。天子之元子。猶士也。天下無生而貴者也。繼世以立諸侯。象賢也。以官爵人。德之殺也。死而謚。今也。古者生無爵。死無謚。

士相見禮

士相見之禮。摯。冬用雉。夏用腒。左頭奉之。曰。某也願見。無由達。某子以命命某見。主人對曰。某子命某見。吾子有辱。請吾子之就家也。某將走見。賓對曰。某不足以辱命。請終賜見。主人對曰。某不敢爲儀。固請吾子之就家也。某將走見。賓對曰。某不敢爲儀。固以請。主人對曰。某也固辭不得命。將走見。聞吾子稱摯。敢辭摯。賓對曰。某不以摯不敢見。主人對曰。某不足以習禮。敢固辭。賓對曰。某也不依於摯。不敢見。固以請。主人對曰。某也固辭不得命。敢不敬從。出迎於門外。再拜。賓答再拜。主人揖。入門右。賓奉摯。入門左。主人再拜受。賓再拜送摯。出。主人請見。賓反見。退。主人送于門外。再拜。主人復見之以其摯。曰。鄉者吾子辱使某見。請還摯于將命者。主人對曰。某也既得見矣。敢辭。賓對曰。某也非敢求見。請還摯于將命者。主人對曰。某也既得見矣。敢固辭。賓對曰。某不敢以聞。固以請于將命者。主人對曰。某也固辭不得命。敢不從。賓奉摯入。主人再拜受。賓再拜送摯。出。主人送于門外。再拜。士見於大夫。終辭其摯。於其入也一拜其辱也。賓退送再拜。若嘗爲臣者。則禮辭其摯曰。某也辭不得命。不敢固辭。賓入奠摯再拜。主人答壹拜。賓出使擯者還其摯于門外曰。某也使某還摯。賓對曰。某也既得見矣。敢辭。擯者對曰。某也命某。某非敢爲儀也。敢以請。賓對曰。某也夫子之賤私。不足以踐禮。敢固辭。擯者對曰。某也使某。不敢爲儀也。固以請。賓對曰。某固辭不得命。敢不從。再拜受。下大夫相見以鴈。飾之以布。維之以索。如執雉。上大夫相見以羔。飾之以布。四維之結於面。左頭如麛執之。如士相見之禮。始見於君執摯至下。容彌蹙。庶人見于君。不爲容。進退走。士大夫則奠摯再拜稽首。君答壹拜。若他邦之人。則使擯者還其摯曰。寡君使某還摯。賓對曰。君不有其外臣。臣不敢辭。再拜稽首受。凡燕見於君。必辯君之南面。若不得則正方。不疑君。君在堂。升見無方階。辯君所在。凡言非對也。妥而後傳言。與君言。言使臣。與大人言。言事君。與老者言。言使弟子。與幼者言。言孝弟於父兄。與衆言。言忠信慈祥。與居官者言。言忠信。凡與大人言。始視面。中視抱。卒視面。毋改。衆皆若是。若父則遊目。毋上於面。毋下於帶。若不言。立則視足。坐則視膝。凡侍坐於君子。君子欠伸。問日之早晏。以食具告。改居。則請退可也。夜侍坐。問夜。膳葷。請退可也。若君賜之食。則君祭先飯。徧嘗膳。飲而俟。君命之食。然後食。若有將食者。則俟君之食。然後食。若君賜之爵。則下席再拜稽首。受爵升席祭。卒爵而俟。君卒爵。然後授虛爵。退坐取屨。隱辟而后屨。君爲之興。則曰。君無爲興。臣不敢辭。君若降送之。

則不敢顧辭。遂出。大夫則辭退下。比及門。三辭。若先生異爵者。請見之則辭。辭不得命。則曰。某無以見。辭不得命。將走見。先見之。非以君命使。則不稱寡。大夫士則曰寡君之老。凡執幣者不趨。容彌蹙以爲儀。執玉者則唯舒武。舉前曳踵。凡自稱於君。士大夫則曰下臣。宅者在邦則曰市井之臣。在野則曰草茅之臣。庶人則曰刺草之臣。他國之人則曰外臣。

經傳治要卷一

經傳十種

禮記　皆述禮樂德義教學之言。為七十子後學所記。漢興。河間獻王得一百三十一篇。獻之。其後續有所得。合二百十四篇。戴德刪其繁重。為八十五篇。謂之大戴記。其從兄子聖。又刪大戴之書為四十六篇。謂之小戴記。後漢馬融傳小戴記。復增三篇。合四十九篇。即今禮記。其體例蓋猶近世所謂叢書也。惟一說大戴書為小戴刪削之餘。凡八十五篇。隋志所錄。已佚其四十七篇。是小戴之書成於大戴之前。非刪大戴之書而成。今並存以俟考案。自孔子沒。其微言大義。舍論語外。首推此書。大戴記之精粹。雖少減於小戴書。然古義要言。可寶者亦復孔多。宜乎昔賢之附于經部。而共稱十四經也。

曲禮　節錄

曲禮曰。毋不敬。儼若思。安定辭。安民哉。敖不可長。欲不可從。志不可滿。樂不可極。賢者狎而敬之。畏而愛之。愛而知其惡。憎而知其善。積而能散。安安而能遷。臨財毋苟得。臨難毋苟免。很毋求勝。分毋求多。疑事毋質。直而勿有。若夫坐如尸。立如齊。禮從宜。使從俗。夫禮者。所以定親疏。決嫌疑。別同異。明是非也。禮不妄說人。不辭費。禮不踰節。不侵侮。不好狎。修身踐言。謂之善行。行修言道。禮之質也。禮聞取於人。不聞取人。禮聞來學。不聞往教。道德仁義。非禮不成。教訓正俗。非禮不備。分爭辨訟。非禮不決。君臣上下。父子兄弟。非禮不定。宦學事師。非禮不親。班朝治軍。涖官行法。非禮威嚴不行。禱祠祭祀。供給鬼神。非禮不誠不莊。是以君子恭敬撙節退讓以明禮。鸚鵡能言。不離飛鳥。猩猩能言。不離禽獸。今人而無禮。雖能言。不亦禽獸之心乎。夫唯禽獸無禮。故父子聚麀。是故聖人作。爲禮以教人。使人以有禮。知自別於禽獸。太上貴德。其次務施報。禮尚往來。往而不來。非禮也。來而不往。亦非禮也。人有禮則安。無禮則危。故曰禮者不可不學也。夫禮者。自卑而尊人。雖負販者。必有尊也。而況富貴乎。富貴而知好禮。則不驕不淫。貧賤而知好禮。則志不懾。

檀弓 節錄

晉獻公將殺其世子申生。公子重耳謂之曰。子蓋（蓋當作盍）言子之志於公乎。世子曰。不可。君安驪姬。是我傷公之心也。曰。然則蓋行乎。世子曰。不可。君謂我欲弒君也。天下豈有無父之國哉。吾何行如之。使人辭於狐突曰。申生有罪。不念伯氏之言也。以至于死。申生不敢愛其死。雖然。吾君老矣。子少。國家多難。伯氏不出而圖吾君。伯氏苟出而圖吾君。申生受賜而死。再拜稽首乃卒。是以爲恭世子也。

曾子寢疾病。樂正子春坐於牀下。曾元曾申坐於足。童子隅坐而執燭。童子曰。華而睆。大夫之簀與。子春曰。止。曾子聞之。瞿然曰。呼。曰。華而睆。大夫之簀與。曾子曰。然。斯季孫之賜也。我未之能易也。元起易簀，曾元曰。夫子之病革矣。不可以變。幸而至於旦。請敬易之。曾子曰。爾之愛我也不如彼。君子之愛人也以德。細人之愛人也以姑息。吾何求哉。吾得正而斃焉斯已矣。舉扶而易之。反席未安而沒。

子路有姊之喪。可以除之矣。而弗除也。孔子曰。何弗除也。子路曰。吾寡兄弟而弗忍也。孔子曰。先王制禮。行道之人皆弗忍也。子路聞之。遂除之。

大公封於營丘。比及五世。皆反葬於周。君子曰。樂樂其所自生。禮不忘其本。古之人有言曰。狐死正丘首。仁也。

曾子謂子思曰。伋。吾執親之喪也。水漿不入於口者七日。子思曰。先王之制禮也。過之者俯而就之。不至焉者。跂而及之。故君子之執親之喪也。水漿不入於口者三日。杖而后能起。

孔子蚤作。負手曳杖。消搖於門。歌曰。泰山其頹乎。梁木其壞乎。哲人其萎乎。既歌而入。當戶而坐。子貢聞之曰。泰山其頹。則吾將安仰。梁木其壞。哲人其萎。則吾將安放。夫子殆將病也。遂趨而入。夫子曰。賜。爾來何遲也。夏后氏殯於東階之上。則猶在阼也。殷人殯於兩楹之間。則與賓主夾之也。周人殯於西階之上。則猶賓之也。而丘也殷人也。予疇昔之夜。夢坐奠於兩楹之間。夫明王不興。而天下其孰能宗予。予殆將死也。蓋寢疾七日而沒。

子路曰。吾聞諸夫子。喪禮與其哀不足而禮有餘也。不若禮不足而哀有餘也。祭禮，與其敬不足而禮有餘也。不若禮不足而敬有餘也。

子夏既除喪而見。予之琴。和之而不和。彈之而不成聲。作而曰。哀未忘也。先王制禮而弗敢過也。子張既除喪而見。予之琴。和之而和。彈之而成聲。作而曰。先王制禮不敢不至焉。

弁人有其母死而孺子泣者。孔子曰。哀則哀矣。而難爲繼也。夫禮爲可傳也。爲可繼也。故哭踊有節。

有子問於曾子曰。問喪於夫子乎。曰。聞之矣。喪欲速貧。死欲速朽。有子曰。是非君子之言也。曾子曰。參也聞諸夫子也。有子又曰。是非君子之言也。曾子曰。參也與子游聞之。有子曰。然。然則夫子有爲言之也。曾子以斯言告於子游。子游曰。甚哉有子之言似夫子也。昔者夫子居於宋。見桓司馬自爲石椁。三年而不成。夫子曰。若是其靡也。死不如速朽之愈也。死之欲速朽。爲桓司馬言之也。南宮敬叔反。必載寶而朝。夫子曰。若是其貨也。喪不如速貧之愈也。喪之欲速貧。爲敬叔言之也。曾子以子游之言告於有子。有子曰。然。吾固曰非夫子之言也。曾子曰。子何以知之。有子曰。夫子制於中都。四寸之棺。五寸之椁。以斯知不欲速朽也。昔者夫子失魯司寇。將之荆。蓋先之以子夏。又申之以冉有。以斯知不欲速貧也。

子思之母死於衞。柳若謂子思曰。子聖人之後也。四方於子乎觀禮。子蓋慎諸。子思曰。吾何慎哉。吾聞之。有其禮。無其財。君子弗行也。有其禮。有其財。無其時。君子弗行也。吾何慎哉。

晉獻公之喪。秦穆公使人弔公子重耳。且曰。寡人聞之。亡國恆於斯。得國恆於斯。雖吾子儼然在憂服之中。喪亦不可久也。時亦不可失也。孺子其圖之。以告舅犯。舅犯曰。孺子其辭焉。喪人無寶。仁親以爲寶。父死之謂何。又因以爲利。而天下其孰能說之。孺子其辭焉。公子重耳對客曰。君惠弔亡臣重耳。身喪父死。不得與於哭泣之哀。以爲君憂。父死之謂何。或敢有他志。以辱君義。稽顙而不拜。哭而起。起而不私。子顯以致命於穆公。穆公曰。仁夫公子重耳。夫稽顙而不拜。則未爲後也。故不成拜。哭而起。則愛父也。起而不私。則遠利也。

穆公問於子思曰。爲舊君反服。古與。子思曰。古之君子。進人以禮。退人以禮。故有舊君反服之禮也。今之君子。進人若將加諸膝。退人若將隊諸淵。毋爲戎首。不亦善乎。又何反服之禮之有。

曾子曰。晏子可謂知禮也已。恭敬之有焉。有若曰。晏子一狐裘三十年。遣車一乘。及墓而反。國君七个。遣車七乘。大夫五个。遣車五乘。晏子焉知禮。曾子曰。國無道。君子恥盈禮焉。國奢則示之以儉。國儉則示之以禮。

有子與子游立。見孺子慕者。有子謂子游曰。予壹不知夫喪之踊也。予欲去之久矣。情在於斯。其是也夫。子游曰。禮有微情者。有以故興物者。有直情而徑行者。戎狄之道也。禮道則不然。人喜則斯陶。陶斯咏。咏斯猶。猶斯舞。舞斯慍。慍斯戚。戚斯歎。歎斯辟。辟斯踊矣。品節斯。斯之謂禮。人死斯惡之矣。無能也。斯倍之矣。是故制絞衾。設蔞翣。爲使人勿惡也。始死脯醢之奠。將行遣而行之。既葬而食之。未有見其饗之者也。自上世以來。未之有舍也。爲使人勿倍也。故子之所刺於禮者。亦非禮之訾也。案舞斯慍一句疑衍文、猶斯舞之下疑闕一矣字、一說、當作人喜則斯陶、陶斯咏、咏斯猶、猶斯舞、舞斯蹈矣、人悲則斯慍、慍斯戚、戚斯歎、歎斯辟、辟斯踊矣、蓋自喜至蹈凡六變、自悲至踊亦六變、

子路曰。傷哉貧也。生無以爲養。死無以爲禮也。孔子曰。啜菽飲水。盡其歡。斯之謂孝。斂手足形。還葬而無椁。稱其財。斯之謂禮。

孔子過泰山側。有婦人哭於墓者而哀。夫子式而聽之。使子路問之曰。子之哭也。壹似重有憂者。而曰。然。昔者吾舅死於虎。吾夫又死焉。今吾子又死焉。夫子曰。何爲不去也。曰。無苛政。夫子曰。小子識之。苛政猛於虎也。

魯人有周豐也者。哀公執摯請見之。而曰不可。公曰。我其已夫。使人問焉。曰。有虞氏未施信於民而民信之。夏后氏未施敬於民而民敬之。何施而得斯於民也。對曰。墟墓之間。未施哀於民而民哀。社稷宗廟之中。未施敬於民而民敬。殷人作誓而民始畔。周人作會而民始疑。苟無禮義忠信誠慤之心以涖之。雖固結之。民其不解乎。

齊大饑。黔敖爲食於路。以待餓者而食之。有餓者蒙袂輯屨。貿貿然來。黔敖左奉食。右執飲。曰。嗟。來食。揚其目而視之。曰。予唯不食嗟來之食。以至於斯也。從而謝焉。終不食而死。曾子

聞之曰。微。與。其嗟也可去。其謝也可食。

晉獻文子成室。晉大夫發焉。張老曰。美哉輪焉。美哉奐焉。歌於斯。哭於斯。聚國族於斯。文子曰。武也得歌於斯。哭於斯。聚國族於斯。是全要領以從先大夫於九京也。北面再拜稽首。君子謂之善頌善禱。

趙文子與叔譽觀乎九原。文子曰。死者如可作也。吾誰與歸。叔譽曰。其陽處父乎。文子曰。行并植於晉國。不沒其身。其知不足稱也。其舅犯乎。文子曰。見利不顧其君。其仁不足稱也。我則隨武子乎。利其君不忘其身。謀其身不遺其友。晉人謂文子知人。文子其中退然如不勝衣。其言吶吶然如不出其口。所舉於晉國管庫之士七十有餘家。生不交利。死不屬其子焉。

成人有其兄死而不爲衰者。聞子皐將爲成宰。遂爲衰。成人曰。蠶則績而蟹有匡。范則冠而蟬有緌。兄則死而子皐爲之衰。

禮運 節錄

昔者仲尼與於蜡賓。事畢。出遊於觀之上。喟然而歎。仲尼之歎。蓋歎魯也。言偃在側。曰。君子何歎。孔子曰。大道之行也。與三代之英。丘未之逮也。而有志焉。大道之行也。天下爲公。選賢與能。講信修睦。故人不獨親其親。不獨子其子。使老有所終。壯有所用。幼有所長。矜寡孤獨廢疾者皆有所養。男有分。女有歸。貨惡其弃於地也。不必藏於己。力惡其不出於身也。不必爲己。是故謀閉而不興。盜竊亂賊而不作。故外戶而不閉。是謂大同。今大道旣隱。天下爲家。各親其親。各子其子。貨力爲己。大人世及以爲禮。城郭溝池以爲固。禮義以爲紀。以正君臣。以篤父子。以睦兄弟。以和夫婦。以設制度。以立田里。以賢勇知。以功爲己。故謀用是作。而兵由此起。禹湯文武成王周公。由此其選也。此六君子者。未有不謹於禮者也。以著其義。以考其信。著有過。刑仁講讓。示民有常。如有不由此者。在埶者去。衆以爲殃。是謂小康。言偃復問曰。如此乎禮之急也。孔子曰。夫禮。先王以承天之道。以治人之情。故失之者死。得之者生。詩曰。相鼠有體。人而無禮。人而無禮。胡不遄死。是故夫禮。必本於天。殽於地。列於鬼神。達於喪祭射御冠昏朝聘。故聖人以禮示之。故天下國家可得而正也。

故聖人耐以天下爲一家。以中國爲一人者。非意之也。必知其情。辟於其義。明於其利。達於其患。然後能爲之。何謂人情。喜怒哀懼愛惡欲。七者弗學而能。何謂人義。父慈子孝。兄良弟弟。夫義婦聽。長惠幼順。君仁臣忠。十者謂之人義。講信修睦。謂之人利。爭奪相殺。謂之人患。故聖人之所以治人七情。修十義。講信修睦。尙辭讓。去爭奪。舍禮何以治之。飲食男女。人之大欲存焉。死亡貧苦。人之大惡存焉。故欲惡者。心之大端也。人藏其心。不可測度也。美惡皆在其心。不見其色也。欲一以窮之。舍禮何以哉。

夫禮必本於天。動而之地。列而之事。變而從時。協於分藝。其居人也曰養。其行之以貨力辭讓。飲食。冠。昏。喪。祭。射。御。朝。聘。故禮義也者。人之大端也。所以講信修睦。而固人之肌膚之會。筋骸之束也。所以養生送死事鬼神之大端也。所以達天道順人情之大竇也。故唯聖人爲知禮之不可以已也。故壞國喪家亡人。必先去其禮。故禮之於人也。猶酒之有蘗也。君子以厚。小人以薄。故聖王修義之柄。禮之序。以治人情。故人情者。聖王之田也。修禮以耕之。陳義以種之。講學以耨之。本仁以聚之。播樂以安之。故禮也者。義之實也。協諸義而協。則禮雖先王未之有。可以義起也。義者。藝之分。仁之節也。協於藝。講於仁。得之者强。仁者。義之本也。順之體也。得之者尊。故治國不以禮。猶無耜而耕也。爲禮不本於義。猶耕而弗種也。爲義而不講之以學。猶種而弗耨也。講之於學而不合之以仁。猶耨而弗穫也。合之以仁而不安之以樂。猶穫而弗食也。安之以樂而不達於順。猶食而弗肥也。四體既正。膚革充盈。人之肥也。父子篤。兄弟睦。夫婦和。家之肥也。大臣法。小臣廉。官職相序。君臣相正。國之肥也。天子以德爲車。以樂爲御。諸侯以禮相與。大夫以法相序。士以信相考。百姓以睦相守。天下之肥也。是謂大順。大順者。所以養生送死事鬼神之常也。故事大積焉而不苑。並行而不繆。細行而不失。深而通。茂而有間。連而不相及也。動而不相害也。此順之至也。故明於順。然後能守危也。故禮之不同也。不豐也。不殺也。所以持情而合危也。故聖王所以順。山者不使居川。不使渚者居中原。而弗敝也。用水火金木飲食必時。合男女頒爵位必當年德。用民必順。故無水旱昆蟲之災。民無凶饑妖孽之疾。故天不愛其道。地不愛其寶。人不愛其情。故天降膏露。地出醴泉。山出器車。河出馬圖。鳳皇麒麟皆在郊棷。龜龍在宮沼。其餘鳥獸之卵胎皆可俯而闚也。則是無故。先王能修禮以達義。體信以達順。故此順之實也。

內則 節錄

子能食食。教以右手。能言。男唯女俞。男鞶革。女鞶絲。六年教之數與方名。七年。男女不同席。不共食。八年出入門戶及卽席飲食。必後長者。始教之讓。九年敎之數日。十年出就外傅。居宿於外。學書計。衣不帛襦袴。禮帥初。朝夕學幼儀。請肄簡諒。十有三年學樂。誦詩。舞勺。成童舞象。學射御。二十而冠。始學禮。可以衣裘帛。舞大夏。惇行孝弟。博學不敎。內而不出。三十而有室。始理男事。博學無方。孫友視志。四十始仕。方物出謀發慮。道合則服從。不可則去。五十命爲大夫。服官政。七十致事。

學記 節錄

發慮憲。求善良。足以謏聞。不足以動衆。就賢體遠。足以動衆。未足以化民。君子如欲化民成俗。其必由學乎。玉不琢。不成器。人不學。不知道。是故古之王者。建國君民。敎學爲先。兌命曰。念終始典于學。其此之謂乎。雖有嘉肴。弗食。不知其旨也。雖有至道。弗學。不知其善也。是故學。然後知不足。敎。然後知困。知不足。然後能自反也。知困。然後能自強也。故曰。敎學相長也。

兌命曰。學學半。其此之謂乎。古之教者。家有塾。黨有庠。術有序。國有學。比年入學。中年考校。一年視離經辨志。三年視敬業樂羣。五年視博習親師。七年視論學取友。謂之小成。九年知類通達。强立而不反。謂之大成。夫然後足以化民易俗。近者說服而遠者懷之。此大學之道也。記曰。蛾子時術之。其此之謂乎。

大學之教也。時教必有正業。退息必有居學。不學操縵。不能安弦。不學博依。不能安詩。不學雜服。不能安禮。不興其藝。不能樂學。故君子之於學也。藏焉修焉。息焉遊焉。夫然故安其學而親其師。樂其友而信其道。是以雖離師輔而不反。兌命曰。敬孫務時敏。厥修乃來。其此之謂乎。今之教者。呻其佔畢。多其訊言。及于數進而不顧其安。使人不由其誠。教人不盡其材。其施之也悖。其求之也佛。夫然。故隱其學而疾其師。苦其難而不知其益也。雖終其業。其去之必速。教之不刑。其此之由乎。大學之法。禁於未發之謂豫。當其可之謂時。不陵節而施之謂孫。相觀而善之謂摩。此四者。教之所由興也。發然後禁。則扞格而不勝。時過然後學。則勤苦而難成。雜施而不孫。則壞亂而不修。獨學而無友。則孤陋而寡聞。燕朋逆其師。燕辟廢其學。此六者。教之所由廢也。君子既知教之所由興。又知教之所由廢。然後可以爲人師也。故君子之教喻也。道而弗牽。强而弗抑。開而弗達。道而弗牽則和。强而弗抑則易。開而弗達則思。和易以思。可謂善喻矣。學者有四失。教者必知之。人之學也。或失則多。或失則寡。或失則易。或失則止。此四者。心之莫同也。知其心。然後能救其失也。教也者。長善而救其失者也。善歌者使人繼其聲。善教者使人繼其志。其言也約而達。微而臧。罕譬而喻。可謂繼志矣。君子知至學之難易。而知其美惡。然後能博喻。能博喻。然後能爲師。能爲師。然後能爲長。能爲長然後能爲君。故師也者。所以學爲君也。是故擇師不可不愼也。記曰。三王四代唯其師。此之謂乎。凡學之道。嚴師爲難。師嚴然後道尊。道尊然後民知敬學。是故君之所不臣於其臣者二。當其爲尸。則弗臣也。當其爲師。則弗臣也。大學之禮。雖詔於天子。無北面。所以尊師也。善學者。師逸而功倍。又從而庸之。不善學者。師勤而功半。又從而怨之。善問者。如攻堅木。先其易者。後其節目。及其久也。相說以解。不善問者反此。善待問者。如撞鐘。叩之以小者則小鳴。叩之以大者則大鳴。待其從容。然後盡其聲。不善答問者反此。此皆進學之道也。記問之學。不足以爲人師。必也其聽語乎。力不能問。然後語之。語之而不知。雖舍之可也。

樂記 節錄

凡音之起。由人心生也。人心之動。物使之然也。感於物而動。故形於聲。聲相應。故生變。變成方。謂之音。比音而樂之。及干戚羽旄。謂之樂。樂者。音之所由生也。其本在人心之感於物也。是故其哀心感者。其聲噍以殺。其樂心感者。其聲嘽以緩。其喜心感者。其聲發以散。其怒心感者。其聲粗以厲。其敬心感者。其聲直以廉。其愛心感者。其聲和以柔。六者非性也。感於物而后動。是故先王愼所以感之者。故禮以道其志。樂以和其聲。政以一其行。刑以防其姦。禮樂刑政。其極一也。所以同民心而出治道也。

凡音者。生於人心者也。樂者。通倫理者也。是故知聲而不知音者。禽獸是也。知音而不知樂者。衆庶是也。唯君子爲能知樂。是故審聲以知音。審音以知樂。審樂以知政。而治道備矣。是故不知聲者。不可與言音。不知音者。不可與言樂。知樂則幾於禮矣。禮樂皆得。謂之有德。德者得也。是故樂之隆。非極音也。食饗之禮。非致味也。淸廟之瑟。朱弦而疏越。壹倡而三歎。有遺音者矣。大饗之禮。尚玄酒而俎腥魚。大羹不和。有遺味者矣。是故先王之制禮樂也。非以極口腹耳目之欲也。將以敎民平好惡。而反人道之正也。人生而靜。天之性也。感於物而動。性之欲也。物至知知。然後好惡形焉。好惡無節於內。知誘於外。不能反躬。天理滅矣。夫物之感人無窮。而人之好惡無節。則是物至而人化物也。人化物也者。滅天理而窮人欲者也。於是有悖逆詐僞之心。有淫泆作亂之事。是故强者脅弱。衆者暴寡。知者詐愚。勇者苦怯。疾病不養。老幼孤獨不得其所。此大亂之道也。是故先王之制禮樂。人爲之節。衰麻哭泣。所以節喪紀也。鐘鼓干戚。所以和安樂也。昏姻冠笄。所以別男女也。射鄉食饗。所以正交接也。禮節民心。樂和民聲。政以行之。刑以防之。禮樂刑政。四達而不悖。則王道備矣。

凡姦聲感人。而逆氣應之。逆氣成象。而淫樂興焉。正聲感人。而順氣應之。順氣成象。而和樂興焉。倡和有應。回邪曲直。各歸其分。而萬物之理。各以類相動也。是故君子反情以和其志。比類以成其行。姦聲亂色。不留聰明。淫樂慝禮。不接心術。惰慢邪辟之氣。不設於身體。使耳目鼻口心知百體。皆由順正。以行其義。然後發以聲音。而文以琴瑟。動以干戚。飾以羽旄。從以簫管。奮至德之光。動四氣之和。以著萬物之理。是故清明象天。廣大象地。終始象四時。周還象風雨。五色成文而不亂。八風從律而不姦。百度得數而有常。小大相成。終始相生。倡和清濁。迭相爲經。故樂行而倫清。耳目聰明。血氣和平。移風易俗。天下皆寧。故曰。樂者樂也。君子樂得其道。小人樂得其欲。以道制欲。則樂而不亂。以欲忘道。則惑而不樂。是故君子反情以和其志。廣樂以成其教。樂行而民鄉方。可以觀德矣。德者性之端也。樂者德之華也。金石絲竹。樂之器也。詩言其志也。歌詠其聲也。舞動其容也。三者本於心。然後樂器從之。是故情深而文明。氣盛而化神。和順積中。而英華發外。唯樂不可以爲僞。

樂也者。情之不可變者也。禮也者。理之不可易者也。樂統同。禮辨異。禮樂之說。管乎人情矣。窮本知變。樂之情也。著誠去僞。禮之經也。禮樂偩天地之情。達神明之德。降興上下之神。而凝是精粗之體。領父子君臣之節。是故大人舉禮樂。則天地將爲昭焉。天地訢合。陰陽相得。煦嫗覆育萬物。然後草木茂。區萌達。羽翼奮。角觡生。蟄蟲昭蘇。羽者嫗伏。毛者孕鬻。胎生者不殰。而卵生者不殈。則樂之道歸焉耳。樂者。非謂黃鐘大呂弦歌干揚也。樂之末節也。故童者舞之。鋪筵席。陳尊俎。列籩豆。以升降爲禮者。禮之末節也。故有司掌之。樂師辨乎聲詩。故北面而弦。宗祝辨乎宗廟之禮。故後尸。商祝辨乎喪禮。故後主人。是故德成而上。藝成而下。行成而先。事成而後。是故先王有上有下。有先有後。然後可以有制於天下也

君子曰。禮樂不可斯須去身。致樂以治心。則易直子諒之心油然生矣。易直子諒之心生則樂。樂則安。安則久。久則天。天則神。天則不言而信。神則不怒而威。致樂以治心者也。致禮以治躬則莊敬。莊敬則嚴威。心中斯須不和不樂。而鄙詐之心入之矣。外貌斯須不莊不敬。而易慢之心入之矣。故樂也者。動於內者也。禮也者。動於外者也。樂極和。禮極順。內和而外順。則民瞻其顏色而弗與爭也。望其容貌而民不生易慢焉。故德煇動於內。而民莫不承聽。理發諸外而民莫不承順。故曰致禮樂之道。舉而錯之天下無難矣。

祭義 節錄

祭不欲數。數則煩。煩則不敬。祭不欲疏。疏則怠。怠則忘。是故君子合諸天道。春禘秋嘗。霜露既降。君子履之。必有悽愴之心。非其寒之謂也。春雨露既濡。君子履之。必有怵惕之心。如將見之。樂以迎來。哀以送往。故禘有樂而嘗無樂。致齊於內。散齊於外。齊之日。思其居處。思其笑語。思其志意。思其所樂。思其所嗜。齊三日。乃見其所爲齊者。祭之日。入室。僾然必有見乎其位。周還出戶。肅然必有聞乎其容聲。出戶而聽。愾然必有聞乎其歎息之聲。是故先王之

孝也。色不忘乎目。聲不絕乎耳。心志嗜欲不忘乎心。致愛則存。致慤則著。著存不忘乎心。夫安得不敬乎。君子生則敬養。死則敬享。思終身弗辱也。

孝子將祭。慮事不可以不豫。比時具物。不可以不備。虛中以治之。宮室既修。牆屋既設。百物既備。夫婦齊戒沐浴。盛服奉承而進之。洞洞乎。屬屬乎。如弗勝。如將失之。其孝敬之心至也與。薦其薦俎。序其禮樂。備其百官。奉承而進之。於是諭其志意。以其慌惚以與神明交。庶或饗之。庶或饗之。孝子之志也。孝子之祭也。盡其慤而慤焉。盡其信而信焉。盡其敬而敬焉。盡其禮而不過失焉。進退必敬。如親聽命。則或使之也。孝子之祭可知也。其立之也。敬以詘。其進之也。敬以愉。其薦之也。敬以欲。退而立。如將受命。已徹而退。敬齊之色不絕於面。孝子之祭也。立而不詘。固也。進而不愉。疏也。薦而不欲。不愛也。退立而不如受命。敖也。已徹而退。無敬齊之色。忘本也。如是而祭。失之矣。

經解 節錄

孔子曰。入其國。其敎可知也。其爲人也。温柔敦厚。詩敎也。疏通知遠。書敎也。廣博易良。樂敎也。絜靜精微。易敎也。恭儉莊敬。禮敎也。屬辭比事。春秋敎也。故詩之失愚。書之失誣。樂之失奢。易之失賊。禮之失煩。春秋之失亂。其爲人也。温柔敦厚而不愚。則深於詩者也。疏通知遠而不誣。則深於書者也。廣博易良而不奢。則深於樂者也。絜靜精微而不賊。則深於易者也。

恭儉莊敬而不煩。則深於禮者也。屬辭比事而不亂。則深於春秋者也。

禮之於正國也。猶衡之於輕重也。繩墨之於曲直也。規矩之於方圜也。故衡誠縣。不可欺以輕重。繩墨誠陳。不可欺以曲直。規矩誠設。不可欺以方圜。君子審禮。不可誣以姦詐。是故隆禮由禮。謂之有方之士。不隆禮。不由禮。謂之無方之民。敬讓之道也。故以奉宗廟則敬。以入朝廷則貴賤有位。以處室家則父子親。兄弟和。以處鄉里則長幼有序。孔子曰。安上治民。莫善於禮。此之謂也。故朝覲之禮。所以明君臣之義也。聘問之禮。所以使諸侯相尊敬也。喪祭之禮。所以明臣子之恩也。鄉飲酒之禮。所以明長幼之序也。昏姻之禮。所以明男女之別也。夫禮。禁亂之所由生。猶坊止水之所自來也。故以舊坊爲無所用而壞之者。必有水敗。以舊禮爲無所用而去之者。必有亂患。故昏姻之禮廢。則夫婦之道苦。而淫辟之罪多矣。鄉飲酒之禮廢。則長幼之序失。而爭鬭之獄繁矣。喪祭之禮廢。則臣子之恩薄。而倍死忘生者衆矣。聘覲之禮廢。則君臣之位失。諸侯之行惡。而倍畔侵陵之敗起矣。故禮之敎化也微。其止邪也於未形。使人日徙善遠罪而不自知也。是以先王隆之也。易曰。君子愼始。差若豪氂。繆以千里。此之謂也。

孔子閒居

孔子閒居。子夏侍。子夏曰。敢問詩云。凱弟君子。民之父母。何如斯可謂民之父母矣。孔子曰。

夫民之父母乎。必達於禮樂之原。以致五至而行三無，以橫於天下。四方有敗。必先知之。此之謂民之父母矣。子夏曰。民之父母既得而聞之矣。敢問何謂五至。孔子曰。志之所至。詩亦至焉。詩之所至。禮亦至焉。禮之所至。樂亦至焉。樂之所至。哀亦至焉。哀樂相生。是故正明目而視之。不可得而見也。傾耳而聽之。不可得而聞也。志氣塞乎天地。此之謂五至。子夏曰。五至既得而聞之矣。敢問何謂三無。孔子曰。無聲之樂。無體之禮。無服之喪。此之謂三無。子夏曰。三無既得略而聞之矣。敢問何詩近之。孔子曰。夙夜其命宥密。無聲之樂也。威儀逮逮。不可選也。無體之禮也。凡民有喪。匍匐救之。無服之喪也。子夏曰。言則大矣美矣盛矣。言盡於此而已乎。孔子曰。何爲其然也。君子之服之也。猶有五起焉。子夏曰。何如。孔子曰。無聲之樂。氣志不違。無體之禮。威儀遲遲。無服之喪。內恕孔悲。無聲之樂。氣志既得。無體之禮。威儀翼翼。無服之喪。施及四國。無聲之樂。氣志既從。無體之禮。上下和同。無服之喪。以畜萬邦。無聲之樂。日聞四方。無體之禮。日就月將。無服之喪。純德孔明。無聲之樂。氣志既起。無體之禮。施及四海。無服之喪。施于孫子。子夏曰。三王之德。參於天地。敢問何如斯可謂參於天地矣。孔子曰。奉三無私以勞天下。子夏曰。敢問何謂三無私。孔子曰。天無私覆。地無私載。日月無私照。奉斯三者以勞天下。此之謂三無私。其在詩曰。帝命不違。至于湯齊。湯降不遲。聖敬日齊。昭假遲遲。上帝是祗。帝命式于九圍。是湯之德也。天有四時，春秋冬夏。風雨霜露。無非教也。

地載神氣。神氣風霆。風霆流形。庶物露生。無非教也。清明在躬。氣志如神。嗜欲將至。有開必先。天降時雨。山川出雲。其在詩曰。嵩高惟嶽。峻極于天。惟嶽降神。生甫及申。惟申及甫。惟周之翰。四國于蕃。四方于宣。此文武之德也。三代之王也。必先其令聞。詩云。明明天子。令聞不已。三代之德也。弛其文德。協此四國。大王之德也。子夏蹶然而起。負牆而立曰。弟子敢不承乎。

坊記 節錄

子言之。君子之道。辟則坊與。坊民之所不足者也。大爲之坊。民猶踰之。故君子禮以坊德。刑以坊淫。命以坊欲。

子云。小人貧斯約。富斯驕。約斯盜。驕斯亂。禮者因人之情而爲之節文。以爲民坊者也。故聖人之制富貴也。使民富不足以驕。貧不至於約。貴不慊於上。故亂益亡。

子云。君子弛其親之過。而敬其美。論語曰。三年無改於父之道。可爲孝矣。高宗云。三年其惟不言。言乃讙。子云。從命不忿。微諫不倦。勞而不怨。可謂孝矣。詩云。孝子不匱。子云。睦於父母之黨。可謂孝矣。故君子因睦以合族。詩云。此令兄弟。綽綽有裕。不令兄弟。交相爲瘉。子云。於父之執。可以乘其車。不可以衣其衣。君子以廣孝也。子云。小人皆能養其親。君子不敬。何以辨。子云。父子不同位。以厚敬也。書云。厥辟不辟。忝厥祖。子云。父母在。不稱老。言孝不言慈。閨門之內。戲而不歎。君子以此坊民。民猶薄於孝而厚於慈。

子云。君子不盡利以遺民。詩云。彼有遺秉。此有不斂穧。伊寡婦之利。故君子仕則不稼。田則不漁。食時不力珍。大夫不坐羊。士不坐犬。詩云。采葑采菲。無以下體。德音莫違。及爾同死。以此坊民。民猶忘義而爭利。以亡其身。

子云。夫禮坊民所淫。章民之別。使民無嫌。以爲民紀者也。故男女無媒不交。無幣不相見。恐男女之無別也。詩云。伐柯如之何。匪斧不克。取妻如之何。匪媒不得。蓺麻如之何。橫從其畝。取妻如之何。必告父母。以此坊民。民猶有自獻其身。

表記 節錄

子曰。仁之難成久矣。惟君子能之。是故君子不以其所能者病人。不以人之所不能者愧人。是故聖人之制行也。不制以己。使民有所勸勉愧恥。以行其言。禮以節之。信以結之。容貌以文之。衣服以移之。朋友以極之。欲民之有壹也。小雅曰。不愧于人。不畏于天。是故君子服其服。則文以君子之容。有其容。則文以君子之辭。遂其辭。則實以君子之德。是故君子恥服其服而無其容。恥有其容而無其辭。恥有其辭而無其德。恥有其德而無其行。是故君子衰絰則有哀色。端冕則有敬色。甲冑則有不可辱之色。詩云。惟鵜在梁。不濡其翼。彼記之子。不稱其服。

子曰。君子不以辭盡人。故天下有道則行有枝葉。天下無道則辭有枝葉。是故君子於有喪者之側。不能賻焉。則不問其所費。於有病者之側。不能饋焉。則不問其所欲。有客不能館。則不問其所舍。故君子之接如水。小人之接如醴。君子淡以成。小人甘以壞。小雅曰。盜言孔甘亂是用餤。

子曰。君子不以口譽人。則民作忠。故君子問人之寒。則衣之。問人之飢。則食之。稱人之美。則爵之。國風曰。心之憂矣。於我歸說。

子曰。口惠而實不至。怨菑及其身。是故君子與其有諾責也。寧有已怨。國風曰。言笑晏晏。信誓旦旦。不思其反。反是不思。亦已焉哉。

子曰。君子不以色親人。情疏而貌親。在小人則穿窬之盜也與。

子曰。情欲信。辭欲巧。

緇衣 節錄

子曰。夫民教之以德。齊之以禮。則民有格心。教之以政。齊之以刑。則民有遯心。故君民者。子以愛之。則民親之。信以結之。則民不倍。恭以涖之。則民有孫心。甫刑曰。苗民匪用命。制以刑。惟作五虐之刑曰法。是以民有惡德。而遂絕其世也。

子曰。下之事上也。不從其所令。從其所行。上好是物。下必有甚者矣。故上之所好惡。不可不慎也。是民之表也。

子曰。王言如絲。其出如綸。王言如綸。其出如綍。故大人不倡游言。可言也不可行。君子弗言也。可行也不可言。君子弗行也。則民言不危行。而行不危言矣。詩云。淑慎爾止。不諐于儀。

子曰。君子道人以言。而禁人以行。故言必慮其所終。而行必稽其所敝。則民謹於言而慎於行。詩云。慎爾出話。敬爾威儀。大雅曰。穆穆文王。於緝熙敬止。

子曰。長民者衣服不貳。從容有常。以齊其民。則民德壹。詩云。彼都人士。狐裘黃黃。其容不改。出言有章。行歸于周。萬民所望。

子曰。小人溺於水。君子溺於口。大人溺於民。皆在其所褻也。夫水近於人而溺人。德易狎而難親也。易以溺人。口費而煩。易出難悔。易以溺人。夫民閉於人而有鄙心。可敬不可慢。易以溺人。故君子不可以不慎也。太甲曰。毋越厥命以自覆也。若虞機張。往省括于厥度則釋。兌命曰。惟口起羞。惟甲冑起兵。惟衣裳在笥。惟干戈省厥躬。太甲曰。天作孽。可違也。自作孽不可以逭。尹吉曰。惟尹躬先見于西邑夏。自周有終。相亦惟終。

三年問

三年之喪何也。曰。稱情而立文。因以飾羣。別親疏貴賤之節。而弗可損益也。故曰。無易之道也。創鉅者其日久。痛甚者其愈遲。三年者。稱情而立文。所以為至痛極也。斬衰苴杖。居倚廬。

食粥。寢苫。枕塊。所以爲至痛飾也。三年之喪。二十五月而畢。哀痛未盡。思慕未忘。然而服以是斷之者。豈不送死有已。復生有節也哉。凡生天地之間者。有血氣之屬必有知。有知之屬莫不知愛其類。今是大鳥獸。則失喪其羣匹。越月踰時焉。則必反巡。過其故鄉。翔回焉。鳴號焉。蹢躅焉。踟躕焉。然後乃能去之。小者至於燕雀。猶有啁噍之頃焉。然後乃能去之。故有血氣之屬者。莫知於人。故人於其親也。至死不窮。將由夫患邪淫之人與。則彼朝死而夕忘之。然而從之。則是曾鳥獸之不若也。夫焉能相與羣居而不亂乎。將由夫修飾之君子與。則三年之喪。二十五月而畢。若駟之過隙。然而遂之。則是無窮也。故先王焉爲之立中制節。壹使足以成文理。則釋之矣。然則何以至期也。曰。至親以期斷。是何也。曰。天地則已易矣。四時則已變矣。其在天地之中者。莫不更始焉。以是象之也。然則何以三年也。曰。加隆焉爾也。焉使倍之。故再期也。由九月以下何也。曰。焉使弗及也。故三年以爲隆。緦小功以爲殺。期九月以爲閒。上取象於天。下取法於地。中取則於人。人之所以羣居和壹之理盡矣。故三年之喪。人道之至文者也。夫是之謂至隆。是百王之所同。古今之所壹也。未有知其所由來者也。孔子曰。子生三年。然後免於父母之懷。夫三年之喪。天下之達喪也。

儒行

魯哀公問於孔子曰。夫子之服。其儒服與。孔子對曰。丘少居魯。衣逢掖之衣。長居宋。冠章甫之冠。丘聞之也。君子之學也博。其服也鄉。丘不知儒服。哀公曰。敢問儒行。孔子對曰。遽數之不能終其物。悉數之乃留。更僕未可終也。哀公命席。孔子侍。曰。儒有席上之珍以待聘。夙夜强學以待問。懷忠信以待舉。力行以待取。其自立有如此者。儒有衣冠中。動作慎。其大讓如慢。小讓如僞。大則如威。小則如愧。其難進而易退也。粥粥若無能也。其容貌有如此者。儒有居處齊難。其坐起恭敬。言必先信。行必中正。道塗不爭險易之利。冬夏不爭陰陽之和。愛其死以有待也。養其身以有爲也。其備豫有如此者。儒有不寶金玉而忠信以爲寶。不祈土地。立義以爲土地。不祈多積。多文以爲富。難得而易祿也。易祿而難畜也。非時不見。不亦難得乎。非義不合。不亦難畜乎。先勞而後祿。不亦易祿乎。其近人有如此者。儒有委之以貨財。淹之以樂好。見利不虧其義。劫之以衆。沮之以兵。見死不更其守。鷙蟲攫搏不程勇者。引重鼎不程其力。往者不悔。來者不豫。過言不再。流言不極。不斷其威。不習其謀。其特立有如此者。儒有可親而不可劫也。可近而不可迫也。可殺而不可辱也。其居處不淫。其飲食不溽。其過失可微辨而不可面數也。其剛毅有如此者。儒有忠信以爲甲胄。禮義以爲干櫓。戴仁而行。抱義而處。雖有暴政。不更其所。其自立有如此者。儒有一畝之宮。環堵之室。篳門圭窬。蓬戶甕牖。易衣而出。并日而食。上荅之不敢以疑。上不荅不敢以諂。其仕有如此者。儒有今人與居。古人與稽。今世行之。後世以爲楷。適弗逢世。上弗援。下弗推。讒諂之民有比黨而危之者。

身可危也。而志不可奪也。雖危起居。竟信其志。猶將不忘百姓之病也。其憂思有如此者。儒有博學而不窮。篤行而不倦。幽居而不淫。上通而不困。禮之以和爲貴。忠信之美。優游之法。慕賢而容衆。毀方而瓦合。其寬裕有如此者。儒有內稱不辟親。外舉不辟怨。程功積事。推賢而進達之。不望其報。君得其志。苟利國家。不求富貴。其舉賢援能有如此者。儒有聞善以相告也。見善以相示也。爵位相先也。患難相死也。久相待也。遠相致也。其任舉有如此者。儒有澡身而浴德。陳言而伏。靜而正之。上弗知也。麤而翹之。又不急爲也。不臨深而爲高。不加少而爲多。世治不輕。世亂不沮。同弗與。異弗非也。其特立獨行有如此者。儒有上不臣天子。下不事諸侯。慎靜而尙寬。强毅以與人。博學以知服。近文章。砥厲廉隅。雖分國。如錙銖。不臣不仕。其規爲有如此者。儒有合志同方。營道同術。並立則樂。相下不厭。久不相見。聞流言不信。其行本方立義。同而進。不同而退。其交友有如此者。溫良者。仁之本也。敬慎者。仁之地也。寬裕者。仁之作也。孫接者。仁之能也。禮節者。仁之貌也。言談者。仁之文也。歌樂者。仁之和也。分散者。仁之施也。儒皆兼此而有之。猶且不敢言仁也。其尊讓有如此者。儒有不隕穫於貧賤。不充詘於富貴。不慁君王。不累長上。不閔有司。故曰儒。今衆人之命儒也妄。常以儒相詬病。孔子至舍。哀公館之。聞此言也。言加信。行加義。終沒吾世。不敢以儒爲戲。

冠義

凡人之所以爲人者。禮義也。禮義之始。在於正容體。齊顏色。順辭令。容體正。顏色齊。辭令順。而后禮義備。以正君臣。親父子。和長幼。君臣正。父子親。長幼和。而后禮義立。故冠而后服備。服備而后容體正。顏色齊。辭令順。故曰冠者禮之始也。是故古者聖王重冠。古者冠禮筮日筮賓。所以敬冠事。敬冠事所以重禮。重禮所以爲國本也。故冠於阼。以著代也。醮於客位。三加彌尊。加有成也。已冠而字之。成人之道也。見於母。母拜之。見於兄弟。兄弟拜之。成人而與爲禮也。玄冠玄端奠摯於君。遂以摯見於鄉大夫鄉先生。以成人見也。成人之者。將責成人禮焉也。責成人禮焉者。將責爲人子爲人弟爲人臣爲人少者之禮行焉。將責四者之行於人。其禮可不重與。故孝弟忠順之行立。而后可以爲人。可以爲人。而后可以治人也。故聖王重禮。故曰冠者禮之始也。嘉事之重者也。是故古者重冠。重冠故行之於廟。行之於廟者。所以尊重事。尊重事而不敢擅重事。不敢擅重事。所以自卑而尊先祖也。

昏義 節錄

昏禮者。將合二姓之好。上以事宗廟。而下以繼後世也。故君子重之。是以昏禮。納采。問名。納吉。納徵。請期。皆主人筵几於廟。而拜迎於門外。入。揖讓而升。聽命於廟。所以敬愼重正昏禮也。父親醮子而命之迎。男先於女也。子承命以迎。主人筵几於廟。而拜迎於門外。壻執鴈入。揖讓升堂。再拜奠鴈。蓋親受之於父母也。降出御婦車。而壻授綏。御輪三周。先俟于門外。婦至。壻揖婦以入。共牢而食。合巹而酳。所以合體。同尊卑。以親之也。敬愼重正而后親之。禮之大體。而所以成男女之別。而立夫婦之義也。男女有別。而后夫婦有義。夫婦有義。而后父子有親。父子有親。而后君臣有正。故曰昏禮者。禮之本也。夫禮始於冠。本於昏。重於喪祭。尊於朝聘。和於射鄉。此禮之大體也。

以上小戴禮記

曾子立孝

曾子曰。君子立孝。其忠之用。禮之貴。案羣書治要用字貴字之下、皆有也字、 故爲人子而不能孝其父者。不敢言人父不能畜其子者。爲人弟而不能承其兄者。不敢言人兄不能順其弟者。爲人臣而不能事其君者。不敢言人君不能使其臣者也。故與父言。言畜子。與子言。言孝父。與兄言。言順弟。與弟言。言承兄。與君言。言使臣。與臣言。言事君。君子之孝也。忠愛以敬。反是亂也。盡力而有禮。莊敬而安之。微諫不倦。聽從而不怠。懽欣忠信。咎故不生。可謂孝矣。盡力無禮。則小人也。致敬而不忠。則不入也。是故禮以將其力。敬以入其忠。飲食移味。居處溫愉。著心於此。濟其志也。子曰。可人也。吾任其過。不可人也。吾辭其罪。詩云。有子七人。莫慰母心。子之辭也。夙興夜寐。無忝爾所生。言不自舍也。不恥其親。君子之孝也。是故未有君而忠臣可知者。孝子之謂也。未有長而順下可知者。弟弟之謂也。未有治而能仕可知者。先修之謂也。故曰。孝子善事君。弟弟善事長。君子一孝一悌。可謂知終矣。

曾子大孝 節錄

曾子曰。孝有三。大孝尊親。其次不辱。其下能養。公明儀問於曾子曰。夫子可謂孝乎。曾子曰。是何言與。是何言與。君子之所謂孝者。先意承志。諭父母於道。參直養者也。安能爲孝乎。身者。親之遺體也。行親之遺體。敢不敬乎。故居處不莊。非孝也。事君不忠。非孝也。莅官不敬。非友也。朋友不信。非孝也。戰陣無勇。非孝也。五者不遂。災及乎身。（身一作親）敢不敬乎。故烹熟鮮（一作羶）香。嘗而進之。非孝也。養也。君子之所謂孝者。國人皆稱願焉。曰。幸哉有子如此。所謂孝也。民之本教曰孝。其行之曰養。養可能也。敬爲難。敬可能也。安爲難。安可能也。久爲難。久可能也。卒爲難。父母既歿。愼行其身。不遺父母惡名。可謂能終也。孝有三。大孝不匱。中孝用勞。小孝用力。博施備物。可謂不匱矣。尊仁安義。可謂用勞矣。慈愛忘勞。可謂用力矣。父母愛之。喜而不忘。父母惡之。懼而無怨。父母有過。諫而不逆。父母既歿。以哀祀之。加之如此。謂禮終矣。樂正子春下堂而傷其足。傷瘳。數月不出。猶有憂色。門弟子問曰。夫子傷足瘳矣。數月不出。猶有憂色。何也。樂正子春曰。善如爾之問也。吾聞之曾子。曾子聞諸夫子曰。天之所生。地之所養。人爲大矣。父母全而生之。子全而歸之。可謂孝矣。不虧其體。可謂全矣。故君子頃步之不敢忘也。今予忘夫孝之道矣。予是以有憂色。故君子一舉足不敢忘父母。一出言不敢忘父母。一舉足不敢忘父母。故道而不徑。舟而不游。不敢以先父母之遺體行殆也。一出言不敢忘父母。是故惡言不出於口。忿言不及於己。然后不辱其身。不憂其親。則可謂孝矣。草木以時伐焉。禽獸以時殺焉。夫子曰。伐一木。殺一獸。不以其時。非孝也。

曾子制言上

曾子曰。夫行也者。行禮之謂也。夫禮。貴者敬焉。老者孝焉。幼者慈焉。少者友焉。賤者惠焉。此禮也。行之則行也。立之則義也。今之所謂行者。犯其上。危其下。衡道而彊立之。天下無道故。若天下有道。則有司之所求也。故君子不貴興道之士。而貴有恥之士也。若由富貴興道者。與貧賤。吾恐其或失也。若由貧賤興道者。與富貴。吾恐其羸驕也。夫有恥之士。富而不以道則耻之。貧而不以道則耻之。弟子無曰不我知也。鄙夫鄙婦相會于廧陰。可謂密矣。明日則或揚其言矣。故士執仁與義而不聞。（不聞二字原本作明字、今據羣書治要校改、）行之未篤故也。胡爲其莫之聞也。殺六畜不當。及親吾信之矣。使民不時。失國吾信之矣。蓬生麻中。不扶自直。白沙在泥。與之皆黑。是故人之相與也。譬如舟車然。相濟達也。己先則援之。彼先則推之。是故人非人不濟。馬非馬不走。土非土不高。水非水不流。君子之爲弟也。行則爲人負。無席則寢其趾。使之爲夫人則否。近市無賈。在田無野。行無據旅。苟若此。則夫杖可因篤焉。富以苟不如貧以譽。生以辱不如死以榮。辱可避。避之而已矣。及其不可避也。君子視死若歸。父母之讎不與同生。兄弟之讎。不與聚國。朋友之讎。不與聚鄉。族人之讎。不與聚隣。良賈深藏如虛。君子有盛教如無。弟子問於曾子曰。夫士何如則可以爲達矣。曾子曰。不能則學。疑則問。欲行則比賢。雖有險道。循行達矣。今之弟子。病下人。不知事賢。恥不知而又不問。欲作則其知不足。是以惑闇。惑闇終其世而已矣。是謂窮民也。曾子門弟子或將之晉。曰吾無知焉。曾子曰。何必然往矣。有知焉謂之友。無知焉謂之主。且夫君子執仁立志。先行後言。千里之外。皆爲兄弟。苟是之不爲。則雖汝親。庸孰能親汝乎。

曾子疾病

曾子疾病。曾元抑首。曾華抱足。曾子曰。微乎。吾無夫顏氏之言。吾何以語汝哉。然而君子之務盡有之矣。夫華繁而實寡者天也。言多而行寡者人也。鷹鶽以山爲卑。而曾巢其上。魚鱉黿鼉以淵爲淺。而蹷穴其中。卒其所以得之者。餌也。是故君子苟無以利害義。則辱何由至哉。親戚不悅。不敢外交。近者不親。不敢求遠。小者不審。不敢言大。故人之生也。百歲之中。有疾病焉。有老幼焉。故君子思其不可復者而先施焉。親戚既歿。雖欲孝。誰爲孝。年既耆艾。雖欲弟。誰爲弟。故孝有不及。弟有不時。其此之謂與。言不遠身。言之主也。行不遠身。行之本也。言有主。行有本。謂之有聞矣。夫君子尊其所聞。則高明矣。行其所聞。則廣大矣。高明廣大。不在於他。在加之志而已矣。與君子游。苾乎如入蘭芷之室。久而不聞。則與之化矣。與小人游。

貸（一作膩）乎如入鮑魚之次。久而不聞。則與之化矣。是故君子愼其所去就。與君子游。如長日加益而不自知也。與小人游。如履薄冰。每履而下。幾何而不陷乎哉。吾不見好學盛而不衰者矣。吾不見好教如食疾子者矣。吾不見日省而月考之其友者矣。吾不見孜孜而與來而改者矣。

武王踐阼

武王踐阼三日。召士大夫而問焉。曰。惡有藏之約。行之行。萬世可以爲子孫常者乎。諸大夫對曰。未得聞也。然後召師尙父而問焉。曰。黃帝顓頊之道存乎。意亦忽不可得見與。師尙父曰。在丹書。王欲聞之。則齊矣。三日。王端冕。師尙父亦端冕。奉書而入。負屛而立。王下堂南面而立。師尙父曰。先王之道不北面。王行西折而南。東面而立。師尙父西面道書之言曰。敬勝怠者吉。怠勝敬者滅。義勝欲者從。欲勝義者凶。凡事不强則枉。弗敬則不正。枉者滅廢。敬者萬世。藏之約。行之行。可以爲子孫常者。此言之謂也。且臣聞之。以仁得之。以仁守之。其量百世。以不仁得之。以仁守之。其量十世。以不仁得之。以不仁守之。必及其世。王聞書之言。暢若恐懼。退而爲戒書。於席之四端爲銘焉。於机爲銘焉。於鑑爲銘焉。於盥盤爲銘焉。於楹爲銘焉。於杖爲銘焉。於帶爲銘焉。於履屨爲銘焉。於觴豆爲銘焉。於戶爲銘焉。於牖爲銘焉。於劍爲銘焉。於弓爲銘焉。於矛爲銘焉。席前左端之銘曰。安樂必敬。前右端之銘曰。無行可悔。後左端之銘曰。一反一側。亦不可以忘。後右端之銘曰。所監不遠。視邇所代。机之銘曰。皇皇惟敬。口生呞。口戕口。鑑之銘曰。見爾前。慮爾後。盥盤之銘曰。與其溺於人也。寧溺於淵。溺於淵猶可游也。溺於人不可救也。楹之銘曰。毋曰胡殘。其禍將然。毋曰胡害。其禍將大。毋曰胡傷。其禍將長。杖之銘曰。惡乎危。於忿懥。惡乎失道。於嗜慾。惡乎相忘。於富貴。帶之銘曰。火滅修容。愼戒必恭。恭則壽。屨履之銘曰。愼之勞。勞則富。豆觴之銘曰。食自杖食自杖。戒之憍。憍則逃。戶之銘曰。夫名難得而易失。無懃弗志。而曰我知之乎。無懃弗及。而曰我杖之乎。擾阻以泥之。若風將至。必先搖搖。雖有聖人。不能爲謀也。牖之銘曰。隨天時。地之財。敬祀皇天。敬以先時。劍之銘曰。帶之以爲服。動必行德。行德則興。倍德則崩。弓之銘曰。屈伸之義。廢興之行。無忘自過。矛之銘曰。造矛造矛。少間弗忍。終身之羞。予一人所聞。以戒後世子孫。

本命 節錄

分於道謂之命。形於一謂之性。化於陰陽。象形而發謂之生。化窮數盡謂之死。故命者。性之終也。則必有終矣。人生而不具者五。目無見。不能食。不能行。不能言。不能化。三月而徹眗。然後能有見。八月生齒。然後食。朞而生臏。然後能行。三年嘻合。然後能言。十有六情通。然後能化。陰窮反陽。陽窮反陰。辰故陰以陽化。陽以陰變。故男以八月而生齒。八歲而毀齒。一陰一陽。然後成道。二八十六。然後情通。然後其施行。女七月生齒。七歲而毀。二七十四。然後其化成。合於三也。小節也。中古男三十而娶。女二十而嫁。合於五也。中節也。太古男五十而室。女三十而嫁。備於三五。合於八。八也。八者維綱也。天地以發明。故聖人以合陰陽之數也。男者任也。子者孳也。男子者。言任天地之道。如長萬物之義也。故謂之丈夫。丈者長也。夫者扶也。言長萬物也。知可爲者。知不可爲者。知可言者。知不可言者。知可行者。知不可行者。是故審論而明其別。謂之知。所以正夫德者。女者如也。子者孳也。女子者。言如男子之教而長其義理者也。故謂之婦人。婦人伏於人也。是故無專制之義。有三從之道。在家從父。適人從夫。夫死從子。無所敢自遂也。故令不出閨門。事在饋食之間而已矣。是故女及日乎閨門之內。不百里而犇喪。事無獨爲。行無獨成之道。參知而後動。可驗而後言。宵夜行燭。宮事必量。六畜蕃于宮中。謂之信也。所以正婦德也。女有五不取。逆家子不取。亂家子不取。世有刑人不取。世有惡疾不取。喪婦長子不取。逆家子者。爲其逆德也。亂家子者。爲其弃於天也。喪婦長子者。爲其無所受命也。婦有七去。不順父母去。無子去。淫去。妬去。有惡疾去。多言去。竊盜去。不順父母去。爲其逆德也。無子。爲其絕世也。淫。爲其亂族也。妬。爲其亂家也。有惡疾。爲其不可與共粢盛也。口多言。爲其離親。盜竊。爲其反義也。婦有三不去。有所取無所歸不去。與更三年喪不去。前貧賤後富貴不去。

以上大戴禮記

經傳治要卷一

經傳十種

春秋左氏傳

春秋。本魯史記之名。孔子刪定之。自隱公元年至哀公十四年。凡十二公。二百四十二年。後世編年史之所本也。傳春秋者。有公羊穀梁左氏三家。經與傳合。其文互異。所傳事實。亦微有不同。故後儒依傳說經。經不離傳而立。左氏名邱明。爲魯太史。與孔子同時。孔子嘗稱之。見論語。其傳春秋也。不斤斤于論斷。所述事蹟。皆本諸國史。文辭燦爛。雖時有浮誇近誣者。然自周室東遷。七雄以前。二三百年間。列國之盛衰。賢哲之言行。惟此傳記載。至爲詳盡。不獨說經者必以是書爲根據。卽考論春秋時之人物學說。亦當視之若漁獵之資山海焉。

鄭莊公克段于鄢 隱公元年

初。鄭武公娶于申。曰武姜。生莊公及共叔段。莊公寤生。驚姜氏。故名曰寤生。遂惡之。愛共叔段。欲立之。亟請于武公。公弗許。及莊公卽位。爲之請制。公曰。制。巖邑也。虢叔死焉。他邑唯命。請京。使居之。謂之京城大叔。祭仲曰。都城過百雉。國之害也。先王之制。大都不過參國之一。中五之一。小九之一。今京不度。非制也。君將不堪。公曰。姜氏欲之。焉辟害。對曰。姜氏何厭之有。不如早爲之所。無使滋蔓。蔓。難圖也。蔓草猶不可除。況君之寵弟乎。公曰。多行不義。必自斃。子姑待之。既而大叔命西鄙北鄙貳于己。公子呂曰。國不堪貳。君將若之何。欲與大叔。臣請事之。若弗與。則請除之。無生民心。公曰。無庸。將自及。大叔又收貳以爲己邑。至于廩延。子封曰。可矣。厚將得衆。公曰。不義不暱。厚將崩。大叔完聚。繕甲兵。具卒乘。將襲鄭。夫人將啟之。公聞其期。曰。可矣。命子封帥車二百乘以伐京。京叛大叔段。段入于鄢。公伐諸鄢。五月辛丑。太叔出奔共。書曰。鄭伯克段于鄢。段不弟。故不言弟。如二君。故曰克。稱鄭伯。譏失敎也。謂之鄭志。不言出奔。難之也。遂寘姜氏于鄭潁。而誓之曰。不及黃泉。無相見也。既而悔之。潁考叔爲潁谷封人。聞之。有獻于公。公賜之食。食舍肉。公問之。對曰。小人有母。皆嘗小人之食矣。未嘗君之羹。請以遺之。公曰。爾有母遺。緊我獨無。潁考叔曰。敢問何謂也。公語之故。且告之悔。對曰。君何患焉。若闕地及泉。隧而相見。其誰曰不然。公從之。公入而賦。大隧之中。其樂也融融。姜出而賦。大隧之外。其樂也洩洩。遂爲母子如初。君子曰。潁考叔純孝也。愛其母。施及莊公。詩曰。孝子不匱。永錫爾類。其是之謂乎。

衛石碏殺州吁及子厚　隱公三年四年

衛莊公娶于齊東宮得臣之妹。曰莊姜。美而無子。衛人所爲賦碩人也。又娶于陳。曰厲媯。生孝伯。早死。其娣戴媯生桓公。莊姜以爲己子。公子州吁。嬖人之子也。有寵而好兵。公弗禁。莊姜惡之。石碏諫曰。臣聞愛子。敎之以義方。弗納于邪。驕奢淫泆。所自邪也。四者之來。寵祿過也。將立州吁。乃定之矣。若猶未也。階之爲禍。夫寵而不驕。驕而能降。降而不憾。憾而能眕者。

鮮矣。且夫賤妨貴。少陵長。遠閒親。新閒舊。小加大。淫破義。所謂六逆也。君義。臣行。父慈。子孝。兄愛。弟敬。所謂六順也。去順效逆。所以速禍也。君人者將禍是務去。而速之。無乃不可乎。弗聽。其子厚與州吁游。禁之不可。桓公立。乃老。

四年春。衞州吁弒桓公而立。宋殤公之卽位也。公子馮出奔鄭。鄭人欲納之。及衞州吁立。將修先君之怨於鄭。而求寵於諸侯以和其民。使告于宋曰。君若伐鄭以除君害。君爲主。敝邑以賦與陳蔡從。則衞國之願也。宋人許之。於是陳蔡方睦於衞。故宋公陳侯蔡人衞人伐鄭。圍其東門。五日而還。公問於衆仲曰。衞州吁其成乎。對曰。臣聞以德和民。不聞以亂。以亂猶治絲而棼之也。夫州吁阻兵而安忍。阻兵無衆。安忍無親。衆叛親離。難以濟矣。夫兵猶火也。弗戢。將自焚也。夫州吁弒其君而虐用其民。於是乎不務令德。而欲以亂成。必不免矣。州吁未能和其民。厚問定君於石子。石子曰。王覲爲可。曰何以得覲。曰陳桓公方有寵於王。陳衞方睦。若朝陳使請。必可得也。厚從州吁如陳。石碏使告于陳曰。衞國褊小。老夫耄矣。無能爲也。此二人者實弒寡君。敢卽圖之。陳人執之而請涖于衞。九月。衞人使右宰醜涖殺州吁于濮。石碏使其宰獳羊肩涖殺石厚于陳。君子曰。石碏純臣也。惡州吁而厚與焉。大義滅親。其是之謂乎。

魯臧哀伯諫納郜鼎　桓公二年

夏。四月。取郜大鼎于宋。戊申。納于大廟。非禮也。臧哀伯諫曰。君人者。將昭德塞違。以臨照百官。猶懼或失之。故昭令德以示子孫。是以清廟茅屋。大路越席。大羹不致。粢食不鑿。昭其儉也。袞冕黻珽。帶裳幅舄。衡紞紘綖。昭其度也。藻率鞞鞛。鞶厲游纓。昭其數也。火龍黼黻。昭其文也。五色比象。昭其物也。鍚鸞和鈴。昭其聲也。三辰旂旗。昭其明也。夫德儉而有度。登降有數。文物以紀之。聲明以發之。以臨照百官。百官於是乎戒懼。而不敢易紀律。今滅德立違。而寘其賂器於太廟。以明示百官。百官象之。其又何誅焉。國家之敗。由官邪也。官之失德。寵賂章也。郜鼎在廟。章孰甚焉。武王克商。遷九鼎於雒邑。義士猶或非之。而況將昭違亂之賂器于太廟。其若之何。公不聽。周內史聞之曰。臧孫達其有後於魯乎。君違不忘諫之以德。

魯曹劌論戰　莊公十年

春。齊師伐我。公將戰。曹劌請見。其鄉人曰。肉食者謀之。又何閒焉。劌曰。肉食者鄙。未能遠謀。乃入見。問何以戰。公曰。衣食所安。弗敢專也。必以分人。對曰。小惠未徧。民弗從也。公曰。犧牲玉帛。弗敢加也。必以信。對曰。小信未孚。神弗福也。公曰。小大之獄。雖不能察。必以情。對曰。忠之屬也。可以一戰。戰則請從。公與之乘。戰于長勺。公將鼓之。劌曰。未可。齊人三鼓。劌曰。可矣。齊師敗績。公將馳之。劌曰。未可。下視其轍。登軾而望之。曰。可矣。遂逐齊師。既克。公問其故。對曰。夫戰。勇氣也。一鼓作氣。再而衰。三而竭。彼竭我盈。故克之。夫大國難測也。懼有伏焉。吾視其轍亂。望其旗靡。故逐之。

齊桓公救邢 閔公元年

狄人伐邢。管敬仲言於齊侯曰。戎狄豺狼。不可厭也。諸夏親暱。不可棄也。宴安酖毒。不可懷也。詩云豈不懷歸。畏此簡書。簡書同惡相恤之謂也。請救邢以從簡書。齊人救邢。

衛文公中興 閔公二年

衛文公大布之衣。大帛之冠。務材訓農。通商惠工。敬教勸學。授方任能。元年革車三十乘。季年乃三百乘。

齊桓公召陵之盟 僖公四年

春。齊侯以諸侯之師侵蔡。蔡潰。遂伐楚。楚子使與師言曰。君處北海。寡人處南海。唯是風馬牛不相及也。不虞君之涉吾地也。何故。管仲對曰。昔召康公命我先君大公曰。五侯九伯。女實征之。以夾輔周室。賜我先君履。東至于海。西至于河。南至于穆陵。北至于無棣。爾貢包茅不入。王祭不共。無以縮酒。寡人是徵。昭王南征而不復。寡人是問。對曰。貢之不入。寡君之罪也。敢不共給。昭王之不復。君其問諸水濱。師進。次于陘。夏。楚子使屈完如師。師退。次于召陵。齊侯陳諸侯之師。與屈完乘而觀之。齊侯曰。豈不穀是爲。先君之好是繼。與不穀同好如何。對曰。君惠徼福於敝邑之社稷。辱收寡君。寡君之願也。齊侯曰。以此衆戰。誰能禦之。以此攻城。何城不克。對曰。君若以德綏諸侯。誰敢不服。君若以力。楚國方城以爲城。漢水以爲池。雖衆。無所用之。屈完及諸侯盟。

齊桓公寧母之盟 僖公七年

秋。盟于寧母。謀鄭故也。管仲言於齊侯曰。臣聞之。招攜以禮。懷遠以德。德禮不易。無人不懷。齊侯修禮於諸侯。諸侯官受方物。鄭伯使大子華聽命於會。言於齊侯曰。洩氏孔氏子人氏三族。實違君命。若君去之以爲成。我以鄭爲內臣。君亦無所不利焉。齊侯將許之。管仲曰。君以禮與信屬諸侯。而以姦終之。無乃不可乎。子父不奸之謂禮。守命共時之謂信。違此二者。奸莫大焉。公曰。諸侯有討於鄭。未捷。今苟有釁。從之。不亦可乎。對曰。君若綏之以德。加之以訓辭。而帥諸侯以討鄭。鄭將覆亡之不暇。豈敢不懼。若總其罪人以臨之。鄭有辭矣。何懼。且夫合諸侯。以崇德也。會而列姦。何以示後嗣。夫諸侯之會。其德刑禮義。無國不記。記姦之位。君盟替矣。作而不記。非盛德也。君其勿許。鄭必受盟。夫子華既爲大子。而求介於大國。以弱其國。亦必不免。鄭有叔詹堵叔師叔三良爲政。未可閒也。齊侯辭焉。子華由是得罪於鄭。冬。鄭伯使請盟于齊。

齊桓公葵丘之盟 僖公九年

夏。會于葵丘。尋盟。且修好。禮也。王使宰孔賜齊侯胙。曰。天子有事于文武。使孔賜伯舅胙。齊侯將下拜。孔曰。且有後命。天子使孔曰。以伯舅耋老加勞。賜一級。無下拜。對曰。天威不違顏咫尺。小白余敢貪天子之命無下拜。恐隕越于下。以遺天子羞。敢不下拜。下拜登受。秋。齊侯盟諸侯于葵丘。曰。凡我同盟之人。既盟之後。言歸于好。宰孔先歸。遇晉侯。曰。可無會也。齊侯不務德而勤遠略。故北伐山戎。南伐楚。西爲此會也。東略之、不知。西則否矣。其在亂乎。君務靖亂。無勤於行。晉侯乃還。

附錄　孟子五霸者章

孟子曰。五霸者。三王之罪人也。今之諸侯。五霸之罪人也。今之大夫。今之諸侯之罪人也。天子適諸侯曰巡狩。諸侯朝于天子曰述職。春省耕而補不足。秋省斂而助不給。入其疆。土地辟。田野治。養老尊賢。俊傑在位。則有慶。慶以地。入其疆。土地荒蕪。遺老失賢。掊克在位、則有讓。一不朝、則貶其爵。再不朝、則削其地。三不朝。則六師移之。是故天子討而不伐。諸侯伐而不討。五霸者。摟諸侯以伐諸侯者也。故曰。五霸者。三王之罪人也。五霸桓公爲盛。葵丘之會。諸侯束牲載書而不歃血。初命曰。誅不孝。無易樹子。無以妾爲妻。再命曰。尊賢育才。以彰有德。三命曰。敬老慈幼。無忘賓旅。四命曰。士無世官。官事無攝。取士必得。無專殺大夫。五命曰。無曲防。無遏糴。無有封而不告。曰。凡我同盟之人。既盟之後。言歸于好。今之諸侯。皆犯此五禁。故曰。今之諸侯。五霸之罪人也。長君之惡其罪小。逢君之惡其罪大。今之大夫皆逢君之惡。故曰。今之大夫。今之諸侯之罪人也。

宋襄公用鄫子于社　僖公十九年

夏。宋公使邾文公用鄫子于次睢之社。欲以屬東夷。司馬子魚曰。古者六畜不相爲用。小事不用大牲。而況敢用人乎。祭祀以爲人也。民。神之主也。用人。其誰饗之。齊桓公存三亡國以屬諸侯。義士猶曰薄德。今一會而虐二國之君。又用諸淫昏之鬼。將以求霸。不亦難乎。得死爲幸。

魯臧文仲諫焚巫尪　僖公二十一年

夏。大旱。公欲焚巫尪。臧文仲曰。非旱備也。修城郭。貶食省用。務穡勸分。此其務也。巫尪何爲。天欲殺之。則如勿生。若能爲旱。焚之滋甚。公從之。是歲也。饑而不害。

宋襄公及楚人戰于泓　僖公二十二年

楚人伐宋以救鄭。宋公將戰。大司馬固諫曰。天子棄商久矣。君將興之。弗可赦也已。弗聽。冬十一月己巳朔。宋公及楚人戰于泓。宋人既成列。楚人未既濟。司馬曰。彼衆我寡。及其未既濟也。請擊之。公曰。不可。既濟而未成列。又以告。公曰。未可。既陳而後擊之。宋師敗績。公傷股。門官殲焉。國人皆咎公。公曰。君子不重傷。不擒二毛。古之爲軍也。不以阻隘也。寡人雖亡國之餘。不鼓不成列。子魚曰。君未知戰。勍敵之人。隘而不列。天贊我也。阻而鼓之。不亦可乎。猶有懼焉。且今之勍者。皆吾敵也。雖及胡耈。獲則取之。何有於二毛。明恥教戰。求殺敵也。傷未及死。如何勿重。若愛重傷。則如勿傷。愛其二毛。則如服焉。三軍以利用也。金鼓以聲氣也。利而用之。阻隘可也。聲盛致志。鼓儳可也。

晉公子重耳之亡 僖公二十三年

晉公子重耳之及於難也。晉人伐諸蒲城。蒲城人欲戰。重耳不可。曰。保君父之命而享其生祿。於是乎得人。有人而校。罪莫大焉。吾其奔也。遂奔狄。從者狐偃。趙衰。顛頡。魏武子。司空季子。狄人伐廧咎如。獲其二女叔隗季隗。納諸公子。公子取季隗。生伯鯈叔劉。以叔隗妻趙衰。生盾。將適齊。謂季隗曰。待我二十五年。不來而後嫁。對曰。我二十五年矣。又如是而嫁。則就木焉。請待子。處狄十二年而行。過衞。衞文公不禮焉。出於五鹿。乞食於野人。野人與之塊。公子怒。欲鞭之。子犯曰。天賜也。稽首受而載之。及齊。齊桓公妻之。有馬二十乘。公子安之。從者以為不可。將行。謀於桑下。蠶妾在其上。以告姜氏。姜氏殺之。而謂公子曰。子有四方之志。其聞之者。吾殺之矣。公子曰。無之。姜曰。行也。懷與安。實敗名。公子不可。姜與子犯謀。醉而遣之。醒。以戈逐子犯。及曹。曹共公聞其駢脅。欲觀其裸。浴。薄而觀之。僖負羈之妻曰。吾觀晉公子之從者。皆足以相國。若以相。夫子必反其國。反其國。必得志於諸侯。得志於諸侯。而誅無禮。曹其首也。子盍蚤自貳焉。乃饋盤飧。寘璧焉。公子受飧反璧。及宋。宋襄公贈之以馬二十乘。

及鄭。鄭文公亦不禮焉。叔詹諫曰。臣聞天之所啟。人弗及也。晉公子有三焉。天其或者將建諸。君其禮焉。男女同姓。其生不蕃。晉公子姬出也。而至于今。一也。離外之患。而天不靖晉國。殆將啟之。二也。有三士足以上人。而從之。三也。晉鄭同儕。其過子弟。固將禮焉。況天之所啟乎。弗聽。及楚。楚子饗之。曰。公子若反晉國。則何以報不穀。對曰。子女玉帛。則君有之。羽毛齒革。則君地生焉。其波及晉國者。君之餘也。其何以報君。曰。雖然。何以報我。對曰。若以君之靈。得反晉國。晉楚治兵。遇於中原。其辟君三舍。若不獲命。其左執鞭弭。右屬櫜鞬。以與君周旋。子玉請殺之。楚子曰。晉公子廣而儉。文而有禮。其從者肅而寬。忠而能力。晉侯無親。外內惡之。吾聞姬姓唐叔之後。其後衰者也。其將由晉公子乎。天將興之。誰能廢之。違天必有大咎。乃送諸秦。秦伯納女五人。懷嬴與焉。奉匜沃盥。既而揮之。怒曰。秦晉匹也。何以卑我。公子懼。降服而囚。他日。公享之。子犯曰。吾不如衰之文也。請使衰從。公子賦河水。公賦六月。趙衰曰。重耳拜賜。公子降拜稽首。公降一級而辭焉。衰曰。君稱所以佐天子者命重耳。重耳敢不拜。

富辰諫以狄伐鄭 僖公二十四年

鄭之入滑也。滑人聽命。師還。又卽衞。鄭公子士洩堵俞彌帥師伐滑。王使伯服游孫伯如鄭請滑。鄭伯怨惠王之入而不與厲公爵也。又怨襄王之與衞滑也。故不聽王命而執二子。王怒。將以狄伐鄭。富辰諫曰。不可。臣聞之。大上以德撫民。其次親親以相及也。昔周公弔二叔之不咸。故封建親戚。以蕃屏周。管蔡郕霍魯衛毛聃郜雍曹滕畢原酆郇。文之昭也。邘晉應韓。武之穆也。凡蔣邢茅胙祭。周公之胤也。召穆公思周德之不類。故糾合宗族于成周而作詩。曰常棣之華。鄂不韡韡。凡今之人。莫如兄弟。其四章曰。兄弟鬩于牆。外禦其侮。如是則兄弟雖有小忿。不廢懿親。今天子不忍小忿。以棄鄭親。其若之何。庸勳親親。暱近尊賢。德之大者也。卽聾從昧。與頑用嚚。姦之大者也。棄德崇姦。禍之大者也。鄭有平惠之勳。又有厲宣之親。棄嬖寵而用三良。於諸姬爲近。四德具矣。耳不聽五聲之和爲聾。目不別五色之章爲昧。心不則德義之經爲頑。口不道忠信之言爲嚚。狄皆則之。四姦具矣。周之有懿德也。猶曰莫如兄弟。故封建之。其懷柔天下也。猶懼有外侮。扞禦侮者。莫如親親。故以親屏周。召穆公亦云。今周德既衰。於是乎又渝周召以從諸姦。無乃不可乎。民未忘禍。王又興之。其若文武何。王弗聽。使頹叔桃子出狄師。夏。狄伐鄭。取櫟。王德狄人。將以其女爲后。富辰諫曰。不可。臣聞之曰。報者倦矣。施者未厭。狄固貪惏。王又啟之。女德無極。婦怨無終。狄必爲患。王又弗聽。初。甘昭公有寵於惠后。惠后將立之。未及而卒。昭公奔齊。王復之。又通於隗氏。王替隗氏。頹叔桃子曰。我實使狄。狄其怨我。遂奉大叔以狄師攻王。王御士將禦之。王曰。先后其謂我何。寧使諸侯圖之。王遂出。及坎欿。國人納之。秋。頹叔桃子奉大叔以狄師伐周。大敗周師。獲周公忌父原伯毛伯富辰。王出適鄭。處于氾。大叔以隗氏居于溫。

晉文公之文教　僖公二十七年

晉侯始入而教其民。二年欲用之。子犯曰。民未知義。未安其居。於是乎出定襄王。入務利民。民懷生矣。將用之。子犯曰。民未知信。未宣其用。於是乎伐原以示之信。民易資者不求豐焉。明徵其辭。公曰。可矣乎。子犯曰。民未知禮。未生其共。於是乎大蒐以示之禮。作執秩以正其官。民聽不惑而後用之。出穀戍。釋宋圍。一戰而霸。文之教也。

邾文公論利民　文公十三年

邾文公卜遷于繹。史曰。利於民而不利於君。邾子曰。苟利於民。孤之利也。天生民而樹之君。以利之也。民既利矣。孤必與焉。左右曰。命可長也。君何弗爲。邾子曰。命在養民。死之短長。時也。民苟利矣。遷也。吉莫如之。遂遷于繹。五月。邾文公卒。君子曰。知命。

魯季文子諫納莒僕　文公十八年

莒紀公生大子僕。又生季佗。愛季佗而黜僕。且多行無禮於國。僕因國人以弒紀公。以其寶玉來奔。納諸宣公。公命與之邑。曰。今日必授。季文子使司寇出諸竟。曰。今日必達。公問其故。季文子使大史克對曰。先大夫臧文仲教行父事君之禮。行父奉以周旋。弗敢失隊。曰。見有禮於其君者。事之。如孝子之養父母也。見無禮於其君者。誅之。如鷹鸇之逐鳥雀也。先君周公制周禮曰。則以觀德。德以處事。事以度功。功以食民。作誓命曰。毀則爲賊。掩賊爲藏。竊賄爲盜。盜器爲姦。主藏之名。賴姦之用。爲大凶德。有常無赦。在九刑不忘。行父還觀莒僕。莫可則也。孝敬忠信爲吉德。盜賊藏姦爲凶德。夫莒僕則其孝敬。則弒君父矣。則其忠信。則竊寶玉矣。其人則盜賊也。其器則姦兆也。保而利之。則主藏也。以訓則昏。民無則焉。不度於善而皆在於凶德。是以去之。昔高陽氏有才子八人。蒼舒隤敳檮戭大臨尨降庭堅仲容叔達齊聖廣淵。明允篤誠。天下之民。謂之八愷。高辛氏有才子八人。伯奮仲堪叔獻季仲伯虎仲熊叔豹季貍。忠肅共懿。宣慈惠和。天下之民。謂之八元。此十六族也。世濟其美。不隕其名以至於堯。堯不能舉。舜臣堯。舉八愷。使主后土。以揆百事。莫不時序。地平天成。舉八元。使布五教于四方。父義母慈。兄友弟共。子孝。內平外成。昔帝鴻氏有不才子。掩義隱賊。好行凶德。醜類惡物。頑嚚不友。是與比周。天下之民。謂之渾敦。少皞氏有不才子。毀信廢忠。崇飾惡言。靖譖庸回。服讒蒐慝。以誣盛德。天下之民。謂之窮奇。顓頊氏有不才子。不可教訓。不知話言。告之則頑。舍之則嚚。傲很明德。以亂天常。天下之民。謂之檮杌。此三族也。世濟其凶。增其惡名以至于堯。堯不能去。縉雲氏有不才子。貪于飲食。冒于貨賄。侵欲崇侈。不可盈厭。聚斂積實不知紀極。不分孤寡。不恤窮匱。天下之民。以比三凶。謂之饕餮。舜臣堯。賓于四門。流四凶族渾敦。窮奇。檮杌。饕餮。投諸四裔。以禦螭魅。是以堯崩而天下如一。同心戴舜。以爲天子。以其舉十六相。去四凶也。故虞書數舜之功。曰愼徽五典。五典克從。無違教也。曰納于百揆。百揆時序。無廢事也。曰賓于四門。四門穆穆。無凶人也。舜有大功二十而爲天子。今行父雖未獲一吉人。去一凶矣。於舜之功。二十之一也。庶幾免於戾乎。

王孫滿對楚莊王問鼎 宣公三年

楚子伐陸渾之戎。遂至於雒。觀兵于周疆。定王使王孫滿勞楚子。楚子問鼎之大小輕重焉。對曰。在德不在鼎。昔夏之方有德也。遠方圖物。貢金九牧。鑄鼎象物。百物而爲之備。使民知神姦。故民入川澤山林。不逢不若。螭魅罔兩。莫能逢之。用能協于上下。以承天休。桀有昏德。鼎遷于商。載祀六百。商紂暴虐。鼎遷于周。德之休明。雖小。重也。其姦回昏亂。雖大。輕也。天祚明德。有所底止。成王定鼎於郟鄏。卜世三十。卜年七百。天所命也。周德雖衰。天命未改。鼎之輕重。未可問也。

晉欒武子論師之壯老 宣公十二年

晉師在敖鄗之間。鄭皇戌使如晉師。曰。鄭之從楚。社稷之故也。未有貳心。楚師驟勝而驕。其師老矣。而不設備。子擊之。鄭師爲承。楚師必敗。彘子曰。敗楚服鄭。於此在矣。必許之。欒武子曰。楚自克庸以來。其君無日不討國人而訓之于民生之不易。禍至之無日。戒懼之不可以怠。在軍無日不討軍實而申儆之于勝之不可保。紂之百克而卒無後。訓之以若敖蚡冒篳路藍縷。以啟山林。箴之曰。民生在勤。勤則不匱。不可謂驕。先大夫子犯有言曰。師直爲壯。曲爲老。我則不德。而徼怨于楚。我曲楚直。不可謂老。其君之戎。分爲二廣。廣有一卒。卒偏之兩。右廣初駕。數及日中。左則受之。以至于昏。內官序當其夜。以待不虞。不可謂無備。子良。鄭之良也。師叔。楚之崇也。師叔入盟。子良在楚。楚鄭親矣。來勸我戰。我克則來。不克遂往。以我卜也。鄭不可從。

楚莊王論武有七德　宣公十二年

丙辰。楚重至於邲。遂次于衡雍。潘黨曰。君盍築武軍。而收晉尸。以爲京觀。臣聞克敵必示子孫。以無忘武功。楚子曰。非爾所知也。夫文止戈爲武。武王克商。作頌曰。載戢干戈。載櫜弓矢。我求懿德。肆于時夏。允王保之。又作武。其卒章曰。耆定爾功。其三曰。鋪時繹思。我徂惟求定。其六曰。綏萬邦。屢豐年。夫武禁暴戢兵。保大定功。安民和衆。豐財者也。故使子孫無忘其章。今我使二國暴骨。暴矣。觀兵以威諸侯。兵不戢矣。暴而不戢。安能保大。猶有晉在。焉得定功。所違民欲猶多。民何安焉。無德而强爭諸侯。何以和衆。利人之幾。而安人之亂。以爲己榮。何以豐財。武有七德。我無一焉。何以示子孫。其爲先君宮。告成事而已。武非吾功也。古者明王伐不敬。取其鯨鯢而封之。以爲大戮。於是乎有京觀。以懲淫慝。今罪無所。而民皆盡忠以死君命。又可以爲京觀乎。祀于河。作先君宮。告成事而還。

定王使單襄公責晉獻齊捷　成公二年

晉侯使鞏朔獻齊捷于周。王弗見。使單襄公辭焉。曰。蠻夷戎狄。不式王命。淫湎毀常。王命伐之。則有獻捷。王親受而勞之。所以懲不敬。勸有功也。兄弟甥舅。侵敗王略。王命伐之。告事而已。不獻其功。所以敬親暱。禁淫慝也。今叔父克遂。有功于齊。而不使命卿鎮撫王室。所使來撫余一人。而鞏伯實來。未有職司於王室。又奸先王之禮。余雖欲於鞏伯。其敢廢舊典以忝叔父。夫齊甥舅之國也。而大師之後也。寧不亦淫從其欲以怒叔父。抑豈不可諫誨。士莊伯不能對。王使委於三吏。禮之如侯伯克敵使大夫告慶之禮。降於卿禮一等。王以鞏伯宴而私賄之。使相告之曰。非禮也。勿籍。

劉康公論成子受脤不敬　成公十三年

三月。公及諸侯朝王。遂從劉康公成肅公會晉侯伐秦。成子受脤于社。不敬。劉子曰。吾聞之。民受天地之中以生。所謂命也。是以有動作禮義威儀之則。以定命也。能者養之以福。不能者敗以取禍。是故君子勤禮。小人盡力。勤禮莫如致敬。盡力莫如敦篤。敬在養神。篤在守業。國之大事。在祀與戎。祀有執膰。戎有受脤。神之大節也。今成子惰棄其命矣。其不反乎。五月。成肅公卒于瑕。

晉厲公使呂相絕秦　成公十三年

晉侯使呂相絕秦。曰。昔逮我獻公。及穆公相好。戮力同心。申之以盟誓。重之以昏姻。天禍晉國。文公如齊。惠公如秦。無祿。獻公卽世。穆公不忘舊德。俾我惠公用能奉祀于晉。又不能成大勳。而爲韓之師。亦悔于厥心。用集我文公。是穆之成也。文公躬擐甲冑。跋履山川。踰越險阻。征東之諸侯。虞夏商周之胤而朝諸秦。則亦旣報舊德矣。鄭人怒君之疆場。我文公帥諸侯及秦圍鄭。秦大夫不詢于我寡君。擅及鄭盟。諸侯疾之。將致命于秦。文公恐懼。綏靜諸侯。秦師克還無害。則是我有大造于西也。無祿。文公卽世。穆爲不弔。蔑死我君。寡我襄公。迭我殽地。奸絕我好。伐我保城。殄滅我費滑。散離我兄弟。撓亂我同盟。傾覆我國家。我襄公未忘君之舊勳。而懼社稷之隕。是以有殽之師。猶願赦罪于穆公。穆公弗聽。而卽楚謀我。天誘其衷。成王隕命。穆公是以不克逞志于我。穆襄卽世。康靈卽位。康公我之自出。又欲闕翦我公室。傾覆我社稷。帥我蝥賊。以來蕩搖我邊疆。我是以有令狐之役。康猶不悛。入我河曲。伐我涑川。俘我王官。翦我羈馬。我是以有河曲之戰。東道之不通。則是康公絕我好也。及君之嗣也。我君景公引領西望曰。庶撫我乎。君亦不惠稱盟。利吾有狄難。入我河縣。焚我箕郜。芟夷我農功。虔劉我邊陲。我是以有輔氏之聚。君亦悔禍之延。而欲徼福于先君獻穆。使伯車來命我景公曰。吾與女同好棄惡。復修舊德。以追念前勳。言誓未就。景公卽世。我寡君是以有令狐之會。君又不祥。背棄盟誓。白狄及君同州。君之仇讎。而我之昏姻也。君來賜命曰。吾與女伐狄。寡君不敢顧昏姻。畏君之威。而受命于吏。君有二心於狄。曰。晉將伐女。狄應且憎。是用告我。楚人惡君之二三其德也。亦來告我曰。秦背令狐之盟。而來求盟于我。昭告昊天上帝。秦三公。楚三王。曰。余雖與晉出入。余唯利是視。不穀惡其無成德。是用宣之。以懲不壹。諸侯備聞此言。斯是用痛心疾首。暱就寡人。寡人帥以聽命。唯好是求。君若惠顧諸侯。矜哀寡人。而賜之盟。則寡人之願也。其承寧諸侯以退。豈敢徼亂。君若不施大惠。寡人不佞。其不能以諸侯退矣。敢盡布之執事。俾執事實利圖之。

晉魏絳諫伐戎　襄公四年

無終子嘉父使孟樂如晉。因魏莊子納虎豹之皮。以請和諸戎。晉侯曰。戎狄無親而貪。不如伐之。魏絳曰。諸侯新服。陳新來和。將觀於我。我德則睦。否則攜貳。勞師於戎。而楚伐陳。必弗能救。是棄陳也。諸華必叛。戎。禽獸也。獲戎失華。無乃不可乎。夏訓有之曰。有窮后羿。公曰。后羿何如。對曰。昔有夏之方衰也。后羿自鉏遷於窮石。因夏民以代夏政。恃其射也。不修民事。而淫於原獸。棄武羅。伯因。熊髡。尨圉。而用寒浞。寒浞。伯明氏之讒子弟也。伯明后寒棄之。夷羿收之。信而使之。以爲己相。浞行媚于內。而施賂于外。愚弄其民。而虞羿于田。樹之詐慝。以取其國家。外內咸服。羿猶不悛。將歸自田。家衆殺而亨之。以食其子。其子不忍食諸。死于窮門。靡奔有鬲氏。浞因羿室。生澆及豷。恃其讒慝詐僞。而不德于民。使澆用師。滅斟灌及斟尋氏。處澆于過。處豷于戈。靡自有鬲氏。收二國之燼。以滅浞而立少康。少康滅澆于過。后杼滅豷于戈。有窮由是遂亡。失人故也。昔周辛甲之爲大史也。命百官。官箴王闕。於虞人之箴曰。芒芒禹迹。畫爲九州。經啟九道。民有寢廟。獸有茂草。各有攸處。德用不擾。在帝夷羿。冒于原獸。忘其國恤。而思其麀牡。武不可重。用不恢于夏家。獸臣司原。敢告僕夫。虞箴如是。可不懲乎。於是晉侯好田。故魏絳及之。公曰。然則莫如和戎乎。對曰。和戎有五利焉。戎狄荐居。貴貨易土。土可賈焉。一也。邊鄙不聳。民狎其野。穡人成功。二也。戎狄事晉。四鄰振動。諸侯威懷。三也。以德綏戎。師徒不勤。甲兵不頓。四也。鑒于后羿。而用德度。遠至邇安。五也。君其圖之。公說。使魏絳盟諸戎。修民事。田以時。

晉師曠論衛人出其君 襄公十四年

師曠侍於晉侯。晉侯曰。衛人出其君。不亦甚乎。對曰。或者其君實甚。良君將賞善而刑淫。養民如子。蓋之如天。容之如地。民奉其君。愛之如父母。仰之如日月。敬之如神明。畏之如雷霆。其可出乎。夫君。神之主也。民之望也。若困民之主。匱神乏祀。百姓絕望。社稷無主。將安用之。弗去何爲。天生民而立之君。使司牧之。勿使失性。有君而爲之貳。使師保之。勿使過度。是故天子有公。諸侯有卿。卿置側室。大夫有貳宗。士有朋友。庶人工商皁隸牧圉皆有親暱。以相輔佐也。善則賞之。過則匡之。患則救之。失則革之。自王以下。各有父兄子弟。以補察其政。史爲書。瞽爲詩。工誦箴諫。大夫規誨。士傳言。庶人謗。商旅于市。百工獻藝。故夏書曰。遒人以木鐸徇于路。官師相規。工執藝事以諫。正月孟春。於是乎有之。諫失常也。天之愛民甚矣。豈其使一人肆於民上。以從其淫。而棄天地之性。必不然矣。

魯臧武仲論詰盜　襄公二十一年

邾庶其以漆閭丘來奔。季武子以公姑姊妻之。皆有賜於其從者。於是魯多盜。季孫謂臧武仲曰。子盍詰盜。武仲曰。不可詰也。紇又不能。季孫曰。我有四封。而詰其盜。何故不可。子為司寇。將盜是務去。若之何不能。武仲曰。子召外盜而大禮焉。何以止吾盜。子為正卿。而來外盜。使紇去之。將何以能。庶其竊邑於邾以來。子以姬氏妻之。而與之邑。其從者皆有賜焉。若大盜禮焉。以君之姑姊與其大邑。其次皁牧輿馬。其小者衣裳劍帶。是賞盜也。賞而去之。其或難焉。紇也聞之。在上位者。洒濯其心。壹以待人。軌度其信。可明徵也。而後可以治人。夫上之所為。民之歸也。上所不為。而民或為之。是以加刑罰焉。而莫敢不懲。若上之所為。而民亦為之。乃其所也。又可禁乎。夏書曰。念茲在茲。釋茲在茲。名言茲在茲。允出茲在茲。惟帝念功。將謂由己壹也。信由己壹。而後功可念也。庶其非卿也。以地來。雖賤必書。重地也。

魯叔孫豹論不朽　襄公二十四年

春。穆叔如晉。范宣子逆之。問焉。曰。古人有言曰。死而不朽。何謂也。穆叔未對。宣子曰。昔匄之祖。自虞以上為陶唐氏。在夏為御龍氏。在商為豕韋氏。在周為唐杜氏。晉主夏盟為范氏。其是之謂乎。穆叔曰。以豹所聞。此之謂世祿。非不朽也。魯有先大夫曰臧文仲。既沒。其言立。其是之謂乎。豹聞之。大上有立德。其次有立功。其次有立言。雖久不廢。此之謂不朽。若夫保姓受氏。以守宗祊。世不絕祀。無國無之。祿之大者。不可謂不朽。

鄭子產寓書范宣子論重幣 襄公二十四年

范宣子爲政。諸侯之幣重。鄭人病之。二月。鄭伯如晉。子產寓書於子西。以告宣子。曰。子爲晉國。四鄰諸侯不聞令德。而聞重幣。僑也惑之。僑聞君子長國家者。非無賄之患。而無令名之難。夫諸侯之賄。聚於公室。則諸侯貳。若吾子賴之。則晉國貳。諸侯貳。則晉國壞。晉國貳。則子之家壞。何沒沒也。將焉用賄。夫令名。德之輿也。德。國家之基也。有基無壞。無亦是務乎。有德則樂。樂則能久。詩云。樂只君子。邦家之基。有令德也夫。上帝臨女。無貳爾心。有令名也夫。恕思以明德。則令名載而行之。是以遠至邇安。毋寧使人謂子。子實生我。而謂子浚我以生乎。象有齒以焚其身。賄也。宣子說。乃輕幣。

齊晏子不死君難 襄公二十五年

崔武子見棠姜而美之。遂取之。莊公通焉。崔子弒之。晏子立於崔氏之門外。其人曰。死乎。曰。獨吾君也乎哉。吾死也。曰。行乎。曰。吾罪也乎哉。吾亡也。曰。歸乎。曰。君死安歸。君民者。豈以陵民。社稷是主。臣君者。豈爲其口實。社稷是養。故君爲社稷死。則死之。爲社稷亡。則亡之。若爲己死而爲己亡。非其私暱。誰敢任之。且人有君而弒之。吾焉得死之。而焉得亡之。將庸何歸。門啓而入。枕尸股而哭。興。三踴而出。人謂崔子必殺之。崔子曰。民之望也。舍之得民。

宋子罕論弭兵　襄公二十七年

宋向戌善於趙文子。又善於令尹子木。欲弭諸侯之兵以爲名。如晉告趙孟。趙孟謀於諸大夫。韓宣子曰。兵民之殘也。財用之蠹。小國之大菑也。將或弭之。雖曰不可。必將許之。弗許。楚將許之。以召諸侯。則我失爲盟主矣。晉人許之。如楚。楚亦許之。如齊。齊人難之。陳文子曰。晉楚許之。我焉得已。且人曰弭兵。而我弗許。則固攜吾民矣。將焉用之。齊人許之。告於秦。秦亦許之。皆告於小國。爲會於宋。

宋左師請賞。曰。請免死之邑。公與之邑六十。以示子罕。子罕曰。凡諸侯小國。晉楚所以兵威之。畏而後上下慈和。慈和而後能安靖其國家。以事大國。所以存也。無威則驕。驕則亂生。亂生必滅。所以亡也。天生五材。民並用之。廢一不可。誰能去兵。兵之設久矣。所以威不軌而昭文德也。聖人以興。亂人以廢。廢興存亡昏明之術。皆兵之由也。而子求去之。不亦誣乎。以誣道蔽諸侯。罪莫大焉。縱無大討。而又求賞。無厭之甚也。削而投之。左師辭邑。向氏欲攻司城。左師曰。我將亡。夫子存我。德莫大焉。又可攻乎。君子曰。彼其之子。邦之司直。樂喜之謂乎。何以恤我。我其收之。向戌之謂乎。

吳季札論樂 襄公二十九年

吳公子札來聘。請觀于周樂。使工爲之歌周南召南。曰。美哉。始基之矣。猶未也。然勤而不怨矣。爲之歌邶鄘衛。曰。美哉淵乎。憂而不困者也。吾聞衛康叔武公之德如是。是其衛風乎。爲之歌王。曰。美哉。思而不懼。其周之東乎。爲之歌鄭。曰。美哉。其細已甚。民弗堪也。是其先亡乎。爲之歌齊。曰。美哉。泱泱乎大風也哉。表東海者。其太公乎。國未可量也。爲之歌豳。曰。美哉。蕩乎。樂而不淫。其周公之東乎。爲之歌秦。曰。此之謂夏聲。夫能夏則大。大之至也。其周之舊乎。爲之歌魏。曰。美哉。渢渢乎。大而婉。險而易行。以德輔此。則明主也。爲之歌唐。曰。思深哉。其有陶唐氏之遺民乎。不然。何憂之遠也。非令德之後。誰能若是。爲之歌陳。曰。國無主。其能久乎。自鄶以下無譏焉。爲之歌小雅。曰。美哉。思而不貳。怨而不言。其周德之衰乎。猶有先王之遺民焉。爲之歌大雅。曰。廣哉。熙熙乎。曲而有直體。其文王之德乎。爲之歌頌。曰。至矣哉。直而不倨。曲而不屈。邇而不逼。遠而不攜。遷而不淫。復而不厭。哀而不愁。樂而不荒。用而不匱。廣而不宣。施而不費。取而不貪。處而不底。行而不流。五聲和。八風平。節有度。守有序。盛德之所同也。見舞象箾南籥者。曰。美哉。猶有憾。見舞大武者。曰。美哉。周之盛也。其若此乎。見舞韶濩者。曰。聖人之弘也。而猶有慚德。聖人之難也。見舞大夏者。曰。美哉。勤而不德。非禹其誰能修之。見舞韶箾者。曰。德至矣哉。大矣。如天之無不幬也。如地之無不載也。雖甚盛德。其蔑以加於此矣。觀止矣。若有他樂。吾不敢請已。

子產始爲政 襄公三十年

鄭子皮授子產政。辭曰。國小而偪。族大寵多。不可爲也。子皮曰。虎帥以聽。誰敢犯子。子善相之。國無小。小能事大。國乃寬。子產爲政。有事伯石。賂與之邑。子大叔曰。國皆其國也。奚獨賂焉。子產曰。無欲實難。皆得其欲。以從其事。而要其成。非我有成。其在人乎。何愛於邑。邑將焉往。子大叔曰。若四國何。子產曰。非相違也。而相從也。四國何尤焉。鄭書有之曰。安定國家。必大焉先。姑先安大。以待其所歸。既伯石懼而歸邑。卒與之。伯有既死。使大史命伯石爲卿。辭。大史退。則請命焉。復命之。又辭。如是三。乃受策入拜。子產是以惡其爲人也。使次己位。子產使都鄙有章。上下有服。田有封洫。廬井有伍。大人之忠儉者。從而與之。泰侈者。因而斃之。豐卷將祭。請田焉。弗許。曰。唯君有鮮。衆給而已。子張怒。退而徵役。子產奔晉。子皮止之。而逐豐卷。豐卷奔晉。子產請其田里。三年而復之。反其田里及其入焉。從政一年。輿人誦之曰。取我衣冠而褚之。取我田疇而伍之。孰殺子產。吾其與之。及三年。又誦之曰。我有子弟。子產誨之。我有田疇。子產殖之。子產而死。誰其嗣之。

子產論毀鄉校 襄公三十一年

鄭人遊于鄉校。以論執政。然明爲子產曰。毀鄉校何如。子產曰。何爲。夫人朝夕退而遊焉。以議執政之善否。其所善者。吾則行之。其所惡者。吾則改之。是吾師也。若之何毀之。我聞忠善以損怨。不聞作威以防怨。豈不遽止。然猶防川。大決所犯。傷人必多。吾不克救也。不如小決使道。不如吾聞而藥之也。然明曰。蔑也今而後知吾子之信可事也。小人實不才。若果行此。其鄭國實賴之。豈唯二三臣。仲尼聞是語也。曰。以是觀之。人謂子產不仁。吾不信也。

子產論以政爲學 襄公三十一年

子皮欲使尹何爲邑。子產曰。少未知可否。子皮曰。愿。吾愛之。不吾叛也。使夫往而學焉。夫亦愈知治矣。子產曰。不可。人之愛人。求利之也。今吾子愛人則以政。猶未能操刀而使割也。其傷實多。子之愛人。傷之而已。其誰敢求愛於子。子於鄭國。棟也。棟折榱崩。僑將厭焉。敢不盡言。子有美錦。不使人學製焉。大官大邑。身之所庇也。而使學者製焉。其爲美錦。不亦多乎。僑聞學而後入政。未聞以政學者也。若果行此。必有所害。譬如田獵。射御貫則能獲禽。若未嘗登車射御。則敗績厭覆是懼。何暇思獲。子皮曰。善哉。虎不敏。吾聞君子務知大者遠者。小人務知小者近者。我小人也。衣服附在吾身。我知而愼之。大官大邑所以庇身也。我遠而慢之。微子之言。吾不知也。他日我曰。子爲鄭國。我爲吾家。以庇焉。其可也。今而後知不足。自今請雖吾家。聽子而行。子產曰。人心之不同。如其面焉。吾豈敢謂子面如吾面乎。抑心所謂危。亦以告也。子皮以爲忠。故委政焉。子產是以能爲鄭國。

晏子使晉與叔向各論國情 昭公三年

齊侯使晏嬰請繼室於晉。曰。寡人願事君。朝夕不倦。將奉質幣。以無失時。則國家多難。是以不獲。不腆先君之適。以備內官。焜燿寡人之望。則又無祿。早世隕命。寡人失望。君若不忘先君之好。惠顧齊國。辱收寡人。徼福於大公丁公。照臨敝邑。鎭撫其社稷。則猶有先君之適及遺姑姊妹若而人。君若不棄敝邑。而辱使董振擇之。以備嬪嬙。寡人之望也。韓宣子使叔向對曰。寡君之願也。寡君不能獨任其社稷之事。未有伉儷。在縗絰之中。是以未敢請。君有辱命。惠莫大焉。若惠顧敝邑。撫有晉國。賜之內主。豈惟寡君。舉羣臣實受其貺。其自唐叔以下。實寵嘉之。既成昏。晏子受禮。叔向從之宴。相與語。叔向曰。齊其何如。晏子曰。此季世也。吾弗知齊其爲陳氏矣。公棄其民。而歸於陳氏。齊舊四量。豆區釜鍾。四升爲豆。各自其四。以登於釜。釜十則鍾。陳氏三量皆登一焉。鍾乃大矣。以家量貸。而以公量收之。山木如市。弗加於山。魚鹽蜃蛤。弗加於海。民參其力。二入於公。而衣食其一。公聚朽蠹。而三老凍餒。國之諸市。屨賤踊貴。民人痛疾。而或燠休之。其愛之如父母。而歸之如流水。欲無獲民。將焉辟之。箕伯。直柄。虞遂。伯戲。其相胡公大姬。已在齊矣。叔向曰。然。雖吾公室。今亦季世也。戎馬不駕。卿無軍行。公乘無人。卒列無長。庶民罷敝。而宮室滋侈。道殣相望。而女富溢尤。民聞公命。如逃寇讎。欒。郤。胥。原。狐。續。慶。伯。降在皁隸。政在家門。民無所依。君日不悛。以樂慆憂。公室之卑。其何日之有。讒鼎之銘曰。昧旦丕顯。後世猶怠。況日不悛。其能久乎。晏子曰。子將若何。叔向曰。晉之公族盡矣。肸聞之。公室將卑。其宗族枝葉先落。則公從之。肸之宗十一族。唯羊舌氏在而已。肸又無子。公室無度。幸而得死。豈其獲祀。初。景公欲更晏子之宅。曰。子之宅近市。湫隘囂塵。不可以居。請更諸爽塏者。辭曰。君之先臣容焉。臣不足以嗣之。於臣侈矣。且小人近市。朝夕得所求。小人之利也。敢煩里旅。公笑曰。子近市。識貴賤乎。對曰。既利之。敢不識乎。公曰。何貴何賤。於是景公繁於刑。有鬻踊者。故對曰。踊貴屨賤。既已告於君。故與叔向語而稱之。景公為是省於刑。君子曰。仁人之言。其利溥哉。晏子一言。而齊侯省刑。詩曰。君子如祉。亂庶遄已。其是之謂乎。及晏子如晉。公更其宅。反則成矣。既拜。乃毀之。而為里室。皆如其舊。則使宅人反之。且諺曰。非宅是卜。唯鄰是卜。二三子先卜鄰矣。違卜不祥。君子不犯非禮。小人不犯不祥。古之制也。吾敢違諸乎。卒復其舊宅。公弗許。因陳桓子以請。乃許之。

晉叔向與鄭子產論鑄刑書 昭公六年

三月。鄭人鑄刑書。叔向使詒子產書。曰。始吾有虞於子。今則已矣。昔先王議事以制。不為刑辟。懼民之有爭心也。猶不可禁禦。是故閑之以義。糾之以政。行之以禮。守之以信。奉之以仁。制為祿位。以勸其從。嚴斷刑罰。以威其淫。懼其未也。故誨之以忠。聳之以行。教之以務。使之以和。臨之以敬。涖之以彊。斷之以剛。猶求聖哲之上。明察之官。忠信之長。慈惠之師。民於是乎可任使也而不生禍亂。民知有辟。則不忌於上。並有爭心。以徵於書。而徼幸以成之。弗可爲矣。夏有亂政而作禹刑。商有亂政而作湯刑。周有亂政而作九刑。三辟之興。皆叔世也。今吾子相鄭國。作封洫。立謗政。制參辟。鑄刑書。將以靖民。不亦難乎。詩曰。儀式刑文王之德。日靖四方。又曰。儀刑文王。萬邦作孚。如是何辟之有。民知爭端矣。將棄禮而徵於書。錐刀之末。將盡爭之。亂獄滋豐。賄賂並行。終子之世。鄭其敗乎。肸聞之。國將亡。必多制。其此之謂乎。復書曰。若吾子之言。僑不才。不能及子孫。吾以救世也。既不承命。敢忘大惠。

子產論伯有爲鬼 昭公七年

鄭人相驚以伯有。曰伯有至矣。則皆走。不知所往。鑄刑書之歲二月。或夢伯有介而行。曰壬子。余將殺帶也。明年壬寅。余又將殺段也。及壬子。駟帶卒。國人益懼。齊燕平之月。壬寅。公孫段卒。國人愈懼。其明月。子產立公孫洩及良止以撫之。乃止。子大叔問其故。子產曰。鬼有所歸。乃不爲厲。吾爲之歸也。大叔曰。公孫洩何爲。子產曰。說也。爲身無義而圖說。從政有所反之。以取媚也。不媚不信。不信民不從也。及子產適晉。趙景子問焉。曰。伯有猶能爲鬼乎。子產曰。能。人生始化曰魄。既生魄。陽曰魂。用物精多。則魂魄強。是以有精爽。至於神明。匹夫匹婦強死。其魂魄猶能馮依於人。以爲淫厲。況良霄。我先君穆公之胄。子良之孫。子耳之子。敝邑之卿。從政三世矣。鄭雖無腆。抑諺曰。蕞爾國。而三世執其政柄。其用物也弘矣。其取精也多矣。其族又大。所馮厚矣。而强死。能爲鬼。不亦宜乎。

楚子革諷諫靈王 昭公十二年

楚子狩于州來。次于潁尾。使蕩侯。潘子。司馬督。囂尹午。陵尹喜。帥師圍徐以懼吳。楚子次于乾谿。以爲之援。雨雪。王皮冠秦復陶翠被豹舄執鞭以出。僕析父從。右尹子革夕。王見之。去冠被舍鞭。與之語曰。昔我先王熊繹與呂伋王孫牟燮父禽父並事康王。四國皆有分。我獨無有。今吾使人於周求鼎以爲分。王其與我乎。對曰。與君王哉。昔我先王熊繹辟在荆山。篳路藍縷以處草莽。跋涉山林以事天子。唯是桃弧棘矢以共禦王事。齊王舅也。晉及魯衞王母弟也。楚是以無分。而彼皆有。今周與四國服事君王。將唯命是從。豈其愛鼎。王曰。昔我皇祖伯父昆吾。舊許是宅。今鄭人貪賴其田。而不我與。我若求之。其與我乎。對曰。與君王哉。周不愛鼎。鄭敢愛田。王曰。昔諸侯遠我而畏晉。今我大城陳蔡不羹。賦皆千乘。子與有勞焉。諸侯其畏我乎。對曰。畏君王哉。是四國者。專足畏也。又加之以楚。敢不畏君王哉。工尹路請曰。君王命剝圭以爲鏚柲。敢請命。王入視之。析父謂子革。吾子楚國之望也。今與王言如響。國其若之何。子革曰。摩厲以須。王出。吾刃將斬矣。王出。復語。左史倚相趨過。王曰。是良史也。子善視之。是能讀三墳五典八索九丘。對曰。臣嘗問焉。昔穆王欲肆其心。周行天下。將皆必有車轍馬迹焉。祭公謀父作祈招之詩以止王心。王是以獲沒於祗宮。臣問其詩而不知也。若問遠焉。其焉能知之。王曰。子能乎。對曰。能。其詩曰。祈招之愔愔。式昭德音。思我王度。式如玉。式如金。形民之力。而無醉飽之心。王揖而入。饋不食。寢不寐。數日。不能自克。以及於難。仲尼曰。古也有志。克己復禮。仁也。信善哉。楚靈王若能如是。豈其辱於乾谿。

子產論天道遠 昭公十七年十八年

冬。有星孛于辰西。及漢。申須曰。彗所以除舊布新也。天事恆象。今除於火。火出必布焉。諸侯其有火災乎。鄭裨竈言於子產曰。宋衞陳鄭將同日火。若我用瓘斝玉瓚。鄭必不火。子產弗與。次年五月。火始昏見。丙子。風。梓愼曰。是謂融風。火之始也。七日其火作乎。戊寅。風甚。壬午。大甚。宋衞陳鄭皆火。裨竈曰。不用吾言。鄭又將火。鄭人請用之。子產不可。子大叔曰。寶以保民也。若有火。國幾亡。可以救亡。子何愛焉。子產曰。天道遠。人道邇。非所及也。何以知之。竈焉知天道。是亦多言矣。豈不或信。遂不與。亦不復火。

晏子論和同與無死 昭公二十年

齊侯至自田。晏子侍于遄臺。子猶馳而造焉。公曰。唯據與我和夫。晏子對曰。據亦同也。焉得爲和。公曰。和與同異乎。對曰。異。和如羹焉。水火醯醢鹽梅。以烹魚肉。燀之以薪。宰夫和之。齊之以味。濟其不及。以洩其過。君子食之。以平其心。君臣亦然。君所謂可而有否焉。臣獻其否。以成其可。君所謂否而有可焉。臣獻其可。以去其否。是以政平而不干。民無爭心。故詩曰。亦有和羹。既戒既平。鬷嘏無言。時靡有爭。先王之濟五味。和五聲也。以平其心。成其政也。聲亦如味。一氣。二體。三類。四物。五聲。六律。七音。八風。九歌。以相成也。清濁大小。長短疾徐。哀樂剛柔。遲速高下。出入周疏。以相濟也。君子聽之。以平其心。心平德和。故詩曰。德音不瑕。今據不然。君所謂可。據亦曰可。君所謂否。據亦曰否。若以水濟水。誰能食之。若琴瑟之專壹。誰能聽之。同之不可也如是。飲酒樂。公曰。古而無死。其樂若何。晏子對曰。古而無死。則古之樂也。君何得焉。昔爽鳩氏始居此地。季萴因之。有逢伯陵因之。蒲姑氏因之。而後大公因之。古若無死。爽鳩氏之樂。非君所願也。

子產與大叔論爲政寬猛　昭公二十年

鄭子產有疾。謂子大叔曰。我死。子必爲政。唯有德者能以寬服民。其次莫如猛。夫火烈。民望而畏之。故鮮死焉。水懦弱。民狎而翫之。則多死焉。故寬難。疾數月而卒。大叔爲政。不忍猛而寬。鄭國多盜。取人於萑苻之澤。大叔悔之。曰。吾早從夫子。不及此。興徒兵以攻萑苻之盜。盡殺之。盜少止。仲尼曰。善哉。政寬則民慢。慢則糾之以猛。猛則民殘。殘則施之以寬。寬以濟猛。猛以濟寬。政是以和。詩曰。民亦勞止。汔可小康。惠此中國。以綏四方。施之以寬也。毋從詭隨。以謹無良。式遏寇虐。慘不畏明。糾之以猛也。柔遠能邇。以定我王。平之以和也。又曰。不競不絿。不剛不柔。布政優優。百祿是遒。和之至也。及子產卒。仲尼聞之。出涕曰。古之遺愛也。

鄭子大叔論禮儀　昭公二十五年

子大叔見趙簡子。簡子問揖讓周旋之禮焉。對曰。是儀也。非禮也。簡子曰。敢問何謂禮。對曰。吉也聞諸先大夫子產曰。夫禮。天之經也。地之義也。民之行也。天地之經。而民實則之。則天之明。因地之性。生其六氣。用其五行。氣爲五味。發爲五色。章爲五聲。淫則昏亂。民失其性。是故爲禮以奉之。爲六畜五牲三犧。以奉五味。爲九文六采五章。以奉五色。爲九歌八風七音六律。以奉五聲。爲君臣上下。以則地義。爲夫婦外內。以經二物。爲父子兄弟姑姊甥舅昏媾姻亞。以象天明。爲政事庸力行務。以從四時。爲刑罰威獄。使民畏忌。以類其震曜殺戮。爲溫慈惠和。以效天之生殖長育。民有好惡喜怒哀樂。生于六氣。是故審則宜類。以制六志。哀有哭泣。樂有歌舞。喜有施舍。怒有戰鬬。喜生於好。怒生於惡。是故審行信令。禍福賞罰。以制死生。生好物也。死惡物也。好物樂也。惡物哀也。哀樂不失。乃能協于天地之性。是以長久。簡子曰。甚哉禮之大也。對曰。禮上下之紀。天地之經緯也。民之所以生也。是以先王尙之。故人之能自曲直以赴禮者。謂之成人。大不亦宜乎。簡子曰。鞅也請終身守此言也。

晏子論禳彗與禮可爲國　昭公二十六年

齊有彗星。齊侯使禳之。晏子曰。無益也。祇取誣焉。天道不諂。不貳其命。若之何禳之。且天之有彗也。以除穢也。君無穢德。又何禳焉。若德之穢。禳之何損。詩曰。惟此文王。小心翼翼。昭事上帝。聿懷多福。厥德不回。以受方國。君無違德。方國將至。何患於彗。詩曰。我無所監。夏后及商。用亂之故。民卒流亡。若德回亂。民將流亡。祝史之爲。無能補也。公說。乃止。齊侯與晏子坐于路寢。公歎曰。美哉室。其誰有此乎。晏子曰。敢問何謂也。公曰。吾以爲在德。對曰。如君之言其陳氏乎。陳氏雖無大德。而有施於民。豆區釜鍾之數。其取之公也薄。其施之民也厚。公厚斂焉。陳氏厚施焉。民歸之矣。詩曰。雖無德與女。式歌且舞。陳氏之施。民歌舞之矣。後世若少惰。陳氏而不亡。則國其國也已。公曰。善哉。是可若何。對曰。唯禮可以已之。在禮。家施不及國。民不遷。農不移。工賈不變。士不濫。官不滔。大夫不收公利。公曰。善哉。我不能矣。吾今而後知禮之可以爲國也。對曰。禮之可以爲國也久矣。與天地並。君令臣共。父慈子孝。兄愛弟敬。夫和妻柔。姑慈婦聽。禮也。君令而不違。臣共而不貳。父慈而教。子孝而箴。兄愛而友。弟敬而順。夫和而義。妻柔而正。姑慈而從。婦聽而婉。禮之善物也。公曰。善哉。寡人今而後聞此禮之上也。對曰。先王所稟於天地。以爲其民也。是以先王上之。

附錄　晏子春秋六章并劉向晏子春秋敍錄

景公之時。雨雪三日而不霽。公被狐白之裘。坐堂側陛。晏子入見。立有閒。公曰。怪哉。雨雪三日而天不寒。晏子對曰。天不寒乎。公笑。晏子曰。嬰聞古之賢君。飽而知人之飢。溫而知人之寒。逸而知人之勞。今君不知也。公曰。善。寡人聞命矣。乃令出裘發粟與飢寒。令所睹于塗者。無問其鄉。所睹于里者。無問其家。循國計數。無言其名。士既事者兼月。疾者兼歲。孔子聞之曰。晏子能明其所欲。景公能行其所善也。

景公使圉人養所愛馬。暴死。公怒。令人操刀解養馬者。是時晏子侍前。左右執刀而進。晏子止而問于公曰。堯舜支解人。從何軀始。公矍然曰。從寡人始。遂不支解。公曰。以屬獄。晏子曰。此不知其罪而死。臣爲君數之。使知其罪。然後致之獄。公曰。可。晏子數之曰。（或作景公有馬。其圉人殺之。公怒。援戈將自擊之。晏子曰。此不知其罪而死。臣請爲君數之。令知其罪而殺之。公曰。諾。晏子舉戈而臨之曰云云。）爾罪有三。公使汝養馬而殺之。當死罪一也。又殺公之所最善馬。當死罪二也。使公以一馬之故而殺人。百姓聞之。必怨吾君。諸侯聞之。必輕吾國。汝殺公馬。使怨積于百姓。兵弱于鄰國。汝當死罪三也。今以屬獄。公喟然歎曰。夫子釋之。夫子釋之。勿傷吾仁也。

叔向問晏子曰。嗇吝愛之於行何如。晏子對曰。嗇者君子之道。吝愛者小人之行也。叔向曰。何謂也。晏子曰。稱財多寡而節用之。富無金藏。貧不假貸。謂之嗇。積多不能分人。而厚自養。謂之吝。不能分人。又不能自養。謂之愛。故夫嗇者君子之道。吝愛者小人之行也。

靈公好婦人而丈夫飾者。國人盡服之。公使吏禁之曰。女子而男子飾者。裂其衣。斷其帶。裂衣斷帶相望而不止。晏子見。公問曰。寡人使吏禁女子而男子飾。裂斷其衣帶。相望而不止者何也。晏子對曰。君使服之於內。而禁之於外。猶懸牛首于門。而賣馬肉於內也。公何以不使內勿服。則外莫敢爲也。公曰善。使內勿服。踰月而國莫之服。

晏子使楚。以晏子短。楚人爲小門于大門之側而延晏子。晏子不入。曰使狗國者從狗門入。今臣使楚。不當從此門入。儐者更道從大門入。見楚王。王曰。齊無人耶。晏子對曰。臨淄三百閭。張袂成陰。揮汗成雨。比肩繼踵而在。何爲無人。王曰。然則子何爲使乎。晏子對曰。齊命使各有所主。其賢者使使賢王。不肖者使使不肖王。嬰最不肖。故直使楚矣。

晏子將至楚。楚聞之。謂左右曰。晏嬰齊之習辭者也。今方來。吾欲辱之。何以也。左右對曰。爲其來也。臣請縛一人過王而行。王曰何爲者也。對曰齊人也。王曰。何坐。曰坐盜。晏子至。楚王賜晏子酒。酒酣。吏二縛一人詣王。王曰。縛者曷爲者也。對曰。齊人也。坐盜。王視晏子曰。齊人固善盜乎。晏子避席對曰。嬰聞之。橘生淮南則爲橘。生于淮北則爲枳。葉徒相似。其實味不同。所以然者何。水土異也。今民生長於齊不盜。入楚則盜。得無楚之水土使民善盜耶。王笑曰。聖人非所與熙也。寡人反取病焉。

護左都水使者光祿大夫臣向言。所校中書晏子十一篇。臣向謹與長社尉臣參校讎太史書五篇。臣向書一篇。參書十三篇。凡中外書三十篇。爲八百三十八章。除復重二十二篇六百三十八章。定著八篇。二百一十五章。外書無有三十六章。中書無有七十一章。中外皆有以相定。中書以夭為芳。又為備。先為牛。章為長。如此類者多。謹頗略椾。皆已定。以殺青。書可繕寫。晏子名嬰。謚平仲。萊人。萊者今東萊地也。晏子博聞彊記。通于古今。事齊靈公莊公景公。以節儉力行。盡忠極諫道齊。國君得以正行。百姓得以附親。不用則退耕于野。用則必不詘義。不可脅以邪。白刃雖交胸。終不受崔杼之劫。諫齊君。懸而至。順而刻。及使諸侯。莫能詘其辭。其博通如此。蓋次管仲。內能親親。外能厚賢。居相國之位。受萬鍾之祿。故親戚待其祿而衣食五百餘家。處士待而舉火者亦甚眾。晏子衣苴布之衣。麋鹿之裘。駕敝車疲馬。盡以祿給親戚朋友。齊人以此重之。晏子蓋短。其書六篇。皆忠諫其君。文章可觀。義理可法。皆合六經之義。又有復重。文辭頗異。不敢遺失。復列以為一篇。又有頗不合經術。似非晏子言。疑後世辯士所為者。故亦不敢失。復以為一篇。凡八篇。其六篇可常置旁御觀。謹第錄。臣向昧死上。

孔子相魯會齊侯于夾谷　定公十年

夏。公會齊侯于祝其。實夾谷。孔丘相。犁彌言於齊侯曰。孔丘知禮而無勇。若使萊人以兵劫魯侯。必得志焉。齊侯從之。孔丘以公退。曰。士兵之。兩君合好。而裔夷之俘以兵亂之。非齊君所以命諸侯也。裔不謀夏。夷不亂華。俘不干盟。兵不偪好。於神為不祥。於德為愆義。於人為失禮。君必不然。齊侯聞之。遽辟之。將盟。齊人加於載書曰。齊師出竟。而不以甲車三百乘從我者。有如此盟。孔丘使茲無還揖對曰。而不反我汶陽之田。吾以共命者。亦如之。齊侯將享公。孔丘謂梁丘據曰。齊魯之故。吾子何不聞焉。事既成矣。而又享之。是勤執事也。且犧象不出門。嘉樂不野合。饗而既具。是棄禮也。若其不具。用秕稗也。用秕稗。君辱。棄禮。名惡。子盍圖之。夫享。所以昭德也。不昭。不如其已也。乃不果享。齊人來歸鄆讙龜陰之田。

經傳治要卷一

經傳十種

春秋公羊傳

舊說。公羊高撰。實高所傳述。而其玄孫壽及胡母子都錄爲書。高子夏弟子。是書解釋經旨。多由口耳授受。不無附益失聖人之意者。而大義相傳。終有所受。後漢末何休作解詁。好引讖緯。所謂黜周王魯。變周文。從殷質之類。公羊皆無明文。蓋爲其學者相承有此說耳。

元年春王正月 隱公元年

元年春王正月。元年者何。君之始年也。春者何。歲之始也。王者孰謂。謂文王也。曷爲先言王。而後言正月。王正月也。何言乎王正月。大一統也。公何以不言卽位。成公意也。何成乎公之意。公將平國而反之桓。曷爲反之桓。桓幼而貴。隱長而卑。其爲尊卑也微。國人莫知。隱長又賢。諸大夫扳隱而立之。隱於是焉而辭立。則未知桓之將必得立也。且如桓立。則恐諸大夫之不能相幼君也。故凡隱之立。爲桓立也。隱長又賢。何以不宜立。立適以長不以賢。立子以貴不以長。桓何以貴。母貴也。母貴則子何以貴。子以母貴。母以子貴。

癸未葬宋繆公 隱公三年

癸未。葬宋繆公。葬者曷爲或日或不日。不及時而日。渴葬也。不及時而不日。慢葬也。過時而日。隱之也。過時而不日。謂之不能葬也。當時而不日。正也。當時而日。危不得葬也。此當時。何危爾。宣公謂繆公曰。以吾愛與夷。則不若愛女。以爲社稷宗廟主。則與夷不若女。盍終爲君矣。宣公死。繆公立。繆公逐其二子莊公馮與左師勃。曰。爾爲吾子。生毋相見。死毋相哭。與夷復曰。先君之所爲不與臣國而納國乎君者。以君可以爲社稷宗廟主也。今君逐君之二子。而將致國乎與夷。此非先君之意也。且使子而可逐。則先君其逐臣矣。繆公曰。先君之不爾逐可知矣。吾立乎此。攝也。終致國乎與夷。莊公馮弒與夷。故君子大居正。宋之禍宣公爲之也。

公薨　隱公十一年

冬十有一月壬辰。公薨。何以不書葬。隱之也。何隱爾。弒也。弒則何以不書葬。春秋君弒。賊不討。不書葬。以爲無臣子也。子沈子曰。君弒。臣不討賊。非臣也。子不復讎。非子也。葬、生者之事也。春秋君弒。賊不討。不書葬。以爲不繫乎臣子也。公薨何以不地。不忍言也。

宋人執鄭祭仲　桓公十一年

秋七月。葬鄭莊公。九月。宋人執鄭祭仲。祭仲者何。鄭相也。何以不名。賢也。何賢乎祭仲。以爲知權也。其爲知權奈何。古者鄭國處于留。先鄭伯有善于鄶公者。通乎夫人。以取其國而遷鄭焉。而野留。莊公死。已葬。祭仲將往省于留。塗出于宋。宋人執之。謂之曰。爲我出忽而立突。

祭仲不從其言。則君必死。國必亡。從其言。則君可以生易死。國可以存易亡。少遼緩之。則突可故出。而忽可故反。是不可得則病。然後有鄭國。古人之有權者。祭仲之權是也。權者何。權者反於經。然後有善者也。權之所設。舍死亡無所設。行權有道。自貶損以行權。不害人以行權。殺人以自生。亡人以自存。君子不爲也。

葬桓公 桓公十八年

冬十有二月己丑。葬我君桓公。賊未討。何以書葬。讎在外也。讎在外。則何以書葬。君子辭也。

紀侯大去其國 莊公四年

紀侯大去其國。大去者何。滅也。孰滅之。齊滅之。曷爲不言齊滅之。爲襄公諱也。春秋爲賢者諱。何賢乎襄公。復讎也。何讎爾。遠祖也。哀公亨乎周。紀侯譖之。以襄公之爲於此焉者。事祖禰之心盡矣。盡者何。襄公將復讎乎紀。卜之曰。師喪分焉。寡人死之。不爲不吉也。遠祖者幾世乎。九世矣。九世猶可以復讎乎。雖百世可也。家亦可乎。曰不可。國何以可。國君一體也。先君之恥。猶今君之恥也。今君之恥。猶先君之恥也。國君何以爲一體。國君以國爲體。諸侯世。故國君爲一體也。今紀無罪。此非怒與。曰非也。古者有明天子。則紀侯必誅。必無紀者。紀侯之不誅。至今有紀者。猶無明天子也。古者諸侯必有會聚之事。相朝聘之道。號辭必稱先君以相接。然則齊紀無說焉。不可以並立乎天下。故將去紀侯者。不得不去紀也。有明天子。則襄公得爲若行乎。曰。不得也。不得則襄公曷爲爲之。上無天子。下無方伯。緣恩疾者可也。

公會齊侯盟于柯　莊公十三年

冬。公會齊侯盟於柯。何以不日。易也。其易奈何。桓之盟不日。其會不致。信之也。其不日何以始乎此。莊公將會乎桓。曹子進曰。君之意何如。莊公曰。寡人之生則不若死矣。曹子曰。然則君請當其君。臣請當其臣。莊公曰。諾。於是會乎桓。莊公升壇。曹子手劍而從之。管子進曰。君何求乎。曹子曰。城壞壓竟。君不圖與。管子曰。然則君將何求。曹子曰。願請汶陽之田。管子顧曰。君許諾。桓公曰。諾。曹子請盟。桓公下與之盟。已盟。曹子摽劍而去之。要盟可犯。而桓公不欺。曹子可讎。而桓公不怨。桓公之信著乎天下。自柯之盟始焉。

齊師宋師曹師次于聶北救邢　僖公元年

齊師宋師曹師次于聶北救邢。救不言次。此其言次何。不及事也。不及事者何。邢已亡矣。孰亡之。蓋狄滅之。曷爲不言狄滅之。爲桓公諱也。曷爲爲桓公諱。上無天子。下無方伯。天下諸侯有相滅亡者。桓公不能救。則桓公恥之。曷爲先言次而後言救。君也。君則其稱師何。不與諸侯專封也。曷爲不與。實與而文不與。文曷爲不與。諸侯之義不得專封也。諸侯之義不得專封。則其曰實與之何。上無天子。下無方伯。天下諸侯有相滅亡者。力能救之。則救之可也。

城楚丘　僖公二年

春王正月。城楚丘。孰城。城衞也。曷爲不言城衞。滅也。孰滅之。蓋狄滅之。曷爲不言狄滅之。爲桓公諱也。曷爲爲桓公諱。上無天子。下無方伯。天下諸侯有相滅亡者。桓公不能救。則桓公恥之也。然則孰城之。桓公城之。曷爲不言桓公城之。不與諸侯專封也。曷爲不與。實與而文不與。文曷爲不與。諸侯之義。不得專封。諸侯之義。不得專封。則其曰實與之何。上無天子。下無方伯。天下諸侯有相滅亡者。力能救之。則救之可也。

虞師晉師滅夏陽 僖公二年

虞師晉師滅夏陽。虞微國也。曷爲序乎大國之上。使虞首惡也。曷爲使虞首惡。虞受賂假滅國者道以取亡焉。其受賂奈何。獻公朝諸大夫而問焉。曰寡人夜者寢而不寐。其意也何。諸大夫有進對者。曰寢不安與。其諸侍御有不在側者與。獻公不應。荀息進曰。虞郭見與。獻公揖而進之。遂與之入而謀曰。吾欲攻郭。則虞救之。攻虞。則郭救之。如之何。願與子慮之。荀息對曰。君若用臣之謀。則今日取郭。而明日取虞爾。君何憂焉。獻公曰。然則奈何。荀息曰。請以屈產之乘。與垂棘之白璧。往必可得也。則寶出之內藏。藏之外府。馬出之內廄。繫之外廄爾。君何喪焉。獻公曰。諾。雖然。宮之奇存焉。如之何。荀息曰。宮之奇知則知矣。雖然。虞公貪而好寶。見寶必不從其言。請終以往。於是終以往。虞公見寶許諾。宮之奇果諫。記曰。脣亡則齒寒。虞郭之相救。非相爲賜。則晉今日取郭。而明日虞從而亡爾。君請勿許也。虞公不從其言。終假之道以取郭。還四年。反取虞。虞公抱寶牽馬而至。荀息見曰。臣之謀何如。獻公曰。子之謀則已行矣。寶則吾寶也。雖然。吾馬之齒亦已長矣。蓋戲之也。夏陽者何。郭之邑也。曷爲不繫于郭。國之也。曷爲國之。君存焉爾。

楚屈完來盟于師 僖公四年

楚屈完來盟于師。盟于召陵。屈完者何。楚大夫也。何以不稱使。尊屈完也。曷爲尊屈完。以當桓公也。其言盟于師盟于召陵何。師在召陵也。師在召陵。則曷爲再言盟。喜服楚也。何言乎喜服楚。楚有王者則後服。無王者則先叛。夷狄也。而亟病中國。南夷與北狄交。中國不絕若線。桓公救中國。而攘夷狄。卒怗荆。以此爲王者之事也。其言來何。與桓爲主也。前此者有事矣。後此者有事矣。則曷爲獨於此焉。與桓公爲主。序績也。

晉里克弑其君卓子及其大夫荀息 僖公十年

晉里克弑其君卓子。及其大夫荀息。及者何。累也。弑君多矣。舍此無累者乎。曰。有。孔父仇牧皆累也。舍孔父仇牧。無累者乎。曰。有。有則此何以書。賢也。何賢乎荀息。荀息可謂不食其言矣。其不食其言奈何。奚齊卓子者。驪姬之子也。荀息傅焉。驪姬者。國色也。獻公愛之甚。欲立其子。於是殺世子申生。申生者。里克傅之。獻公病將死。謂荀息曰。士何如則可謂之信矣。荀息對曰。使死者反生。生者不愧乎其言。則可謂信矣。獻公死。奚齊立。里克謂荀息曰。君殺正而立不正。廢長而立幼。如之何。願與子慮之。荀息曰。君嘗訊臣矣。臣對曰。使死者反生。生者不愧乎其言。則可謂信矣。里克知其不可與謀。退弒奚齊。荀息立卓子。里克弒卓子。荀息死之。荀息可謂不食其言矣。

春王正月戊申朔霣石于宋五是月六鷁退飛過宋都 僖公十六年

十有六年春王正月戊申朔霣石于宋五。是月六鷁退飛過宋都。曷為先言霣而後言石。霣石記聞。聞其磌然。視之則石。察之則五。是月者何。僅逮是月也。何以不日。晦日也。晦則何以不言晦。春秋不書晦也。朔有事則書。晦雖有事不書。曷為先言六而後言鷁。六鷁退飛。記見也。視之則六。察之則鷁。徐而察之則退飛。五石六鷁何以書。記異也。外異不書。此何以書。為王者之後記異也。

晉趙盾衞孫免侵陳 宣公六年

六年春。晉趙盾衞孫免侵陳。趙盾弒君。此其復見何。親弒君者趙穿也。親弒君者趙穿。則曷為加之趙盾。不討賊也。何以謂之不討賊。晉史書賊曰。晉趙盾弒其君夷獋。趙盾曰。天乎無辜。吾不弒君。誰謂吾弒君者乎。史曰。爾為仁為義。人弒爾君。而復國不討賊。此非弒君而何。趙盾之復國奈何。靈公為無道。使諸大夫皆內朝。然後處乎臺上。引彈而彈之。已趨而辟丸。是樂而已矣。趙盾已朝而出。與諸大夫立於朝。有人荷畚自閨而出者。趙盾曰。彼何也。夫畚曷爲出乎閨。呼之不至。曰子大夫也。欲視之。則就而視之。趙盾就而視之。則赫然死人也。趙盾曰。是何也。曰膳宰也。熊蹯不熟。公怒。以斗摰而殺之。支解。將使我棄之。趙盾曰。嘻。趨而入。靈公望見趙盾。愬而再拜。趙盾逡巡北面再拜稽首。趨而出。靈公心怍焉。欲殺之。於是使勇士某者往殺之。勇士入其大門。則無人門焉者。入其閨。則無人閨焉者。上其堂。則無人焉。俯而闚其戶。方食魚飧。勇士曰。嘻。子誠仁人也。吾入子之大門。則無人焉。入子之閨。則無人焉。上子之堂。則無人焉。是子之易也。子爲晉國重卿。而食魚飧。是子之儉也。君將使我殺子。吾不忍殺子也。雖然。吾亦不可復見吾君矣。遂刎頸而死。靈公聞之。怒滋欲殺之甚。衆莫可使往者。於是伏甲于宮中。召趙盾而食之。趙盾之車右祁彌明者。國之力士也。仡然從乎趙盾而入。放乎堂下而立。趙盾已食。靈公謂盾曰。吾聞子之劍。蓋利劍也。子以示我。吾將觀焉。趙盾起將進劍。祁彌明自下呼之曰。盾食飽則出。何故拔劍於君所。趙盾知之。躇階而走。靈公有周狗謂之獒。呼獒而屬之。獒亦躇階而從之。祁彌明逆而踆之。絕其頷。趙盾顧曰。君之獒不若臣之獒也。然而宮中甲鼓而起。有起于甲中者。抱趙盾而乘之。趙盾顧曰。吾何以得此于子。曰。子某時所食活我于暴桑下者也。趙盾曰。子名爲誰。曰。吾君孰爲介。子之乘矣。何問吾名。趙盾驅而出。衆無留之者。趙穿緣民衆不說。起弒靈公。然後迎趙盾而入。與之立于朝而立成公黑臀。案經書晉趙盾弒其君夷獋在二年傳附於此

楚人殺陳夏徵舒 宣公十一年

冬十月。楚人殺陳夏徵舒。此楚子也。其稱人何。貶。曷為貶。不與外討也。不與外討者。因其討乎外而不與也。雖內討亦不與也。曷為不與。實與而文不與。文曷為不與。諸侯之義不得專討也。諸侯之義不得專討。則其曰實與之何。上無天子。下無方伯。天下諸侯有為無道者。臣弒君。子弒父。力能討之。則討之可也。

宋人及楚人平 宣公十五年

夏五月。宋人及楚人平。外平不書。此何以書。大其平乎己也。何大乎其平乎己。莊王圍宋。軍有七日之糧爾。盡此不勝。將去而歸爾。於是使司馬子反乘堙而闚宋城。宋華元亦乘堙而出見之。司馬子反曰。子之國何如。華元曰。憊矣。曰何如。曰易子而食之。析骸而炊之。司馬子反曰。嘻。甚矣憊。雖然。吾聞之也。圍者柑馬而秣之。使肥者應客。是何子之情也。華元曰。吾聞之。君子見人之厄則矜之。小人見人之厄則幸之。吾見子之君子也。是以告情于子也。司馬子反曰。諾。勉之矣。吾君亦有七日之糧爾。盡此不勝。將去而歸爾。揖而去之。反于莊王。莊王曰。何如。司馬子反曰。憊矣。曰何如。曰易子而食之。析骸而炊之。莊王曰。嘻。甚矣憊。雖然。吾今取之。然後而歸爾。司馬子反曰。不可。臣已告之矣。軍有七日之糧爾。莊王怒曰。吾使子往視之。子曷為告之。司馬子反曰。以區區之宋。猶有不欺人之臣。可以楚而無乎。是以告之也。莊王曰諾。舍而止。雖然。吾猶取此。然後歸爾。司馬子反曰。然則君請處于此。臣請歸爾。莊王曰。子去我而歸。吾孰與處于此。吾亦從子而歸爾。引師而去之。故君子大其平乎己也。此皆大夫也。其稱人何。貶。曷為貶。平者在下也。

叔孫僑如會晉士燮齊高無咎宋華元衛孫林父鄭公子鰌邾婁人會吳于鍾離 成公十五年

冬十有一月。叔孫僑如會晉士燮。齊高無咎。宋華元。衛孫林父。鄭公子鰌。邾婁人。會吳于鍾離。曷為殊會吳。外吳也。曷為外也。春秋內其國而外諸夏。內諸夏而外夷狄。王者欲一乎天下。曷為以外內之辭言之。言自近者始也。

吳子使札來聘 襄公二十九年

吳子使札來聘。吳無君無大夫。此何以有君有大夫。賢季子也。何賢乎季子。讓國也。其讓國奈何。謁也。餘祭也。夷昧也。與季子同母者四。季子弱而才。兄弟皆愛之。同欲立之以為君。謁曰。今若是迮而與季子國。季子猶不受也。請無與子而與弟。弟兄迭為君。而致國乎季子。皆曰諾。故諸為君者。皆輕死為勇。飲食必祝曰。天苟有吳國。尚速有悔於予身。故謁也死。餘祭也立。餘祭也死。夷昧也立。夷昧也死。則國宜之季子者也。季子使而亡焉。僚者長庶也。即之。季子使而反。至而君之爾。闔廬曰。先君之所以不與子國而與弟者。凡為季子故也。將從先君之命與。則國宜之季子者也。如不從先君之命與。則我宜立者也。僚惡得爲君乎。於是使專諸刺僚。而致國乎季子。季子不受。曰爾弒吾君。吾受爾國。是吾與爾爲簒也。爾殺吾兄。吾又殺爾。是父子兄弟相殺。終身無已也。去之延陵。終身不入吳國。故君子以其不受爲義。以其不殺爲仁。賢季子。則吳何以有君有大夫。以季子爲臣。則宜有君者也。札者何。吳季子之名也。春秋賢者不名。此何以名。許夷狄者不壹而足也。季子者所賢也。曷爲不足乎季子。許人臣者必使臣。許人子者必使子也。

葬許悼公　昭公十九年

冬。葬許悼公。賊未討。何以書葬。不成于弒也。曷爲不成于弒。止進藥而藥殺也。止進藥而藥殺。則曷爲加弒焉爾。譏子道之不盡也。其譏子道之不盡奈何。曰樂正子春之視疾也。復加一飯。則脫然愈。復損一飯。則脫然愈。復加一衣。則脫然愈。復損一衣。則脫然愈。止進藥而藥殺。是以君子加弒焉爾。曰許世子止弒其君買。是君子之赦止也。葬許悼公。是君子之赦止也。赦止者。免止之罪辭也。

蔡侯以吳子及楚人戰于伯莒楚師敗績　定公四年

冬十有一月庚午。蔡侯以吳子及楚人戰于伯莒。楚師敗績。吳何以稱子。夷狄也。而憂中國。其憂中國奈何。伍子胥父誅乎楚。挾弓而去楚。以干闔廬。闔廬曰。士之甚。勇之甚。將爲之興師而復讎于楚。伍子胥復曰。諸侯不爲匹夫興師。且臣聞之。事君猶事父也。虧君之義。復父之讎。臣不爲也。於是止。蔡昭公朝乎楚。有美裘焉。囊瓦求之。昭公不與。爲是拘昭公於南郢。數年。然後歸之。於其歸焉。用事乎河。曰天下諸侯。苟有能伐楚者。寡人請爲之前列。楚人聞之怒。爲是興師。使囊瓦將而伐蔡。蔡請救於吳。伍子胥復曰。蔡非有罪也。楚人爲無道。君如有憂中國之心。則若時可矣。於是興師而救蔡。曰事君猶事父也。此其爲可以復讎。奈何。曰。父不受誅。子復讎可也。父受誅。子復讎。推刃之道也。復讎不除害。朋友相衛而不相迿。古之道也。

公會晉侯及吳子于黃池 哀公十三年

公會晉侯及吳子于黃池。吳何以稱子。吳主會。則曷爲先言晉侯。不與夷狄之主中國也。其言及吳子何。會兩伯之辭也。不與夷狄之主中國。則曷爲以會兩伯之辭言之。重吳也。曷爲重吳。吳在是。則天下諸侯莫敢不至也。

西狩獲麟 哀成十四年

十有四年。春。西狩獲麟。何以書。記異也。何異爾。非中國之獸也。然則孰狩之。薪采者也。薪采者。則微者也。曷爲以狩言之。大之也。曷爲大之。爲獲麟大之也。曷爲爲獲麟大之。麟者仁獸也。有王者則至。無王者則不至。有以告者曰。有麏而角者。孔子曰。孰爲來哉。孰爲來哉。反袂拭面。涕沾袍。顏淵死。子曰。噫。天喪予。子路死。子曰。噫。天祝予。西狩獲麟。孔子曰。吾道窮矣。春秋何以始乎隱。祖之所逮聞也。所見異辭。所聞異辭。所傳聞異辭。何以終乎哀十四年。曰備矣。君子曷爲爲春秋。撥亂世。反諸正。莫近諸春秋。則未知其爲是與。其諸君子樂道堯舜之道與。末不亦樂乎堯舜之知君子也。制春秋之義以俟後聖。以君子之爲亦有樂乎此也。

經傳治要卷一

經傳十種

春秋穀梁傳

周穀梁赤所述。而傳其學者錄爲書。赤與公羊氏同師子夏。其傳之文體。亦最相近。大抵由其師弟先有問答之詞。而後集錄爲書。與左氏記事者異派。而與公羊氏同宗。惟持論頗有異趣。而說者以其傳義之精。或有非公羊氏所能及者也。

元年春王正月　隱公元年

元年。春王正月。雖無事。必舉正月。謹始也。公何以不言卽位。成公志也。焉成之。言君之不取爲公也。君之不取爲公何也。將以讓桓也。讓桓正乎。曰。不正。春秋成人之美。不成人之惡。隱不正而成之。何也。將以惡桓也。其惡桓何也。隱將讓而桓弑之。則桓惡矣。桓弑而隱讓。則隱善矣。善則其不正焉何也。春秋貴義而不貴惠。信道而不信邪。孝子揚父之美。不揚父之惡。先君之欲與桓。非正也。邪也。雖然。既勝其邪心以與隱矣。已探先君之邪志。而遂以與桓。則是成父之惡也。兄弟天倫也。爲子受之父。爲諸侯受之君。已廢天倫。而忘君父。以行小惠。曰小道也。若隱者。可謂輕千乘之國。蹈道則未也。

鄭伯克段于鄢　隱公元年

夏。五月。鄭伯克段于鄢。克者何。能也。何能也。能殺也。何以不言殺。見段之有徒衆也。段。鄭伯弟也。何以知其爲弟也。殺世子母弟目君。以其目君。知其爲弟也。段弟也而弗謂弟。公子也而弗謂公子。貶之也。段失子弟之道矣。賤段而甚鄭伯也。何甚乎鄭伯。甚鄭伯之處心積慮成於殺也。于鄢。遠也。猶曰取之其母之懷中而殺之云爾。甚之也。然則爲鄭伯者宜奈何。緩追逸賊。親親之道也。

元年春王正月公卽位　桓公元年

元年。春王。桓無王。其曰王何也。謹始也。其曰無王。何也。桓弟弒兄。臣弒君。天子不能定。諸侯不能救。百姓不能去。以爲無王之道。遂可以至焉爾。元年有王。所以治桓也。正月。公卽位。繼故不言卽位。正也。繼故不言卽位之爲正何也。曰先君不以其道終。則子弟不忍卽位也。繼故而言卽位。則是與聞乎弒也。繼故而言卽位。是爲與聞乎弒何也。曰先君不以其道終。已正卽位之道而卽位。是無恩於先君也。

公子翬如齊逆女九月齊侯送姜氏于讙公會齊侯于讙夫人姜氏至自齊　桓公三年

公子翬如齊逆女。逆女。親者也。使大夫。非正也。九月。齊侯送姜氏于讙。禮。送女。父不下堂。母不出祭門。諸母兄弟不出闕門。父戒之曰。謹愼從爾舅之言。母戒之曰。謹愼從爾姑之言。諸母般申之曰。謹愼爾父母之言。送女踰竟。非禮也。公會齊侯于讙。無譏乎。曰。爲禮也。齊侯來也。公之逆而會之可也。夫人姜氏至自齊。其不言翬之以來何也。公親受之于齊侯也。子貢曰。冕而親迎。不已重乎。孔子曰。合二姓之好。以繼萬世之後。何謂已重乎。

城楚丘 僖公二年

春。王正月。城楚丘。楚丘者何。衞邑也。國而曰城。此邑也。其曰城何也。封衞也。則其不言城衞。何也。衞未遷也。其不言衞之遷焉何也。不與齊侯專封也。其言城之者。專辭也。故非天子不得專封諸侯。諸侯不得專封諸侯。雖通其仁。以義而不與也。故曰仁不勝道。

虞師晉師滅夏陽 僖公二年

虞師晉師滅夏陽。非國而曰滅。重夏陽也。虞無師。其曰師何也。以其先晉。不可以不言師也。其先晉何也。爲主乎滅夏陽也。夏陽者。虞虢之塞邑也。滅夏陽而虞虢舉矣。虞之爲主乎滅夏陽何也。晉獻公欲伐虢。荀息曰。君何不以屈產之乘。垂棘之璧。而借道乎虞也。公曰。此晉國之寶也。如受吾幣而不借吾道。則如之何。荀息曰。此小國之所以事大國也。彼不借吾道。必不敢受吾幣。如受吾幣而借吾道。則是我取之中府而藏之外府。取之中廄而置之外廄也。公曰。宮之奇存焉。必不使受之也。荀息曰。宮之奇之爲人也。達心而懦。又少長於君。達心則其言略。懦則不能彊諫。少長於君。則君輕之。且夫玩好在耳目之前。而患在一國之後。此中知以上乃能慮之。臣料虞君中知以下也。公遂借道而伐虢。宮之奇諫曰。晉國之使者。其辭卑而幣重。必不便於虞。虞公弗聽。遂受其幣而借之道。宮之奇諫曰。語曰。脣亡則齒寒。其斯之謂與。挈其妻子以奔曹。獻公亡虢。五年而後舉虞。荀息牽馬操璧而前曰。璧則猶是也。而馬齒加長矣。

公及齊侯宋公陳侯衛侯鄭伯許男曹伯會王世子于首戴秋八月諸侯盟于首戴 僖公五年

公及齊侯宋公陳侯衛侯鄭伯許男曹伯會王世子于首戴。及以會。尊之也。何尊焉。王世子云者。唯王之貳也。云可以重之存焉。尊之也。何重焉。天子世子。世天下也。秋八月。諸侯盟於首戴。無中事而復舉諸侯。何也。尊王世子而不敢與盟也。尊則其不敢與盟。何也。盟者不相信也。故謹信也。不敢以所不信而加之尊者。桓諸侯也。不能朝天子。是不臣也。王世子。子也。塊然受諸侯之尊己。而立乎其位。是不子也。桓不臣。王世子不子。則其所善焉何也。是則變之正也。天子微。諸侯不享覲。桓控大國。扶小國。統諸侯。不能以朝天子。亦不敢致天王。尊王世子於首戴。乃所以尊天王之命也。世子含王命會齊桓。亦所以尊天王之命也。世子受之可乎。是亦變之正也。天子微。諸侯不享覲。世子受諸侯之尊己。而天王尊矣。世子受之可也。

晉殺其大夫里克 僖公十年

晉殺其大夫里克。稱國以殺。罪累上也。里克弑二君與一大夫。其以累上之辭言之何也。其殺之不以其罪也。其殺之不以其罪奈何。里克所爲弑者。爲重耳也。夷吾曰。是又將殺我乎。故殺之不以其罪也。其爲重耳弑奈何。晉獻公伐虢。得麗姬。獻公私之。有二子。長曰奚齊。稚曰卓子。麗姬欲爲亂。故謂君曰。吾夜者夢夫人趨而來曰。吾苦畏。胡不使大夫將衞士而衞冢乎。公曰。孰可使。曰。臣莫尊於世子。則世子可。故君謂世子曰。麗姬夢夫人趨而來曰。吾苦畏。女其將衞士而往衞冢乎。世子曰。敬諾。築宮。宮成。麗姬又曰。吾夜者夢夫人趨而來曰。吾苦飢。世子之宮已成。則何爲不使祠也。故獻公謂世子曰。其祠。世子祠。已祠。致福於君。君田而不在。麗姬以酖爲酒。藥脯以毒。獻公田來。麗姬曰。世子已祠。故致福於君。君將食。麗姬跪曰。食自外來者。不可不試也。覆酒於地而地賁。以脯與犬。犬死。麗姬下堂而啼呼曰。天乎天乎。國子之國也。子何遲於爲君。君喟然歎曰。吾與女未有過切。是何與我之深也。使人謂世子曰。爾其圖之。世子之傅里克謂世子曰。入自明。入自明則可以生。不入自明則不可以生。世子曰。吾君已老矣。已昏矣。吾若此而入自明。則麗姬必死。麗姬死。則吾君不安。所以使吾君不安者。吾不若自死。吾寧自殺以安吾君。以重耳爲寄矣。刎脰而死。故里克所爲弑者。爲重耳也。夷吾曰。是又將殺我也。

春王正月戊申朔。隕石于宋五。是月六鶂退飛過宋都。 僖公十六年十有六年春。王正月。戊申。朔。隕石于宋五。先隕而後石。何也。隕而後石也。于宋四竟之內曰宋。後數散辭也。耳治也。是月六鷁退飛過宋都。是月者。決不日而月也。六鷁退飛過宋都。先數聚辭也。目治也。子曰。石無知之物。鷁微有知之物。石無知。故日之。鷁微有知之物。故月之。君子之於物。無所苟而已。石鷁且猶盡其辭。而況於人乎。故五石六鷁之辭不設。則王道不亢矣。民所聚曰都。

滅項 僖公十七年

夏。滅項。孰滅之。桓公也。何以不言桓公也。爲賢者諱也。項國也。不可滅而滅之乎。桓公知項之可滅也。而不知己之不可以滅也。既滅人之國矣。何賢乎。君子惡惡疾其始。善善樂其終。桓公嘗有存亡繼絕之功。故君子爲之諱也。

王札子殺召伯毛伯 宣公十五年

王札子殺召伯毛伯。王札子者。當上之辭也。殺召伯毛伯。不言其何也。兩下相殺也。兩下相殺不志乎春秋。此其志何也。矯王命以殺之。非忿怒相殺也。故曰以王命殺也。以王命殺則何志焉。爲天下主者天也。繼天者君也。君之所存者命也。爲人臣而侵其君之命而用之。是不臣也。爲人君而失其命。是不君也。君不君。臣不臣。此天下所以傾也。

楚子蔡侯陳侯許男頓子胡子沈子淮夷伐吳執齊慶封殺之 昭公四年

秋七月。楚子蔡侯陳侯許男頓子胡子沈子淮夷伐吳。執齊慶封殺之。此入而殺。其不言入。何也。慶封封乎吳鍾離。其不言伐鍾離。何也。不與吳封也。慶封其以齊氏。何也。爲齊討也。靈王使人以慶封令於軍中曰。有若齊慶封弒其君者乎。慶封曰。子一息。我亦且一言。曰有若楚公子圍弒其兄之子而代之爲君者乎。軍人粲然皆笑。慶封弒其君而不以弒君之罪罪之者。慶封不爲靈王服也。不與楚討也。春秋之義。用貴治賤。用賢治不肖。不以亂治亂也。孔子曰。懷惡而討。雖死不服。其斯之謂與。

夏五月戊辰許世子止弒其君買　昭公十九年

夏。五月戊辰。許世子止弒其君買。日弒。正卒也。正卒則止不弒也。不弒而曰弒。責止也。止曰。我與夫弒者。不立乎其位。以與其弟虺。哭泣歠飦粥。嗌不容粒。未踰年而死。故君子即止自責而責之也。

冬葬許悼公　昭公十九年

冬。葬許悼公。日卒時葬。不使止爲弒父也。曰。子既生。不免乎水火。母之罪也。羈貫成童。不就師傅。父之罪也。就師學問無方。心志不通。身之罪也。心志既通。而名譽不聞。友之罪也。名譽既聞。有司不舉。有司之罪也。有司舉之。王者不用。王者之過也。許世子止不知嘗藥。累及許君也。

公會齊侯于頰谷公至自頰谷 定公十年

夏。公會齊侯于頰谷。公至自頰谷。離會不致。何爲致也。危之也。危之則以地致。何也。爲危之也。其危奈何。曰頰谷之會。孔子相焉。兩君就壇。兩相相揖。齊人鼓譟而起。欲以執魯君。孔子歷階而上。不盡一等。而視歸乎齊侯。曰兩君合好。夷狄之民何爲來。爲命司馬止之。齊侯逡巡而謝曰。寡人之過也。退而屬其二三大夫曰。夫人率其君。與之行古人之道。二三子獨率我而入夷狄之俗。何爲。罷會。齊人使優施舞於魯君之幕下。孔子曰。笑君者罪當死。使司馬行法焉。首足異門而出。齊人來歸鄆讙龜陰之田者。蓋爲此也。因是以見雖有文事。必有武備。孔子於頰谷之會見之矣。

經傳治要卷一

經傳十種

孝經　舊說。孔子爲曾子陳孝道而作。後儒有以其文字不類繫辭論語者。因疑爲僞作。清四庫全書提要曰。觀其文去二戴所記爲近。要爲七十子徒之遺書。使河間獻王采入一百三十一篇內。則亦禮記之一篇。此言可謂得其要矣。（案孝經有今文古文二本。今文十八章。古文二十二章。其文字亦略有不同。宋朱熹取古文本作孝經勘誤。分爲經一章。傳十四章。於今文中刪去子曰者二。引書者一。引詩者四。凡六十一字。此編所錄經一章。卽從朱本。）

經一章

仲尼閒居。曾子侍坐。子曰。參。先王有至德要道。以順天下。民用和睦。上下無怨。女知之乎。曾子辟席曰。參不敏。何足以知之。子曰。夫孝。德之本也。教之所由生也。復坐。吾語女。身體髮膚。受之父母。不敢毀傷。孝之始也。立身行道。揚名於後世。以顯父母。孝之終也。夫孝。始於事親。中於事君。終於立身。愛親者不敢惡於人。敬親者不敢慢於人。愛敬盡於事親。而德教加於百姓。刑於四海。蓋天子之孝也。在上不驕。高而不危。制節謹度。滿而不溢。高而不危。所以長守貴也。滿而不溢。所以長守富也。富貴不離其身。然後能保其社稷。而和其民人。蓋諸侯之

經傳治要卷二

經傳序論

卜商　周衞人字子夏孔子弟子與子游並列文學科先儒謂發明章句始於子夏故兩漢傳經大師多出於卜氏之徒清四庫著錄有易傳詩序其提要則皆斷爲依託

詩序

關雎后妃之德也風之始也所以風天下而正夫婦也故用之鄉人焉用之邦國焉風風也教也風以動之教以化之詩者志之所之也在心爲志發言爲詩情動於中而形於言言之不足故嗟歎之嗟歎之不足故永歌之永歌之不足不知手之舞之足之蹈之也情發於聲聲成文謂之音治世之音安以樂其政和亂世之音怨以怒其政乖亡國之音哀以思其民困故正得失動天地感鬼神莫近于詩先王以是經夫婦成孝敬厚人倫美教化移風俗故詩有六義焉一曰風二曰賦三曰比四曰興五曰雅六曰頌上以風化下下以風刺上主文而譎諫言之者無罪聞之者足以戒故曰風至於王道衰而禮義廢政教失國異政家殊俗而變風變雅作矣國史明乎得失之迹傷人倫之廢哀刑政之苛吟詠情性以風其上達於事變而懷其舊俗者也故變風發乎情止乎禮義發乎情民之性也止乎禮義先王之澤也

是以一國之事。繫一人之本。謂之風。言天下之事。形四方之風。謂之雅。雅者。正也。言王政之所由廢興也。政有小大。故有小雅焉。有大雅焉。頌者。美盛德之形容。以其成功告于神明者也。是謂四始。詩之至也。然則關雎麟趾之化。王者之風。故繫之周公。南。言化自北而南也。鵲巢騶虞之德。諸侯之風也。先王之所以敎。故繫之召公。周南召南。正始之道。王化之基。是以關雎。樂得淑女以配君子。憂在進賢。不淫其色。哀窈窕。思賢才。而無傷善之心焉。是關雎之義也。

孔安國　字子國。孔子十二世孫。漢武帝時。魯恭王壞孔子舊宅。於壁中得古文尚書及左傳論語孝經。皆蝌蚪文。安國以今文讀之。頗有所增。承詔作書傳。又爲古文孝經論語訓釋。惟今所傳書傳及書序。近儒皆斷爲依託。而謂司馬遷作史記。嘗問業於安國。故史記中尚略存古文學之梗概云。

尚書序

古者伏羲氏之王天下也。始畫八卦。造書契。以代結繩之政。由是文籍生焉。伏羲神農黃帝之書。謂之三墳。言大道也。少昊顓頊高辛唐虞之書。謂之五典。言常道也。至於夏商周之書。雖設敎不倫。雅誥奧義。其歸一揆。是故歷代寶之。以爲大訓。八卦之說。謂之八索。求其義也。九州之志。謂之九邱。邱。聚也。言九州所有。土地所生。風氣所宜。皆聚此書也。春秋左氏傳曰。楚左史倚相。能讀三墳五典八索九邱。卽謂上世帝王遺書也。先君孔子。生於周末。覩史籍之煩文。懼覽之者不一。遂乃定禮樂。明舊章。刪詩爲三百篇。約史記而修春秋。讚易道以黜八索。述職方以除九丘。討論墳典。斷自唐虞以下。訖于周。芟夷煩亂。翦截浮辭。舉其宏綱。撮其機要。足以垂世立教。典謨訓誥誓命之文凡百篇。所以恢宏至道。示人主以軌範也。帝王之制。坦然明白。可舉而行。三千之徒。並受其義。及秦始皇滅先代典籍。焚書坑儒。天下學士逃難解散。我先人用藏其家書於屋壁。漢室龍興。開設學校。旁求儒雅。以闡大猷。濟南伏生年過九十。失其本經。口以傳授。裁二十餘篇。以其上古之書。謂之尚書。百篇之義。世莫得聞。至魯共王好治宮室。壞孔子舊宅。以廣其居。於壁中得先人所藏古文虞夏商周之書及傳論語孝經。皆科斗文字。王又升孔子堂。聞金石絲竹之音。乃不壞宅。悉以書還孔氏。科斗書廢已久。時人無能知者。以所聞伏生之書。考論文義。定其可知者。爲隸古定。更以竹簡寫之。增多伏生二十五篇。伏生又以舜典合於堯典。益稷合於皐陶謨。盤庚三篇合爲一。康王之誥合於顧命。復出此篇。并序。凡五十九篇。爲四十六卷。其餘錯亂摩滅。不可復知。悉上送官。藏之書府。以待能者。承詔爲五十九篇作傳。於是遂研精覃思。博考經籍。采摭羣言。以立訓傳。約文申義。敷暢厥旨。庶幾有補於將來。書序。序所以爲作者之意。昭然義見。宜相附近。故引之各冠其篇首。定五十八篇。既畢。會國有巫蠱事。經籍道息。用不復以聞。傳之子孫。以貽後世。若好古博雅君子。與我同志。亦所不隱也。

劉歆　漢楚元王五世孫。字子駿。後改名秀。字穎叔。成帝時。與父向領校祕書。遂集六藝羣書。種別爲七略。班固因之。作漢書藝文志。後世經籍目錄之學。自此始。歆治經尊古文學。哀帝時。歆欲建立左氏春秋及毛詩逸禮古文尚書於學官。諸儒博士皆不肯與議。歆因移書讓之。是爲後世古文學與今文學爭辨之開端。

移讓太常博士書

昔唐虞既衰。而三代迭興。聖帝明王。累起相襲。其道甚著。周室既微。而禮樂不正。道之難全也如此。是故孔子憂道之不行。歷國應聘。自衞反魯。然後樂正。雅頌乃得其所。修易序書。制作春秋。以紀帝王之道。及夫子歿而微言絕。七十子終而大義乖。重遭戰國。棄籩豆之禮。理軍旅之陳。孔氏之道抑。而孫吳之術興。陵夷至於暴秦。燔經書。殺儒士。設挾書之法。行是古之罪。道術由是遂滅。漢興。去聖帝明王遐遠。仲尼之道又絕。法度無所因襲。時獨有一叔孫通。略定禮儀。天下惟有易卜。未有它書。至孝惠之世。乃除挾書之律。然公卿大臣絳灌之屬。咸介冑武夫。莫以爲意。至孝文皇帝。始使掌故鼂錯。從伏生受尚書。尚書初出於屋壁。朽折散絕。今其書見在。時師傳讀而已。詩始萌牙。天下衆書。往往頗出。皆諸子傳說。猶廣立於學官。爲置博士。在朝之儒。惟賈生而已。至孝武皇帝。然後鄒魯梁趙。頗有詩禮春秋先師。皆起於建元之閒。當此之時。一人不能獨盡其經。或爲雅。或爲頌。相合而成。泰誓後得。博士集而讚之。故詔書稱曰。禮壞樂崩。書缺簡脫。朕甚閔焉。時漢興已七八十年。離於全經。固已遠矣。

及魯恭王壞孔子宅。欲以爲宮。而得古文於壞壁之中。逸禮有三十九篇。書十六篇。天漢之後。孔安國獻之。遭巫蠱倉卒之難。未及施行。及春秋左氏丘明所修。皆古文舊書。多者二十餘通。藏於祕府。伏而未發。孝成皇帝愍學殘文缺。稍離其眞。乃陳發祕藏。校理舊文。得此三事。以考學官所傳。經或脫簡。傳或閒編。傳問民閒。則有魯國桓公趙國貫公膠東庸生之遺學。與此同。抑而未施。此乃有識者之所惜閔。士君子之所嗟痛也。往者綴學之士。不思廢絕之闕。苟因陋就寡。分文析字。煩言碎辭。學者罷老。且不能究其一藝。信口說而背傳記。是末師而非往古。至於國家將有大事。若立辟雍封禪巡狩之儀。則幽冥而莫知其源。猶欲保殘守缺。挾恐見破之私意。而無從善服義之公心。或懷妒嫉。不考情實。雷同相從。隨聲是非。抑此三學。以尙書爲備。謂左氏爲不傳春秋。豈不哀哉。今聖上德通神明。繼統揚業。亦閔文學錯亂。學士若茲。雖昭其情。猶依違謙讓。樂與士君子同之。故下明詔。試左氏可立不。遣近臣奉指銜命。將以輔弱扶微。與二三君子比意同力。冀得廢遺。今則不然。深閉固距。而不肯試。猥以不誦絕之。欲以杜塞餘道。絕滅微學。夫可與樂成。難與慮始。此乃衆庶之所爲耳。非所望於士君子也。且此數家之事。皆先帝所親論。今上所考視。其古文舊書。皆有徵驗。外內相應。豈苟而已哉。夫禮失求之於野。古文不猶愈於野乎。往者博士書有歐陽。春秋公羊。易則施孟。然孝宣皇帝猶復廣立穀梁春秋。梁丘易。大小夏侯尙書。義雖相反。猶並置之。何則。與其過而廢之也。寧過而立之。傳曰。文武之道。未墜於地。在人。賢者志其大者。不賢者志其小者。今此數家之言。所以兼包大小之義。豈可偏絕哉。若必專己守殘。黨同門。妒道眞。違明詔。失聖意。以陷於文吏之議。甚爲二三君子不取也。

王充 後漢上虞人。字仲任。好博覽。不守章句。著有論衡。列於雜家。充於經學。雖無專書。而生近西漢。其論衡中所述經學本末。多可信。從以爲考證之資。

正說篇 論衡

儒者說五經。多失其實。前儒不見本末。空生虛說。後儒信前師之言。隨舊述故。滑習辭語。苟名一師之學。趨爲師教授。及時蚤仕。汲汲競進。不暇留精用心。考實根核。故虛說傳而不絕。實事沒而不見。五經並失其實。尚書春秋事較易略。正題目麤麤之說。以照篇中微妙之文。說尚書者。或以爲本百兩篇。後遭秦燔詩書。遺在者二十九篇。夫言秦燔詩書是也。言本百兩篇者妄也。蓋尚書本百篇。孔子以授也。遭秦用李斯之議。燔燒五經。濟南伏生抱百篇藏於山中。孝景皇帝時。始存尚書。伏生已出山中。景帝遣鼂錯往從受尚書二十餘篇。伏生老死。書殘不竟。鼂錯傳於倪寬。至孝宣皇帝之時。河內女子發老屋。得逸易禮尚書各一篇。奏之。宣帝下示博士。然後易禮尚書各益一篇。而尚書二十九篇始定矣。至孝景帝時。魯共王壞孔子教授堂以爲殿。得百篇尚書於牆壁中。武帝使使者取視。莫能讀者。遂祕於中。外不得見。至孝成皇帝時。徵爲古文尚書學。東海張霸案百篇之序。空造百兩之篇。獻之成帝。帝出祕百篇以校之。皆不相應。於是下霸於吏。吏白霸罪當至死。成帝高其才而不誅。亦惜其文而不滅。故百兩之篇傳在世間者。傳見之人。則謂尚書本有百兩篇矣。

或言秦燔詩書者。燔詩經之書也。其經不燔焉。夫詩經獨燔其詩。書五經之總名也。傳曰。男子不讀經。則有博戲之心。子路使子羔爲費宰。孔子曰。賊夫人之子。子路曰。有民人焉。有社稷焉。何必讀書。然後爲學。五經總名爲書。傳者不知秦燔書所起。故不審燔書之實。秦始皇三十四年。置酒咸陽宮。博士七十人前爲壽。僕射周青臣進頌秦始皇。齊人淳于越進諫。以爲始皇不封子弟。卒有田常六卿之難。無以救也。譏青臣之頌。謂之爲諛。秦始皇下其議丞相府。丞相斯以爲越言不可用。因此謂諸生之言惑亂黔首。乃令史官盡燒五經。有敢藏諸書百家語者刑。唯博士官乃得有之。五經皆燔。非獨諸家之書也。傳者信之。見言詩書。則獨謂經謂之書矣。

傳者或知尚書爲秦所燔。而謂二十九篇其遺脫不燒者也。審若此言。尚書二十九篇。火之餘也。七十一篇爲炭灰。二十九篇獨遺耶。夫伏生年老。鼂錯從之學時。適得二十餘篇。伏生死矣。故二十九篇獨見。七十一篇遺脫。遺脫者七十一篇。反謂二十九篇遺脫矣。

或說尚書二十九篇者。法北斗七宿也。四七二十八篇。其一曰斗矣。故二十九。夫尚書滅絕於秦。其見在者二十九篇。安得法乎。宣帝之時。得佚尚書及易禮各一篇。禮易篇數亦始足。焉得有法。案百篇之序。闕遺者七十一篇。獨爲二十九篇立法。如何。或說曰。孔子更選二十九篇。二十九篇獨有法也。蓋俗儒之說也。未必傳記之明也。二十九篇殘而不足。有傳之者。因不足之數。立取法之說。失聖人之意。違古今之實。夫經之有篇也。猶有章句也。有章句。猶有文字也。文字有意以立句。句有數以連章。章有體以成篇。篇則章句之大者也。謂篇有所法。是謂章句復有所法也。詩經舊時亦數千篇。孔子刪去復重。正而存三百篇。猶二十九篇也。謂二十九篇有法。是謂三百五篇復有法也。

或說春秋十二月也。春秋十二公。猶尚書之百篇。百篇無所法。十二公安得法。說春秋者曰。二百四十二年。人道浹。王道備。善善惡惡。撥亂世反諸正。莫近於春秋。若此者。人道王道適具足也。三軍六師萬二千人。足以陵敵伐寇。横行天下。令行禁止。未必有所法也。孔子作春秋。紀魯十二公。猶三軍之有六師也。士衆萬二千。猶年有二百四十二也。六師萬二千人。足以成軍。十二公二百四十二年。足以立義。說事者好神道恢義。不肖以遭禍。是故經傳篇數。皆有所法。考實根本。論其文義。與彼賢者作書詩無以異也。故聖人作經。賢者作書。義窮理竟。文辭備足。則爲篇矣。其立篇也。種類相從。科條相附。殊種異類。論說不同。更別爲篇。意異則文殊。事改則篇更。據事意作。安得法象之義乎。

或說春秋二百四十二年者。上壽九十。中壽八十。下壽七十。孔子據中壽三世而作三八二十四。故二百四十年也。又說為赤制之中數也。又說二百四十二年。人道浹。王道備。夫據三世。則浹備之說非。言浹備之說為是。則據三世之論誤。二者相伐。而立其義。聖人之意何定哉。凡紀事言年月日者。詳悉重之也。洪範五紀。歲月日星。紀事之文。非法象之言也。紀十二公享國之年。凡有二百四十二。凡此以立三世之說矣。實孔子紀十二公者。以為十二公事。適足以見王義耶。據三世。三世之數。適得十二公而足也。如據十二公。則二百四十二年不為三世見也。如據三世。取三八之數。二百四十年而已。何必取二。說者又曰。欲合隱公之元也。不取二年。隱公元年。不載於經。夫春秋自據三世之數而作。何用隱公元年之事為始。須隱公元年之事為始。是竟以備足為義。據三世之說。不復用矣。說隱公享國五十年。將盡紀元年以來耶。中斷以備三八之數也。如盡紀元年以來。三八之數則中斷。如中斷以備三世之數。則隱公之元不合。何如。且年與月日小大異耳。其所紀載同一實也。二百四十二年謂之據三世。二百四十二年中之日月。必有數矣。年據三世。月日多少何據哉。夫春秋之有年也。猶尚書之有章。章以首義。年以紀事。謂春秋之年有據。是謂尚書之章亦有據也

說易者皆謂伏羲作八卦。文王演為六十四。夫聖王起。河出圖。洛出書。伏羲王。河圖從河水中出。易卦是也。禹之時。得洛書。書從洛水中出。洪範九章是也。故伏羲以卦治天下。禹按洪

範以治洪水。古者烈山氏之王得河圖。夏后因之曰連山。烈山氏之王得河圖。殷人因之曰歸藏。伏羲氏之王得河圖。周人曰周易。其經卦皆六十四。文王周公因彖十八章究六爻。世之傳說易者。言伏羲作八卦。不實其本。則謂伏羲眞作八卦也。伏羲得八卦。非作之。文王得成六十四。非演之也。演作之言。生於俗傳。苟信一文。使夫眞是幾滅不存。既不知易之為河圖。又不知存於俗何家易也。或時連山歸藏。或時周易。案禮夏殷周三家相損益之制。較著不同。如以周家在後。論今為周易。則禮亦宜為周禮。六典不與今禮相應。今禮未必為周。則亦疑今易未必為周也。案左邱明之傳。引周家以卦。與今易相應。殆周易也。

說禮者皆知禮也。為禮何家禮也。孔子曰。殷因於夏禮。所損益可知也。周因於殷禮。所損益可知也。由此言之。夏殷周各自有禮。方今周禮耶。夏殷也。謂之周禮。周禮六典。案今禮經不見六典。或時殷禮未絕。而六典之禮不傳。世因謂此為周禮也。案周官之法。不與今禮相應。然則周禮六典是也。其不傳。猶古文尚書春秋左氏不興矣。

說論語者。皆知說文解語而已。不知論語本幾何篇。但周以八寸為尺。不知論語所獨一尺之意。夫論語者。弟子共紀孔子之言行。勑己之時甚多。數十百篇。以八寸為尺。紀之約省。懷持之便也。以其遺非經傳文。紀識恐忘。故但以八寸尺。不二尺四寸也。漢興失亡。至武帝發取孔子壁中古文。得二十一篇。齊魯二。河閒九篇。三十篇。至昭帝女讀二十一篇。宣帝下太常博士。時尚稱書難曉。名之曰傳。後更隸寫以傳誦。初孔子孫孔安國。以教魯人扶卿。官至荆州刺史。始曰論語。今時稱論語二十篇。又失齊魯河閒九篇。本三十篇。分布亡失。或二十一篇。目或多或少。文讚或是或誤。說論語者但知以剝解之問。以纖微之難。不知存問本根篇數章目。溫故知新。可以爲師。今不知古。稱師如何。

孟子曰。王者之迹熄而詩亡。詩亡然後春秋作。晉之乘。楚之檮杌。魯之春秋。一也。若孟子之言。春秋者魯史記之名。乘檮杌同。孔子因舊故之名。以號春秋之經。未必有奇說異意。深美之據也。今俗儒說之。春者歲之始。秋者其終也。春秋之經。可以奉始養終。故號爲春秋。春秋之經。何以異尚書。尚書者。以爲上古帝王之書。或以爲上所爲。下所書。授事相實而爲名。不依違作意以見奇。說尚書者得經之實。說春秋者失聖之意矣。春秋左氏傳。桓公十有七年冬十月朔。日有食之。不書日。官失之也。謂官失之言。蓋其實也。史官記事。若今時縣官之書矣。其年月尚大難失。日者微小易忘也。蓋紀以善惡爲實。不以日月爲意。若夫公羊穀梁之傳。日月不具。輒爲意。使失平常之事。有恠異之說。徑直之文。有曲折之義。非孔子之心。夫春秋實及言夏。不言者。亦與不書日月同　實也。

唐虞夏殷周者。土地之名。堯以唐侯嗣位。舜從虞地得達。禹由夏而起。湯因殷而興。武王階周而伐。皆本所興昌之地。重本不忘始。故以爲號。若人之有姓矣。說尚書謂之有天下之代號。唐虞夏殷周者功德之名盛隆之意也。故唐之爲言蕩蕩也。虞者樂也。夏者大也。殷者中也。周者至也。堯則蕩蕩民無能名。舜則天下虞樂。禹承二帝之業。使道尙蕩蕩。民無能名。殷則道得中。周武則功德無不至。其立義美也。其褒五家大矣。然而違其正實。失其初意。唐虞夏殷周猶秦之爲秦。漢之爲漢。秦起於秦。漢興於漢中。故曰猶秦漢。猶王莽從新都侯起。故曰亡新。使秦漢在經傳之上。說者將復爲秦漢作道德之說矣。

堯老求禪。四嶽舉舜。堯曰。我其試哉。說尙書者曰。試者用也。我其用之爲天子也。文爲天子也。文又曰。女于時觀厥刑于二女。觀者觀爾虞舜於天下。不謂堯自觀之也。若此者高大堯舜。以爲聖人相見已審。不須觀試。精耀相炤。曠然相信。又曰。四門穆穆。入於大麓。烈風雷雨不迷。言大麓三公之位也。居一公之位。大總錄二公之事。衆多並吉。若疾風大雨。夫聖人才高。未必相知也。聖成事。舜難知佞。使皐陶陳知人之法。佞難知。聖亦難別。堯之才猶舜之知也。舜知佞。堯知聖。堯聞舜賢。四嶽舉之。心知其奇而未必知其能。故言我其試哉。試之於職。妻以二女。觀其夫婦之法。職治修而不廢。夫道正而不僻。復令人庶之野。而觀其聖。逢烈風疾雨。終不迷惑。堯乃知其聖。授以天下。夫文言觀試。觀試其才也。說家以爲譬喻增飾。使事失正。是誠而不存。曲折失意。使僞說傳而不絕。造說之傳。失之久矣。後生精者。苟欲明經。不原實。而原之者。亦校古隨舊。重是之文。以爲說證。經之傳不可從。五經皆多失實之說。尙書春秋。行事成文。較著可見。故頗獨論。

鄭玄　高密人。字康成。師事扶風馬融三年。既歸。客耕東萊。授徒甚衆。會黨禍作。遂杜門修業。建安中。拜大司農。尋卒。年七十四。所著書凡百餘萬言。自謂念述先聖之元意。思整百家之不齊。范曄論曰。鄭玄囊括大典。網羅百家。删裁繁誣。刊改漏失。自是學者略知所歸。近代儒者。以謂漢儒之有鄭氏。猶宋儒之有朱子。俱一代不祧之大宗。今所存者有毛詩箋、周禮儀禮禮記注。又有高密遺書十四種。（六藝論、易注、尚書注、尚書大傳注、毛詩譜、箴膏肓、釋廢疾、發墨守、喪服變除、駁五經異議、答臨孝存周禮難、三禮目錄、魯禘祫義、論語注、鄭志、鄭記）則皆爲後人所搜輯、非其原帙矣。

詩譜序

詩之興也。諒不于上皇之世。大庭軒轅。逮于高辛。其時有亡。載籍亦蔑云焉。虞書曰。詩言志。歌永言。律和聲。然則詩之道。放於此乎。有夏承之。篇章泯棄。靡有孑遺。邇及商王。不風不雅。何者。論功頌德。所以將順其美。刺過譏失。所以匡救其惡。各于其黨。則爲法者彰顯。爲戒者著明。周自后稷播種百穀。黎民阻饑。茲時乃粒。自傳於此名也。陶唐之末。中葉公劉。亦世修其業。以明民共財。至於太王王季。克堪顧天。文武之德。光熙前緒。以集大命于厥身。遂爲天下父母。使民有政有居。其時詩風有周南召南。雅有鹿鳴文王之屬。及成王周公致太平。制禮作樂。而有頌聲興焉。盛之至也。本之繇此風雅而來。故皆錄之。謂之詩之正經。後王稍更陵遲。懿王始受譖亨齊哀公。夷身失禮之後。邶不尊賢。自是而下。厲也。幽也。政教尤衰。周室大壞。十月之交。民勞板蕩。勃爾俱作。衆國紛然。刺怨相尋。五霸之末。上無天子。下無方伯。善者誰賞。惡者誰罰。故孔子錄懿王夷王時詩。訖于陳靈公淫亂之事。謂之變風變雅。以爲勤民恤功。昭事上帝。則受頌聲。弘福如彼。若違而勿用。則被劫殺。大禍如此。吉凶之所繇。憂娛之萌漸。昭昭在斯。足作後王之鑒。于是止矣。夷厲已上。歲數不明。太史年表自共和始。歷宣幽平王而得春秋。次第以立斯譜。欲知源流清濁之所處。則循其上下而省之。欲知風化芳臭氣澤之所及。則傍行而觀之。此詩之大綱也。舉一綱而萬目張。解一卷而衆篇明。于力則鮮。于思則寡。其諸君子。亦有樂於是與。

六藝論 依嚴可均全後漢文輯本

六藝者。圖所生也。公羊序疏。

河圖洛書。皆天神言語。所以教告王者也。毛詩文王正義。路史前紀九。

太平嘉瑞。圖書之出。必龜龍銜負焉。黃帝堯舜周公是其正也。若禹觀河見長人。皋陶于洛見黑公。湯登堯臺見黑烏。至武王渡河。白魚躍。文王赤雀止于戶。秦穆公白雀集于車。是其變也。毛詩文王正義。

易者。陰陽之象。天地之所變化。政教之所自生。自生皇初起。禮記大題正義。路史前紀五。後紀一。

遂皇之後。歷六紀九十一代。案曲禮正義引燧人至伏羲一百八十七代。至伏羲。始作十二言之敎。禮記大題正義。路史前紀二。又五。案正義引方叔機注云。六紀者。九頭紀、五龍紀、攝提紀、合洛紀、連通紀、序命紀、凡六紀也。九十一代者。九頭一、五龍五、攝提七十二、合洛三、連通六、序命四、凡九十一代也。又左氏定四年正義云。伏羲始作十言之敎。曰乾、坤、震、巽、坎、離、艮、兌、消息。此二字當衍。又路史後紀一引之。敎下有以厚君臣之別六字。

太昊帝庖犧氏姓風。蛇身人首。有聖德。燧人沒。宓羲皇生。其世有五十九姓。羲皇始序制作法度。皆以木德王也。制嫁娶之禮。受龍圖。以龍紀官。故曰龍師。在位合一萬一千一十二年。唐釋法琳辨正論注一。

宓羲氏爲網罟以畋以漁。取犧牲以充庖廚。故曰庖犧氏。辨正論注一。

炎帝神農氏姓姜。人身牛首。有火瑞。卽以火德王。有七世。合五百年也。辨正論注一。

神農斲木爲耒耜揉木爲耨。始敎天下種五穀。故號爲神農也。辨正論注一。

軒皇姓公孫。二十五月而生。有珠衡日角之相。以土德王天下。建寅月爲歲首。生子二十五人。有十二姓。凡十三世。合治一千七十二年。夢受帝籙。遂與天老巡河而受之。得河圖書。師于牧馬小童。拜廣成丈人于崆峒山。辨正論注一。

黃帝佐官有七人。蒼頡造書字。大撓造甲子。隸首造算數。容成造曆日。岐伯造醫方。鬼訣區占候。奚仲造車。作律管。興墠壇禮也。辨正論注一。

軒皇有景雲之瑞。用雲紀官。少昊帝有鳳鳥之瑞。故以鳥名官焉。辨正論注一。

夏曰連山。殷曰歸藏。周曰周易。連山者。象山之出雲。連連不絕。歸藏者。萬物莫不歸藏于其中。周易者。言周道周普。无所不備。（周易正義八論。）

易之爲名也。一言而函三義。易簡一也。變易二也。不易三也。故繫辭云。乾坤其易之蘊邪。又云。易之門戶邪。又云。夫乾確然示人易矣。夫坤隤然示人簡矣。易則易知。簡則易從。此言其易簡之法則也。又云。其爲道也屢遷。變動不居。周流六虛。上下无常。剛柔相易。不可以爲典要。唯變所適。此則言其順時變易。出入移動者也。又云。天尊地卑。乾坤定矣。卑高以陳。貴賤位矣。動靜有常。剛柔斷矣。此則言其張設布列不易者也。據茲三義之說。易之道廣矣大矣。（周易正義八論。世說新語文學篇注。）

尚書緯云。孔子求書。得黃帝玄孫帝魁之書。迄于秦穆公。凡三千二百四十篇。斷遠取近。定可以爲世法者百二十篇。以百二篇爲尚書。十八篇爲中候。（尚書序正義。）

若堯知命在舜。舜知命在禹。猶求于羣臣。舉于側陋。上下交讓。務在服人。孔子曰。民可使由之。不可使知之。此之謂也。（尚書堯典正義。）

民閒得泰誓。（尚書序正義。）

詩者。弦歌諷諭之聲也。（案北堂書鈔九十五、御覽六百八、俱引此句。）自書契之興。朴略尚質。面稱不爲諂。目諫不爲謗。君臣之接。如朋友然。在于懇誠而已。斯道稍衰。姦僞以生。上下相犯。及其制禮。尊君卑臣。君道剛嚴。臣道柔順。于是箴諫者希。情志不通。故作詩者以誦其美而譏其過。毛詩譜序正義。

春秋緯演孔圖云。詩含五際六情。毛詩關雎正義。

唐虞始造其初。至周分爲六詩。毛詩譜序正義。關雎正義。

孔子錄周衰之歌。及衆國聖賢之遺風。自文王創基。至于魯僖四百年間。凡取三百五篇。合爲國風雅頌。毛詩譜序正義。

河閒獻王好學。其博士毛公善說詩。獻王號之曰毛詩。毛詩國風正義。

未有若今傳訓章句。毛詩關雎正義。

注詩宗毛爲主。毛義若隱略。則更表明。如有不同。卽下己意。使可識別也。毛詩鄭氏箋釋文。

禮者序尊卑之制。崇讓合敬也。北堂書鈔九十五。御覽六百八。

禮其初起。蓋與詩同時。毛詩譜序正義。

唐虞有三禮。至周分爲五禮。周禮春官序官疏。

漢興。高堂生得禮十七篇。後得孔氏壁中古文禮凡五十六篇。案奔喪正義作五十七篇。記百三十一篇。周禮六篇。其十七篇與高堂生所傳同。而字多異。其十七篇外則逸禮是也。禮記大題正義。奔喪正義。釋文序錄。案大題正義又引云。周官壁中所得六篇。

案漢書藝文志儒林傳云。傳禮者十三家。唯高堂生及五傳弟子戴德戴聖名在也。禮記大題正義今禮行于世者。戴德戴聖之學也。禮記大題正義。

戴德傳記八十五篇。戴聖傳記四十九篇。禮記大題正義。

春秋者。右史所記之制動作之事也。右史記事左史記言。禮記玉藻正義。公羊序疏。御覽六百八。案公羊疏引作春秋者。國史所記。人君動作之事。左史所記為春秋。右史所記為尚書。

孔子記西狩獲麟。自號素王。為後世所命之君制明王之法。左傳序正義。

左氏善于禮。公羊善于讖。穀梁善于經。穀梁序疏。

治公羊者。胡母生。董仲舒。董仲舒弟子嬴公。嬴公弟子眭孟。眭孟弟子莊彭祖及顏安樂。安樂弟子陰豐劉向王彥。公羊序疏。

玄又為之注。孝經序疏。案此謂春秋。

孔子以六藝題目不同。指意殊別。恐道離散。後世莫知根源。故作孝經以總會之。孝經序疏。

玄又為之注。孝經序疏。案此謂孝經。

遭黨錮之事。逃難注禮。黨錮事解。注古文尚書毛詩論語。為袁譚所逼。來至元城。乃注周易。自序孝經序幷注正義。唐會要七十七。文苑英華七百六十六。

趙岐　長陵人。字邠卿。嘗與兄襲得罪中常寺唐衡。避禍變姓名。賣餅北海市中。衡死。乃出。徵拜議郎。擢太常。建安中卒。著有孟子章句、三輔決錄。

孟子題辭

孟子題辭者。所以題號孟子之書。本末指義文辭之表也。孟。姓也。子者。男子之通稱也。此書孟子之所作也。故揔謂之孟子。其篇目則各自有名。孟子。鄒人也。名軻。字則未聞也。鄒本春秋邾子之國。至孟子時改曰鄒矣。國近魯。後爲魯所幷。又言邾爲楚所幷。非魯也。今鄒縣是也。或曰。孟子魯公族孟孫之後。故孟子仕於齊。喪母而歸葬於魯也。三桓子孫既以衰微。分適他國。孟子生有淑質。夙喪其父。幼被慈母三遷之教。長師孔子之孫子思。治儒術之道。通五經。尤長於詩書。周衰之末。戰國縱横。用兵爭彊。以相侵奪。當世取士。務先權謀。以爲上賢。先王大道。陵遲墮廢。異端並起。若楊朱墨翟放蕩之言。以干時惑衆者非一。孟子閔悼堯舜湯文周孔之業。將遂湮微。正塗壅底。仁義荒怠。佞僞馳騁。紅紫亂朱。於是則慕仲尼周流憂世。遂以儒道遊於諸侯。思濟斯民。然由不肯枉尺直尋。時君咸謂之迂闊於事。終莫能聽納其說。孟子亦自知遭蒼姬之訖錄。值炎劉之未奮。進不得佐興唐虞雍熙之和。退不能信三代之餘風。恥沒世而無聞焉。是故垂憲言以詒後人。仲尼有云。我欲託之空言。不如載之行事之深切著明也。於是退而論集所與高第弟子公孫丑萬章之徒。難疑答問。又自撰其法度之言。著書七篇。二百六十一章。三萬四千六百八十五字。包羅天地。揆敘萬類。仁義道德。性命禍福。粲然靡所不載。帝王公侯遵之。則可以致隆平。頌淸廟。卿大夫士蹈之。則可以尊君父。立忠信。守志厲操者。儀之。則可以崇高節。抗浮雲。有風人之託物。二雅之正言。可謂直而不倨。曲而不屈。命世亞聖之大才者也。孔子自衞反魯。然後樂正。雅頌各得其所。乃刪詩。定書。繫周易。作春秋。孟子退自齊、梁。述堯舜之道而著作焉。此大賢擬聖而作者也。七十子之疇。會集夫子所言。以爲論語。論語者。五經之錧鎋。六藝之喉衿也。孟子之書。則而象之。衞靈公問陳於孔子。孔子答以俎豆。梁惠王問利國。孟子對以仁義。宋桓魋欲害孔子。孔子稱天生德於予。魯臧倉毀鬲孟子。孟子曰。臧氏之子焉能使予不遇哉。旨意合同。若此者衆。又有外書四篇。性善。辯文。說孝經。爲政。其文不能弘深。不與內篇相似。似非孟子本眞。後世依放而託之者也。孟子既沒之後。大道遂絀。逮至亡秦。焚滅經術。坑戮儒生。孟子徒黨盡矣。其書號爲諸子。故篇籍得不泯絕。漢興。除秦虐禁。開延道德。孝文皇帝欲廣遊學之路。論語。孝經。孟子。爾雅。皆置博士。後罷傳記博士。獨立五經而已。訖今諸經通義。得引孟子以明事。謂之博文。孟子長於譬喻。辭不迫切。而意已獨至。其言曰。說詩者不以文害辭。不以辭害志。以意逆志。爲得之矣。斯言殆欲使後人深求其意。以解其文。不但施於說詩也。今諸解者。往往摭取而說之。其說又多乖異不同。孟子以來五百餘載。傳之者亦已衆多。余生西京。世尋丕祚。有自來矣。少蒙義方。訓涉典文。知命之際。嬰戚于天。遘屯離蹇。詭姓遁身。經營八紘之內。十有餘年。心勦形瘵。何勤如焉。嘗息肩弛擔於濟岱之間。或有溫故知新。雅德君子。矜我劬瘁。瞻我皓首。訪論稽古。慰以大道。余困吝之中。精神退漂。靡所濟集。聊欲係志於翰墨。得以亂思遺老也。惟六籍之學。先覺之士。釋而辯之者。既已詳矣。儒家惟有孟子。閎遠微妙。縕奧難見。宜在條理之科。於是乃述己所聞。證以經傳。爲之章句。具載本文。章別其指。分爲上下。凡十四卷。究而言之。不敢以當達者。施於新學。可以寤疑辯惑。愚亦未能審於是非。後之明者。見其違闕。儻改而正諸。不亦宜乎。

杜預　晉杜陵人。字元凱。博學多通。武帝時拜鎮南大將軍。都督荊州諸軍事。平吳功成後。潛心經籍。著春秋左氏經傳集解。又作釋例、盟會圖、春秋長歷。嘗對武帝言曰。臣有左傳癖。卒年六十二。謚成

春秋左氏傳序

春秋者。魯史記之名也。記事者以事繫日。以日繫月。以月繫時。以時繫年。所以記遠近。別同異也。故史之所記。必表年以首事。年有四時。故錯舉以爲所記之名也。周禮有史官。掌邦國四方之事。達四方之志。諸侯亦各有國史。大事書之於策。小事簡牘而已。孟子曰。楚謂之檮杌。晉謂之乘。而魯謂之春秋。其實一也。韓宣子適魯。見易象與魯春秋。曰。周禮盡在魯矣。吾乃今知周公之德。與周之所以王也。韓子所見。蓋周之舊典禮經也。周德既衰。官失其守。上之人不能使春秋昭明。赴告策書。諸所記注。多違舊章。仲尼因魯史策書成文。考其眞僞。而志其典禮。上以遵周公之遺制。下以明將來之法。其教之所存。文之所害。則刊而正之。以示

勸戒。其餘皆卽用舊史。史有文質。辭有詳略。不必改也。故傳曰其善志。又曰。非聖人孰能修之。蓋周公之志。仲尼從而明之。左邱明受經於仲尼。以爲經者不刊之書也。故傳或先經以始事。或後經以終義。或依經以辨理。或錯經以合異。隨義而發。其例之所重。舊史遺文。略不盡舉。非聖人所修之要故也。身爲國史。躬覽載籍。必廣記而備言之。其文緩。其旨遠。將令學者。原始要終。尋其枝葉。究其所窮。優而柔之。使自求之。饜而飫之。使自趨之。若江海之浸。膏澤之潤。渙然冰釋。怡然理順。然後爲得也。其發凡以言例。皆經國之常制。周公之垂法。史書之舊章。仲尼從而修之。以成一經之通體。其微顯闡幽。裁成義類者。皆據舊例而發義。指行事以正褒貶。諸稱書不書先書故書不言不稱書曰之類。皆所以起新舊。發大義。謂之變例。然亦有史所不書。卽以爲義者。此蓋春秋新意。故傳不言凡。曲而暢之也。其經無義例。因行事而言。則傳直言其歸趣而已。非例也。故發傳之體有三。而爲例之情有五。一曰微而顯。文見於此。而起義在彼。稱族尊君命。舍族尊夫人。梁亡城緣陵之類是也。二曰志而晦。約言示制。推以知例。參會不地。與謀曰及之類是也。三曰婉而成章。曲從義訓。以示大順。諸所諱避。璧假許田之類是也。四曰盡而不汙。直書其事。具文見意。丹楹刻桷。天王求車。齊侯獻捷之類是也。五曰懲惡而勸善。求名而亡。欲蓋而章。書齊豹盜。三叛人名之類是也。推此五體以尋經傳。觸類而長之。附于二百四十二年行事。王道之正。人倫之紀備矣。或曰。春秋以錯文見義。若此所論。則經當有事同文異而無其義也。先儒所傳。皆不其然。答曰。春秋雖以一字爲褒貶。然皆須數句以成言。非如八卦之爻。可錯綜爲六十四也。故當依傳以爲斷。古今言左氏春秋者多矣。今其遺文可見者十數家。大體轉相祖述。進不得爲錯綜經文以盡其變。退不守邱明之傳。於邱明之傳有所不通。皆沒而不說。而更膚引公羊穀梁。適足自亂。預今所以爲異。專修邱明之傳以釋經。經之條貫。必出於傳。傳之義例。總歸諸凡。推變例以正褒貶。簡二傳而去異端。蓋邱明之志也。其有疑錯。則備論而闕之。以俟後賢。然劉子駿創通大義。賈景伯父子。許惠卿。皆先儒之美者也。末有潁子嚴者。雖淺近亦復名家。故特舉劉賈許潁之違。以見同異。分經之年。與傳之年相附。比其義類。各隨而解之。名曰經傳集解。又別集諸例。及地名譜第歷數。相與爲部。凡四十部十五卷。皆顯其異同。從而釋之。名曰釋例。將令學者觀其所聚異同之說。釋例詳之也。或曰。春秋之作。左氏及穀梁無明文。說者以爲仲尼自衞反魯。修春秋。立素王。邱明爲素臣。言公羊者亦云。黜周而王魯。危行言孫。以避當世之害。故微其文。隱其義。公羊經止獲麟。而左氏經終孔邱卒。敢問所安。答曰。異乎余所聞。仲尼曰。文王既沒。文不在茲乎。此制作之本意也。歎曰。鳳鳥不至。河不出圖。吾已矣夫。蓋傷時王之政也。麟鳳五靈。王者之嘉瑞也。今麟出非其時。虛其應而失其歸。此聖人所以爲感也。絕筆於獲麟之一句者。所感而起。固所以爲終也。曰。然則春秋何始於魯隱公。答曰。周平王東周之始王也。隱公讓國之賢君也。考乎其時則相接。言乎其位則列國。本乎其始則周公之祚胤也。若平王能祈天永命。紹開中興。隱公能宏宣祖業。光啟王室。則西周之美可尋。文武之跡不墜。是故因其歷數。附其行事。采周之舊。以會成王義。垂法將來。所書之王。即平王也。所用之歷。即周正也。所稱之公。即魯隱也。安在其黜周而王魯乎。子曰。如有用我者。吾其爲東周乎。此其義也。若夫制作之文。所以彰往考來。情見乎辭。言高則旨遠。辭約則義微。此理之常。非隱之也。聖人包周身之防。既作之後。方復隱諱以避患。非所聞也。子路使門人爲臣。孔子以爲欺天。而云仲尼素王。邱明素臣。又非通論也。先儒以爲制作三年。文成致麟。既已妖妄。又引經以至仲尼卒。亦又近誣。據公羊經止獲麟。而左氏小邾射不在三叛之數。故余以爲感麟而作。作起獲麟。則文止於所起。爲得其實。至於反袂拭面。稱吾道窮。亦無取焉。

爾雅注序

郭璞　字景純。聞喜人。博學工辭賦。元帝時官至尚書郎。注爾雅、山海經、三蒼、方言、穆天子傳、楚詞等數十萬言。

夫爾雅者。所以通詁訓之指歸。敍詩人之興詠。揔絕代之離詞。辯同實而殊號者也。誠九流之津涉。六藝之鈐鍵。學覽者之潭奧。摛翰者之華苑也。若乃可以博物不惑。多識於鳥獸草木之名者。莫近於爾雅。爾雅者。蓋興於中古。隆於漢氏。豹鼠既辯。其業亦顯。英儒贍聞之士。洪筆麗藻之客。靡不欽玩耽味。爲之義訓。璞不揆檮昧。少而習焉。沈研鑽極。二九載矣。雖注者十餘。然猶未詳備、並多紛謬。有所漏略。是以復綴集異聞。會稡舊說。考方國之語。采謠俗之志。錯綜樊。孫。博關羣言。剟其瑕礫。搴其蕭稂。事有隱滯。援據徵之。其所易了。闕而不論。別爲音圖。用祛未寤。輒復擁篲清道。企望塵躅者。以將來君子。爲亦有涉乎此也。

孔穎達　唐衡水人。字仲達。官至國子祭酒。嘗受太宗命撰五經正義。考前儒之異說而求其一是。遂頒示學官。著爲功令。後儒皆推稱之。卽今注疏本之五經疏也。

詩正義序

夫詩者。論功頌德之歌。止僻防邪之訓。雖無爲而自發。乃有益於生靈。六情靜於中。百物盪於外。情緣物動。物感情遷。若政遇醇和。則歡娛被於朝野。時當慘黷。亦怨刺形於詠歌。作之者所以暢懷舒憤。聞之者足以塞違從正。發諸情性。諧於律呂。故曰感天地。動鬼神。莫近於詩。此乃詩之爲用。其利大矣。若夫哀樂之起。冥於自然。喜怒之端。非由人事。故燕雀表啁噍之感。鸞鳳有歌舞之容。然則詩理之先。同夫開闢。詩迹所用。隨運而移。上皇道質。故諷諭之情寡。中古政繁。亦謳謌之理切。唐虞乃見其初。犧軒莫測其始。於後時經五代。篇有三千。成康沒而頌聲寢。陳靈興而變風息。先君宣父。釐正遺文。緝其精華。褫其煩重。上從周始。下暨魯僖。四百年間。六詩備矣。卜商闡其業。雅頌與金石同和。秦正燎其書。簡牘與煙塵共盡。漢氏之初。詩分爲四。申公騰芳於鄢郢。毛詩光價於河間。貫長卿傳之於前。鄭康成箋之於後。

晉宋二蕭之世。其道大行。齊魏兩河之間。茲風不墜。其近代爲義疏者。有全綏何允舒瑗劉軌思劉醜劉焯劉炫等。然焯炫並聰穎特達。文而又儒。擢秀幹於一時。騁絕轡於千里。固諸儒之所揖讓。日下之無雙。於其所作疏內。特爲殊絕。今奉敕刪定。故據以爲本。然焯炫等負恃才氣。輕鄙先達。同其所異。異其所同。或應略而反詳。或宜詳而更略。準其繩墨。差忒未免。勘其會同。時有顚躓。今則削其所煩。增其所簡。唯意存於曲直。非有心於愛憎。謹與朝散大夫行太學博士臣王德韶。徵仕郎守四門博士臣齊威等。對其討論。辨詳得失。至十六年。又奉敕與前修疏人及給事郎守太學助敎雲騎尉臣趙乾叶。登仕郎守四門助敎雲騎尉臣賈普耀等。對敕使趙宏智覆更詳正。凡爲四十卷。庶以對揚聖範。垂訓幼蒙。故序其所見。載之於卷首云爾。

禮記正義序

夫禮者經天地。理人倫。本其所起。在天地未分之前。故禮運云。夫禮必本於大一。是天地未分之前。已有禮也。禮者理也。其用以治。則與天地俱興。故昭二十六年左傳稱晏子云。禮之可以爲國也久矣。與天地並。但于時質略。物生則自然而有尊卑。若羊羔跪乳。鴻雁飛有行列。豈由敎之者哉。是三才既判。尊卑自然而有。但天地初分之後。卽應有君臣治國。但年代縣遠。無文以言。案易緯通卦驗云。天皇之先。與乾曜合元。君有五期。輔有三名。注云。君之用事五行。王亦有五期。輔有三名。公卿大夫也。又云。遂皇始出握機矩。注云。遂皇謂遂人。在伏羲前。始王天下也。矩法也。言遂皇持斗機運轉之法。指天以施政敎。旣云始王天下。是尊卑之禮起于遂皇也。持斗星以施政敎者。卽禮緯斗威儀云。宮主君。商主臣。角主父。徵主子。羽主夫。少宮主婦。少商主政。是法北斗而爲七政。七政之立。是禮迹所興也。鄭康成六藝論云。易者。陰陽之象。天地之所變化。政敎之所生。自人皇初起。人皇卽遂皇也。旣政敎所生初起於遂皇。則七政是也。六藝論又云。遂皇之後。歷六紀九十一代。至伏犧始作十二言之敎。然則伏犧之時。易道旣彰。則禮事彌著。案譙周古史考云。有聖人以火德王。造作鑽燧出火。敎民熟食。人民大悅。號曰遂人。次有三姓。乃至伏犧。制嫁娶。以儷皮爲禮。作琴瑟以爲樂。又帝王世紀云。燧人氏沒。包犧氏代之。以此言之。則嫁娶嘉禮始於伏犧也。但古史考遂皇至于伏犧。唯經三姓。六藝論云。歷六紀九十一代。其又不同。未知孰是。或於三姓而爲九十一代也。案廣雅云。一紀二十七萬六千年。方叔機注六藝論云。六紀者。九頭紀、五龍紀、攝提紀、合洛紀、連通紀、序命紀。凡六紀也。九十一代者。九頭一、五龍五、攝提七十二、合洛三、連通六、序命四。凡九十一代也。但伏犧之前。及伏犧之後。年代參差。所說不一。緯候紛紜。各相乖背。且復煩而無用。今並略之。唯據六藝論之文。及帝王世紀以爲說也。案易繫辭云。包犧氏沒。神農氏作。案帝王世紀云。伏犧之後。女媧氏亦風姓也。女媧氏沒。次有大庭氏。柏皇氏。中央氏。

栗陸氏。驪連氏。赫胥氏。尊盧氏。渾沌氏。昊英氏。有巢氏。朱襄氏。葛天氏。陰康氏。無懷氏。凡十五代。皆襲伏犧之號。然鄭玄以大庭氏是神農之別號。案封禪書無懷氏在伏犧之前。今在伏犧之後。則世紀之文未可信用。世紀又云。神農始敎天下種穀。故人號曰神農。案禮運云。夫禮之初。始諸飲食。燔黍捭豚。蕢桴而土鼓。又明堂位云。土鼓葦籥伊耆氏之樂。又郊特牲云。伊耆氏始爲蜡。蜡卽田祭。與種穀相協。土鼓葦籥又與蕢桴土鼓相當。故熊氏云。伊耆氏卽神農也。既云始諸飲食。致敬鬼神。則祭祀吉禮起於神農也。又史記云。黃帝與蚩尤戰於涿鹿。則有軍禮也。易繫辭黃帝九事章云。古者葬諸中野。則有凶禮也。又論語撰考云。軒知地利。九牧倡敎。既有九州之牧。當有朝聘。是賓禮也。若然。自伏犧以後至黃帝。吉凶賓軍嘉五禮始具。皇氏云。禮有三起。禮理起于大一。禮事起於遂皇。禮名起於黃帝。其禮理起於大一。其義通也。其禮事起於遂皇。禮名起於黃帝。其義乖也。且遂皇在伏犧之前。禮運燔黍捭豚。在伏犧之後。何得以祭祀在遂皇之時。其唐堯則舜典云。修五禮。鄭康成以爲公侯伯子男之禮。又云。命伯夷典朕三禮。五禮其文亦見經也。案舜典云。類于上帝。則吉禮也。百姓如喪考妣。則凶禮也。羣后四朝。則賓禮也。舜征有苗。則軍禮也。嬪于虞。則嘉禮也。是舜時五禮具備。直云典朕三禮者。據事天地與人爲三禮。其實事天地唯吉禮也。其餘四禮。並人事兼之也。案論語云。殷因於夏禮。周因於殷禮。則禮記總陳虞夏商周。則是虞夏商周各有當代之禮。則夏商亦有五禮。鄭康成注大宗伯。唯云唐虞有三禮。至周分爲五禮。不言夏商者。但書篇散亡。夏商之禮絕滅無文以言。故據周禮有文者而言耳。武王沒後。成王幼弱。周公代之攝政六年。致大平。述文武之德而制禮也。故洛誥云。考朕昭子刑。乃單文祖德。又禮記明堂位云。周公攝政六年。制禮作樂。頒度量於天下。但所制之禮。則周官儀禮也。鄭作序云。禮者。體也。履也。統之於心曰體。踐而行之曰履。鄭知然者。禮器云。禮者體也。祭義云。禮者履此者也。禮記既有此釋。故鄭依而用之。禮雖合訓體履。則周官爲體。儀禮爲履。故鄭序又云。然則三百三千。雖混同爲禮。至於並立俱陳。則曰此經禮也。此曲禮也。或云此經文也。此威儀也。是周禮儀禮有體履之別也。所以周禮爲體者。周禮是立治之本。統之心體。以齊正於物。故爲禮。賀瑒云。其體有二。一是物體。言萬物貴賤。高下小大。文質各有其體。二曰禮體。言聖人制法。體此萬物。使高下貴賤。各得其宜也。其儀禮但明體之所行踐履之事。物雖萬體。皆同一履。履無兩義也。于周之禮。其文大備。故論語云。周監于二代。郁郁乎文哉。吾從周也。然周既禮道大用。何以老子云。失道而後德。失德而後仁。失仁而後義。失義而後禮。禮者忠信之薄。道德之華。爭愚之始。故先師準緯候之文。以爲三皇行道。五帝行德。三王行仁。五霸行義。若失義而後禮。豈周之成康在五霸之後。所以不同者。老子盛言道德質素之事。無爲靜默之教。故云此也。禮爲浮薄而施。所以抑浮薄。故云忠信之薄。且聖人之王天下。道德仁義及禮並藴於心。但量時設教。道德仁義及禮須用則行。豈可三皇五帝之時。全無仁義禮也。殷周之時。全無道德也。老子意有所主。不可據之以難經也。既周禮爲體。其周禮見於經籍。其名異者。見有七處。案孝經說云。禮經三百。一也。禮器云。禮經三百。二也。中庸云。禮儀三百。三也。春秋說云。禮經三百。四也。禮說云。有正經三百。五也。周官外題謂爲周禮。六也。漢書藝文志。周官經六篇。七也。七者皆云三百。故知俱是周官。周官三百六十。舉其大數而云三百也。其儀禮之別。亦有七處。而有五名。一則孝經說春秋及中庸並云。威儀三千。二則禮器云。曲禮三千。三則禮說云。動儀三千。四則謂爲儀禮。五則漢書藝文志謂儀禮爲古禮經。凡此七處。五名稱謂。並承三百之下。故知卽儀禮也。所以三千者。其履行周官五禮之別。其事委曲。條數繁廣。故有三千也。非謂篇有三千。但事之殊別。有三千條耳。或一篇一卷。則有數條之事。今行於世者。唯十七篇而已。故漢書藝文志云。漢初高堂生傳禮十七篇。是也。至武帝時。河間獻王得古禮五十六篇。獻王獻之。又六藝論云。後得孔子壁中古文禮。凡五十六篇。其十七篇與高堂生所傳同。而字多異。其十七篇外。則逸禮是也。周禮爲本。則聖人體之。儀禮爲末。賢人履之。故鄭序云。體之謂聖。履之爲賢是也。既周禮爲本。則重者在前。故宗伯序五禮。以吉禮爲上。儀禮爲末。故輕者在前。故儀禮先冠昏。後喪祭。故鄭序云。二者或施而上。或循而下。其周禮。六藝論云。周官壁中所得六篇。漢書說。河間獻王開獻書之路。得周官有五篇。失其冬官一篇。乃購千金不得。取考工記以補其闕。漢書云。得五篇。六藝論云。得其六篇。其文不同。未知孰是。其禮記之作。出自孔氏。但正禮殘缺。無復能明。故范武子不識殽烝。趙鞅及魯君謂儀爲禮。至孔子沒後。七十二之徒。共撰所聞。以爲此記。或錄舊禮之義。或錄變禮所由。或兼記體履。或雜序得失。故編而錄之以爲記也。中庸是子思伋所作。緇衣公孫尼子所撰。鄭康成云。月令呂不韋所修。盧植云。王制謂漢文時博士所錄。其餘衆篇皆如此例。但未能盡知所記之人也。其周禮儀禮禮記之書。自漢以後。各有傳授。鄭君六藝論云。案漢書藝文志儒林傳云。傳禮者十三家。唯高堂生及五傳弟子戴德戴聖名在也。又案儒林傳云。漢興高堂生傳禮十七篇。而魯徐生善爲容。孝文時徐生以容爲禮官大夫瑕丘蕭奮以禮至淮陽太守。孟卿。東海人。事蕭奮。以授戴德戴聖。六藝論云。五傳弟子者。熊氏云。則高堂生蕭奮孟卿后倉及戴德戴聖爲五也。此所傳皆儀禮也。六藝論云。今禮行於世者。戴德戴聖之學也。又云。戴德傳記八十五篇。則大戴禮是也。戴聖傳禮四十九篇。則此禮記是也。儒林傳云。大戴授瑯琊徐氏。小戴授梁人橋仁字季卿。楊榮字子孫。仁爲大鴻臚。家世傳業。其周官者。始皇深惡之。至孝武帝時。始開獻書之路。既出於山巖屋壁。復入祕府。五家之儒莫得見焉。至孝成時。通人劉歆。校理祕書。始得列序。著于錄略。爲衆儒排棄。歆獨識之。知是周公致太平之道。河南緱氏杜子春。永平時初。能通其讀。鄭衆賈逵往授業焉。其後馬融鄭玄之等。各有傳授。不復繁言也。

賈公彥　永年人。永徽中。爲太子博士。著周禮儀禮義疏。發揮鄭學。稱爲博洽。與孔穎達之五經正義。並列學官。

周禮廢興序

周公制禮之日。禮敎興行。後至幽王。禮儀紛亂。故孔子云。諸侯專行征伐。十世希不失。鄭注云。亦謂幽王之後也。故晉侯趙簡子見儀。皆謂之禮。孟僖子又不識其儀也。至於孔子更修而定之。時已不具。故儀禮注云。後世衰微。幽厲尤甚。禮樂之書。稍稍廢棄。孔子曰。吾自衞反於魯。然後樂正。雅頌各得其所。謂當時在者而復重雜亂者也。惡能存其亡者乎。至孔子卒後。復更散亂。故藝文志云。昔仲尼沒。微言絕。七十二弟子喪而大義乖。諸子之書。紛然散亂。至秦患之。乃燔滅文章。以愚黔首。又云。禮經三百。威儀三千。及周之衰。諸侯將踰法度。惡其害己。滅去其籍。自孔子時而不具。至秦大壞。漢興。至高堂生博士傳十七篇。孝宣世后倉最明。禮戴德戴聖慶普皆其弟子。三家立于學官。案儒林傳。漢興。高堂生傳禮十七篇。而魯徐生善爲容。孝文時。徐生以容爲禮官大夫。而瑕丘蕭奮以禮至淮陽太守。孟卿。東海人也。事蕭奮。以授后倉。后倉說禮數萬言。號曰后氏曲臺記。授戴德戴聖。鄭云。五傳弟子。則高堂生蕭奮孟卿后倉戴德戴聖。是爲五也。此所傳者。謂十七篇。卽儀禮也。周官。孝武之時始出。祕而不傳。周禮後出者。以其始皇特惡之故也。是以馬融傳云。秦自孝公已下。用商君之法。其政酷烈。與周官相反。故始皇禁挾書。特疾惡。欲絕滅之。搜求焚燒之獨悉。是以隱藏百年。孝武帝始除挾書之律。開獻書之路。既出於山巖屋壁。復入於祕府。五家之儒。莫得見焉。至孝成皇帝。達才通人劉向子歆。校理祕書。始得列序。著于錄略。然亡其冬官一篇。以考工記足之。時衆儒並出共排。以爲非是。唯歆獨識。其年尚幼。務在廣覽博觀。又多銳精于春秋。末年乃知其周公致太平之迹。迹具在斯。奈遭天下倉卒。兵革並起。疾疫喪荒。弟子死喪。徒有里人河南緱氏杜子春。尚在永平初。年且九十。家于南山。能通其讀。頗識其說。鄭衆賈逵往受業焉。衆逵洪雅博聞。又以經書記轉相證明爲解。逵解行于世。衆解不行。兼攬二家。爲備多所遺闕。然衆時所解說。近得其實。獨以書序言成王既黜殷命。還歸在豐。作周官。則此周官也。失之矣。逵以爲六鄉大夫。則冢宰以下及六遂。爲十五萬家。絚千里之地。甚謬焉。此比多多。吾甚閔之久矣。六鄉之人。實居四同地。故云絚千里之地者。誤矣。又六鄉大夫。冢宰以下所非者不著。又云多多者。如此解不著者多。又云至六十。爲武都守。郡小少事。乃述平生之志。著易尚書詩禮傳皆訖。惟念前業未畢者。唯周官。年六十有六。目瞑意倦。自力補之。謂之周官傳也。案藝文志云。成帝時。以書頗散亡。使謁者陳農求遺書于天下。詔光祿大夫劉向校書。經傳諸子詩賦。向輒條其篇目。撮其指意。錄而奏之。會向卒。哀帝復使向子歆卒父業。歆於是摠羣書。奏其七略。故有六藝七略。七略之屬。歆之錄在於哀帝之時。不審馬融何云至孝成皇帝。命劉向子歆考理祕書。始得列序著於錄略者。成帝之時。蓋劉向父子並被帝命。至向卒。哀帝命歆卒父所修者。故今文乖理則是也。故鄭玄序云。世祖以來。通人達士大中大夫鄭少贛名興。及子大司農仲師名衆。故議郎衞次仲侍中賈君景伯南郡太守馬季長皆作周禮解詁。又云。玄竊觀二三君子之文章。顧省竹帛之浮辭。其所變易灼然如晦之見明。其所彌縫奄然如合符復析。斯可謂雅達廣攬者也。然猶有參錯。同事相違。則就其原文字之聲類。考訓詁。捃祕逸。謂二鄭者同宗之大儒。明理于典籍。觕識皇祖大經周官之義。存古字。發疑正讀。亦信多善。徒寡且約。用不顯傳于世。今讚而辨之。庶成此家世所訓也。○其名周禮爲尙書周官者。周天子之官也。書序曰。成王既黜殷命。滅淮夷。還歸在豐。作周官。是言蓋失之矣。案尙書盤庚康誥說命泰誓之屬。三篇序皆云某作若干篇。今多者不過三千言。又書之所作。據時事爲辭。君臣相誥命之語。作周官之時。周公又作立政。上下之別。正有一篇。周禮乃六篇。文異數萬。終始辭句非書之類。難以屬之。時有若茲。焉得從諸。又云斯道也。文武所以綱紀周國。君臨天下。周公定之。致隆平龍鳳之瑞。然則周禮起於成帝劉歆。而成于鄭玄。附離之者大半。故林孝存以爲武帝知周官末世瀆亂不驗之書。故作十論七難以排棄之。何休亦以爲六國陰謀之書。唯有鄭玄徧覽羣經。知周禮者乃周公致太平之迹。故能答林碩之論難。使周禮義得條通。故鄭氏傳曰。玄以爲括囊大典。網羅衆家。是以周禮大行。後王之法。易曰。神而化之。存乎其人。此之謂也。

程頤　宋洛陽人。字正叔。世稱伊川先生。為理學大儒。著易傳。清四庫提要謂程子不信邵子之數。故邵子以數言易。而程子則言理。一闡天道。一切人事。又著春秋傳未成而卒。有經說、文集、語錄。

易傳序

易。變易也。隨時變易以從道也。其為書也。廣大悉備。將以順性命之理。通幽明之故。盡事物之情。而示開物成務之道也。聖人之憂患後世。可謂至矣。去古雖遠。遺經尚存。然而前儒失意以傳言。後學誦言而忘味。自秦而下。蓋無傳矣。予生千載之後。悼斯文之湮晦。將俾後人沿流而求源。此傳所以作也。易有聖人之道四焉。以言者尚其辭。以動者尚其變。以制器者尚其象。以卜筮者尚其占。吉凶消長之理。進退存亡之道。備於辭。推辭考卦。可以知變。象與占在其中矣。君子居則觀其象而玩其辭。動則觀其變而玩其占。得於辭不達其意者有矣。未有不得於辭而能通其意者也。至微者理也。至著者象也。體用一源。顯微無間。觀會通以行其典禮。則辭無所不備。故善學者求言必自近。易於近者。非知言者也。予所傳者辭也。由辭以得意。則在乎人焉。

春秋傳序

天之生民。必有出類之才。起而君長之。治之而爭奪息。導之而生養遂。教之而倫理明。然後人道立。天道成。地道平。二帝而上。聖賢世出。隨時有作。順乎風氣之宜。不先天以開人。各因時而立政。暨乎三王迭興。三重既備。子丑寅之建立。忠質文之更尚。人道備矣。天運周矣。聖王既不復作。有天下者雖欲倣古之跡。亦私意妄爲而已。事之繆。秦至以建亥爲正。道之悖。漢專以智力持世。豈復知先王之道也。夫子當周之末。以聖人不復作也。順天應時之治不復有也。於是作春秋。爲百王不易之大法。所謂考諸三王而不繆。建諸天地而不悖。質諸鬼神而無疑。百世以俟聖人而不惑者也。先儒之傳。游夏不能贊一辭。辭不待贊者也。言不能與於斯爾。斯道也。唯顏子嘗聞之矣。行夏之時。乘殷之輅。服周之冕。樂則韶武。此其準的也。後世以史視春秋。謂褒善貶惡而已。至於經世之大法。則不知也。春秋大義數十。其義雖大。炳如日星。乃易見也。惟其微辭隱義。時措從宜者爲難知也。或抑或縱。或予或奪。或進或退。或微或顯。而得乎義理之安。文質之中。寬猛之宜。是非之公。乃制事之權衡。揆道之模範也。夫觀百物。然後識化工之神。聚衆材。然後知作室之用。於一事一義。而欲窺聖人之用心。非上智不能也。故學春秋者。必優游涵泳。默識心通。然後能造其微也。後王知春秋之義。則雖德非禹湯。尚可以法三代之治。自秦而下。其學不傳。予悼夫聖人之志不明於後世也。故作傳以明之。俾後之人通其文而求其義。得其意而法其用。則三代可復也。是傳也。雖未能極聖人之蘊奧。庶幾學者得其門而入矣。

朱熹　婺源人。字元晦。其學以主敬窮理爲要。集性理儒學之大成。著述繁富。其易本義、啟蒙、詩集傳。四書章句集注。元明以來學者。皆篤守其說。而四書章句集注一種。尤爲世所誦習、而視爲學問之準繩者。洵近古有數之巨儒也。

大學章句序

大學之書。古之大學。所以敎人之法也。蓋自天降生民。則既莫不與之以仁義禮智之性矣。然其氣質之稟。或不能齊。是以不能皆有以知其性之所有而全之也。一有聰明睿知能盡其性者。出於其間。則天必命之以爲億兆之君師。使之治而敎之。以復其性。此伏羲神農黃帝堯舜。所以繼天立極。而司徒之職。典樂之官。所由設也。三代之隆。其法寖備。然後王宮國都。以及閭巷。莫不有學。人生八歲。則自王公以下。至於庶人之子弟。皆入小學。而敎之以灑掃應對進退之節。禮樂射御書數之文。及其十有五年。則自天子之元子衆子。以至公卿大夫元士之適子。與凡民之俊秀。皆入大學。而敎之以窮理正心修己治人之道。此又學校之敎。大小之節。所以分也。夫以學校之設。其廣如此。敎人之術。其次第節目之詳。又如此。而其所以爲敎。則又皆本之人君躬行心得之餘。不待求之民生日用彝倫之外。是以當世之人。無不學。其學焉者。無不有以知其性分之所固有。職分之所當爲。而各俛焉以盡其力。此古昔盛時所以治隆於上。俗美於下。而非後世之所能及也。及周之衰。賢聖之君不作。學校之政不修。教化陵夷。風俗頹敗。時則有若孔子之聖。而不得君師之位以行其政教。於是獨取先王之法。誦而傳之以詔後世。若曲禮少儀內則弟子職諸篇。固小學之支流餘裔。而此篇者。則因小學之成功。以著大學之明法。外有以極其規模之大。而內有以盡其節目之詳者也。三千之徒。蓋莫不聞其說。而曾氏之傳。獨得其宗。於是作爲傳義。以發其意。及孟子沒而其傳泯焉。則其書雖存。而知者鮮矣。俗儒記誦詞章之習。其功倍於小學而無用。異端虛無寂滅之教。其高過於大學而無實。其他權謀術數。一切以就功名之說。與夫百家衆技之流。所以惑世誣民。充塞仁義者。又紛然雜出乎其閒。使其君子不幸而不得聞大道之要。其小人不幸而不得蒙至治之澤。晦盲否塞。反覆沈痼。以及五季之衰。而壞亂極矣。天運循環。無往不復。宋德隆盛。治教休明。於是河南程氏兩夫子出。而有以接乎孟氏之傳。實始尊信此篇而表章之。既又爲之次其簡編。發其歸趣。然後古者大學教人之法。聖經賢傳之指。粲然復明於世。雖以熹之不敏。亦幸私淑而與有聞焉。顧其爲書。猶頗放失。是以忘其固陋。采而輯之。閒亦竊附己意。補其闕略。以俟後之君子。極知僭踰。無所逃罪。然於國家化民成俗之意。學者修己治人之方。則未必無小補云。淳熙己酉二月甲子。新安朱熹序。

中庸章句序

中庸何爲而作也。子思子憂道學之失其傳而作也。蓋自上古聖神。繼天立極。而道統之傳。

有自來矣。其見於經。則允執厥中者。堯之所以授舜也。人心惟危。道心惟微。惟精惟一。允執厥中者。舜之所以授禹也。堯之一言。至矣盡矣。而舜復益之以三言者。則所以明夫堯之一言。必如是而後可庶幾也。蓋嘗論之。心之虛靈知覺。一而已矣。而以爲有人心道心之異者。則以其或生於形氣之私。或原於性命之正。而所以爲知覺者不同。是以或危殆而不安。或微妙而難見耳。然人莫不有是形。故雖上智不能無人心。亦莫不有是性。故雖下愚不能無道心。二者雜於方寸之間。而不知所以治之。則危者愈危。微者愈微。而天理之公。卒無以勝夫人欲之私矣。精則察夫二者之間而不雜也。一則守其本心之正而不離也。從事於斯。無少間斷。必使道心常爲一身之主。而人心每聽命焉。則危者安。微者著。而動靜云爲自無過不及之差矣。夫堯舜禹。天下之大聖也。以天下相傳。天下之大事也。以天下之大聖。行天下之大事。而其授受之際。丁寧告戒。不過如此。則天下之理。豈有以加於此哉。自是以來。聖聖相承。若成湯文武之爲君。皐陶伊傅周召之爲臣。既皆以此而接夫道統之傳。若吾夫子。則雖不得其位。而所以繼往聖開來學。其功反有賢於堯舜者。然當是時。見而知之者。惟顏氏曾氏之傳得其宗。及曾氏之再傳。而復得夫子之孫子思。則去聖遠而異端起矣。子思懼夫愈久而愈失其眞也。於是推本堯舜以來相傳之意。質以平日所聞父師之言。更互演繹。作爲此書。以詔後之學者。蓋其憂之也深。故其言之也切。其慮之也遠。故其說之也詳。其曰天命率性。則道心之謂也。其曰擇善固執。則精一之謂也。其曰君子時中。則執中之謂也。世之相後。千有餘年。而其言之不異。如合符節。歷選前聖之書。所以提挈綱維。開示蘊奧。未有若是其明且盡者也。自是而又再傳以得孟氏。爲能推明是書。以承先聖之統。及其沒而遂失其傳焉。則吾道之所寄。不越乎言語文字之間。而異端之說。日新月盛。以至於老佛之徒出。則彌近理而大亂眞矣。然而尙幸此書之不泯。故程夫子兄弟者出。得有所考。以續夫千載不傳之緒。得有所據。以斥夫二家似是之非。蓋子思之功。於是爲大。而微程夫子。則亦莫能因其語而得其心也。惜乎其所以爲說者不傳。而凡石氏之所輯錄。僅出於其門人之所記。是以大義雖明。而微言未析。至其門人所自爲說。則雖頗詳盡而多所發明。然倍其師說而淫於老佛者。亦有之矣。熹自蚤歲。卽嘗受讀而竊疑之。沈潛反復。蓋亦有年。一旦恍然似有以得其要領者。然後乃敢會衆說而折其衷。既爲定著章句一篇。以俟後之君子。而一二同志。復取石氏書。刪其繁亂。名以輯略。且記所嘗論辯取舍之意。別爲或問。以附其後。然後此書之旨。支分節解。脈絡貫通。詳略相因。巨細畢舉。而凡諸說之同異得失。亦得以曲暢旁通。而各極其趣。雖於道統之傳。不敢妄議。然初學之士。或有取焉。則亦庶乎升高行遠之一助云爾。淳熙己酉春三月戊申。新安朱熹序。

詩集傳序

或有問於予曰。詩何爲而作也。予應之曰。人生而靜。天之性也。感於物而動。性之欲也。夫既有欲矣。則不能無思。既有思矣。則不能無言。既有言矣。則言之所不能盡。而發於咨嗟詠歎之餘者。必有自然之音響節族。而不能已焉。此詩之所以作也。曰。然則其所以教者何也。曰。詩者。人心之感物而形於言之餘也。心之所感有邪正。故言之所形有是非。惟聖人在上。則其所感者無不正。而其言皆足以爲教。其或感之之雜。而所發不能無可擇者。則上之人必思所以自反。而因有以勸懲之。是亦所以爲教也。昔周盛時。上自郊廟朝廷。而下達於鄉黨閭巷。其言粹然無不出於正者。聖人固已協之聲律。而用之鄉人。用之邦國。以化天下。至於列國之詩。則天子巡守。亦必陳而觀之。以行黜陟之典。降自昭穆而後。寖以陵夷。至于東遷。而遂廢不講矣。孔子生於其時。既不得位。無以行勸懲黜陟之政。於是特舉其籍而討論之。去其重複。正其紛亂。而其善之不足以爲法。惡之不足以爲戒者。則亦刊而去之。以從簡約。示久遠。使夫學者。卽是而有以考其得失。善者師之。而惡者改焉。是以其政雖不足以行於一時。而其教實被於萬世。是則詩之所以爲教者然也。曰。然則國風雅頌之體。其不同若是。何也。曰。吾聞之。凡詩之所謂風者。多出於里巷歌謠之作。所謂男女相與詠歌。各言其情者也。惟周南召南。親被文王之化以成德。而人皆有以得其性情之正。故其發於言者。樂而不過於淫。哀而不及於傷。是以二篇獨爲風詩之正經。自邶而下。則其國之治亂不同。人之賢否亦異。其所感而發者。有邪正是非之不齊。而所謂先王之風者。於此焉變矣。若夫雅頌之篇。則皆成周之世。朝廷郊廟樂歌之辭。其說和而莊。其義寬而密。其作者往往聖人之徒。固所以為萬世法程。而不可易者也。至於雅之變者。亦皆一時賢人君子。閔時病俗之所為。而聖人取之。其忠厚惻怛之心。陳善閉邪之意。尤非後世能言之士所能及之。此詩之為經。所以人事浹於下。天道備於上。而無一理之不具也。曰。然則其學之也當奈何。曰。本之二南以求其端。參之列國以盡其變。正之於雅以大其規。和之於頌以要其止。此學詩之大旨也。於是乎章句以綱之。訓詁以紀之。諷詠以昌之。涵濡以體之。察之性情隱微之間。審之言行樞機之始。則修身及家平均天下之道。其亦不待他求而得之於此矣。問者唯唯而退。余時方輯詩傳。因悉次是語以冠其篇云。淳熙四年丁酉冬十月戊子。新安朱熹序。

蔡沈　建陽人。字仲默。父元定。師朱熹。皆當時大儒。沈承二人未竟之志。作書集傳。與程頤易傳。朱熹易本義詩集傳。胡安國春秋傳。及元陳澔禮記集說。並為元明以來功令所用之五經注本。大抵宋元人注經。多參性理之說。以反求本心為要。雖不廢漢唐人之注疏。而於名物訓詁之事。用力較淺。其間不免稍有疏舛。然其說理明白。切近人事。頗得聖人為教之旨。裨益於後學者。亦不少焉。

書集傳序

慶元己未冬。先生文公令沈作書集傳。明年先生歿。又十年始克成編。總若干萬言。嗚呼。書豈易言哉。二帝三王治天下之大經大法皆載此書。而淺見薄識。豈足以盡發蘊奧。且生於數千載之下。而欲講明於數千載之前。亦已難矣。然二帝三王之治本於道。二帝三王之道本於心。得其心則道與治固可得而言矣。何者。精一執中。堯舜禹相授之心法也。建中建極。商湯周武相傳之心法也。曰德曰仁曰敬曰誠。言雖殊而理則一。無非所以明此心之妙也。至於言天則嚴其心之所自出。言民則謹其心之所由施。禮樂教化。心之發也。典章文物。心之著也。家齊國治而天下平。心之推也。心之德其盛矣乎。二帝三王存此心者也。夏桀商受亡此心者也。太甲成王困而存此心者也。存則治。亡則亂。治亂之分。顧其心之存不存如何耳。後世人主有志於二帝三王之治。不可不求其道。有志於二帝三王之道。不可不求其心。求心之要。舍是書何以哉。沈自受讀以來。沈潛其義。參考衆說。融會貫通。迺敢折衷微辭奧旨。多述舊聞。二典禹謨。先生蓋嘗是正。手澤尚新。嗚呼惜哉。集傳本先生所命。故凡引用師說。不復識別。四代之書。分爲六卷。文以時異。治以道同。聖人之心見於書。猶化工之妙著於物。非精深不能識也。是傳也。於堯舜禹湯文武周公之心。雖未必能造其微。於堯舜禹湯文武周公之書。因是訓詁。亦可得其指意之大略矣。嘉定己巳三月既望。武夷蔡沈序。

錢大昕　清嘉定人。字曉徵。號辛楣。又號竹汀。博通經史小學。乾隆進士。官至少詹事。卒年七十七。著有經典文字考。廿二史考異。元史藝文志。疑年錄。十駕齋養新錄。元詩紀事。潛研堂詩文集等種。自元明以來。學者多避難就易空談性理而不徵故實。遂令經傳荒疏。學術窳陋。清儒懲其流弊。故提倡漢學。以實事求是無徵不信爲主。其最著名大師。則爲顧炎武。閻若璩。江永。惠棟。戴震。段玉裁。阮元。王念孫引之。及大昕諸君。或創言旨趣。或開示方法。或辨別眞僞。或考訂訛誤。先後特起。俱爲一時學者所宗仰。其羣從之盛。著述之富。略具於江藩之國朝漢學師承記中。此清代學風一變而至於古之梗概也。

經籍纂詁序

有文字而後有詁訓。有詁訓而後有義理。訓詁者義理之所由出。非別有義理出乎訓詁之外者也。詩烝民之篇曰。天生烝民。有物有則。民之秉彝。好是懿德。宣尼贊爲知道之言。而其詩述仲山甫之德。本於古訓是式。古訓者詁訓也。詁訓之不忘。乃能全乎民秉之彝。詁訓之於人大矣哉。昔唐虞典謨。首稱稽古。姬公爾雅。詁訓具備。孔子大聖。自謂好古敏以求之。又云信而好古。深惡夫不知而作者。由是刪定六經。歸於雅言。文也而道即存焉。漢儒說經。遵守家法。詁訓傳箋。不失先民之旨。自晉代尙空虛。宋賢喜頓悟。笑問學爲支離。棄注疏爲糟粕。談經之家。師心自用。乃以俚俗之言。詮說經典。若歐陽永叔解吉士誘之爲挑誘。後儒遂有詆召南爲淫奔而刪之者。古訓之不講。其貽害於聖經甚矣。我國家崇尙實學。儒教振興。一洗明季空疏之陋。今少司農儀徵阮公。以懿文碩學。受知九重。敭歷八座。累主文衡。首以經術爲多士倡。謂治經必通訓詁。而載籍極博。未有會最成一編者。往歲休寧戴東原在書局。實創此議。大興朱竹君督學安徽。有志未果。公在館閣日與陽湖孫季逑大興朱少白。桐城馬魯陳相約分纂鈔撮羣經。未及半而中輟。乃於視學兩浙之暇。手定凡例。卽字而審其義。依韻而類其字。有本訓有轉訓。次敍布列。若網在綱。擇浙士之秀者若干人分門編錄。以教授歸安丁小雅董其事。又延武進臧在東專司校勘。書成。凡百有十六卷。公旣任滿赴闕。將刊梨棗。嘉惠來學。以予粗習雅故。貽書令序其緣起。夫六經定於至聖。舍經則無以爲學。學道要于好古。蔑古則無以見道。此書出而窮經之彥。焯然有所遵循。鄉壁虛造之輩。不得勝其說。以衒世學術正而士習端。其必由是矣。小學云乎哉。

段玉裁　金壇人。字若膺。一字懋堂。清乾隆舉人。官巫山知縣。引疾歸。卒年八十一。玉裁師事休寧戴震。講求古義。尤精小學。著有說文解字注。六書音均表。周禮漢讀考。儀禮漢讀考。古文尚書撰異。毛詩詁訓傳。經韻樓集等書。

與諸同志論校書之難書

校書之難。非照本改字。不譌不漏之難也。定其是非之難。是非有二。曰底本之是非。曰立說之是非。必先定其底本之是非。而後可斷其立說之是非。二者不分。轇轕如治絲而棼。如算之淆其法實而瞀亂。乃至不可理。何謂底本。著書者之稿本是也。何謂立說。著書者所言之義理是也。周禮輪人。望而視其輪。欲其幎爾而下迤也。自唐石經以下各本皆作下迤。唐賈氏作不迆。故疏曰。不迆者。謂輻上至轂。兩兩相當。正直不旁迆。故曰不迆也。文理甚明。今各本疏文皆作下迆。其語絕無文理。則非賈氏之底本矣。此由宋人以疏合經注者。改疏之不字合經之下字。所仍之經。非賈氏之經本也。然則經本有二。下者是與不者是與。曰下者是也。望而視其輪。謂視其已成輪之牙。輪圜甚牙皆向下迆邪。非謂輻與轂正直兩兩相當。經下文縣之以視其輻之直。自謂輻。規之以視其圜。自謂牙。輪之圜在牙。上文轂輻牙為三材。此言輪輻轂輪。即牙也。然則唐石經及各本經作下。是賈氏本作不。非也。而義理之是非定矣。倘有淺人校疏文下迆之誤。改為不迆。因以疏文之不迆。改經文之下迆。則賈疏之底本得矣。而義理乃大乖也。王制虞庠在國之四郊。注云。周立小學於四郊。唐孔氏本經注皆作西郊。祭義天子設四學。當入學而大子齒。注云。四學謂周有四郊之虞庠。孔氏本改注作西郊。故疏云。天子設四代之學。周學殷學夏學虞學也。天子設四學。以有虞庠為小學。設置於西郊。當入學之時。而大子齒於國人。今本疏文作設置於四郊。文理不可通。則非孔氏之底本矣。此由宋人以疏合經注者。改疏之西郊合注之四郊。所仍之注。非孔氏之注本也。然則祭義注本有二。四郊是與西郊是與。曰四郊是也。鄭注以周有四郊虞庠。釋經四學。文理一直。並無轉折。周有四郊虞庠。即王制之虞庠在國四郊。注之周立小學於四郊也。故皇侃云。四郊皆有虞庠。通典云。周制大學為東膠。小學為虞庠。引鄭注祭義。周有四郊之虞庠。又引崔靈恩說。亦云鄭注祭義曰。周有四郊之虞庠。北史劉芳傳芳表曰。禮記云。周人養庶老於虞庠。虞庠在國之四郊。又云天子設四學。當入學而大子齒。注云四學謂周四郊之虞庠也。劉崔皇杜所見祭義注皆作四郊。王肅雖好駮鄭。而劉芳表云王肅禮記注云天子四郊有學。去都五十里。鄭氏則不知遠近。按鄭注王制移之郊。云爲習禮於郊學。郊在鄉界之外。則鄭謂郊學在遠郊百里。肅則云近郊五十里。惟此爲小異。而小學在四郊無異。故盧辯注大戴禮。亦言四郊之學。劉芳表曰。大學在國。四小學在郊。引保傅篇帝入東學。帝入西學。帝入南學。帝入北學。帝入大學。而總之曰周之五學。於此彌彰。崔靈恩亦曰凡立學之法有四郊及國中。四郊並方名之。國中謂之大學。然則四郊小學絕無可疑。再證以王制注習禮於郊學。在六鄉之外。六遂之內。則斷不專在西郊一處。亦可證。或以祭義祀先賢於西學爲疑。不知此即保傅篇帝入西學尙賢而貴德。祭先賢專在西郊也。西學者四郊之一。別辭也。四學者。合四郊言之。都辭也。孔氏於王制依誤本西郊虞庠。因改此注亦作西郊之虞庠。而經文故作四學。因用儀禮注周立四代之學釋經之設四學。以四學中有西郊虞庠。釋注謂周西郊之虞庠。是不思儀禮四代之學。謂立大學於國中。不得與郊之小學糅合爲四也。且以一承四。甚費周折。是孔氏二疏作西郊皆非也。而義理之是非定矣。倘有淺人校祭義疏。改四爲西。因並改祭義注之四爲西。王制經注疏之西郊皆沿誤不改。則孔疏之底本雖得而於義理乃大乖也。春秋左傳衞侯賜北宮喜謚曰貞子。賜析朱鉏謚曰成子。而以齊氏之墓與之。杜注曰。皆死而賜謚及墓田。傳終言之。宋本亦或作皆未死而賜謚及墓田。傳終而言之。二者皆出於宋本。孰爲是與。曰皆死而賜者是也。二人時未死也。既死而賜。故要其終而言之。若云皆未死而賜。則傳終言之句不可接。而爲贅辭矣。是一本作未死而賜者非也。然則死而賜於說經是與。曰春秋常事不書。書者爲其未死而賜也。云死而賜。則杜注之底本得矣。而於義理實非也。云未死而賜。則杜注之底本失矣。而於義理有合也。毛詩涇以渭濁。箋云。涇水以有渭。故見謂濁。正義曰。涇水言以有渭。故人見謂己濁。猶婦人言以有新婚。故君子見謂己惡也。引定本箋作涇水以有渭。故見其濁。釋文曰。故見渭濁。舊本如此。一本渭作謂。後人改耳。按同一字而正義作見謂。師古定本作見其。釋文作見渭。三者孰是。曰正義作謂是也。如釋文作見渭。則不可通。定本作見其。亦因舊作渭不可通而改之耳。作見謂濁文理易憭。陸德明反說見謂爲非。見渭爲是。苟知孔氏疏文底本作見謂不誤。而義理之是非亦定矣。倘有必據釋文以改正義。則孔疏之底本失。而於義理乃大乖也。士冠禮以摯見於鄉大夫鄉先生。冠義同。上鄉字釋文作鄉。云二鄉並音香。二經疏皆作卿大夫鄉先生。賈云。經言卿大夫不言士。孔云。謂在朝之卿大夫也。鄉卿果孰是與。曰鄉大夫是也。作卿非也。凡言鄉大夫有二義。一則周禮之本鄉。鄉老鄉大夫。關以下州長黨正族師閭胥也。鄉大夫。卿也鄉老。公也。舉鄉大夫以上關公下關士也。一則本鄉之仕爲大夫在朝者。亦舉大夫以關卿士也。鄉射禮注云。遵者。鄉之人仕至大夫者。又曰。鄉先生。鄉大夫致仕者也。此鄉大夫三字。所謂同一鄉之人仕至大夫者。同一鄉而仕至大夫曰鄉大夫。無鄉卿一人者。亦卽大夫之一也。同一鄉仕至大夫致仕者曰鄉先生。卽上老坐於右塾。庶老坐於左塾。鄉飲鄉射則謂之遵者是也。鄭於儀禮禮記皆釋鄉先生不釋鄉大夫者。禮記言鄉先生同鄉老而致仕者。則鄉大夫之爲同鄉現仕者可知矣。儀禮言鄉先生鄉中老人爲卿大夫致仕者。則鄉大夫爲鄉中卿大夫未致仕者可知矣。必重同鄉者。死徙無出鄉。百姓親睦。相保相受。相葬相救。相賙相賓。欲使一鄉之人相婣如一家。六鄉六遂皆然。而後仁義著。敎化行。本鄉之外。恐太廣而不浹。本鄉之內。不甚遠而易相親。故有冠者必見其鄉之已仕致仕者。聖人敎民之深意也。如賈孔作卿大夫。則在朝之卿大夫。其可全見與。是以陸是而賈孔非也。今若依賈孔之底本。改陸氏音香之說。改二經作卿大夫。則賈孔之底本得矣。而於義理乃大乖也。就五事論之。依今疏作下迆。而賈不受也。依賈作不迆。以改經而考工經不受也。依祭義今疏作四郊虞庠。而孔不受也。依孔作西郊。而祭義王制經注不受也。依皆未死而賜謚。而杜元凱不受也。依皆死而謚。又恐左公不受也。依疏作見謂濁。而陸不受也。依釋文作見渭濁。而鄭箋不受也。改二疏作鄉大夫。而賈孔不受也。依疏以改經及釋文作卿大夫。而經釋文不受也。故校經之法。必以賈還賈。以孔還孔。以陸還陸。以杜還杜。以鄭還鄭。各得其底本。而後判其義理之是非。而後經之底本可定。而後經之義理可以徐定。不先正注疏釋文之底本。則多誣古人。不斷其立說之是非。則多誤今人。自宋人合正義釋文於經注。而其字不相同者。一切改之使同。使學而不思者。白首茫如。其自負能校經者。分別又無眞見。故三合之注疏本。似便而易惑。久爲經之賊。而莫之覺也。如近者顧千里校祭義疏。改四郊爲西郊。孔氏之底本得矣。而遂欲改注之四郊爲西郊。且云王制經注之西郊不誤。是知孔氏之底本。而不知鄭氏之底本也。鄭氏之底本失。則經之底本亦失。而周制四郊小學遂不傳矣。千里又竊余曏時辨劉端臨盧紹弓據二疏改經鄉大夫爲卿大夫之說。著於禮記考異。而未知其詳。且又因宋本之譌字。謂賈作鄉不誤。是又知經之底本。而不知賈疏之底本也。知之者所以辨其非而歸於一是也。東原師云。鑿空之弊有二。其一緣辭生訓也。其一守譌傳繆也。緣辭生訓者。所釋之義。非其本義。守譌傳繆者。所據之經。併非其本經。如孔氏虞庠在國西郊。所謂所據之經非其本經也。而緣之立說。則所釋之義。非其本義矣。經文之不誤者。尙懼緣辭生訓。所釋非其本義。況守譌傳繆之經耶。孔氏守唐時譌繆之本。千里又守孔氏所守。至於古本之是者。確有可據。而不之信。信孔以誣鄭。誣鄭以誣經。不大爲經之害也哉。凡校經者。貴求其是而已。以祭義注四郊虞庠謂之四學。正王制經注之西郊爲四郊。考之大戴禮王肅劉芳皇侃崔靈恩杜佑諸家而無不合。以排孔氏之疏繆。所謂求其是也。執事以爲何如。

章學誠

會稽人。字實齋。乾隆進士。邃於史學。著有文史通義。校讐通義。札迻。乙卯丙辰劄記。實齋文鈔。案章氏文史通義中。力闡六經皆史之說。謂史即周官所掌之史。(此史字與後世所謂乙部之著述有別。不可相混而說) 六經皆先王之政典。後人不容僭擬其說。蓋本於班固漢書儒林傳序曰。六學即六經。皆王教之典籍一語。嗣是龔自珍著六經正名。頗與其說互相發明。而劉恭冕與劉伯山書。則謂今之列學官者。當有二十一經。其說又與章龔相反。然亦未嘗不言之成理。學者可並參之。

經解上 文史通義

六經不言經。三傳不言傳。猶人各有我。而不容我其我也。依經而有傳。對人而有我。是經傳人我之名。起於勢之不得已。而非其質本爾也。易曰。上古結繩而治。後世聖人易之以書契。百官以治。萬民以察。夫爲治爲察。所以宣幽隱而達形名。布政敎而齊法度也。未有以文字爲一家私言者也。易曰。雲雷屯。君子以經綸。經綸之言。綱紀世宙之謂也。鄭氏注謂論撰書禮樂。施政事。經之命名所由昉乎。然猶經緯經紀云爾。未嘗明指詩書六藝爲經也。三代之衰。治敎既分。夫子生於東周。有德無位。懼先聖王法積道備。至於成周。無以續且繼者。而至於淪失也。於是取周公之典章。所以體天人之撰。而存治化之迹者。獨與其徒。相與申而明之。此六藝之所以雖失官守。而猶賴有詩敎也。然夫子之時。猶不名經也。逮夫子既沒。微言絕而大義將乖。於是弟子門人。各以所見聞所傳聞者。或取簡畢。或授口耳。錄其文而起義。左氏春秋。子夏喪服諸篇。皆名爲傳。而前代逸文。不出於六藝者。稱述皆謂之傳。如孟子所對湯武及文王之囿是也。則因傳而有經之名。由之因子而立父之號矣。至於官師既分。處士橫議。諸子紛紛著書立說。而文字始有私家之言。不盡出於典章政敎也。儒家者流。乃尊六藝而奉以爲經。則又不獨對傳爲名也。荀子曰。夫學始於誦經。終於習禮。莊子曰。孔子言治詩書禮樂易春秋六經。又曰。繙十二經以見老子。荀莊皆出子夏門人。而所言如是。六經之名。起於孔門弟子亦明矣。然所指專言六經。則以先王政敎典章。綱維天下。故經解疏別六經。以爲入國可知其敎也。論語述夫子之言行。爾雅爲羣經之訓詁。孝經則又再傳門人之所述。與緇衣坊表諸記。相爲出入者爾。劉向班固之徒。序類有九。而稱藝爲六。則固以三者爲傳而附之於經。所謂離經之傳。不與附經之傳相次也。當時諸子著書。往往自分經傳。如撰輯管子者之分別經言。墨子亦有經篇。韓非則有儲說經傳。蓋亦因時立義。自以其說相經緯爾。非有所擬而僭其名也。經同尊稱。其義亦取綜要。非如後世之嚴也。聖如夫子而不必爲經。諸子有經。以貫其傳。其義各有攸當也。後世著錄之家。因文字之繁多。不盡關於綱紀。於是取先聖之微言。與羣經之羽翼。皆稱爲經。如論語孟子孝經與夫大小戴記之別於禮。左氏公穀之別於春秋。皆題爲經。乃有九經十經十三十四諸經以爲專部。蓋尊經而幷及經之支裔也。而儒者著書始嚴經名。不敢觸犯。則尊聖教而愼避嫌名。蓋猶三代以後非人主不得稱我爲朕也。然則今之所謂經。其强半皆古人之所謂傳也。古之所謂經。乃三代盛時典章法度見於政教行事之實。而非聖人有意作爲文字以傳後世也。

附錄　劉恭冕與劉伯山書

竊思段懋堂先生擬以史記漢書說文諸書。與五經並列學官。惜當時之讀書者。咸囿於所習。未克行先生之意。冕嘗推其意而論之。以爲今之列學官者。當有二十一經。不當僅列十三經。大戴禮中多記孔子曾子之語。其精言粹義。多與表記大學相出入。故漢志隋志咸以大戴記與小戴記並列。今人祇知習小戴記而讀大戴記者千不得一。此當補列爲經者一也。荀子亦傳孔門之學。徧治羣經。西漢之學。皆荀子一派之傳。其功不在孟子下。後儒徒以其反悖孟子。遂並棄其書。不使與孟子並列。此當補列爲經者二也。太史公作史記。備列古今興廢之迹。以論其得失。而八書尤足與禮經相輔。蓋史公本治易書之學。儼然西漢之經生。班氏以先黃老而後六經。斥之。非通論也。此當補列爲經者三也。孟堅漢書乃斷代作史者之祖。後世史家咸稟其法。故後世皆以馬班並稱。此當補列爲經者四也。溫公通鑑。備列古今之政事。乃古代論治之書也。其所論斷。悉受法於春秋。足以善善惡惡。儆戒百世。此當補列爲經者五也。楚詞爲詞章之祖。然諷一勸百。怨而不怒。史公稱離騷一篇。兼有小雅國風之旨。可謂知言。此當補列爲經者六也。說文解字集小學之大成。古今以來。欲通經學。悉以小學入手。而此書實經學之津梁。故近代治經之儒。咸先從事於此書。此當補列爲經者七也。九章算法。亦爲西周舊籍。乃商辛甲以授周公者也。古人書數二端。列於六藝。而此書實爲算法之祖。此當補列爲經者八也。以此八書與十三經相合。共成二十一經。倘能家絃戶誦。則人人皆可爲通儒矣。

焦循　甘泉人。字里堂。乾隆舉人。爲阮元之族姊夫。恬淡寡欲。博學無方。著有易章句。易通釋。易圖略。論語通釋。孟子正義。雕菰樓集。

與某論漢儒品行書

循頓首白。接讀手書。得聞責過之言。夫以循不肖而責之。實以循可教而愛之。且以循自誤而惜之也。循聞之。不禁背汗額泚。愧悔交集。特以弱冠以來。嗜痂成癖。習之既久。性情安之。亦如伶酒賀詩。死亡莫變。得聆至論。感莫能從。既而思之。甚有不可不辨者。誠以人心學問之所關。非小故矣。自南宋空衍理性。而漢儒訓故之學。幾卽於廢。明末以來。稍復古學。攻擊肆情。門戶遂立。在前若楊升菴。在後若毛大可。其視宋儒。有不異寇讎敵國之比者。此實其根柢淺陋。大體未明耳。抑知儒者所奉。孔子也。孔子之科有四。而止于二端。曰言曰行而已。

六經者言也。後世諸儒。皆其言者也。秦人之語。秦人能解之。汾雒之人。或半解之。滇黔閩粵之間。則芒然不知所謂矣。六經如秦人之語。漢儒如汾雒。宋儒如滇黔閩粵。今欲通秦人之言。問之汾雒。乎問之滇黔閩粵乎。雖然汾雒非秦人也。故說經之法。必以經文爲之主。而以漢儒爲之輔。以通乎六經之言。而非以求勝宋人。故爲此也。宋人若茂叔伊川考亭象山諸君子。立忠孝之準。畫利義之辨。去欲存誠。黜浮崇實。所以翊孔子之教。而爲萬古躬行實踐之則。經訓雖疏。何損大節。不用其言。而並黜其行。其在聖門。蟊矣賊矣。近年以來。循方勘破此旨。時以衾景之間。不能無愧。惟恐責循者持以訶之。以爲徒漢學之軀殼。不能體聖賢立教之心。則是時將無地自容。求死莫獲。不料責循者之適相反也。來書云欲求科第必學宋儒。又云漢人品行不及宋人之恬淡。既以科第之學歸之宋儒。則所謂宋儒者。第近來時文講章之宋儒。庸下之師。假以餬口。冒義理之說。飾空陋之才。陽挾爲道學之談。陰聳以爵祿之貴。以拒高賢。以抑弟子。及叩以宋儒之書。往往不能舉其目。程朱若在。必移之於郊。以是爲宋儒。子亦過矣。且子謂宋儒恬淡。漢人莫及。其亦謂兩漢之學。皆脂韋隨俗。干求利祿之徒乎。循於史書。多不記憶。而漢儒本末。則稍稍能詳言之。西漢之經學。最顯莫如董子。太史公云。公孫宏治春秋。不如仲舒。而希世用事。位至公卿。仲舒疾之。其後辨諸儒之議。而興穀梁傳者。蕭望之也。望之與王仲翁俱爲丙吉所薦。並見霍光。是時吏民當見者。露索挾持。望之獨不肯聽。因不見用。仲翁爲光祿大夫。謂望之曰。不肯錄錄。反抱關爲望之曰。各從其志。二君之行。可以見矣。他如田何伏勝毛萇王式之徒。各守其業。不聞有干求自貶之事。若曰某爲丞相。某爲太守。某爲御史大夫。沾沾焉指以爲榮。則班生之陋也。東漢諸儒。其跡尤顯。帝問郊禮於鄭興。興不爲讖。遂以不任。其時上之好緯。臣下所知。使興志在榮祿。何自持所學不敢稍變。以媚人主。康成杜門。其始由於黨禁。固曰勢無已也。久之黨禁既開。一則幅巾見何進。一宿逃去。再則以袁紹之舉。徵爲司農。乞歸不仕。清風介節。皎耀千古。張平子通五經。貫六藝。舉孝廉。辟公府。皆不就。史稱其從容淡靜。誠有然者。又如申屠蟠學貫五經。兼明圖緯。隱居不仕。傭爲漆工。周彥祖少通詩論。長精禮易。陂田自給。悔於滑泥。其列儒林傳者。劉桓公習施氏之易。舉孝廉而逃。教授於江陵。孔子建傳古文尙書。其對崔篆曰。吾有布衣之心。子有袞冕之志。各從所好。不亦善乎。楊文義精習韓詩。經中博士。自以年未五十。不膺舊科。上府讓選。何劭公精研六經。通公羊孝經論語風角七分。以列卿子詔拜郎中。非其所好。辭病而去。其穎子嚴蔡叔陵趙岐盧植。並能恥交欲貴。徵聘不起。誠皆耽志詩書。無心利祿。非同以口舌文章。鈎致名譽。惟劉歆張禹戴聖馬融之徒。志存娛鄙。爲世所譏。以此概漢儒。豈盡然哉。卽令兩漢經生。率皆貪緣躁競之流。輩爲其學。亦惟師其言而置其行。孔子曰。不以言取人。不以人廢言。言與行之不能相提並論久矣。子責循。循不能辨。子誣漢儒。循能已於言哉。直言無狀。惟更教正之幸。甚。

阮元　儀徵人。字伯元。號芸臺。乾隆進士。道光時。官至體仁閣大學士。歷官中外。所至以提倡學術爲己任。在館修儒林傳。在粵設學海堂。在浙設詁經精舍。又輯經籍纂詁。校勘十三經。彙刻學海堂經解一百八十八種（一名皇清經解。後王先謙又彙刻皇清經解續編二百九種。清人漢學家著述大略盡於此二叢編矣）號爲訓詁之淵海。經典之統宗。卒謚文達。有揅經室集。

國史儒林傳序

昔周公制禮。太宰九兩繫邦國。三曰師。四曰儒。復於司徒本俗聯以師儒。師以德行教民。儒以六藝教民。分合同異。周初已然矣。數百年後。周禮在魯。儒術爲盛。孔子以王法作述。道與藝合。兼備師儒。顏曾所傳。以道兼藝。游夏之徒。以藝兼道。定哀之間。儒術極醇。無少差繆者此也。荀卿著論。儒術已乖。然六經傳說。各有師授。秦棄儒籍。入漢復興。雖黃老刑名。猶復淆雜。迨孝武盡黜百家。公卿大夫士吏。彬彬多文學矣。東漢以後。學徒數萬。章句漸疏。高名善士。半入黨流。迄乎魏晉。儒風蓋已衰矣。司馬班范。皆以儒行立傳。敘述經師家法。授受秩然。雖於周禮師教。未盡克兼。然名儒大臣。匡時植教。祖述經說。文飾章疏。皆與儒林傳相出入。是以朝秉綱常。士敦名節。拯衰銷逆。多歷年所。則周魯儒學之效也。兩晉玄學盛興。儒道衰弱。南北割據。傳授漸殊。北魏蕭梁。義疏甚密。北學守舊而疑新。南學喜新而得僞。至隋唐五經正義成而儒者鮮以專家古學相授受焉。宋初名臣。皆敦道誼。濂洛以後。遂啟紫陽。闡發心性。分析道理。孔孟學行不明著於天下哉。宋史以道學儒林分爲二傳。不知此即周禮師儒之異。後人創分而闇合周道也。元明之間。守先啟後。在於金華。泊乎河東姚江。門戶分歧。遞興遞滅。然終不出朱陸而已。終明之世。學案百出。而經訓家法。寂然無聞。揆之周禮。有師無儒。空疏甚矣。然其間臺閣風厲。持正扶危。學士名流。知能激發。雖多私議。或傷國體。然其正道實拯世心。是故兩漢名教。得儒經之功。宋明講學。得師道之益。皆於周孔之道。得其分合。未可偏譏而互誚也。我朝列聖。道德純備。包涵前古。崇宋學之性道。而以漢儒經義實之。聖學所指。海內嚮風。御纂諸經。兼收歷代之說。四庫館開。風氣益精博矣。國初講學。如孫奇逢李容等。沿前明王薛之派。陸隴其王懋竑等。始專守朱子。辨僞得眞。高愈應撝謙等。堅苦自持。不愧實踐。閻若璩胡渭等。卓然不惑。求是辨誣。惠棟戴震等。精發古義。詁釋聖言。近時孔廣森之於公羊春秋。張惠言之於孟虞易說。亦專家孤學也。且我朝諸儒。好古敏求。各造其域。不立門戶。不相黨伐。束身踐行。闇然自修。嗚呼。周魯師儒之道。我皇上繼列聖而昌明之。可謂兼古昔所不能兼者矣。綜而論之。聖人之道。譬若宮牆。文字訓詁。其門逕也。門逕苟誤。跬步皆歧。安能升堂入室乎。學人求道太高。卑視章句。譬猶天際之翔。出於豐屋之上。高則高矣。戶奧之間未實窺也。或者但求名物。不論聖道。又若終年寢饋於門廡之間。無復知有堂室矣。是故正衣尊視。惡難從易。但立宗旨。部居大名。此一蔽也。精校博考。經義確然。雖不踰閑。德便出入。此又一蔽也。臣等備員史職。綜輯儒傳。未敢區分門逕。惟期記述學行。自順治至嘉慶之初。得百數十人。仿明史載孔氏於儒林之例。別爲孔氏傳。以存史記孔子世家之意。至若陸隴其等。國史已入大臣傳。茲不載焉。

經義述聞序

昔郢人遺燕相書。夜書。曰舉燭。因而過書舉燭。燕相受書說之。曰舉燭者。尚明也。尚明者舉賢也。國以治。治則治矣。非書意也。鄭人謂玉未理者璞。周人謂鼠未腊者璞。周人曰欲買璞乎。鄭賈曰欲之。出其璞。乃鼠也。夫誤會舉燭之義。幸而治。誤解鼠璞則大謬。由是言之。凡誤解古書者。皆舉燭鼠璞之類也。古書之最重者。莫逾於經。經自漢晉以及唐宋。固全賴古儒解注之力。然其間未發明而沿舊誤者尚多。皆由於聲音文字假借轉注未能通徹之故。我朝小學訓詁。遠邁前代。至乾隆間。惠氏定宇。戴氏東原。大明之。高郵王文肅公。以清正立朝。以經義教子。故哲嗣懷祖先生。家學特爲精博。又過於惠戴二家。先生經義之外。兼覈諸古子史。哲嗣伯申繼祖。又居鼎甲。幼奉庭訓。引而申之。所解益多。著經義述聞一書。凡古儒所誤解者。無不旁徵曲喻。而得其本義之所在。使古聖賢見之。必解頤曰。吾言固如是。數千年誤解之。今得明矣。嘉慶二十年。南昌盧氏宣旬讀其書而慕之。既而伯申又從京師以手訂全帙寄余。余授之盧氏。盧氏於刻十三經注疏之暇。付之刻工。伯申亦請余言序之。昔余初入京師。嘗問字於懷祖先生。先生頗有所授。既而伯申及余門。余平日說經之意。與王氏喬梓投合無間。是編之出。學者當曉然於古書之本義。庶不致爲成見舊習所膠固矣。雖然。使非究心於聲音文字以通訓詁之本原者。恐終以燕說爲大寶。而嚇其腐鼠也。

經傳釋詞序

經傳中實字易訓。虛詞難釋。顏氏家訓雖有音辭篇。於古訓罕有發明。所賴爾雅說文二書。解說古聖賢經傳之詞氣。最爲近古。然說文惟解特造之字。（如亏曰。）而不及假借之字。（如而雖。）爾雅所釋未全。讀者多誤。是以但知攸訓所。而不知同迪。（攸與由同。由迪古音相轉。迪音當如滌。滌之從攸。笛之從由。皆是轉音。故迪攸音近也。釋名曰。笛。滌也。）但見言訓我。而忘其訓間。（爾雅言間也。卽詞之間也。）雖以毛鄭之精。猶多誤解。何況其餘。高郵王氏喬梓。貫通經訓。兼及詞氣。昔聆其終風諸說。每爲解頤。乃勸伯申勒成一書。今二十年。伯申侍郎始刻成釋詞十卷。元讀之。恨不能起毛孔鄭諸儒而共證此快論也。元昔教浙士解經。曾謂爾雅坎律銓也。爲欥聿詮也字之訛。辛楣先生韙之。又謂詩鮮民之生。書惠鮮鰥寡。鮮皆斯之假借字。詩綢直如髮。如當解爲而。（髮乃實指其髮。與笠同。非比語。傳箋並誤。）老子夫佳兵者不祥之器。佳爲隹（同惟）之訛。（老子夫佳二字相連爲辭者甚多。若以爲佳。則當云不祥之事。不當云器。）若此之疇。學者執是書以求之。當不悖謬於經傳矣。論語曰。出辭氣。斯遠鄙倍。可見古人甚重詞氣。何況絕代語釋乎。

與郝蘭皐論爾雅書

古人字從音出。喉舌之間。音之所通者簡。天下之大。言之所異者繁。爾雅者。近正者也。正者。虞夏商周建都之地之正言也。近正者。各國近於王都之正言也。予姻家劉端臨之言曰。子所雅言。詩書執禮。雅言者。誦詩讀書。從周之正言。不爲魯之方言也。執禮者。詔相禮儀。亦以周音說禮儀也。小雅大雅。皆周詩之正言也。劉氏此說。足發千古之蒙矣。然則爾雅一書。皆引古今天下之異言。以近於正言。夫曰近者。明乎其有異也。正言者。猶今官話也。近正者。各省土音近於官話者也。揚雄方言自署曰。輶軒使者絕代語釋別國方言。夫絕代別國。尙釋之。況本近正者乎。言由音聯。音在字前。聯音以爲言。造字以赴音。音簡而字繁。得其簡者以通之。此聲韻文字訓詁之要也。大戴記小辨一篇。足明爾雅之學。小辨者。一知半解之俗學也。魯國當時或有此學。猶漢急就章。宋王安石字說之類。然不可考矣。小辨之學易。爾雅之學難。故孔子曰。社稷之主愛日。又曰。士學順辨言以遂志。順與訓通借卽訓詁之訓。遂志者。通其意也。不學其訓。則言不辨。意不通矣。又曰。小辨破言。小言破義。小義破道。道小不通。通道必簡。爾雅以觀於古。足以辨言矣。傳言以象。反舌皆至。可謂簡矣。夫亦固十變之禩。由不可既也。而況天下之言乎。孔子此數言。述爾雅之學甚明。何後儒之昧昧也。訓詁錯。則言語錯。執古聖之書。以小辨破其言。而斷斷論之。道義皆錯矣。使古聖人見後人如此錯解之也。

必啞然笑曰。吾所言本不若是也。是以不明爾雅之學。則五經四書皆鼠璞矣。今子爲爾雅之學。以聲音爲主。而通其訓詁。余亟許之。以爲得其簡矣。以簡通張古今天下之言。皆有部居。而不越乎喉舌之地。孔子曰。辨言之樂。不下席。余與子接席而辨之。其樂何如。

王引之　高郵人。字伯申。念孫子。嘉慶進士。傳父音韻訓詁之學而推廣之。作經義述聞。經傳釋詞。與其父所作廣雅疏證。讀書雜志。合刊。世稱高郵王氏四種。其精博爲漢學諸儒之冠。累官工部尚書。卒諡文簡。案清人治經之法。大要有二。其一。根據文字之正變。而推其求著書之本意者。曰訓詁。其二。鉤稽參驗。而是正其文字之錯落者。曰校勘。二者皆無誤。而後乃敢評論其立說之是非。此清人爲學之眞精神。餘事皆自此出也。是編於清人說經之文。不能多錄。亦不可勝錄。故惟取其討論訓詁校勘之名作數首。以爲守約施博之資。學者幸勿以是而自畫斯可耳。

經籍纂詁序

訓詁之學。發端於爾雅。旁通於方言。六經奧義。五方殊語。既略備於此矣。嗣則叔重說文。稚讓廣雅。探賾索隱。厥誼可傳。下及玉篇廣韻集韻。亦頗蒐羅遺訓。而所據之書。或不可考。且舊書雅記。經史傳注。未錄者猶多。至於綱羅前訓。徵引羣書。考之著錄家。罕見有此。惟舊唐志載天聖太后字海一百卷。諸葛穎桂苑珠叢一百卷。新唐志載顏眞卿韻海鏡源三百六十卷。自古字書韻書。未有若此之多者。意其詳載先儒訓釋。是以卷帙浩繁。而惜乎其書之已逸也。曩者戴東原庶常。朱笥河學士。皆欲纂集傳注。以示學者。未及成編。吾師雲臺先生。欲與孫淵如編修。朱少河孝廉。共成之。亦未果。及先生督學浙江。乃手定體例。逐韻增收。總彙名流。分書類輯。凡歷二年之久。編成一百十六卷。展一韻而衆字畢備。檢一字而諸訓皆存。尋一訓而原書可識。所謂握六藝之鈐鍵。廓九流之潭奧者矣。夫訓詁之旨。本於聲音。揆厥所由。實同條貫。如周南關雎篇左右芼之。傳訓芼爲擇。後人不從。而不知芼茁聲近義同。左右芼之之芼。傳以爲擇。猶田苗蒐狩之苗。白虎通以爲擇取。爾雅芼搴也。亦與擇取之義相近也。召南甘棠篇勿翦勿拜。箋訓拜爲拔。後人不從。而不知拜與拔聲近而義同也。邶風柏舟篇不可選也。傳訓選爲數。後人不從。而不知選算古字通。朱穆絕交論作不可算也。鄭注論語何足算也。以算爲數。正與此同義也。新臺篇籧篨不鮮。箋訓鮮爲善。後人不從而不知爾雅鮮省二字皆訓爲善。正是一聲之轉。且下云籧篨不殄。殄讀曰腆。其義亦爲善也。小雅采綠篇六日不詹。傳訓詹爲至。後人不從。而不知詹之爲至。載於爾雅。乃古之方言。是以方言亦云。楚語謂至爲詹也。曲禮急繕其怒。鄭讀繕爲勁。後人不從。而不知繕之爲勁。乃耕仙二部之相傳。猶辨秩東作。通作平秩。平平左右。亦作便蕃左右也。學記術有序。鄭注云。術當爲遂。聲之誤也。後人不從。而妄改爲州。而不知術遂古同聲。故月令審端徑術。注云。術周禮作遂也。若乃先儒訓釋偶疏。而後人不知改正者。亦多有之。如易屯六二女子貞不字。陸續訓字爲愛。已覺未安。至宋耿南仲誤讀女子許嫁笄而字之文。遂以字爲許嫁。不可更通。不如虞翻訓爲妊娠之善也。堯典克諧以孝烝烝乂不格姦。傳訓烝烝乂爲進進以善自治。頗爲不辭。不如蔡邕九疑山碑讀以孝烝烝爲句。且依廣雅烝烝孝也之訓爲善也。臯陶謨萬邦作乂。禹貢萊夷作牧。雲夢土作乂。史記夏本紀皆以爲字代作字。文義未安。不如用詩駉篇傳訓作爲始之善也。禹貢嵎夷旣略。傳謂用功少曰略。乃望文生義。不如訓略爲治之善也。康誥遠乃猷裕乃以民寧。傳讀猷字爲句。而訓猷爲謀。不如斷猷裕爲句。而用方言猷裕道也之訓爲善也。詩鄘風定之方中篇匪直也人。檜風匪風篇匪風發兮。匪車偈兮。小雅小旻篇如匪行邁謀。箋並訓匪爲非。不如用左傳杜注訓匪爲彼之善也。王風中谷有蓷篇嘆其濕矣。傳箋並解爲水濕。與嘆字之義相反。不如讀濕爲䁤。用通俗文欲燥曰䁤之善也。魏風陟岵篇行役夙夜無寐。傳以爲寤寐之寐。不如讀寐爲沬。而用楚辭注沬已也之訓爲善也。小雅南有嘉魚篇烝然罩罩。烝然汕汕。傳依爾雅云罩罩籗也。汕汕樔也。不如說文訓爲魚游水貌之善也。菁菁者莪篇我心則休。釋文正義並以休爲美。不如用國語注休喜也之訓爲善也。北山篇我從事獨賢。箋以爲賢才之賢。不如毛傳訓賢爲勞之善也。菀柳篇無自暱焉。傳訓暱爲近。與無自瘵焉之文不類。不如廣雅暱病也之訓爲善也。都人士篇序衣服不貳。從容有常。鄭訓從容爲休燕。不如緇衣正義訓爲舉動之善也。大雅緜篇曰止曰時。

箋訓時爲是。與曰止異義。不如訓時爲止之善也。卷阿篇。有馮有翼。傳云道可馮依以爲輔翼。不如訓爲馮馮翼翼滿盛之貌爲善也。民勞篇。無縱詭隨。傳云詭人之善隨人之惡。以疊韻之字而上下異訓。不如讀隨爲譎而訓詭譎之善也。雲漢篇。昊天上帝。則不我虞。箋訓虞爲度。文義未允。不如訓爲有與助之善也。月令養壯佼。正義以佼爲形容佼好。與壯異義。不如訓佼爲健之善也。桓十一年左傳且日虞四邑之至也。昭六年傳始吾有虞於子。杜注並訓爲度。不如訓爲望之善也。宣十二年傳董澤之蒲可勝既乎。杜訓既爲盡。不如讀既爲塈。用摽有梅詩傳塈取也之訓爲善也。襄二十五年傳馮陵我敝邑。不可億逞。杜訓億爲度。逞爲盡。不如訓爲盈滿之善也。後之覽是書者。去鑿空妄談之病。而稽於古。取古人之傳注。而得其聲音之理。以知其所以然。而傳注之未安者。又能博考前訓以正之。庶可傳古聖賢著書本旨。且不失吾師纂是書之意與。

經義述聞自序

引之受性檮昧。少從師讀經。裁能絕句。而不得其解。既乃習舉子業。旦夕不輟。雖有經訓。未及搜討也。年廿一。應順天鄉試。不中式。而歸亟求爾雅說文音學五書讀之。乃知有所謂聲音文字詁訓者。越四年。而復入都。以己所見質疑於大人前。大人則喜曰。乃今可以傳吾學矣。遂語以古韻廿一部之分合。說文諧聲之義例。爾雅方言及漢代經師詁訓之本原。大人曰。詁訓之指。存乎聲音。字之聲同聲近者。經傳往往假借。學者以聲求義。破其假借之字。而讀以本字。則渙然冰釋。如其假借之字而強爲之解。則詰鞫爲病矣。故毛公詩傳多易假借之字而訓以本字。已開改讀之先。至康成箋詩注禮。婁云某讀爲某。而假借之例大明。後人或病康成破字者。不知古字之多假借也。大人又曰。說經者期於得經意而已。前人傳注不皆合於經。則擇其合經者從之。其皆不合。則以己意逆經意。而參之他經。證以成訓。雖別爲之說。亦無不可。必欲專守一家。無少出入。則何邵公之墨守。見伐於康成者矣。故大人之治經也。諸說竝列。則求其是。字有假借。則改其讀。蓋孰於漢學之門戶。而不囿於漢學之藩籬者也。引之過庭之日。謹錄所聞於大人者。以爲圭臬。日積月累。遂成卷帙。既又由大人之說觸類推之。而見古人之詁訓。有後人所未能發明者。亦有必當補正者。其字之假借。有必當改讀者。不揆愚陋。輒取一隅之見。附於卷中。命曰經義述聞。以志義方之訓。凡所說易書詩周官儀禮大小戴記春秋內外傳公羊穀梁傳爾雅。皆依類編次。附以通說。其所未竟。歸之續編。亦欲當世大才通人。糾而正之。以祛煩惑云爾。嘉慶二年三月二日高郵王引之敘

經傳釋詞自序

語詞之釋。肇於爾雅。粵于爲曰。茲斯爲此。每有爲雖。誰昔爲昔。若斯之類。皆約舉一隅。以待三隅之反。蓋古今異語。別國方言。類多助語之文。凡其散見於經傳者。皆可比例而知。觸類

長之。斯善式古訓者也。自漢以來。說經者宗尚雅訓。凡實義所在。既明箸之矣。而語詞之例。則略而不究。或卽以實義釋之。遂使其扞格而意亦不明。如由用也。猷道也。而又爲詞之於。若皆以用與道釋之。則尚書之別求聞由古先哲王。大誥猷爾多邦。皆文義不安矣。攸所也。迪蹈也。而又爲詞之用。若皆以所與蹈釋之。則尚書之各迪有功。豐水攸同。風雨攸除。鳥鼠攸去。皆文義不安矣。不弗也。否不也。丕大也。而又爲發聲與承上之詞。若皆以弗與大釋之。則尚書之三危既宅。三苗丕敍。我生不有命在天。否則侮厥父母。毛詩之否難知也。有周不顯。帝命不時。禮記之不在此位也。皆文義不安矣。作爲也。而又爲詞之始與及。若皆以爲釋之。則尚書之萬邦作乂。作其卽位。皆文義不安矣。爲作也。而又爲詞之如與有與與與於若。皆以作釋之。則左傳之何臣之爲。晉語之稱爲前世。穀梁傳之近爲禰宮。管子之爲臣死乎。孟子之得之爲有財。皆文義不安矣。又如如若也。而又爲詞之而與乃與當與與若如也。而又爲詞之其與而與此與惟。曰言也。而又爲詞之爲。欥謂言也。而又爲詞之爲與與與如與奈。云言也。而又爲詞之有與或與然。寧安也。而又爲詞之乃。能善也。而又爲詞之而與乃。無不有也。而又爲詞之發聲與轉語。有不無也。而又爲詞之爲。卽就也。而又爲之則與若與或。則法也。及至也。而又爲詞之若。茲此也。而又爲歎詞。嗟歎詞也。而又爲語助。彼他也。而又爲詞之匪。匪非也。而又爲詞之彼。咫八寸也。而又爲詞之只。允信也。而又爲詞之用。終盡也。而又爲詞之旣。多。衆。也。而又爲詞之祇。適。徂。逝。皆往也。而適又爲詞之啻。且。又爲詞之及。逝又爲詞之發聲。思。念。也。居。處。也。夷。平。也。一。數之始也。而又皆爲語助曷詞之何也。而又爲何不。盇。何不也。而又爲何。於。詞之于。也。而又爲爲。與。爰。詞之曰。也。而又爲與。安。詞之焉也。而又爲乃。爲則。爲於。是。焉。詞之安。也。而又爲於。爲是。爲於是。爲乃。爲則。惟詞之獨。也。而又爲與。爲及。爲雖。雖不定之詞。也。而又爲惟。矧。詞之況。也。而又爲亦。亦承上之詞。也。而又爲語助。且。詞之更端也。而又爲此。之詞之是也。而又爲於爲其爲與凡此者其爲古之語詞較然甚箸揆之本文而協。驗之他卷而通。雖舊說所無。可以心知其意者也。引之自庚戌歲入都侍大人質問經義始取尙書二十八篇紬繹之。而見其詞之發句助句者。昔人以實義釋之往往結鞫。爲病竊嘗私爲之說而未敢定也。及聞大人論毛詩終風且暴。禮記此若義也諸條發明意恉渙若冰釋。益復得所遵循奉爲楷式乃遂引而申之。以盡其義類自九經三傳及周秦西漢之書凡助語之文。徧爲搜討分字編次以爲經傳釋詞十卷凡百六十字前人所未及者補之。誤解者正之易曉者則略而不論非敢舍舊說而尙新奇亦欲窺測古人之意。以備學者之采擇云爾。嘉慶三年二月一日高郵王引之敍

江藩 甘泉人字子屏。號鄭堂。監生。少受學於惠棟余蕭客江聲博綜經史阮元督漕淮安時禮爲麗正書院山長。著國朝漢學師承記國朝經師經義目錄。甄錄諸儒及其著述一以篤守漢學家法者爲斷。又有宋學淵源記。

周易述補。隸經文。炳燭室雜文。（案江氏又有經解入門一書。而坊間不甚流行。曾見石印本兩小冊。書內列舉條目。述羣經之源流大義。與文字訓詁音韻校勘之事。前有儀徵阮元序。稱其文約旨詳。甚便初學。後有於越徐儀吉跋。略謂是書初刻於江氏家塾。工未竣而先生遽捐館舍。以故世無傳本。儀吉聞其副本尚在江右。因羼數年心力以重金購得之。爰爲斠讐。付之石印。以公同好云。今此編因卷帙有限。勢難多采。故特摘其卷首之凡例并目錄附鈔於後。以爲學者之紹介焉耳。）

國朝漢學師承記自序

先王經國之制。井田與學校相維。里有序。鄉有庠。八歲入小學。學六甲五方書計之事。始知室家長幼之節。十五入大學。學先聖禮樂。而知朝廷君臣之禮。所以耕夫餘子。亦得秉耒橫經。漸詩書之化。被教養之澤。濟濟乎。洋洋乎。三代之隆軌也。秦并天下。燔詩書。殺術士。聖人之道墜矣。然士隱山澤巖壁之間者。抱遺經。傳口說。不絕於世。漢興。乃出。言易。淄川田生。言書。濟南伏生。言詩。於魯則申公。培。於齊則轅固生。於燕則韓太傅。言禮。於魯則高堂生。言春秋。於齊則胡毋生。於趙則董仲舒。自茲以後。專門之學興。命氏之儒起。六經五典。各信師承。嗣守章句。期乎勿失。西都儒士。開橫舍。延學徒。誦先王之書。被儒者之服。彬彬然有洙泗之風焉。爰及東京。碩學大師。賈服之外。咸推高密鄭君。生炎漢之季。守孔子之學。訓義優洽。博綜羣經。故老以爲前修。後生未之敢異。晉王肅自謂辨理依經。逞其私說。僞作家語。妄撰聖證。以外戚之尊盛行。晉代。王弼宗老莊而注周易。杜預廢賈服而釋春秋。梅頤上僞書。費甝爲義疏。於是宋齊以降。師承陵替。江左儒門。參差互出矣。然河洛尙知服古。不改舊章。左傳則服子愼。尙書周易則鄭康成。詩則並主於毛公。禮則同遵於鄭氏。若輔嗣之易。惟河南青齊間有講習之者。而王肅易亦間行焉。元凱之左氏。但行齊地。僞孔傳惟劉光伯劉士元信爲古文。皆不爲當時所尙。隋書云。南人約簡。得其英華。北學深蕪。窮其枝葉。豈知言者哉。唐太宗挺生於干戈之世。創立於戎馬之中。雖左右櫜鞬。櫛沐風雨。然銳情經術。延攬名流。即位後。讎正五經。頒示天下。命諸儒萃章句爲義疏。惜乎孔沖遠朱子奢之徒。妄出己見。去取失當。易用輔嗣而廢康成。書去馬鄭而信僞孔。穀梁退麋氏而進范甯。論語則專主平叔。棄尊彝而寶康瓠。舍珠玉而收瓦礫。不亦傎哉。宋初承唐之弊。而邪說詭言。亂經非聖。殆有甚焉。如歐陽修之詩。孫明復之春秋。王安石之新義是已。至於濂洛關閩之學。不究禮樂之源。獨標性命之旨。義疏諸書。束置高閣。視如糟粕。棄等弁髦。蓋率履則有餘。考鏡則不足也。元明之際。以制義取士。古學幾絕。而有明三百年。四方秀艾。困於帖括。以講章爲經學。以類書爲博聞。長夜悠悠。視天夢夢。可悲也。夫在當時。豈無明達之人。志識之士哉。然皆滯於所習。以求富貴。此所以儒罕通人。學多鄙俗也。我世祖章皇帝。握貞符。膺圖籙。撥亂反正。伐罪弔民。武德定四海。文治垂千古。順治十三年。敕大學士傅以漸撰易經通註。以永樂大全繁冗蕪陋。刊其舛訛。補其闕漏。勒爲是書。頒之學官。聖祖仁皇帝嗣位。剗平遺孽。親征西番。戡定二藩。永清六合。然萬機之暇。棲神墳典。悅志藝文。闡五音六律之微。稽八綫九章之術。天亶睿知。典學宏深。伊古以來所未有也。康熙十九年。敕大學士庫勒納等編日講四書解義。日講書經解義。二十二年。敕大學士牛鈕等編日講易經解義。三十八年。奉敕撰春秋傳說彙纂。五十四年。又敕大學士李光地等撰周易折中。六十年。又敕大學士王頊齡等撰書經傳說彙纂。又敕戶部尚書王鴻緒等撰詩經傳說彙纂。凡御纂羣經。皆兼采漢宋先儒之說。參考異同。務求至當。遠紹千載之薪傳。爲萬世不刊之鉅典焉。世宗憲皇帝際昇平之時。咸寧之世。未明求治。乙夜觀書。雖夙通三乘。然雅重七經。卽位之後。卽刊行聖祖欽定詩經傳說彙纂。書經傳說彙纂。皆御製序文。弁於卷首。又編定聖祖日講春秋解義。雍正五年。御纂孝經集註。折衷羣言。勒爲大訓。推武周達孝之源。究天地明察之理。故能心契孔曾。權衡醇駁也。至高宗純皇帝。御極六十年。久道化成。不疾而速。不行而至。武功則耆定十全。文德則旁敷四海。富旣與地平侔。訾貴乃與天平比崇。盛德日新。多文日富。乾隆元年。詔儒臣排纂聖祖日講禮記解義。十三年。欽定周官義疏。儀禮義疏。禮記義疏。二十年。大學士傅恆等奉敕撰周易述義。詩義折中。三十年。大學士傅恆等奉敕撰春秋直解。於易則不涉虛渺之說。與術數之學。觀象則取互體以發明古義。於詩則依據毛鄭。溯孔門授受之淵源。事必有徵。義必有本臆說武斷。概不取焉。於禮則以康成爲宗。採孔賈之精微。綜羣儒之同異。本天殽地。經國坊民。治法備矣。於春秋則採三家之精華。斥安國之迂謬。闡尼山之本意。洵爲百王之大法也。經學之外。考石鼓。辨太昌用修之非。刋石經。漸開成廣政之陋。又刻御製說經文於太學。皆治經之津梁。論古之樞要。所謂懸諸日月。煥若丹青者也。於是鼓篋之士。負笈之徒。皆知崇尙實學。不務空言。游心六藝之圃。馳騖仁義之塗矣。我皇上誕敷文教。敦尙經術。登明堂。坐清廟。次羣臣奏得失。天下之衆。鄉風隨流。彬然興道而遷義。家懷克讓之風。人誦康哉之詠。猗歟偉歟。何其盛也。蓋惟列聖相承。文明於變。尊崇漢儒。不廢古訓。所以四海九州強學待問者。咸沐菁莪之雅化。汲古義之精微。縉紳碩彥。靑紫盈朝。縫掖巨儒。絃歌在野。擔簦追師。不遠千里。講誦之聲。道路不絕。可謂千載一時矣。藩綰髮讀書。授經於吳郡通儒余古農。同宗艮庭二先生。明象數制度之原。聲音詁訓之學。乃知經術一壞於東西晉之清談。再壞於南北宋之道學。元明以來。此道益晦。至本朝三惠之學盛於吳中。江永戴震諸君繼起於歙。從此漢學昌明。千載沈霾。一朝復旦。暇日詮次本朝諸儒爲漢學者。成漢學師承記一編。以備國史之採擇。嗟乎。三代之時。弼諧庶績。必舉德於鴻儒。魏晉以後。左右邦家。咸取才於科目。經明行修之士。命偶時來。得策名廊廟。若數乖運舛。縱學窮書圃。思極人文。未有不委棄艸澤。終老邱園者也。甚至飢寒切體。毒螫痛膚。筮仕無門。齎恨入冥。雖千載以下。哀其不遇。豈知當時絕無過而問之者哉。是記於軒冕則略記學行。山林則兼誌高風。非任情軒輊。肆志抑揚。蓋悲其友麋鹿以共處。候艸木以同彫也。

附錄　經解入門凡例幷目錄

一是編爲初學治經起見。故類分各篇。以清眉目。其中語皆淺顯。使學者一覽而知。

一是編專爲治經者開其先路。故所列各書。皆爲於經有用之書。所舉各事。皆爲治經極要之事。此外史學各家之說。不敢濫入。

一是編皆靠實立說。無一虛語。使學者知治經一道。入門便不可以憑空臆說。且所學各條俱鑒前人得失。裁酌盡善。由此而入。萬不致有歧途之悔。

一今人名經學爲漢學。蓋以秦火而後。漢始昌明其學。魏晉以降。漸亦頽廢。而國朝則直追兩京。斯爲極盛。故書中於漢人書及國朝人說經各書。皆詳述之。於唐以下之書。從略。以精者罕也。

一是編分八卷。分篇五十有二。本爲初學苦治經無師傳而作。然卽以此爲師。則勝千里負笈者多矣。孟子曰。夫道若大路然。豈難知哉。此卽經學之先路也。

一說經家引用羣籍。書名皆宜標明。其書多者。尤宜標明篇目。如引易。則當云某卦。引左氏傳。當云某公某年。引周秦諸子。亦當云某子某篇。引漢以下各注。則當云某某書某篇

注（又周禮六官缺冬官。漢人以考工記補入。引考工記不得稱冬官。）之類。所以昭徵實。是編引各說亦然。學者不宜忽過。

一治經首重家法。家法不明。即為俗學。故漢書儒林傳諸經師必詳所出。其所出不明者不錄。國朝諸老亦然。余所以有漢學師承之作。初學切宜確守。

一說經文法。祇求明白曉暢。說盡而止。篇幅長短皆所不論。不宜雕琢字句。及閒說空話。讀末卷所附各篇。自無不可三反矣。

說經必先明家法第二十七

卷五　字學源流第二十八　音韻源流第二十九　古有六書第三十　古無四聲第三十一　有目錄之學第三十二　有校勘之學第三十三　有訓詁之學第三十四　有考據之學第三十五

卷六　解經不尙新奇第三十六　解經不可虛造第三十七　不可望文生訓第三十八　不可妄詆古訓第三十九　不可剽竊舊說第四十　不可穿鑿無理第四十一　不可附會無據第四十二　不可有騎牆之見第四十三　不可作固執之談第四十四　門徑不可不清第四十五　體例不可不熟第四十六

卷七　不可增字解經第四十七　不可妄改經文第四十八　方音異同不可不曉第四十九　制度沿革不可不知第五十　平日讀書課程第五十一　科場解經程式第五十二

卷八　附選

方東樹　清桐城人。字植之。諸生。師事姚鼐。工古文辭。中歲研精義理。一宗朱子。著漢學商兌。條列漢學家閻胡惠戴之說。而駁斥其非。與江藩之國朝漢學師承記。遂儼若對壘焉。又有大意尊聞。書林揚觶。儀衞堂文集等書。

(案清代儒者與漢學家時持異議者。惟桐城派古文家方姚諸君爲著。而漢學家亦多不滿於桐城派之古文。

道不同。不相爲謀。其此之謂與。（參看古文治要編）。

漢學商兌自序

近世有爲漢學考證者。著書以闢宋儒。攻朱子爲本。首以言心言性言理爲厲禁。海內名卿鉅公。高才碩學。數十家遞相祖述。膏脣拭舌。造作飛條。競欲咀嚼。究其所以爲之罪者。不過三端。一則以其講學標榜。門戶分爭。爲害於家國。一則以其言心言性言理。墮於空虛心學禪宗。爲歧於聖道。一則以其高談性命。束書不觀。空疏不學。爲荒於經術。而其人所以爲言之指。亦有數等。若黃震萬斯同顧亭林輩。自是目擊時敝。意有所激。創爲救病之論。而析義未精。言之失當。楊愼焦竑毛奇齡輩。則出於淺肆矜名。深妒宋史創立道學傳。若加乎儒林之上。緣隙奮筆。忿設詖辭。若夫好學而愚。智不足以識眞。如東吳惠氏武進臧氏。則爲闇於是非。自是以來。漢學大盛。新編林立。聲氣扇和。專與宋儒爲水火。而其人類皆以鴻名博學爲士林所重。馳騁筆舌。弗穿百家。遂使數十年間。承學之士。耳目心思。爲之大障。歷觀諸家之書。所以標宗旨。峻門戶。上援通賢。下讐流俗。衆口一舌。不出於訓詁小學名物制度。棄本貴末。違戾詆誣。於聖人躬行求仁修齊治平之教。一切抹摋。名爲治經。實足亂經。名爲衞道。實則畔道。昔孟子不得已而好辨。欲以息邪說。正人心。竊以孔子沒後。千五百餘歲。經義學脈。至宋儒講辨。始得聖人之眞。平心而論。程朱數子。廓清之功。實爲晚周以來一大治。今諸人邊見傎倒。利本之顚。必欲尋漢人紛歧異說。復汨亂而晦蝕之。致使人失其是非之心。其有害於世敎學術。百倍於禪與心學。又若李塨等。以講學不同。乃至說經亦故與宋人相反。雖行誼可尙。而妒惑任情。亦所不解。東樹居恆感激。思有以彌縫其失。顧寡昧不學。孤蹤違衆。河濱之人捧土以塞孟津。不自度其力之弗勝也。要心有難已。輒就知識所逮。掇拾辨論。以啟其端。俟世有眞儒出而大正焉。倘亦識小之在人而爲采獲所不棄與。道光丙戌四月。桐城方東樹。

評戴東原說五則 漢學商兌

戴氏曰。今人讀書尙未識字。輒薄訓詁之學。夫文字之未能通。妄謂通其語言。語言之未能通。妄謂通其心志。此惑之大者也。論者又謂有漢儒之經學。有宋儒之經學。一主訓詁。一主義理。夫使義理可以舍經而求。將人人鑿空得之。奚取於經乎。惟空任胸臆之無當於義理。然後求之古經。而古今縣隔。遺文垂絕。然後求之訓詁。訓詁明則古經明。古經明而我心同然之義理乃因之以明。即如所論。是訓詁爲筌蹄明矣。而何以厲禁義理者不求之乎。古聖賢之義理。非他存乎典章制度者是也。從此路歧去。認奴爲郎矣。所以謂之漢學。蓋其門面宗旨如此。故爲異端。昧者乃歧訓詁義理而二之。是訓詁非以明義理。而訓詁何爲。義理不存乎典章制度。勢必流入於異端曲說而不自知矣。

按戴氏此論最近信。主張最有力。所以標宗旨。峻門戶。固壁壘。示信學者。謂據其勝理而不可奪矣。若以實求之。皆謬說也。古今學問。大抵二端。一小學。一大學。訓詁名物制度。祇是小學內事。大學直從明新說起。中庸從性道說起。此程子之教所主。爲其已成就向上。非初學之比。如顏子問仁。問爲邦。此時自不待與之言小學事矣。子夏固謂草木有區別是也。漢學家昧於小學大學之分。混小學於大學。以爲不當歧而二之。非也。故白首著書。畢生盡力。止以名物訓詁典章制度小學之事。成名立身。用以當大人之學之究竟。絕不復求明新至善之止。痛斥義理性道之教。不知本末也。明道玩物喪志之戒。久爲世口實。不知此止慮其志趣局止於是。卽致遠恐泥。君子不爲之旨。古人言各有當。教亦多術。同歸於是而已。故當日特又記讀史逐字看過一條。以接引來學。可知非舍學問空談義理也。若謂舍經空談義理。不事訓詁以求經。則古今無有是事。何況程子。漢學者不窮理析義。援引脫節。以濟其私。既誣前賢。又自迷誤。致從事差謬。又因以迷誤來學。一言三失。所以爲罪也。以上辨主張訓詁誤以小學當大學

若謂義理卽在古經訓詁。不當歧而爲二。本訓詁以求古經。古經明而我心同然之義理以明。此確論也。然訓詁不得義理之眞。致誤解古經。實多有之。若不以義理爲之主。則彼所謂訓詁者。安可恃以無差謬也。諸儒釋經解字。紛紜百端。吾無論其他。卽以鄭氏許氏言之。其乖違失眞者已多矣。而況其下焉者乎。總而言之。主義理者。斷無有舍經廢訓詁之事。主訓詁者。實不能皆當於義理。何以明之。蓋義理有時實有在語言文字之外者。故孟子曰。以意

逆志。不以文害辭。辭害意也。漢學家專泥訓詁。如高子說詩。所以多不可通。（如惠氏古義。臧氏雜記。及近時諸家新說。）故宋儒主義理。原未歧訓詁爲二而廢之。有時廢之者。乃政是求義理之眞。而去其謬妄穿鑿迂曲不可信者耳。若其不可易者。古今師師相傳。碩學之徒。莫之或徙。宋儒何以能廢之也。（如朱子詩集傳。訓詁多用毛鄭。）漢學之人。主張門戶。專執說文廣雅小學字書。穿鑿堅僻。不顧文義之安。正坐斥義理之學。不窮理故也。故義理原不出訓詁之外。而必非漢學家所守之訓詁能盡得義理之眞也。如曰不然。試平心而論。漢儒宋儒說經。誰得古聖人語言心志多乎。（以上辨義理本於訓詁之不盡然。）

若夫舍經廢訓詁。亦誠有之。但須區別。如陸子以六經爲注腳。有似舍經者。朱子已深斥之。（詳見後卷。）若程子擺落傳注。所見實勝前儒。則其廢之者。固甚當也。至於朱子極尊訓詁。（詳見後卷。）而亦有時廢之者。廢其失眞。不得聖意。而致貽誤來學者也。今深疾義理。欲伸漢學。恐不能勝。乃以疑似之迹。概誣宋儒爲舍經廢訓詁。空任胷肊言理云云。此欲欺天下。使耳食無聞者謂爲信然。同以莫須有之罪歸焉。欲以一手掩天下目也。（以上辨程朱非舍經廢訓詁。）

夫謂讀書尙未識字。輒薄訓詁。此自俗士妄人。其於學術大局。焉能爲有亡輕重。固不足論。若古今異文。說文所引壁經古文。多不與馬鄭相應。無論後世古今旣遠。傳寫脫誤。或由先師衆說不一。如荀悅申鑒。朱國楨湧幢小品云云。則亦不足爲病。（申鑒云。文有磨滅。音有楚夏。出有先後。或學者先意有所措定。後世相倣。彌以滋僞。湧幢小品云。古人古事古字。散見雜出。各不相同。見其一不見其二。鬨然糾駁。未免爲古人所笑。但論其大體無失可也。如范升所云以年數小差掇爲巨謬遺脫纖微指爲大尤則過矣。有一漢學之徒。痛詆歐五代史明宗紀云。在位十年。於五代之君最爲長世。以爲不應自相牴牾至此。余曰。此十年當是八字。傳寫偶譌。五代惟唐末帝十一年。餘者多至六七年而已。歐公此語誠小失。然不以辭害意可也。若夫頗通於訓詁而實不識字詳於制度而實昧於義理又何說也。困學紀聞引李衡識字說云。孔光不識進退字。張禹不識剛正字。許敬宗不識忠孝字。柳宗元不識節義字。又劉念臺人譜類記。稱方遜志先生謂門人曰。汝讀書幾年。尙不識个是字。蓋忠孝信義進退取予廉恥等字不待讀蒼雅說文而世無不明者古今學人或不識得豈爲不曉訓詁之故與。以上辨不識字之人有分別

至謂古聖賢義理卽存乎典章制度。則訓詁以經典所載。曰欽。曰明。曰安。曰恭。曰讓。曰愼。曰誠。曰忠。曰恕。曰仁。曰孝。曰義。曰信。曰慈。曰儉。曰懲忿窒慾。曰遷善改過。曰賤利重義。曰殺身成仁。反而言之。曰驕泰。曰奢肆。曰苟妄。曰自欺。曰讒諂。曰貪鄙。凡諸義理。皆關修齊治平之大。實不必存乎典章制度。豈皆爲異端邪說。與而如戴氏七經小記學禮篇中所記冠弁諸制。將謂卽以盡天下之義理與。震爲江永弟子。永之言曰。經籍包羅三才。制度名物。特其間一支一節耳。斯爲儒者持平之論而震顧張皇若此不亦謬乎。以上辨義理不必存乎典章制度。

龔自珍　清仁和人。字璱人。號定菴。段玉裁之外孫。道光進士。官禮部主事。通公羊春秋。其文學周秦諸子。多新奇可喜之論。同光之際。風行一世。著有定菴集。

六經正名

孔子之未生天下有六經久矣莊周天運篇曰孔子曰某以六經奸七十君而不用記曰孔子曰入其國其教可知也有易書詩禮樂春秋之敎孔子所覩易書詩後世知之矣若夫孔子所見禮即漢世出於淹中之五十六篇孔子所謂春秋周室所藏百二國寶書是也是故孔子曰述而不作司馬遷曰天下言六藝者折衷於孔子六經六藝之名由來久遠不可以肱增益善夫漢劉向之爲七略也班固仍之造藝文志序六藝爲九種有經有傳有記有羣書傳則附於經記則附於經羣書頗關經則附於經何謂傳書之有大小夏侯歐陽傳也詩之有齊魯韓毛傳也春秋之有公羊穀梁左氏鄒夾氏亦傳也何謂記大小戴氏所錄凡百三十有一篇是也何謂羣書易之有淮南道訓古五子十八篇羣書之關易者也書之有周書七十一篇羣書之關書者也春秋之有楚漢春秋太史公書羣書之關春秋者也然則禮之有周官司馬法羣書之頗關禮經者也漢二百祀自六藝而傳記而羣書而諸子畢出既大備微夫劉子政氏之目錄吾其如長夜乎何居乎後世有七經九經十經十二經十三經十四經之喋喋也或以傳爲經公羊爲一經穀梁爲一經左氏爲一經審如是是則韓亦一經魯亦一經毛亦一經可乎歐陽一經兩夏侯各一經可乎易三家禮分慶戴春秋又有鄒夾漢世總古今文爲經當十有八何止十三如其可也則後世名一家說經之言甚衆經當

以百數。或以記爲經。大小戴二記畢稱經。夫大小戴二記。古時篇篇單行。然則禮經外當有百三十一經。或以羣書爲經。周官晚出。劉歆始立。劉向班固灼知其出於晚周先秦之士之掇拾舊章所爲。附之於禮。等之於明堂陰陽而已。後世稱爲經。是爲述劉歆。非述孔氏。善夫劉子政氏之序六藝爲九種也。有苦心焉。斟酌盡善焉。序六藝矣。七十子以來。尊論語而譚孝經。小學者。又經之戶樞也。不敢以論語夷於記。夷於羣書也。不以孝經還之記。還之羣書也。又非傳。於是以三種爲經之貳。雖爲經之貳。而仍不敢悍然加以經之名。向與固可謂博學明辨愼思之君子者哉。詩云。自古在昔。先民有作。向與固豈非則古昔崇退讓之君子哉。後世又以論語孝經爲經。假使論語孝經可名經。則向早名之。且曰序八經。不曰序六藝矣。仲尼未生。先有六經。仲尼既生。自明不作。仲尼曷嘗率弟子使筆其言以自制一經哉。亂聖人之例。淆聖人之名實。以爲尊聖。怪哉。非所聞。非所聞。然且猶爲未快意。於是乎又以子爲經。漢有傳記博士。無諸子博士。且夫子也者。其術或醇或疵。其名反高於傳記。傳記也者。弟子傳其師。記其師之言也。諸子也者。一師之自言也。傳記。猶天子畿內卿大夫也。諸子。猶公侯各君其國。各子其民。不專事天子者也。今出孟子於諸子。而夷之於二戴所記之間。名爲尊之。反卑之矣。子輿氏之靈。其弗享是矣。問子政以論語孝經爲經之貳。則若是班乎。答否否。孝經者。曾子以後支流苗裔之書。平易汎濫。無大疵。無閎意眇恉。如置之二戴所錄中。與坊記緇衣孔子閒居曾子天圓比。非中庸祭義禮運之倫也。本朝立博士。向與固因本朝所尊而尊之。非向固尊之也。然則劉向班固之序六藝為九種也。北斗可移。南山可隳。此弗可動矣。後世以傳為經。以記為經。以羣書為經。以子為經。猶以為未快意。則以經之輿臺為經。爾雅是也。爾雅者釋詩書之書。所釋又詩書之膚末。乃使之與詩書抗。是尸祝輿臺之鬼配食昊天上帝也。

與江子屏牋

大著讀竟。其曰國朝漢學師承記。名目有十不安焉。改為國朝經學師承記。敢貢其說。夫讀書者實是求是。千古同之。此雖漢人語。非漢人所能專。一不安也。本朝自有學。非漢學。有漢人稍開門徑。而近加邃密者。有漢人未開之門徑。謂之漢學。不甚甘心。不安二也。瑣碎餖飣。不可謂非學。不得為漢學。三也。漢人與漢人不同。家各一經。經各一師。孰為漢學乎。四也。若以漢與宋為對峙。尤非大方之言。漢人何嘗不談性道。五也。宋人何嘗不談名物訓詁。不足概服宋儒之心。六也。近有一類人。以名物訓詁為盡聖人之道。經師收之。人師擯之。不忍深論。以誣漢人。漢人不受。七也。漢人有一種風氣。與經無與。而附於經。謬以裨竈梓慎之言為經。因以汨陳五行。矯誣上帝。為說經。大易洪範。身無完膚。雖劉向亦不免。以及東京內學。本朝何嘗有此惡習。本朝人又不受矣。八也。本朝別有絕特之士。涵詠白文。創獲於經。非漢非宋亦惟其是而已矣方且爲門戶之見者所擯九也國初之學與乾隆初年以來之學不同國初人卽不專立漢學門戶大旨欠區別十也有此十者改其名目則渾渾圓無一切語弊矣自珍頓首丁丑冬至日

陳澧　清番禺人字蘭甫道光舉人先後主講學海堂書院及菊坡精舍著漢儒通議東塾讀書記謂漢儒亦言義理宋儒亦言考據力排漢宋門戶之見又有聲律通考切韻考說文聲統東塾集等書

鄭學七則　東塾讀書記下同

鄭康成戒子書云念述先聖之元意此自言其所學也其論學之語則學記注有云所學者聖人之道在方策孔疏云鄭恐所學惟小小才藝之事故云所學者聖人之道澧謂鄭恐學者鶩璧虛造故又云在方策也鄭君論學大旨蓋如此

孔沖遠云禮是鄭學月令明堂位雜記疏皆有此語不知出於孔沖遠抑更有所出考兩漢書儒林傳以易書詩春秋名家者多而禮家獨少釋文序錄漢儒自鄭君外注周禮及儀禮喪服者惟馬融注禮記者惟盧植鄭君盡注三禮發揮旁通遂使三禮之書合爲一家之學故直斷之曰禮是鄭學也

盧子榦云修禮者應徵有道之人若鄭玄之徒後漢書本傳然則鄭君禮學非但注解且可爲朝廷定制也袁彥伯云鄭玄造次顛沛非禮不動後漢紀卷二十九（後漢紀之語皆掇會諸古書非袁彥伯虛造）然則鄭君禮學非但注解實能履而行之也孔子告顏子非禮勿動顏子請事斯語鄭君亦非禮不動

故范武子以爲仲尼之門。不能過也。

六藝論云。注詩宗毛爲主。毛義若隱畧。則更表明。如有不同。卽下己意。使可識別也。（釋文引。）此鄭君注經之法。不獨詩箋爲然。周禮序云。二鄭同宗之大儒。今讚而辨之。（讚卽表明也。辨卽下己意也。）後漢書儒林傳云。鄭玄本習小戴禮。後以古經校之。取其義長者。何平叔論語集解序云。鄭玄就魯論篇章。考之齊古。爲之注。（隋書經籍志云。鄭玄以張侯論爲本。參考齊論古論。而爲之注。論語釋文云。鄭校周之本。以齊古讀正。凡五十事。）尙書注雖已佚。焦里堂輯禹貢注而釋之云。鄭注一本於班氏地理志。閒有不合者。必別據地說等書。明言所以易之之義。注雖殘闕。尙可考而知也。然則鄭君注周禮儀禮論語尙書皆與箋詩之法無異。有宗主亦有不同。此鄭氏家法也。何邵公墨守之學。有宗主而無不同。許叔重異義之學。有不同而無宗主。惟鄭氏家法。兼其所長。無偏無弊也。

鄭君師事第五元先。通公羊春秋。又從張恭祖受左氏春秋韓詩。然其後注左傳。（鄭君注左傳未成。以與服子愼。見世說文學門。）而不注公羊。箋毛詩而不箋韓詩。鄭君之學。不以先入者爲主也。（公羊傳僖二十四年。徐疏引發墨守而論之云。鄭氏雜用三家。不苟從一。澧謂不苟從一之語。似識鄭君家法。其云雜用三家。則非也。鄭君宗左傳。而兼用公羊穀梁。亦如宗毛詩。而兼用齊魯韓耳。豈得謂之雜用乎。徐氏實未知鄭氏家法也。蓋鄭氏家法。知之者鮮矣。）

鄭君之讚辨二鄭也。其說云。玄竊觀二三君子之文章。顧省竹帛之浮辭。其所變易。灼然如晦之見明。其所彌縫。奄然如合符復析。（疑當作析符復合。）斯可謂雅達廣攬者也。然猶有參錯同事相違。則就其原文字之聲類。考訓詁。捃祕逸。謂二鄭者。同宗之大儒。明理於典籍。觕識周官之義。存古字。發疑正讀。亦信多善。徒寡且約。用不顯傳於世。今讚而辨之。庶成此家世所訓也。（周禮序。）灃嘗論之曰。自非聖人。孰無參錯。前儒參錯。賴後儒有以辨之。辨其未明者而明者愈明。辨其未合者而合者愈合。故足貴也。然辨其參錯。不可沒其多善。後儒不知此義。讀古人書。辨其參錯。而其多善。則置之不論。旣失博學知服之義。且開露才揚己之風。此學者之大病也。由失鄭氏家法故也。（讀鄭君周禮序。所謂如入宗廟。但見禮樂器。讀何邵公公羊序。則如觀武庫。但覩矛戟矣。鄭學非何所及。可於兩序見之。）周禮注與先鄭不同者。則云玄謂。尙書大傳注。以大傳爲非者。則云玄或疑焉。駁五經異義。每條云玄之聞也。蓋說經不可不辨是非。（曲禮。毋雷同。注云。人之言當各由己。孟子曰。人無是非之心。非人也。）然辨先儒之說。其辭氣當謙恭。不可囂爭求勝也。其箴膏肓。發墨守。起廢疾。則不然。有云鄉曲之學。深可忿疾者。此以何邵公三書。有害於經學。風氣不得不忿疾。又何之年輩。不在鄭之前。不妨正言相非也。

朱子書七則

朱子論語訓蒙口義序云。本之注疏。以通其訓詁。參之釋文。以正其音讀。然後會之於諸老先生之說。以發其精微。（與魏應仲書亦云。參以釋文。正其音讀。）論語要義目錄序云。其文義名物之詳。當求之注疏。有不可略者。答余正父書云。今所編禮書。內有古經闕略處。須以注疏補之。不可專任古經。而直廢傳注。答張敬夫孟子說疑義書云。近看得周禮儀禮一過。注疏見成。卻覺不甚費力也。語類云。祖宗以來。學者但守注疏。其後便論道。如二蘇直是要論道。但注疏如何棄得。卷一百二十九。又云。今世博學之士。不讀正當底書。不看正當注疏。卷五十七。朱子自讀注疏。教人讀注疏而深識不讀注疏者如此。昔時講學者多不讀注疏。近時讀注疏者。乃反訾朱子。皆未知朱子之學也。

語類云。某尋常解經。只要依訓詁說字。卷七十二。又云。先生初令義剛訓二三小子。見教曰。訓詁則當依古註。卷七。答黃直卿書云。近日看得後生且是教他依本子認得訓詁文義分明爲急。今人多是躐等妄作。誑誤後生。其實都曉不得也。答李公晦書云。先儒訓詁直是不草草。答王晉輔書云。禮書縮訓爲直者非一。乃先儒之舊不可易也。朱子重訓詁之學如此。其答何叔京書云。李先生教人。大抵令於靜中體認大本未發時氣象分明。卽處事應物自然中節。當時竊好章句訓詁之習。不得盡心於此。朱子從學於李延平。乃早年事。其時已好章句訓詁之學矣。

語類云。而今人多說章句之學爲陋。某看見人多因章句看不成句。卻壞了道理。卷五十六。澧案薛艮齋與朱編修書云。漢儒之陋。則有所謂章句家法。此稱朱編修者。朱子嘗除樞密院編修也。朱子所云今人者。蓋卽艮齋也。朱子注大學中庸名曰章句。用漢儒名目。以曉當時之以爲陋者也。讀朱子書者當知之。講漢學者亦當知之。

學校貢舉私議云。其治經必專家法者。天下之理。固不外於人之一心。然聖賢之言。則有淵奧爾雅。而不可以臆斷者。其制度名物。行事本末。又非今日之見聞所能及也。故治經者必因先儒已成之說而推之。借曰未必盡是。亦當究其所以得失之故。而後可以反求諸心而正其謬。此漢之諸儒所以專門名家。各守師說。而不敢輕有變焉者也。語類云。漢儒各專一家。看得極子細。今人才看這一件。又要看那一件。下稍都不曾理會得。卷一百二十一。策問云。問漢世專門之學。如歐陽大小夏侯孔氏書。齊魯韓氏詩。后氏戴氏禮。董氏春秋。梁丘費氏易。今皆亡矣。其僅有存者。又已列於學官。其亦可以無惡於專門矣。而近世議者。深斥之。將謂漢世之專門者耶。抑別有謂也。今百工曲藝。莫不有師。至於學者尊其所聞。則斥以為專門而深惡之。不識其何說也。二三子陳之。

記解經云。凡解釋文字。不可令注腳成文。成文則注與經各為一事。人唯看注疏而忘經。不然。卽須各作一番理會。須只似漢儒毛孔之流。略釋訓詁名物及文義理致尤難明者。而其易明處。更不須貼句相續。乃為得體。蓋如此則讀者看注。卽知其非經外之文。卻須將注再就經上體會。自然思慮歸一。功力不分。而其玩索之味。亦益深長矣。答張敬夫書云。漢儒可謂善說經者。不過只說訓詁。使人以此訓詁玩索經文。訓詁經文不相離異。只做一道看了。

直是意味深長也。語類云。漢初諸儒專治訓詁。如教人亦只言某字訓某字。自尋義理而已。卷一百三十七。自晉以來解經者卻改變得不同。王弼郭象輩是也。漢儒解經依經演繹。晉人則不然。捨經而自作文。卷六十七。傳注惟古注不作文。卻好看。疏亦然。今人解書且圖要作文。又加辨說。百般生疑。故其文雖可讀。而經意殊遠。程子易傳亦成作文。說了又說。故今人觀者更不看本經。只讀傳。亦非所以使人思也。卷十一。程先生經解理在解語內。某集注論語只是發明其辭。使人玩味經文。理皆在經文內。卷十九。南軒曰孟子嘗說他這文字不好看。蓋解經不必做文字。止合解釋得文字通。則理自明。意自足。今多去上做文字。少間說來說去。只說得他自己一片道理。經意卻蹉過了。卷一百三。

語類云。古時無多書。人只是專心暗誦。且以竹簡寫之。尋常人如何辦得竹簡如此多。所以人皆暗誦而後已。伏生亦只是口授尚書二十餘篇。黃霸就獄。夏侯勝授書於獄中。又豈得本子。只被他讀得透徹。後來著述。諸公皆以名聞。漢之經學所以有用。卷十四。

語孟集義序初曰精義。後改名集義。云。漢魏諸儒正音讀。通訓詁。考制度。辨名物。其功博矣。學者苟不先涉其流。則亦何以用力於此。答張敬夫書云。秦漢諸儒解釋文義。雖未盡當。然所得亦多。今且就分數多處論之。則以為得其言而不得其意。與奪之際。似已平允。若更於此一向刻核過當。卻恐意思迫窄。而議論偏頗。反不足以服彼之心。又與林擇之書云。欽夫云論孟序中。不當言漢儒得其言而不得其意。蓋漢儒雖言亦不得也。某則絕不愛此等說話。朱子深明漢儒之學。故不喜南軒刻核之論也。

王先謙　清長沙人。同治進士。官至國子監祭酒。嘗彙刻皇清經解二百九種。以續阮元所編。又編錄續古文辭類纂。所著有虛受堂詩文集。

復閻季蓉書

奉二月朔手教。知前函已達左右。足下恕其愚直。而復有以誘進之。盛心勤勤。佩仰無量。足下謂明代士習之壞。始自中葉。其論允矣。至謂國朝康雍以前士習端謹。至今遍天下皆遊手浮宕之民。由於漢學之以名相高。以利相誘。士始奔走於津要。而蕩焉無復廉恥。則僕不敢附和。國初承宋明講學之餘。風氣窮則思變。天下稍稍惡虛趨實。抑陸王而尊程朱。此以為理學中之善機。乾隆以後。學者務於經籍傳注。考訂發揮。即有宋諸君子之書。亦復多所辨正。其實事求是。使古籍闇而復明。微言絕而復續。有裨學術甚鉅。如江河之不廢也。聖賢之書。義蘊閎深。雖經宋儒闡明。容有疏漏。亦非必一無舛誤。此固待後人補正。而為其學者。高談義理。以實事求是為不足為。於是各尊師說。互相詆諆。歙啟寡聞之徒。沿波逐流。遂有漢宋家學之目矣。所謂漢學者考據是也。所謂宋學者義理是也。今足下之惡漢學者。惡其名也。若謂讀書不當從事考據。知非足下所肯出也。去漢學之名。而實之曰考據之學。則足下無所容其惡矣。去宋學之名。而實之曰義理之學。則訾詆理學者。無所容其毀矣。此名之爲學術累也。然謂二家之學無流弊。則非也。理學之弊。宋明末流著於載記者。大略可覩。考據之弊。小生曲儒失之穿鑿破碎者有之。至謂其爲世道人心之憂。以理推之。決無是事。今之士習日非矣。然所謂奔走津要蕩無廉恥者。豈考據之學導之邪。彼身居津要能考據之學者誰邪。又孰肯持一卷漢學書。以奔走達官貴人之門也。果有之。僕與足下當心識其人。今茫乎未有聞也。謂考據家以名相高似矣。謂其以利相誘。則何利之有。謂今天下皆遊手浮宕之民。彼爲考據學者。終日鑽研。目眵髮禿。以求沒世可稱之名。豈游手浮宕所能爲功。此不得不辨也。僕在江南續刊經解。有謂不當如阮文達不收李文貞方望溪輩著述。以爲排斥宋學者。僕曉之曰。子誤矣。經學之分。義理考據。猶文之有駢散體也。文以明道。何異乎駢散。然自兩體既分。各有其獨勝之處。若選文而必合爲一。未可謂知文派也。爲義理考據學者。亦各有其獨至之處。若刊經學書而必合爲一。未可謂知學派也。僕儻續通志堂經苑二書。則必取言義理諸書。而考據家皆在所弗錄矣。其人大悟。此可見彼之爲說者。於學術之深。未嘗貫通而博究也。本朝糾正漢學者。姚姬傳氏最爲平允。其時掊擊宋儒之風過盛。故姚氏非之。以救時也。非爲名也。至其論學。以義理考據並重。無偏而不舉之病。道咸以降。兩家議論漸平。界域漸泯。爲學者各隨其材質好尙。定趨向。以蘄於成而已。本無所用其辯爭。孫芝房先生以粵寇之亂。歸獄漢學。大爲士林姍笑。良由於考據一道。未加講求。致茲鉅失。故曾文正起而亟正之。今足下痛士習之頹靡。發憤著書。思拯其弊。深心大力。敬佩何已。惟言漢學。似不若姚曾兩君子之持平。謹貢其愚。惟亮察焉。僕於學問。惟務躬行。不欲以口舌相爭。私念忝附心知。義無緘默。足下方以其道倡於沅澧之間。一言之出。承學者奉爲依歸。關繫至重。儻不棄芻蕘而俛納之。學術之幸也。吳崖村詩文一卷。戛戛獨造。優入古作者之域。眞詞必己出者。乞代致傾慕之誠爲幸。

張之洞 清南皮人。字香濤。又字孝達。又字香巖。同治進士。歷督學典試。所至提倡實學。而亦不薄宋儒義理之言。督撫垂三十年。在兩湖最久。光緒末。廢止科舉。興辦學堂。一切制度章程。多出其手。定著勸學篇。推明中學爲體。西學爲用之說。又著輶軒語。書目答問。臚列應讀書籍。詳加指示。至今學者猶多奉爲南鍼焉。所著詩文曰廣雅堂集。

守約 勸學篇

儒術危矣。以言乎邇。我不可不鑒於日本。以言乎遠。我不可不鑒於戰國。昔戰國之際。儒術幾爲異學諸家所軋。吾讀司馬談之論六家要指。而得其故焉。其說曰。儒家者流。博而寡要。勞而少功。何以寡要少功。由於有博無約。如此之儒。止可列爲九流之一耳。焉得爲聖。焉得爲賢。老詬儒曰。絕學無憂。又以孔子說十二經爲大謾。墨詬儒曰。累壽不能盡其學。墨子又敎其門人公尙過不讀書。法詬儒曰。藏書策。修文學。用之則國亂。韓非子語。大率諸子所操之術。皆以便捷放縱。投世人之所好。而以繁難無用誣儒家。故學者樂聞而多歸之。夫先博後約。孔孟之敎所同。而處今日之世變。則當以孟子守約施博之說通之。且孔門所謂博。非今日所謂博也。孔孟之時。經籍無多。人執一業。可以成名。官習一事。可以致用。故其博易言也。今日四部之書。汗牛充棟。老死不能徧觀而盡識。卽以經而論。古言古義。隱奧難明。譌舛莫定。後師羣儒之說。解紛紜百出。大率有確解定論者。不過什五而已。滄海橫流。外侮洊至。不講新學。則勢不行。兼講舊學。則力不給。再歷數年。苦其難而不知其益。則儒益爲人所賤。聖敎儒書。寖微寖滅。雖無嬴秦坑焚之禍。亦必有梁元文武道盡之憂。此可爲大懼者矣。尤可患者。今日無志之士。本不悅學。離經畔道者。尤不悅中學。因倡爲中學繁難無用之說。設淫辭而助之攻。於是樂其便而和之者益衆。殆欲立廢中學而後快。是惟設一易簡之策以救之。庶可以閉執讎中學者之口。而解畏難不學者之惑。今欲存中學。必自守約始。守約必自破除門面始。爰舉中學各門求約之法。條列於後。損之又損。義主救世。以致用當務爲貴。不以殫見洽聞爲賢。十五歲以前。誦孝經四書五經正文。隨文解義。並讀史略天文地理歌括圖式諸書。及漢唐宋人明白曉暢文字有益於今日行文者。自十五歲始。以左方之法求之。統經史諸子理學政治地理小學各門。美質五年可通。中材十年可了。若有學堂專師。或依此纂成學堂專書。中材亦五年可了。而以其間兼習西文。過此以往。專力講求時政。廣究西法。其有好古研精不騖功名之士。願爲專門之學者。此五年以後。博觀深造。任自爲之。然百人入學。必有三五人願爲專門者。是爲以約存博。與子夏所謂博學近思。荀子所謂以淺持博亦有合焉。大抵有專門著述之學。有學堂教人之學。專門之書。求博求精。無有底止。能者爲之。不必人人爲之也。學堂之書。但貴舉要切用。有限有程。人人能解。且限定人人必解者也。西人天文格致一切學術。皆分專門學堂與普通學堂爲兩事。將來入官用世之人。皆通曉中學大略之人。書種既存。終有萌蘖滋長之日。吾學吾書。庶幾其不亡乎。

一經學通大義。　切於治身心治天下者。謂之大義。凡大義必明白平易。若荒唐險怪者。乃異端。非大義也。易之大義。陰陽消長。書之大義。知人安民。詩之大義。將順其美。匡救其惡。詩譜序。論功頌德。所以將順其美。刺過譏失。所以匡救其惡。春秋大義。明王道。誅亂賊。禮之大義。親親。尊尊。賢賢。周禮大義。治國治官治民。三事相維。太宰建邦之六典。治典經邦國。治官府。紀萬民。其餘教典禮典政典刑典事典。皆國官民三義並舉。蓋官爲國與民之樞紐。官不治。則國民交受其害。此爲周禮一經專有之義。故漢名周官經。唐名周官禮。此總括全經之大義也。如十翼之說易。論孟左傳之說書大小序之說詩。孟子之說春秋。戴記之說儀禮。皆所謂大義也。欲有要而無勞。約有七端。一明例。謂全書之義例。毛詩以訓詁音韻爲一要事。熟於詩之音訓。則諸經之音訓皆可隅反。一要指。謂今日尤切用者。每一經少則數十事。多則百餘事。一圖表。諸經圖表。皆以國朝人爲善。譜與表同。一會通。謂本經與羣經貫通之義。一解紛。論先儒異義各有依據者。擇其較長一說主之。不必再考。免耗日力。大率國朝人說而後出者較長。一闕疑。謂隱奧難明。碎義不急者。置之不考。一流別。謂本經授受之源流。古今經師之家法。考其最著而今日有書者。以上七事。分類求之。批卻導窾。事半功倍。大率羣經以國朝經師之說為主。易則程傳與古說兼取。並不相妨。論孟學庸以朱注為主。參以國朝經師之說。易止讀程傳。及孫星衍周易集解。孫書兼采漢人說及王弼注。書止讀孫星衍尚書今古文註疏。詩止讀陳奐毛詩傳疏。春秋左傳止讀顧棟高春秋大事表。春秋公羊傳止讀孔廣森公羊通義。國朝人講公羊者。惟此書立言矜慎。尚無流弊。春秋穀梁傳止讀鍾文烝穀梁補註。儀禮止讀胡培翬儀禮正義。周禮止讀孫詒讓周禮正義。已刊。未畢。禮記止讀朱彬禮記訓纂。欽定七經傳說義疏。皆學者所當讀。故不備舉。論孟除朱註外。論語有劉寶楠論語正義。孟子有焦循孟子正義。可資考證古說。惟義理仍以朱註為主。孝經卽讀通行註本。不必考辨。爾雅止讀郝懿行爾雅義疏。五經總義止讀陳澧東塾讀書記。王文簡引之經義述聞。說文止讀王筠說文句讀。兼采段嚴桂鈕諸家。明白詳慎。段注說文太繁而奧。俟專門者治之。以上所舉諸書卷帙已不為少。全讀全解。亦須五年。宜就此數書中。擇其要義先講明之。用韓昌黎提要鉤玄之法。就元本加以鉤乙標識。但看其定論。其引徵辨駁之說。不必措意。若照前說七端節錄纂集以成一書。皆采舊說。不參臆說一語。小經不過一卷。大經不過二卷。尤便學者。此為學堂說經義之書。不必章釋句解。亦不必錄本經全文。蓋十五歲以前。

諸經全文已讀。文義大端已解矣。　師以是講。徒以是習。期以一年或一年半畢之。如此治經。淺而不謬。簡而不陋。即或廢於半塗。亦不至全無一得。有經義千餘條。以開其性識。養其本根。則終身可無離經畔道之患。總之必先盡破經生著述之門面。方肯爲之。然已非邨塾學究科舉時流之所能矣。

一史學考治亂典制

一諸子知取舍

一理學看學案

一詞章讀有實事者

一政治書讀近今者

一地理考今日有用者

一算學各隨所習之事學之

一小學但通大旨大例　中學之訓詁。猶西學之繙譯也。欲知其人之意。必先曉其人之語。去古久遠。經文簡奧。無論漢學宋學。斷無讀書而不先通訓詁之理。近人厭中學者。動詆訓詁。此大謬可駭者也。伊川程子曰。凡看文字。先須曉其文義。然後可求其意。未有文義不曉而見意者也。二程遺書近思錄引。朱子曰。訓詁則當依古注。語類卷七。又曰。後生且教他依本子。

認得訓詁文義分明爲急。今人多是躐等妄作。誑誤後生。其實都曉不得也。答黃直卿書。又曰。漢儒可謂善說經者。不過只說訓詁。使人以此訓詁玩索經文。答張敬夫書。又曰向議欲刊說文。不知韓丈有意否。因贊成之爲佳。答呂伯恭書。此外言訓詁爲要者尙多。朱子所注各經。訓詁精審考據說文者甚多。潛夫論聖爲天口。賢爲聖譯。可謂善譬。若不通古音古義。而欲解古書。何異不能譯西文而欲通西書乎。惟百年以來。講說文者。終身鑽研。汨沒不反。亦是一病。要之止須通其大旨大例。卽可應用。大旨大例者。解六書之區分。通古今韻之隔閡。識古籀篆之源委。知以聲類求義類之樞紐。曉部首五百四十字之義例。至名物無關大用。如水部自有專書。示部多列祭禮。舟車今制爲詳。草蟲須憑目驗。皆不必字字深求者也。說解閒有難明。義例偶有牴牾。則闕之不論。許君書既有脫逸。復多奧義。但爲求通六書。不爲究極許學。則功力有限斷矣。得明師說之。十日粗通。一月大通。引申觸類。存乎其人。何至有廢時破道之患哉。若廢小學不講。或講之故爲繁難。致人厭棄。則經典之古義茫昧。僅存迂淺俗說。後起趣時之才士。必皆薄聖道爲不足觀。吾恐終有經籍道熄之一日也。

此條本應隸於小學著述序論類。因字數無多。不便割裂。仍附於此。

史記　漢司馬遷撰。凡一百三十篇。記述黃帝以後至漢武帝時事迹。自來號爲實錄。書中記載孔門行事與經傳源流。最爲近古而可依據。孔子世家弟子列傳兩篇。採摭論語及他書所載孔門師徒之言行。尤能提挈綱要。爲學者進讀原經之一助。

孔子世家

孔子生魯昌平鄉陬邑。其先宋人也。曰孔防叔。防叔生伯夏。伯夏生叔梁紇。紇與顏氏女野合而生孔子。禱於尼丘得孔子。魯襄公二十二年而孔子生。生而首上圩頂。故因名曰丘云。字仲尼。姓孔氏。丘生而叔梁紇死。葬於防山。防山在魯東。由是孔子疑其父墓處。母諱之也。孔子爲兒嬉戲。常陳俎豆。設禮容。孔子母死。乃殯五父之衢。蓋其愼也。郰人輓父之母誨孔子父墓。然後往合葬於防焉。孔子要經。季氏饗士。孔子與往。陽虎絀曰。季氏饗士。非敢饗子也。孔子由是退。孔子年十七。魯大夫孟釐子病且死。誡其嗣懿子曰。孔丘聖人之後。滅於宋。其祖弗父何始有宋而嗣讓厲公。及正考父佐戴武宣公。三命茲益恭。故鼎銘云。一命而僂。再命而傴。三命而俯。循牆而走。亦莫敢余侮。饘於是。粥於是。以餬余口。其恭如是。吾聞聖人之後。雖不當世。必有達者。今孔丘年少好禮。其達者歟。吾卽沒。若必師之。及釐子卒。懿子與魯人南宮敬叔往學禮焉。是歲季武子卒。平子代立。孔子貧且賤。及長嘗爲季氏史。料量平。嘗爲司職吏而畜蕃息。由是爲司空。已而去魯。斥乎齊。逐乎宋衞。困於陳蔡之間。於是反魯。孔子長九尺有六寸。人皆謂之長人而異之。魯復善待。由是反魯。魯南宮敬叔言魯君曰。請與孔子適周。魯君與之一乘車。兩馬。一豎子俱。適周問禮。蓋見老子云。辭去而老子送之曰。吾聞富貴者送人以財。仁人者送人以言。吾不能富貴。竊仁人之號。送子以言。曰。聰明深察而近於死者。好議人者也。博辯廣大危其身者。發人之惡者也。爲人子者毋以有己。爲人臣者毋以有己。孔子自周反於魯。弟子稍益進焉。是時也。晉平公淫。六卿擅權。東伐諸侯。楚靈王兵彊。陵轢中國。齊大而近於魯。魯小弱。附於楚則晉怒。附於晉則楚來伐。不備於齊。齊師侵魯。魯昭公之二十年。而孔子蓋年三十矣。齊景公與晏嬰來適魯。景公問孔子曰。昔秦穆公國小處辟。其霸何也。對曰。秦國雖小。其志大。處雖辟。行中正。身舉五羖。爵之大夫。起纍紲之中。與語三日。授之以政。以此取之。雖王可也。其霸小矣。景公說。孔子年三十五。而季平子與郈昭伯以鬬雞故得罪魯昭公。昭公率師擊平子。平子與孟氏叔孫氏三家共攻昭公。昭公師敗。奔於齊。齊處昭公乾侯。其後頃之。魯亂。孔子適齊。爲高昭子家臣。欲以通乎景公。與齊太師語樂。聞韶音。學之。三月不知肉味。齊人稱之。景公問政孔子。孔子曰。君君臣臣。父父子子。景公曰。善哉。信如君不君。臣不臣。父不父。子不子。雖有粟。吾豈得而食諸。他日又復問政於孔子。孔子曰。政在節財。景公說。將欲以尼谿田封孔子。晏嬰進曰。夫儒者滑稽而不可軌法。倨傲自順。不可以爲下。崇喪遂哀。破產厚葬。不可以爲俗。游說乞貸。不可以爲國。自大賢之息。周室既衰。禮樂缺有間。今孔子盛容飾。繁登降之禮。趨詳之節。累世不能殫其學。當年不能究其禮。君欲用之以移齊俗。非所以先細民也。後景公敬見孔子。不問其禮。異日。景公止孔子曰。奉子以季氏。吾不能。以季孟之間待之。齊大夫欲害孔子。孔子聞之。景公曰。吾老矣。弗能用也。孔子遂行。反乎魯。孔子年四十二。魯昭公卒於乾侯。定公立。定公立五年。夏。季平子卒。桓子嗣立。季桓子穿井得土缶。中若羊。問仲尼云得狗。仲尼曰。以丘所聞。羊也。丘聞之。木石之怪夔罔閬。水之怪龍罔象。土之怪羵羊。吳伐越。墮會稽。得骨節專車。吳使使問仲尼。骨何者最大。仲尼曰。禹致羣神於會稽山。防風氏後至。禹殺而戮之。其節專車。此爲大矣。吳客曰。誰爲神。仲尼曰。山川之神足以綱紀天下。其守爲神。社稷爲公侯。皆屬於王者。客曰。防風何守。仲尼曰。汪罔氏之君。守封禺之山。爲釐姓。在虞夏商爲汪罔。於周爲長翟。今謂之大人。客曰。人長幾何。仲尼曰。僬僥氏三尺。短之至也。長者不過十之。數之極也。於是吳客曰。善哉聖人。桓子嬖臣曰仲梁懷。與陽虎有隙。陽虎欲逐懷。公山不狃止之。其秋。懷益驕。陽虎執懷。桓子怒。陽虎因囚桓子。與盟而醳之。陽虎由此益輕季氏。季氏亦僭於公室。陪臣執國政。是以魯自大夫以下皆僭離於正道。故孔子不仕。退而修詩書禮樂。弟子彌衆。至自遠方。莫不受業焉。定公八年。公山不狃不得意於季氏。因陽虎爲亂。欲廢三桓之適。更立其庶孽陽虎素所善者。遂執季桓子。桓子詐之。得脫。定公九年。陽虎不勝。犇於齊。是時孔子年五十。公山不狃以費畔季氏。使人召孔子。孔子循道彌久。温温無所試。莫能己用。曰。蓋周文武起豐鎬而王。今費雖小。儻庶幾乎。欲往。子路不說。止孔子。孔子曰。夫召我者豈徒哉。如用我。其爲東周乎。然亦卒不行。其後定公以孔子爲中都宰。一年。四方皆則之。由中都宰爲司空。

由司空爲大司寇。定公十年春。及齊平。夏。齊大夫犂鉏言於景公曰。魯用孔丘。其勢危齊。乃使使告魯爲好會。會於夾谷。魯定公且以乘車好往。孔子攝相事。曰。臣聞有文事者必有武備。有武事者必有文備。古者諸侯出疆。必具官以從。請具左右司馬。定公曰。諾。具左右司馬。會齊侯夾谷。爲壇位。土階三等。以會遇之禮相見。揖讓而登。獻酬之禮畢。齊有司趨而進曰。請奏四方之樂。景公曰。諾。於是旍旄羽袚矛戟劍撥鼓噪而至。孔子趨而進。歷階而登。不盡一等。舉袂而言曰。吾兩君爲好會。夷狄之樂何爲於此。請命有司。有司却之不去。則左右視晏子與景公。景公心怍。麾而去之。有頃。齊有司趨而進曰。請奏宮中之樂。景公曰。諾。優倡侏儒爲戲而前。孔子趨而進。歷階而登。不盡一等。曰。匹夫而熒惑諸侯者罪當誅。請命有司。有司加法焉。手足異處。景公懼而動。知義不若。歸而大恐。告其羣臣曰。魯以君子之道輔其君。而子獨以夷狄之道教寡人。使得罪於魯君。爲之奈何。有司進對曰。君子有過則謝以質。小人有過則謝以文。君若悼之。則謝以質。於是齊侯乃歸所侵魯之鄆汶陽龜陰之田以謝過。定公十三年夏。孔子言於定公曰。臣無藏甲。大夫毋百雉之城。使仲由爲季氏宰。將墮三都。於是叔孫氏先墮郈。季氏將墮費。公山不狃叔孫輒率費人襲魯。公與三子入于季氏之宮。登武子之臺。費人攻之。弗克。入及公側。孔子命申句須樂頎下伐之。費人北。國人追之。敗諸姑蔑。二子奔齊。遂墮費。將墮成。公斂處父謂孟孫曰。墮成。齊人必至于北門。且成。孟氏之保郈。無成。是無孟氏也。我將弗墮。十二月。公圍成。弗克。定公十四年。孔子年五十六。由大司寇行攝相事。有喜色。門人曰。聞君子禍至不懼。福至不喜。孔子曰。有是言也。不曰。樂其以貴下人乎。於是誅魯大夫亂政者少正卯。與聞國政三月。粥羔豚者弗飾賈。男女行者別於塗。塗不拾遺。四方之客至乎邑者。不求有司。皆予之以歸。齊人聞而懼曰。孔子爲政必霸。霸則吾地近焉。我之爲先幷矣。盍致地焉。犂鉏曰。請先嘗沮之。沮之而不可。則致地。庸遲乎。於是選齊國中女子好者八十人。皆衣文衣而舞康樂。文馬三十駟。遺魯君。陳女樂文馬於魯城南高門外。季桓子微服往觀再三。將受。乃語魯君爲周道游。往觀終日。怠於政事。子路曰。夫子可以行矣。孔子曰。魯今且郊。如致膰乎大夫。則吾猶可以止。桓子卒受齊女樂。三日不聽政。郊又不致膰俎於大夫。孔子遂行。宿乎屯。而師己送曰。夫子則非罪。孔子曰。吾歌可夫。歌曰。彼婦之口。可以出走。彼婦之謁。可以死敗。蓋優哉游哉。維以卒歲。師己反。桓子曰。孔子亦何言。師己以實告。桓子喟然歎曰。夫子罪我以羣婢故也夫。孔子遂適衞。主於子路妻兄顏濁鄒家。衞靈公問孔子。居魯得祿幾何。對曰。奉粟六萬。衞人亦致粟六萬。居頃之。或譖孔子於衞靈公。靈公使公孫余假一出一入。孔子恐獲罪焉。居十月。去衞。將適陳。過匡。顏刻爲僕。以其策指之曰。昔吾入此。由彼缺也。匡人聞之。以爲魯之陽虎。陽虎嘗暴匡人。匡人於是遂止孔子。孔子狀類陽虎。拘焉五日。顏淵後。子曰。吾以汝爲死矣。顏淵曰。子在。回何敢死。匡人拘孔子益急。弟子懼。孔子曰。文王既沒。文不在茲乎。天之將喪斯文也。後死者不得與于斯文也。天之未喪斯文也。匡人其如予何。孔子使從者爲寗武子臣於衞。然後得去。去卽過蒲。月餘反乎衞。主蘧伯玉家。靈公夫人有南子者。使人謂孔子曰。四方之君子。不辱欲與寡君爲兄弟者。必見寡小君。寡小君願見。孔子辭謝。不得已而見之。夫人在絺帷中。孔子入門北面稽首。夫人自帷中再拜。環珮玉聲璆然。孔子曰。吾鄉爲弗見。見之禮答焉。子路不說。孔子矢之曰。予所不者。天厭之。天厭之。居衞月餘。靈公與夫人同車。宦者雍渠參乘。出。使孔子爲次乘。招搖市過之。孔子曰。吾未見好德如好色者也。於是醜之。去衞。過曹。是歲魯定公卒。孔子去曹適宋。與弟子習禮大樹下。宋司馬桓魋欲殺孔子。拔其樹。孔子去。弟子曰。可以速矣。孔子曰。天生德於予。桓魋其如予何。孔子適鄭。與弟子相失。孔子獨立郭東門。鄭人或謂子貢曰。東門有人。其顙似堯。其項類皐陶。其肩類子產。然自要以下不及禹三寸。纍纍若喪家之狗。子貢以實告孔子。孔子欣然笑曰。形狀末也。而似喪家之狗。然哉然哉。孔子遂至陳。主於司城貞子家。歲餘。吳王夫差伐陳。取三邑而去。趙鞅伐朝歌。楚圍蔡。蔡遷于吳。吳敗越王勾踐會稽。有隼集于陳廷而死。楛矢貫之。石砮。矢長尺有咫。陳湣公使使問仲尼。仲尼曰。隼來遠矣。此肅愼之矢也。昔武王克商。通道九夷百蠻。使各以其方賄來貢。使無忘職業。於是肅愼貢楛矢石砮。長尺有咫。先王欲昭其令德。以肅愼矢分大姬。配虞胡公而封諸陳。分同姓以珍玉展親。分異姓以遠方職。使無忘服。故分陳以肅愼矢。試求之故府。果得之。孔子居陳三歲。會晉楚爭彊。更伐陳。及吳侵陳。陳常被寇。孔子曰。歸與歸與。吾黨之小子狂簡。進取不忘其初。於是孔子去陳。過蒲。會公叔氏以蒲畔。蒲人止孔子。弟子有公良孺者。以私車五乘從孔子。其爲人長賢。有勇力。謂曰。吾昔從夫子遇難於匡。今又遇難於此。命也已。吾與夫子再罹難。寧鬭而死。鬭甚疾。蒲人懼。謂孔子曰。苟毋適衞。吾出子。與之盟。出孔子東門。孔子遂適衞。子貢曰。盟可負耶。孔子曰。要盟也。神不聽。衞靈公聞孔子來。喜。郊迎。問曰。蒲可伐乎。對曰。可。靈公曰。吾大夫以爲不可。今蒲衞之所以待晉楚也。以衞伐之。無乃不可乎。孔子曰。其男子有死之志。婦人有保西河之志。吾所伐者不過四五人。靈公曰。善。然不伐蒲。靈公老。怠於政。不用孔子。孔子喟然歎曰。苟有用我者。朞月而已。三年有成。孔子行。佛肸爲中牟宰。趙簡子攻范中行。伐中牟。佛肸畔。使人召孔子。孔子欲往。子路曰。由聞諸夫子。其身親爲不善者。君子不入也。今佛肸親以中牟畔。子欲往。如之何。孔子曰。有是言也。不曰堅乎。磨而不磷。不曰白乎。涅而不淄。我豈匏瓜也哉。焉能繫而不食。孔子擊磬。有荷蕢而過門者曰。有心哉。擊磬乎。硜硜乎。莫己知也。夫而已矣。孔子學鼓琴師襄子。十日不進。師襄子曰。可以益矣。孔子曰。丘已習其曲矣。未得其數也。有閒。曰。已習其數。可以益矣。孔子曰。丘未得其志也。有閒。曰。已習其志。可以益矣。孔子曰。丘未得其爲人也。有閒。曰。有所穆然深思焉。有所怡然高望而遠志焉。曰丘得其爲人。黯然而黑。幾然而長。眼如望羊。如王四國。非文王其誰能爲此也。師襄子辟席再拜曰。師蓋云文王操也。孔子既不得用於衛。將西見趙簡子。至於河而聞竇鳴犢舜華之死也。臨河而嘆曰。美哉水洋洋乎。丘之不濟此命也夫。子貢趨而進曰。敢問何謂也。孔子曰。竇鳴犢舜華。晉國之賢大夫也。趙簡子未得志之時。須此兩人而後從政。及其已得志。殺之乃從政。丘聞之也。刳胎殺夭。則麒麟不至郊。竭澤涸漁。則蛟龍不合陰陽。覆巢毀卵。則鳳皇不翔。何則。君子諱傷其類也。夫鳥獸之於不義也。尚知辟之。而況乎丘哉。乃還息乎陬鄉。作爲陬操以哀之。而反乎衛。入主蘧伯玉家。他日靈公問兵陳。孔子曰。俎豆之事。則嘗聞之。軍旅之事。未之學也。明日與孔子語。見蜚鴈。仰視之。色不在孔子。孔子遂行。復如陳。夏。衛靈公卒。立孫輒。是爲衛出公。六月。趙鞅內太子蒯聵于戚。陽虎使太子絻。八人衰絰。僞自衛迎者。哭而入。遂居焉。冬。蔡遷于州來。是歲魯哀公三年。而孔子年六十矣。齊助衛圍戚。以衛太子蒯聵在故也。夏。魯桓釐廟燔。南宮敬叔救火。孔子在陳。聞之曰。災必於桓釐廟乎。已而果然。秋。季桓子病。輦而見魯城。喟然嘆曰。昔此國幾興矣。以吾獲罪於孔子。故不興也。顧謂其嗣康子曰。我卽死。若必相魯。相魯。必召仲尼。後數日。桓子卒。康子代立。已葬。欲召仲尼。公之魚曰。昔吾先君用之不終。終爲諸侯笑。今又用之。不能終。是再爲諸侯笑。康子曰。則誰召而可。曰。必召冉求。於是使使召冉求。冉求將行。孔子曰。魯人召求。非小用之。將大用之也。是日。孔子曰。歸乎歸乎。吾黨之小子狂簡。斐然成章。吾不知所以裁之。子貢知孔子思歸。送冉求。因誡曰。卽用以孔子爲招。云冉求旣去。明年。孔子自陳遷于蔡。蔡昭公將如吳。吳召之也。前昭公欺其臣遷州來。後將往。大夫懼復遷。公孫翩射殺昭公。楚侵蔡。秋。齊景公卒。明年。孔子自蔡如葉。葉公問政。孔子曰。政在來遠附邇。他日。葉公問孔子於子路。子路不對。孔子聞之。曰。由。爾何不對曰。其爲人也。學道不倦。誨人不厭。發憤忘食。樂以忘憂。不知老之將至云爾。去葉。反于蔡。長沮桀溺耦而耕。孔子以爲隱者。使子路問津焉。長沮曰。彼執輿者爲誰。子路曰。爲孔丘。曰。是魯孔丘與。曰。然。曰。是知津矣。桀溺謂子路曰。子爲誰。曰。爲仲由。曰。子孔丘之徒與。曰。然。桀溺曰。悠悠者天下皆是也。而誰以易之。且與其從辟人之士。豈若從辟世之士哉。耰而不輟。子路以告孔子。孔子憮然曰。鳥獸不可與同羣。天下有道。丘不與易也。他日。子路行。遇荷蓧丈人。曰。子見夫子乎。丈人曰。四體不勤。五穀不分。孰爲夫子。植其杖而芸。子路以告。孔子曰。隱者也。復往則亡。孔子遷于蔡。三歲。吳伐陳。楚救陳。軍于城父。聞孔子在陳蔡之間。楚使人聘孔子。孔子將往拜禮。陳蔡大夫謀曰。孔子賢者。所刺譏皆中諸侯之疾。今者久留陳蔡之間。諸大夫所設行。皆非仲尼之意。今楚大國也。來聘孔子。孔子用於楚。則陳蔡用事大夫危矣。於是乃相與發徒役圍孔子於野。不得行。絕糧。從者病。莫能興。孔子講誦弦歌不衰。子路慍見曰。君子亦有窮乎。孔子曰。君子固窮。小人窮斯濫矣。子貢色作。

孔子。曰。賜爾以予爲多學而識之者與。曰。然非與。孔子曰。非也。予一以貫之。孔子知弟子有慍心。乃召子路而問曰。詩云匪兕匪虎率彼曠野吾道非耶吾何爲於此。子路曰意者吾未仁耶。人之不我信也。意者吾未知耶。人之不我行也。孔子曰有是乎。由譬使仁者而必信安有伯夷叔齊。使智者而必行。安有王子比干。子路出。子貢入見。孔子曰。賜詩云匪兕匪虎率彼曠野。吾道非耶吾何爲於此。子貢曰。夫子之道至大也。故天下莫能容夫子。夫子蓋少貶焉。孔子曰。賜良農能稼。而不能爲穡。良工能巧。而不能爲順。君子能修其道。綱而紀之。統而理之。而不能爲容。今爾不修爾道。而求爲容。賜而志不遠矣。子貢出。顏回入見。孔子曰回詩云匪兕匪虎。率彼曠野吾道非耶吾何爲於此。顏回曰。夫子之道至大。故天下莫能容。雖然。夫子推而行之。不容何病。不容然後見君子。夫道之不修也。是吾醜也。夫道既已大修而不用。是有國者之醜也。不容何病。不容然後見君子。孔子欣然而笑曰。有是哉。顏氏之子。使爾多財。吾爲爾宰。於是使子貢至楚。楚昭王興師迎孔子。然後得免。昭王將以書社地七百里封孔子。楚令尹子西曰。王之使使諸侯有如子貢者乎。曰無有。王之輔相有如顏回者乎。曰無有。王之將率有如子路者乎。曰。無有。王之官尹有如宰予者乎。曰無有。且楚之祖封於周號爲子男五十里。今孔丘述三王之法。明周召之業。王若用之。則楚安得世世堂堂方數千里乎。夫文王在豐。武王在鎬。百里之君卒王天下。今孔丘得據土壤賢弟子爲佐。非楚之福也。昭王乃止。其秋。楚昭王卒于城父。楚狂接輿歌而過孔子。曰。鳳兮鳳兮。何德之衰。往者不可諫兮。來者猶可追也。已而已而。今之從政者殆而。孔子下。欲與之言。趨而去。弗得與之言。於是孔子自楚反乎衛。是歲也。孔子年六十三。而魯哀公六年也。其明年。吳與魯會繒。徵百牢。太宰嚭召季康子。康子使子貢往。然後得已。孔子曰。魯衛之政。兄弟也。是時衛君輒父不得立。在外。諸侯數以爲讓。而孔子弟子多仕於衛。衛君欲得孔子爲政。子路曰。衛君待子而爲政。子將奚先。孔子曰。必也正名乎。子路曰。有是哉。子之迂也。何其正也。孔子曰。野哉由也。夫名不正則言不順。言不順則事不成。事不成則禮樂不興。禮樂不興則刑罰不中。刑罰不中則民無所錯手足矣。夫君子爲之必可名。言之必可行。君子於其言。無所苟而已矣。其明年。冉有爲季氏將師。與齊戰於郎。克之。季康子曰。子之於軍旅。學之乎。性之乎。冉有曰。學之於孔子。季康子曰。孔子何如人哉。對曰。用之有名。播之百姓。質諸鬼神而無憾。求之至於此道。雖累千社。夫子不利也。康子曰。我欲召之可乎。對曰。欲召之。則毋以小人固之。則可矣。而衛孔文子將攻太叔。問策於仲尼。仲尼辭不知。退而命載而行。曰。鳥能擇木。木豈能擇鳥乎。文子固止。會季康子逐公華公賓公休。以幣迎孔子。孔子歸魯。孔子之去魯。凡十四歲而反乎魯。魯哀公問政。對曰。政在選臣。季康子問政。曰。舉直錯諸枉。則枉者直。康子患盜。孔子曰。苟子之不欲。雖賞之不竊。然魯終不能用孔子。孔子亦不求仕。孔子之時。周室微而禮樂廢。

詩書缺。追迹三代之禮。序書傳。上紀唐虞之際。下至秦繆。編次其事。曰。夏禮吾能言之。杞不足徵也。殷禮吾能言之。宋不足徵也。足則吾能徵之矣。觀殷夏所損益。曰。後雖百世可知也。以一文一質。周監二代。郁郁乎文哉。吾從周。故書傳禮記自孔氏。孔子語魯太師。樂其可知也。始作翕如。縱之純如。皦如。繹如也。以成。吾自衞反魯。然後樂正。雅頌各得其所。古者詩三千餘篇。及至孔子。去其重。取可施於禮義。上采契后稷。中述殷周之盛。至幽厲之缺。始於衽席。故曰。關雎之亂。以爲風始。鹿鳴爲小雅始。文王爲大雅始。清廟爲頌始。三百五篇。孔子皆弦歌之。以求合韶武雅頌之音。禮樂自此可得而述。以備王道。成六藝。孔子晚而喜易。序彖繫象說卦文言。讀易。韋編三絕。曰。假我數年。若是。我於易則彬彬矣。孔子以詩書禮樂教。弟子蓋三千焉。身通六藝者七十有二人。如顏濁鄒之徒。頗受業者甚衆。孔子以四教。文行忠信。絕四。毋意。毋必。毋固。毋我。所愼。齊戰疾。子罕言利與命與仁。不憤不啓。舉一隅不以三隅反。則弗復也。其於鄉黨。恂恂似不能言者。其於宗廟朝廷。辯辯言。唯謹爾。朝。與上大夫言。誾誾如也。與下大夫言。侃侃如也。入公門。鞠躬如也。趨進。翼如也。君召使儐。色勃如也。君命召。不俟駕行矣。魚餒。肉敗。割不正。不食。席不正。不坐。食於有喪者之側。未嘗飽也。是日哭。則不歌。見齊衰瞽者。雖童子必變。三人行。必得我師。德之不修。學之不講。聞義不能徙。不善不能改。是吾憂也。使人歌。善則使復之。然後和之。子不語怪力亂神。子貢曰。夫子之文章。可得聞也。夫子言天道與性命。弗可得聞也已。顏淵喟然歎曰。仰之彌高。鑽之彌堅。瞻之在前。忽焉在後。夫子循循然善誘人。博我以文。約我以禮。欲罷不能。既竭我才。如有所立卓爾。雖欲從之。蔑由也已。達巷黨人童子曰。大哉孔子。博學而無所成名。子聞之曰。我何執。執御乎。執射乎。我執御矣。牢曰。子云不試。故藝。魯哀公十四年春。狩大野。叔孫氏車子鉏商獲獸。以爲不祥。仲尼視之曰。麟也。取之曰。河不出圖。雒不出書。吾已矣夫。顏淵死。孔子曰。天喪予。及西狩見麟。曰。吾道窮矣。喟然歎曰。莫知我夫。子貢曰。何爲莫知子。子曰。不怨天。不尤人。下學而上達。知我者其天乎。不降其志。不辱其身。伯夷叔齊乎。謂柳下惠少連。降志辱身矣。謂虞仲夷逸。隱居放言。行中清。廢中權。我則異於是。無可無不可。子曰。弗乎弗乎。君子病歿世而名不稱焉。吾道不行矣。吾何以自見於後世哉。乃因史記作春秋。上至隱公。下訖哀公十四年。十二公。據魯。親周。故殷。運之三代。約其文辭而指博。故吳楚之君自稱王。而春秋貶之曰子。踐土之會。實召周天子。而春秋諱之曰。天王狩於河陽。推此類以繩當世。貶損之義。後有王者。舉而開之。春秋之義行。則天下亂臣賊子懼焉。孔子在位聽訟。文辭有可與人共者。弗獨有也。至於爲春秋。筆則筆。削則削。子夏之徒不能贊一辭。弟子受春秋。孔子曰。後世知丘者以春秋。而罪丘者亦以春秋。明歲子路死於衞。孔子病。子貢請見。孔子方負杖逍遙於門。曰。賜汝來何其晚也。孔子因歎。歌曰。太山壞乎。梁柱摧乎。哲人萎乎。因以涕下。謂子貢曰。天下無道久矣。莫能宗予。夏人殯於東階。周人於西階。殷人兩柱間。昨暮予夢坐奠兩柱之間。予殆殷人也。後七日卒。孔子年七十三。以魯哀公十六年四月己丑卒。哀公誄之曰。旻天不弔。不憖遺一老。俾屛余一人以在位。煢煢余在疚。嗚呼哀哉。尼父。毋自律。子貢曰。君其不沒於魯乎。夫子之言曰。禮失則昏。名失則愆。失志爲昏。失所爲愆。生不能用。死而誄之。非禮也。稱余一人。非名也。孔子葬魯城北泗上。弟子皆服三年。三年心喪畢。相訣而去。則哭。各復盡哀。或復留。唯子貢廬於冢上。凡六年。然後去。弟子及魯人往從冢而家者百有餘室。因命曰孔里。魯世世相傳以歲時奉祠孔子冢。而諸儒亦講禮鄉飮大射於孔子冢。孔子冢大一頃。故所居堂弟子內。後世因廟藏孔子衣冠琴車書。至于漢二百餘年不絕。高皇帝過魯。以太牢祠焉。諸侯卿相至。常先謁。然後從政。孔子生鯉。字伯魚。伯魚年五十。先孔子死。伯魚生伋。字子思。年六十二。嘗困於宋。子思作中庸。子思生白。字子上。年四十七。子上生求。字子家。年四十五。子家生箕。字子京。年四十六。子京生穿。字子高。年五十一。子高生子愼。年五十七。嘗爲魏相。子愼生鮒。年五十七。爲陳王涉博士。死於陳下。鮒弟子襄。年五十七。嘗爲孝惠皇帝博士。遷爲長沙太守。長九尺六寸。子襄生忠。年五十七。忠生武。武生延年及安國。安國爲今皇帝博士。至臨淮太守。蚤卒。安國生卬。卬生驩。

太史公曰。詩有之。高山仰止。景行行止。雖不能至。然心鄉往之。余讀孔氏書。想見其爲人。適魯。觀仲尼廟。堂車服禮器。諸生以時習禮其家。余祗回留之不能去云。天下君王至于賢人衆矣。當時則榮。沒則已焉。孔子布衣。傳十餘世。學者宗之。自天子王侯中國言六藝者折中於夫子。可謂至聖矣。

仲尼弟子列傳

孔子曰受業身通者七十有七人。皆異能之士也。德行。顏淵閔子騫冉伯牛仲弓。政事。冉有季路。言語。宰我子貢。文學。子游子夏。師也僻。參也魯。柴也愚。由也喭。回也屢空。賜不受命而貨殖焉。億則屢中。孔子之所嚴事。於周則老子。於衛蘧伯玉。於齊晏平仲。於楚老萊子。於鄭子產。於魯孟公綽。數稱臧文仲柳下惠銅鞮伯華介山子然。孔子皆後之。不並世。

顏回者。魯人也。字子淵。少孔子三十歲。顏淵問仁。孔子曰。克己復禮。天下歸仁焉。孔子曰。賢哉回也。一簞食。一瓢飲。在陋巷。人不堪其憂。回也不改其樂。回也如愚。退而省其私。亦足以發。回也不愚。用之則行。捨之則藏。唯我與爾有是夫。回年二十九。髮盡白。蚤死。孔子哭之慟。曰。自吾有回。門人益親。魯哀公問。弟子孰爲好學。孔子對曰。有顏回者好學。不遷怒。不貳過。不幸短命死矣。今也則亡。

閔損字子騫。少孔子十五歲。孔子曰。孝哉閔子騫。人不間於其父母昆弟之言。不仕大夫。不食汙君之祿。如有復我者。必在汶上矣。

冉耕。字伯牛。孔子以爲有德行。伯牛有惡疾。孔子往問之。自牖執其手。曰。命也夫。斯人也而有斯疾。命也夫。

冉雍。字仲弓。仲弓問政。孔子曰。出門如見大賓。使民如承大祭。在邦無怨。在家無怨。孔子以仲弓爲有德行。曰。雍也可使南面。仲弓父賤人。孔子曰。犂牛之子騂且角。雖欲勿用。山川其舍諸。

冉求。字子有。少孔子二十九歲。爲季氏宰。季康子問孔子曰。冉求仁乎。曰。千室之邑。百乘之家。求也可使治其賦。仁則吾不知也。復問子路仁乎。孔子對曰。如求。求問曰。聞斯行諸。子曰。行之。子路問。聞斯行諸。子曰。有父兄在。如之何其聞斯行之。子華怪之。敢問問同而答異。孔子曰。求也退。故進之。由也兼人。故退之。

仲由。字子路。卞人也。少孔子九歲。子路性鄙。好勇力。志伉直。冠雄雞。佩豭豚。陵暴孔子。孔子設禮稍誘子路。子路後儒服委質。因門人請爲弟子。子路問政。孔子曰。先之勞之。請益。曰。無倦。子路問君子尚勇乎。孔子曰。義之爲上。君子好勇而無義則亂。小人好勇而無義則盜。子路有聞未之能行。唯恐有聞。孔子曰。片言可以折獄者。其由也與。由也好勇過我。無所取材。若由也。不得其死然。衣敝縕袍。與衣狐貉者立而不恥者。其由也與。由也升堂矣。未入於室也。季康子問仲由仁乎。孔子曰。千乘之國。可使治其賦。不知其仁。子路喜從游。遇長沮桀溺荷蓧丈人子路爲季氏宰。季孫問曰。子路可謂大臣與。孔子曰。可謂具臣矣。子路爲蒲大夫。辭孔子。孔子曰。蒲多壯士。又難治。然吾語汝。恭以敬。可以執勇。寬以正。可以比衆。恭正以靜。可以報上。初衞靈公有寵姬曰南子。靈公太子蕢聵得過南子。懼誅出奔。及靈公卒而夫人欲立公子郢。郢不肯。曰亡人太子之子輒在。於是衞立輒爲君。是爲出公。出公立十二年。其父蕢聵居外。不得入。子路爲衞大夫孔悝之邑宰。蕢聵乃與孔悝作亂。謀入孔悝家。遂與其徒襲攻出公。出公奔魯。而蕢聵入立。是爲莊公。方孔悝作亂。子路在外。聞之而馳往。遇子羔出衞城門。謂子路曰。出公去矣。而門已閉。子可還矣。毋空受其禍。子路曰。食其食者不避其難。子羔卒去。有使者入城。城門開。子路隨而入。造蕢聵。蕢聵與孔悝登臺。子路曰。君焉用孔悝。請得而殺之。蕢聵勿聽。於是子路欲燔臺。蕢聵懼。乃下石乞壺黶攻子路。擊斷子路之纓。子路曰。君子死而冠不免。遂結纓而死。孔子聞衞亂。曰。嗟乎。由死矣。已而果死。故孔子曰。自吾得由。惡言不聞於耳。是時子貢爲魯使於齊。

宰予字子我。利口辯辭。既受業。問三年之喪不已久乎。君子三年不爲禮。禮必壞。三年不爲樂。樂必崩。舊穀既沒。新穀既升。鑽燧改火。期可已矣。子曰。於汝安乎。曰安。汝安則爲之。君子居喪。食旨不甘。聞樂不樂。故弗爲也。宰我出。子曰。予之不仁也。子生三年。然後免於父母之懷。夫三年之喪。天下之通義也。宰我晝寢。子曰。朽木不可雕也。糞土之牆不可圬也。宰我問五帝之德。子曰。予非其人也。宰我爲臨菑大夫。與田常作亂。以夷其族。孔子恥之。

端木賜衛人。字子貢。少孔子三十一歲。子貢利口巧辭。孔子常黜其辯。問曰。汝與回也孰愈。對曰。賜也何敢望回。回也聞一以知十。賜也聞一以知二。子貢既已受業。問曰。賜何人也。孔子曰。汝器也。曰。何器也。曰。瑚璉也。陳子禽問子貢曰。仲尼焉學。子貢曰。文武之道。未墜於地。在人。賢者識其大者。不賢者識其小者。莫不有文武之道。夫子焉不學。而亦何常師之有。又問曰。孔子適是國。必聞其政。求之與。抑與之與。子貢曰。夫子溫良恭儉讓以得之。夫子之求之也。其諸異乎人之求之也。子貢問曰。富而無驕。貧而無諂。何如。孔子曰。可也。不如貧而樂道。富而好禮。田常欲作亂於齊。憚高國鮑晏。故移其兵。欲以伐魯。孔子聞之。謂門弟子曰。夫魯。墳墓所處。父母之國。國危如此。二三子何爲莫出。子路請出。孔子止之。子張子石請行。孔子弗許。子貢請行。孔子許之。遂行至齊。說田常曰。君之伐魯過矣。夫魯難伐之國。其城薄以卑。其地狹以泄。其君愚而不仁。大臣僞而無用。其士民又惡甲兵之事。此不可與戰。君不如伐吳。夫吳城高以厚。地廣以深。甲堅以新。士選以飽。重器精兵。盡在其中。又使明大夫守之。此易伐也。田常忿然作色曰。子之所難。人之所易。子之所易。人之所難。而以敎常。何也。子貢曰。臣聞之。憂在內者攻彊。憂在外者攻弱。今君憂在內。吾聞君三封而三不成者。大臣有不聽者也。今君破魯以廣齊。戰勝以驕主。破國以尊臣。而君之功不與焉。則交日疏於主。是君上驕主心。下恣羣臣。求以成大事。難矣。夫上驕則恣。臣驕則爭。是君上與主有郤。下與大臣交爭也。如此。則君之立於齊危矣。故曰不如伐吳。伐吳不勝。民人外死。大臣內空。是君上無彊臣之敵。下無民人之過。孤主制齊者。唯君也。田常曰。善。雖然。吾兵業已加魯矣。去而之吳。大臣疑我。奈何。子貢曰。君按兵無伐。臣請往使吳王。令之救魯而伐齊。君因以兵迎之。田常許之。使子貢南見吳王。說曰。臣聞之。王者不絕世。霸者無彊敵。千鈞之重。加銖兩而移。今以萬乘之齊。而私千乘之魯。與吳爭彊。竊爲王危之。且夫救魯。顯名也。伐齊。大利也。以撫泗上諸侯。誅暴齊以服彊晉。利莫大焉。名存亡魯。實困彊齊。智者不疑也。吳王曰。善。雖然。吾嘗與越戰。棲之會稽。越王苦身養士。有報我心。子待我伐越而聽子。子貢曰。越之勁不過魯。吳之彊不過齊。王置齊而伐越。則齊已平魯矣。且王方以存亡繼絕爲名。夫伐小越而畏彊齊。非勇也。夫勇者不避難。仁者不窮約。智者不失時。王者不絕世。以立其義。今存越示諸侯以仁。救魯伐齊。威加晉國。諸侯必相率而朝吳。霸業成矣。且王必惡越。臣請東見越王。令出兵以從。此實空越。名從諸侯以伐也。吳王大說。乃使子貢之越。越王除道郊迎。身御至舍而問曰。此蠻夷之國。大夫何以儼然辱而臨之。子貢曰。今者吾說吳王以救魯伐齊。其志欲之而畏越。曰。待我伐越乃可。如此。破越必矣。且夫無報人之志。而令人疑之。拙也。有報人之意。使人知之。殆也。事未發而先聞。危也。三者。舉事之大患。勾踐頓首再拜曰。孤嘗不料力。乃與吳戰。

困於會稽。痛入於骨髓。日夜焦脣乾舌。徒欲與吳王接踵而死。孤之願也。遂問子貢。子貢曰。吳王為人猛暴。羣臣不堪。國家敝於數戰。士卒弗忍。百姓怨上。大臣內變。子胥以諫死。太宰嚭用事。順君之過以安其私。是殘國之治也。今王誠發士卒佐之以徼其志。重寶以說其心。卑辭以尊其禮。其伐齊必也。彼戰不勝。王之福矣。戰勝必以兵臨晉。臣請北見晉君。令共攻之。弱吳必矣。其銳兵盡於齊。重甲困於晉。而王制其敝。此滅吳必矣。越王大說許諾。送子貢金百鎰。劍一。良矛二。子貢不受。遂行。報吳王曰。臣敬以大王之言告越王。越王大恐曰。孤不幸。少失先人。內不自量。抵罪於吳。軍敗身辱。棲于會稽。國為虛莽。賴大王之賜。使得奉俎豆而修祭祀。死不敢忘。何謀之敢慮。後五日。越使大夫種頓首言於吳王曰。東海役臣孤勾踐使者臣種。敢修下吏問於左右。今竊聞大王將興大義。誅彊救弱。困暴齊而撫周室。請悉起境內士卒三千人。孤請自被堅執銳。以先受矢石。因越賤臣種奉先人藏器甲二十領。鈇屈盧之矛。步光之劍。以賀軍吏。吳王大說。以告子貢曰。越王欲身從寡人伐齊可乎。子貢曰。不可。夫空人之國。悉人之衆。又從其君。不義。君受其幣。許其師。而辭其君。吳王許諾。乃謝越王。於是吳王乃遂發九郡兵伐齊。子貢因去之晉。謂晉君曰。臣聞之。慮不先定。不可以應卒。兵不先辨。不可以勝敵。今夫齊與吳將戰。彼戰而不勝。越亂之必矣。與齊戰而勝。必以其兵臨晉。晉君大恐曰。為之奈何。子貢曰。修兵休卒以待之。晉君許諾。子貢去而之魯。吳王果與齊人戰於艾陵。大破齊師。獲七將軍之兵而不歸。果以兵臨晉。與晉人相遇黃池之上。吳晉爭彊。晉人擊之。大敗吳師。越王聞之。涉江襲吳。去城七里而軍。吳王聞之。去晉而歸。與越戰於五湖。三戰不勝。城門不守。越遂圍王宮。殺夫差而戮其相。破吳三年。東向而霸。故子貢一出。存魯。亂齊。破吳。彊晉而霸越。子貢一使。使勢相破。十年之中。五國各有變。子貢好廢舉。與時轉貨貲。喜揚人之美。不能匿人之過。常相魯衞。家累千金。卒終于齊。

言偃。吳人。字子游。少孔子四十五歲。子游既已受業。爲武城宰。孔子過。聞絃歌之聲。孔子莞爾而笑曰。割雞焉用牛刀。子游曰。昔者偃聞諸夫子曰。君子學道則愛人。小人學道則易使。孔子曰。二三子。偃之言是也。前言戲之耳。孔子以爲子游習於文學。

卜商。字子夏。少孔子四十四歲。子夏問巧笑倩兮。美目盼兮。素以爲絢兮。何謂也。子曰。繪事後素。曰。禮後乎。孔子曰。商始可與言詩已矣。子貢問師與商孰賢。子曰。師也過。商也不及。然則師愈與。曰。過猶不及。子謂子夏曰。汝爲君子儒。無爲小人儒。孔子既沒。子夏居西河教授。爲魏文侯師。其子死。哭之失明。

顓孫師。陳人。字子張。少孔子四十八歲。子張問干祿。孔子曰。多聞闕疑。慎言其餘。則寡尤。多見闕殆。慎行其餘。則寡悔。言寡尤。行寡悔。祿在其中矣。他日從在陳蔡間。困。問行。孔子曰。言忠信。行篤敬。雖蠻貊之國行也。言不忠信。行不篤敬。雖州里行乎哉。立則見其參於前也。在與則見其倚於衡。夫然後行。子張書諸紳。子張問士何如斯可謂之達矣。孔子曰。何哉爾所謂達者。子張對曰在國必聞在家必聞。孔子曰。是聞也。非達也。夫達者。質直而好義察言而觀色。慮以下人在國及家必達。夫聞也者色取仁而行違居之不疑在國及家必聞。

曾參南武城人。字子輿。少孔子四十六歲。孔子以爲能通孝道。故授之業作孝經。死於魯。

澹臺滅明武城人。字子羽。少孔子三十九歲。狀貌甚惡欲事孔子。孔子以爲材薄。既已受業。而退修行。行不由徑。非公事不見卿大夫。南游至江。從弟子三百人設取予去就名施乎諸侯。孔子聞之曰。吾以言取人失之宰予。以貌取人失之子羽。

宓不齊字子賤。少孔子四十九歲。孔子謂子賤。君子哉。魯無君子。斯焉取斯。子賤爲單父宰。反命於孔子曰。此國有賢不齊者五人。教不齊所以治者。孔子曰。惜哉不齊所治者小所治者大則庶幾矣。

原憲字子思。子思問耻。孔子曰。國有道穀。國無道穀。耻也。子思曰。克伐怨欲不行焉。可以爲仁乎。孔子曰。可以爲難矣。仁則吾弗知也。孔子卒。原憲亡在草澤中。子貢相衞。而結駟連騎排藜藿入窮閻過謝原憲。憲攝敝衣冠見子貢。子貢耻之曰。夫子豈病乎。原憲曰。吾聞之無財者謂之貧。學道而不能行者謂之病。若憲貧也。非病也。子貢慙不懌而去。終身耻其言之過也。

公冶長。齊人。字子長。孔子曰。長可妻也。雖在累紲之中。非其罪也。以其子妻之。

南宮括。字子容。問孔子曰。羿善射。奡盪舟。俱不得其死然。禹稷躬稼而有天下。孔子弗答。容出。孔子曰。君子哉若人。上德哉若人。國有道不廢。國無道免於刑戮。三復白珪之玷。以其兄之子妻之。

公晳哀。字季次。孔子曰。天下無行。多爲家臣。仕於都。唯季次未嘗仕。

曾蒧。字晳。侍孔子。孔子曰。言爾志。蒧曰。春服既成。冠者五六人。童子六七人。浴乎沂。風乎舞雩。詠而歸。孔子喟爾歎曰。吾與蒧也。

顏無繇。字路。路者。顏回父。父子嘗各異時事孔子。顏回死。顏路貧。請孔子車以葬。孔子曰。材不材。亦各言其子也。鯉也死。有棺而無槨。吾不徒行以爲之槨。以吾從大夫之後。不可以徒行。

商瞿。魯人。字子木。少孔子二十九歲。孔子傳易於瞿。瞿傳楚人馯臂子弘。弘傳江東人矯子庸疵。疵傳燕人周子家豎。豎傳淳于人光子乘羽。羽傳齊人田子莊何。何傳東武人王子中同。同傳菑川人楊何。何元朔中以治易爲漢中大夫。

高柴。字子羔。少孔子三十歲。子羔長不盈五尺。受業孔子。孔子以爲愚。子路使子羔爲費郈宰。孔子曰。賊夫人之子。子路曰。有民人焉。有社稷焉。何必讀書。然後爲學。孔子曰。是故惡夫佞者。

漆雕開字子開。孔子使開仕。對曰。吾斯之未能信。孔子說。

公伯僚字子周。周愬子路於季孫。子服景伯以告孔子曰。夫子固有惑志。僚也吾力猶能肆諸市朝。孔子曰。道之將行命也。道之將廢命也。公伯僚其如命何。

司馬耕字子牛。牛多言而躁。問仁於孔子。孔子曰。仁者其言也訒。曰。其言也訒。斯可謂之仁乎。子曰。爲之難。言之得無訒乎。問君子。子曰。君子不憂不懼。曰。不憂不懼。斯可謂之君子乎。曰。內省不疚。夫何憂何懼。

樊須字子遲。少孔子三十六歲。樊遲請學稼。孔子曰。吾不如老農。請學圃。曰。吾不如老圃。樊遲出。孔子曰。小人哉。樊須也。上好禮則民莫敢不敬。上好義則民莫敢不服。上好信則民莫敢不用情。夫如是則四方之民襁負其子而至矣。焉用稼。樊遲問仁。子曰。愛人。問智。曰。知人。

有若少孔子十三歲。有若曰。禮之用和爲貴。先王之道斯爲美。小大由之。有所不行。知和而和。不以禮節之。亦不可行也。信近於義。言可復也。恭近於禮。遠恥辱也。因不失其親。亦可宗也。孔子既沒。弟子思慕。有若狀似孔子。弟子相與共立爲師。師之如夫子時也。他日弟子進問曰。昔夫子當行。使弟子持雨具。已而果雨。弟子問曰。夫子何以知之。夫子曰。詩不云乎。月離于畢。俾滂沱矣。昨暮月不宿畢乎。他日月宿畢。竟不雨。商瞿年長無子。其母爲取室。孔子使之齊。瞿母請之。孔子曰。無憂。瞿年四十後。當有五丈夫子。已而果然。敢問夫子何以知此。有若默然無以應。弟子起曰。有子避之。此非子之座也。

公西赤字子華。少孔子四十二歲。子華使於齊。冉有爲其母請粟。孔子曰。與之釜。請益。曰。與之庾。冉子與之粟五秉。孔子曰。赤之適齊也。乘肥馬。衣輕裘。吾聞君子周急不繼富。

巫馬施字子旗。少孔子三十歲。陳司敗問孔子曰。魯昭公知禮乎。孔子曰。知禮。退而揖巫馬旗曰。吾聞君子不黨。君子亦黨乎。魯君娶吳女爲夫人。命之爲孟子。孟子姓姬。諱稱同姓。故謂之孟子。魯君而知禮。孰不知禮。施以告孔子。孔子曰。丘也幸。苟有過。人必知之。臣不可言君親之惡。爲諱者。禮也。

梁鱣字叔魚。少孔子二十九歲。

顏幸字子柳。少孔子四十六歲。

冉孺字子魯。少孔子五十歲。

曹卹字子循。少孔子五十歲。

伯虔字子析。少孔子五十歲。

公孫龍字子石。少孔子五十三歲。自子石已右三十五人。頗有年名及受業聞見于書傳。其四十有二人。無年。及不見書傳者紀于左。

冉季字子產。

公祖句茲字子之。

秦祖字子南。

漆雕哆字子斂。

顏高字子驕。

漆雕徒父。

壤駟赤字子徒。

商澤。

石作蜀字子明。

任不齊字選。

公良孺字子正。

后處字子里。

秦冉字開。

公夏首字乘。

奚容蒧字子皙。

公堅定字子中。
顏祖字襄。
鄡單字子家。
句井疆。
罕父黑字子索。
秦商字子丕。
申黨字周。
顏之僕字叔。
榮旂字子祺。
縣成字子祺。
左人郢字行。
燕伋字思。
鄭國字子徒。
秦非字子之。
施之常字子恆。

太史公曰。余讀功令。至於廣厲學官之路。未嘗不廢書而歎也。曰。嗟乎。夫周室衰而關雎作。幽厲微而禮樂壞。諸侯恣行。政由彊國。故孔子閔王路廢而邪道興。於是論次詩書。修起禮樂。適齊聞韶。三月不知肉味。自衞返魯。然後樂正。雅頌各得其所。世以混濁。莫能用。是以仲尼干七十餘君無所遇。曰。苟有用我者。期月而已矣。西狩獲麟。曰。吾道窮矣。故因史記作春秋。以寓王法。其辭微而指博。後世學者多錄焉。自孔子卒後。七十子之徒散游諸侯。大者爲師傅卿相。小者友敎士大夫。或隱而不見。故子路居衞。子張居陳。澹臺子羽居楚。子夏居西河。子貢終於齊。如田子方段干木吳起禽滑釐之屬。皆受業於子夏之倫。爲王者師。是時獨魏文侯好學。後陵遲以至于始皇。天下並爭於戰國。儒術既絀焉。然齊魯之閒。學者獨不廢也。於威宣之際。孟子荀卿之列。咸遵夫子之業而潤色之。以學顯於當世。及至秦之季世。焚詩書。阬術士。六藝從此缺焉。陳涉之王也。而魯諸儒持孔氏之禮器往歸陳王。於是孔甲爲陳涉博士。卒與涉俱死。陳涉起匹夫。驅瓦合適戍。旬月以王楚。不滿半歲竟滅亡。其事至微淺。然而縉紳先生之徒。負孔子禮器往委質爲臣者。何也。以秦焚其業。積怨而發憤于陳王也。及高皇帝誅項籍。舉兵圍魯。魯中諸儒尚講誦習禮樂。弦歌之音不絕。豈非聖人之遺化。好禮樂之國哉。故孔子在陳。曰。歸與歸與。吾黨之小子狂簡。斐然成章。不知所以裁之。夫齊魯之間。於文學。自古以來。其天性也。故漢興。然後諸儒始得修其經義。講習大射鄉飲之禮。

叔孫通作漢禮儀。因爲太常。諸生弟子共定者。咸爲選首。於是喟然歎興於學。然尚有干戈。平定四海。亦未暇遑庠序之事也。孝惠呂后時。公卿皆武力有功之臣。孝文時頗徵用。然孝文帝本好刑名之言。及至孝景。不任儒者。而竇太后又好黃老之術。故諸博士具官待問。未有進者。及今上卽位。趙綰王臧之屬明儒學。而上亦鄉之。於是招方正賢良文學之士。自是之後。言詩於魯則申培公。於齊則轅固生。於燕則韓太傅。言尚書自濟南伏生。言禮自魯高堂生。言易自菑川田生。言春秋於齊魯自胡毋生。於趙自董仲舒。及竇太后崩。武安侯田蚡爲丞相。絀黃老刑名百家之言。延文學儒者數百人。而公孫弘以春秋白衣爲天子三公。封以平津侯。天下之學士靡然鄉風矣。公孫弘爲學官。悼道之鬱滯。乃請曰。丞相御史言。制曰。蓋聞導民以禮。風之以樂。婚姻者居室之大倫也。今禮廢樂崩。朕甚愍焉。故詳延天下方正博聞之士。咸登諸朝。其令禮官勸學。講議洽聞。興禮以爲天下先。太常議。與博士弟子。崇鄉里之化。以廣賢材焉。謹與太常臧博士平等議曰。聞三代之道。鄉里有教。夏曰校。殷曰序。周曰庠。其勸善也。顯之朝廷。其懲惡也。加之刑罰。故教化之行也。建首善自京師始。由內及外。今陛下昭至德。開大明。配天地。本人倫。勸學修禮。崇化厲賢。以風四方。太平之原也。古者政教未洽。不備其禮。請因舊官而興焉。爲博士官置弟子五十人。復其身。太常擇民年十八已上。儀狀端正者。補博士弟子。郡國縣道邑有好文學。敬長上。肅政教。順鄉里。出入不悖所聞者。令相長丞上屬所二千石。二千石謹察可者。當與計偕。詣太常。得受業如弟子。一歲皆輒試。能通一藝以上。補文學掌故缺。其高第可以爲郞中者。太常籍奏。卽有秀才異等。輒以名聞。其不事學若下材。及不能通一藝。輒罷之。而請諸不稱者罰。臣謹案詔書律令下者。明天人分際。通古今之義。文章爾雅。訓辭深厚。恩施甚美。小吏淺聞。不能究宣。無以明布諭下。治禮次治掌故。以文學禮義爲官。遷留滯。請選擇其秩比二百石以上。及吏百石通一藝以上。補左右內史大行卒史。比百石已下。補郡太守卒史。皆各二人。邊郡一人。先用誦多者。若不足。乃擇掌故補中二千石屬。文學掌故補郡屬。備員。請著功令。佗如律令。制曰。可。自此以來。則公卿大夫士吏。斌斌多文學之士矣。

附錄　漢書儒林傳序

古之儒者。博學虖六藝之文。六學者。王教之典籍。先聖所以明天道。正人倫。致至治之成法也。周道既衰。壞於幽厲。禮樂征伐。自諸侯出。陵夷二百餘年。而孔子興。以聖德遭季世。知言之不用。而道不行。迺歎曰。鳳鳥不至。河不出圖。吾已矣夫。文王既沒。文不在茲乎。於是應聘諸侯。以答禮行誼。西入周。南至楚。畏匡厄陳。奸七十餘君。適齊聞韶。三月不知肉味。自衞反魯。然後樂正。雅頌各得其所。究觀古今之篇籍。迺稱曰。大哉堯之爲君也。唯天爲大。唯堯則之。巍巍乎其有成功也。煥乎其有文章也。又云。周監於二世。郁郁乎文哉。吾從周。於是敘書則斷堯典。稱樂則法韶舞。論詩則首周南。綴周之禮。因魯春秋。舉十二公行事。繩之以文武之道。成一王法。至獲麟而止。蓋晚而好易。讀之韋編三絕。而爲之傳。皆因近聖之事。以立先王之教。故曰述而不作。信而好古。下學而上達。知我者其天乎。仲尼既沒。七十子之徒。散遊諸侯。大者爲卿相師傅。小者友教士大夫。或隱而不見。故子張居陳。澹臺子羽居楚。子夏居西河。子貢終於齊。如田子方段干木吳起禽滑釐之屬。皆受業於子夏之倫。爲王者師。是時獨魏文侯好學。天下並爭於戰國。儒術既黜焉。然齊魯之間學者獨弗廢。至於威宣之際。孟子孫卿之列。咸遵夫子之業而潤色之。以學顯於當世。及至秦始皇兼天下。燔詩書。殺術士。六學從此缺矣。陳涉之王也。魯諸儒持孔氏禮器而歸之。於是孔甲爲涉博士。卒與俱死。陳涉起匹夫。敺適戍以立號。不滿歲而滅亡。其事至微淺。然而搢紳先生負禮器往委質爲臣者。何也。以秦禁其業。積怨而發憤於陳王也。及高皇帝誅項籍。引兵圍魯。魯中諸儒尚講誦習禮。弦歌之音不絕。豈非聖人遺化好學之國哉。於是諸儒始得修其經學。講習大射鄉飲之禮。叔孫通作漢禮儀。因爲奉常。諸弟子共定者。咸爲選首。然後喟然興於學。然尚有干戈。平定四海。亦未皇庠序之事也。孝惠高后時。公卿皆武力功臣。孝文時頗登用。然孝文本好刑名之言。及至孝景。不任儒。竇太后又好黃老術。故諸博士具官待問。未有進者。漢興。言易自淄川田生。言書自濟南伏生。言詩於魯則申培公。於齊則轅固生。燕則韓太傅。言禮則魯高堂生。言春秋。於齊則胡毋生。於趙則董仲舒。及竇太后崩。武安君田蚡爲丞相。黜黃老刑名百家之言。延文學儒者以百數。而公孫弘以治春秋爲丞相封侯。天下學士。靡然鄉風矣。弘爲學官。悼道之鬱滯。迺請曰。丞相御史言。制曰。蓋聞導民以禮。風之以樂。婚姻者。居室之大倫也。今禮廢樂崩。朕甚愍焉。故詳延天下方聞之士。咸登諸朝。其令禮官勸學。講議洽聞。舉遺興禮。以爲天下先。太常議予博士弟子。崇鄉里之化。以厲賢材焉。謹與太常臧博士平等議曰。聞三代之道。鄉里有教。夏曰校。殷曰庠。周曰序。其勸善也。顯之朝廷。其懲惡也。加之刑罰。故教化之行也。建首善自京師始。繇內及外。今陛下昭至德。開大明。配天地。本人倫。勸學興禮。崇化厲賢。以風四方。太平之原也。古者政教未洽。不備其禮。請因舊官而興焉。爲博士官置弟子五十人。復其身。太常擇民年十八以上。儀狀端正者。補博士弟子。郡國縣官有好文學。敬長上。肅政教。順鄉里。出入不悖所聞。令相長丞上屬所二千石。二千石謹察可者。常與計偕。詣太常。得受業如弟子。一歲皆輒課。能通一藝以上。補文學掌故缺。其高第可以爲郎中。太常籍奏。卽有秀才異等。輒以名聞。其不事學若下材及不能通一藝。輒罷之。而請諸能稱者。臣謹案詔書律令下者。明天人分際。通古今之誼。文章爾雅。訓辭深厚。恩施甚美。小吏淺聞。弗能究宣。亡以明布諭下。以治禮掌故。以文學禮義爲官。遷留滯。請選擇其秩比二百石以上。及吏百石通一藝以上。補左右內史大行卒史。比百石以下。補郡太守卒史。皆各二人。邊郡一人。先用誦多者。不足擇掌故以補中二千石屬文學掌故補郡屬備員。請著功令。它如律令。制曰。可。自此以來。公卿大夫士吏。彬彬多文學之士矣。昭帝時舉賢良文學。增博士弟子員滿百人。宣帝末。增倍之。元帝好儒。能通一經者皆復。數年以用度不足。更爲設員千人。郡國置五經百石卒史。成帝末。或言孔子布衣養徒三千人。今天子太學弟子少。於是增弟子員三千人。歲餘。復如故。平帝時。王莽秉政。增元士之子得受業如弟子。勿以爲員。歲課甲科四十人。爲郎中。乙科二十人。爲太子舍人。丙科四十人。補文學掌故云。

經傳治要卷三

小學著述序論

許愼　後漢召陵人。字叔重。官至太尉南閤祭酒。性敦篤。博學經籍。馬融常推敬之。時人語曰。五經無雙許叔重。著五經異議。又著說文解字十四篇。合序目爲十五篇。其書用小篆爲主。兼取古籀。分爲五百四十部。以形相隸。共九千餘文。顏之推服其爲書檃栝有條例。剖析窮根源。後世言小學者皆宗之。

說文解字敍　淸金壇段玉裁注

敍曰。二字舊在下文此十四篇之上、今審定移置於此、左傳宣十五年正義引說文序云、倉頡之初作書、可證、史記漢書法言大玄敍皆殿於末、古箸書之例如此、許書十四篇旣成、乃述其著書之意、而爲五百四十部目、記其文字都數、作韵語以終之、略放太史公自序云、

古者庖犧氏之王天下也。仰則觀象於天。俯則觀法當作灋、於地。視鳥獸之文與地之宜。近取諸身。遠取諸物。於是始作易八卦。㠯垂憲象。及神農氏結繩爲治而統其事。謂自庖犧以前、及庖犧、及神農、皆結繩爲治、而統其事也、繫辭曰、易之興也、其於中古乎、虞曰、興易者謂庖犧也、庖犧爲中古、則庖犧以前爲上古、黃帝堯舜爲後世聖人、按依虞說、則傳云上古結繩而治者、神農以前皆是、云後世聖人易之以書契者、謂黃帝、孝經緯援神契云、三皇無文、是五帝以下始有文字、庶業其緐。其同荀卿書之其、猶極也、飾僞萌生。萌生、謂多也、以上言庖犧作八卦、雖卽文字之肇耑、但八卦尚非文字、自上古至庖犧神農專特結繩、事緐僞茲、漸不可枝、爲下黃帝造書契張本、黃帝之史倉頡。倉或作蒼、按廣韵云、倉姓、倉頡之後、則作蒼非也、帝王世紀云、黃帝史官倉頡、衞恆四體書勢云、昔在黃帝、創制造物、有沮誦倉頡者、始作書契、以代結繩、蓋二人皆黃帝史也、諸書多言倉頡、少言沮誦者、文略也、按史者、記事者也、倉頡爲記事之官、思造記事之法、而文生焉、見鳥

獸蹏迒之迹。知分理之可相別異也。分理、猶文理。初造書契。高誘注呂覽曰、蒼頡生而知書、寫倣鳥跡以造文章、百工以乂。乂、治也、萬品以察。蓋取諸夬。夬揚于王庭。言文者。宣教明化於王者朝廷。文即爲書契也、此引易象辭而釋之、君子所以施祿及下。居德則忌也。居德依許字例、當作凥悳、而不必改正者、十四篇皆釋造字之指、其說解必用本義之字、而不用叚借、有爲後人所亂者、則必更正之、敍則許所自製之文、不妨同彼時通用之字、亦使學者知古今字詁不同、故知敍字不必同十四篇字也、施祿及下、謂能文者則祿加之、居德則忌、謂律己則貴德不貴文也倉頡之初作書。蓋依類象形。故謂之文。依類象形、謂指事象形二者也、指事亦所以象形也、文者逪畫也、逪逪其畫、而物像在是、如見迒而知其爲兔、見速而知爲鹿也、其後形聲相益。即謂之字。形聲相益、謂形聲會意二者也、有形則必有聲、聲與形相軵、爲形聲、形與形相軵、爲會意、其後爲倉頡以後也、倉頡有指事象形二者而已、其後文與文相合、而爲形聲、爲會意、謂之字、如易本祇八卦、卦與卦相重、而得六十四卦也、文者。物象之本。各本無此六字、依左傳宣十五年正義補字者。言孳乳而寖多也。孳者汲汲生也、人及鳥生子曰乳、寖猶漸也、字者乳也、周禮外史、禮經聘禮、論語子路篇、皆言名、左傳反正爲乏、止戈爲武、皿蟲爲蠱、皆言文、六經未有言字者、秦刻石同書文字、此言字之始也、鄭注二禮論語皆云古曰名、今曰字、按名者自其有音言之、文者自其有形言之、字者自其滋生言之、大行人屬瞽史論書名、外史達書名於四方、此韻書之始也、中庸曰、書同文、此字書之始也、周之韻書不傳、而毛詩及他經韻語固在、周之字書不傳、而許君說文可補其闕○按析言之、獨體曰文、合體曰字、統言之則文字可互稱、左傳止戈、皿蟲、皆曰文、是合體爲文也、許君某部言文若干、謂篆文、言凡若干字、謂說解語、是則古篆通謂之文、己語則謙言字也、箸於竹帛謂之書。箸、各本作著、今正、從竹、此字古祇作者、者者別事詞也、別之則其事昭煒、故曰者明、而俗改爲著明、別之則詞與事相黏連軵麗、故引申爲直略切之附者、張略切之衣者、而俗亦皆作附著、衣著、或云說文無著、改爲箸、皆未得其原也、者於竹帛、附著而著明之於竹帛也、古者大事書之於冊、小事簡牘、聘禮記曰、百名以上書於冊、不及百名書於方、古用竹木、不用帛、用帛蓋起於秦、秦時官獄職務繇、初有隸書、以趨約易、始皇至以衡石量書、決事、此非以縑素代竹木不可、許於此兼言帛者、蓋隸楷秦以後言之、書者。如也。謂如其事物之狀也、聿部曰、書者、者也、謂昭明其事、此云如也、謂每一字皆如其物狀、以迄五帝三王之世。改易殊體。迄當爲訖、訖、止也迄俗此等蓋皆後人所改然漢碑多用迄或許不廢此字黃帝為五帝之首自黃帝而帝顓頊高陽帝嚳高辛帝堯帝舜為五帝夏禹商湯周文武為三王其間文字之體更改非一不可枚舉傳於世者槩謂之倉頡古文不皆倉頡所作也

封于泰山者七十有二代。靡有同焉。

于當作於泰當作大封大山者七十二家見管子韓詩外傳司馬相如封禪文史記封禪書封禪書曰古者封泰山禪梁父者七十二家而夷吾所記者十有二焉無懷氏虙羲氏神農炎帝黃帝顓頊帝俈堯舜禹湯周成王也援神契曰三皇無文而無懷虙羲在五帝前曷云有文字乎五帝以前亦有記識而巳非必成字黃帝以下乃各著其字故檃栝之曰七十二代靡有同焉

周禮八歲入小學。

大戴禮保傅篇曰古者年八歲而出就外舍學小藝焉履小節焉束髮而就大學學大藝焉履大節焉盧景宣注曰外舍小學謂虎門師保之學也大學王宮之東者束髮謂成童白虎通曰八歲入小學十五入大學是也此大子之禮倘書大傳曰公卿之大子大夫元士嫡子年十三始入小學見小節而踐小義年二十而入大學見大節而踐大義此世子入學之期也又曰十五始入小學十八入大學謂諸子性晚成者至十五入小學其早成者十八入大學內則曰十年出就外傅居宿於外學書計者謂公卿以下教子於家也玉裁按食貨志曰八歲入小學學六甲五方書計之事白虎通曰八歲毀齒始有識知入學學書計許亦曰周禮八歲入小學皆是泛言教法非專指王大子內則六年教之數與方名巳識字巳知算矣至十歲乃就外傅講求六書之理九數之法故曰十年學書計與他家云八歲入小學異者所傳不同也周禮無八歲入小學之文因保氏併系之周禮

保氏教國子先㠯六書。

周禮保氏教國子六藝五曰六書國子者公卿大夫之子弟師氏教之保氏養之而世子亦齒焉六書者文字聲音義理之總匯也有指事象形形聲會意而字形盡於此矣字各有音而聲音盡於此矣有轉注段借而字義盡於此矣異字同義曰轉注異義同字曰段借有轉注而百字可一義也有段借而一字可數義也字形字音之書若大史籀著大篆十五篇殆其一耑乎字義之書若爾雅其取著者也趙宋以後言六書者匈襟陋隘不知轉注段借所以包栝詁訓之全謂六書為倉頡造字六法說轉注多不可通戴先生曰指事象形形聲會意四者字之體也轉注段借二者字之用也聖人復起不易斯言矣

一曰指事。

劉歆班固首象形次象事指事卽象事鄭衆作處事非也

指事者視而可識。察而見意。

見意各本作可見今依顏氏藝文志注正意舊音如億識意在古音第一部以下每書二句皆韵語也

二二是也。

二二各本作上下非今正此謂古文也有在一之上者有在一之下者視之而可識為上下察之而見上下之意許於二部曰二高也此指事二底也此指事序復舉以明之指事之別於象形者形謂一物

事晐衆物專博斯分故一舉日月一舉𠄞𠄟𠄞𠄟所晐之物多日月祇一物學者知此可以得指事象形之分矣指事亦得稱象形故乙丁戊己皆指事也而丁戊己皆解曰象形子丑寅卯皆指事也而皆解曰象形一二三四皆指事也而四解曰象形有事則有形故指事皆得曰象形而其實不能溷指事不可以會意殽合兩文爲會意獨體爲指事徐楚金及吾友江艮庭往往認會意爲指事非也

二曰象形。象當作像像者侶也象者南越大獸也自易大傳巳段借矣劉歆班固鄭衆亦皆曰象形

象形者。畫成其物。隨體詰詘。日月是也。詰詘見言部猶今言屈曲也日下曰實也大陽之精象形月下曰闕也大陰之精象形此復舉以明之物莫大乎日月也有獨體之象形有合體之象形獨體如日月水火是也合體者从某而又象其形如眉从目而以㇇象其形箕从竹而以𠀠象其形衰从衣而以𠂹象其形𤰝从田而以𠃬象耕田溝詰屈之形是也獨體之象形則成字可讀輀於从某者不成字不可讀說解中往往經淺人刪之此等字半會意半象形一字中兼有二者會意則兩體皆成字故與此別

三曰形聲。劉歆班固謂之象聲形聲即象聲也其字半主義半主聲半主義者取其義而形之半主聲者取其聲而形之不言義者不待言也得其聲之近似故曰象聲曰形聲鄭衆作諧聲諧詒也非其義

形聲者。㠯事爲名。取譬相成。江河是也。事兼指事之事象形之物言物亦事也名即古曰名今曰字之名譬者諭也諭者告也以事爲名謂半義也取譬相成謂半聲也江河之字以水爲名譬其聲如工可因取工可成其名其別於指事象形者指事象形獨體形聲合體其別於會意者會意合體主義形聲合體主聲聲或在左或在右或在上或在下或在中或在外亦有一字二聲者有亦聲者會意而兼形聲也有省聲者既非會意又不得其聲則知其省某字爲之聲也

四曰會意。劉歆班固鄭衆皆曰會意會者合也合二體之意也一體不足以見其義故必合二體之意以成字

會意者。比類合誼。㠯見指撝。武信是也。誼者人所宜也先鄭周禮注曰今人用義古書用誼誼者本字義者段借字指撝與指麾同謂所指向也比合人言之誼可以見必是信字比合戈止之誼可以見必是武字是會意也會意者合誼之謂也凡會意之字曰从人言曰从止戈人言止戈二字皆聯屬成文不得曰從人从言从戈从止而全書內往往爲淺人增一从字大徐本尤甚絕非許意然亦有本用兩从字者固當分別觀之有似形聲而實會意者如拘鉤笱皆在句部不在手金竹部莽莫葬不入犬日死部𠬪糾不入廾系部之類是也

五曰轉注。劉歆班固鄭衆亦皆曰轉注轉注猶言互訓也注者灌也數字展轉互相爲訓如諸水相爲灌注交輸互受也轉注者所以用指事象形形聲會意四種文字者也數字同義則用此字可用彼字亦可漢以後釋經謂之注出於此謂

引其義使有所歸如水之有所注也里俗作註字自明至今刊本盡改舊文其可嘆矣

轉注者。建類一首。同意相受。考老是也。

建類一首謂分立其義之類而一其首如爾雅釋詁第一條說始是也同意相受謂無慮諸字意恉略同義可互受相灌注而歸於一首如初哉首基肇祖元胎俶落權輿其於義或近或遠皆可互相訓釋而同謂之始是也獨言考老者其顯明親切者也老部曰老者考也考者老也以考注老以老注考是之謂轉注蓋老之形從人毛匕屬會意考之形從老丂聲屬形聲而其義訓則爲轉注全書內用此例不可枚數但類見於同部者易知分見於異部者易忽如人部但裼也衣部裼但也之類學者宜通合觀之異字同義不限於二字如裼羸裎皆曰但也則與但爲四字窒窴皆曰𡫳也則與𡫳爲三字是也爾雅首條初爲衣之始哉爲才之叚借字才者草木之初首爲人體之始基爲牆始肇爲肁之叚借肁者始開祖爲始廟元爲始胎爲婦孕三月俶爲始也落之爲始義以反而成權輿之爲始蓋古語是十一者通謂之始非一其首而同其異字之義乎許云考者老也老者考也舉其切近著明者言之其他若初才首基肁祖元胎俶落權輿等字之皆爲始未嘗不義同爾雅也有參差其辭者如初下曰始也始下曰女之初也同而異異而同也有綱目其辭者如𧦝爲意內言外而弞爲兄𧦝者爲別事𧦝魯爲鈍𧦝曾爲𧦝之舒尒爲𧦝之必然矣爲語已𧦝乃爲𧦝之難是也有云之言者如孔子云貉之言貉貉惡也狄之言淫辟也是也凡經傳內云之言亦云之爲言者覩此有云猶者如不下云一猶天也爾下云麗爾猶靡麗也夲下云大十猶兼十人也苟下云勹口猶愼言也𡫳下云𧦝猶齊也是也凡傳注中云猶者視此有以叚借爲轉注者如會下云曾益也曾卽增㔾下云匕合也匕卽比譺下云允進也允卽虓是也凡爾雅及傳注以叚借爲轉注者覩此爾雅訓哉爲始謂哉卽才之叚借也毛傳訓瑕爲遠謂瑕卽遐之叚借也故轉注中可包叚借必二之爲分別其用也既叚借而後與叚義之字相轉注未叚借則與本義之字相轉注也轉注之說晉衞恆唐賈公彥宋毛晃皆未誤宋後乃異說紛然戴先生答江愼修書正之如轉月出者而熸火猶有思復然者由未知六書轉注叚借二者所以包羅自爾雅而下一切訓詁音義而非謂字形也玉裁按衞恆四體書勢曰轉注者以老注考也此申明許說也而今晉書譌爲老壽考後不可通毛晃曰六書轉注謂一字數義展轉注釋而後可通後世不得其說

六曰假借。

劉歆班固鄭衆皆作叚借六書之次第鄭衆一象形二會意三轉注四處事五假借六諧聲所言非其敍劉歆班固一象形二象事三象意四象聲五轉注六假借與許大同小異要以劉班許所說爲得其傳蓋有指事象形而後有會意形聲有是四者爲體而後有轉注假借二者爲用戴先生曰六者之次第出於自然是也學者不知轉注則亦不知假借爲何用矣假當作叚又部曰叚借也然則人部當云借叚

也段借者古文初作而文不備乃以同聲爲同義轉注專主義猶會意也段借兼主聲猶形聲也

假借者。本無其字。依聲託事。令長是也。

託者寄也謂依傍同聲而寄於此則凡事物之無字者皆得有所寄而有字如漢人謂縣令曰令長縣萬戶以上爲令減萬戶爲長令之本義發號也長之本義久遠也縣令縣長本無字而由發號久遠之義引申展轉而爲之是謂段借許獨舉令長二字者以今通古謂如今漢之縣令縣長字是也原夫段借放於古文本無其字之時許書有言以爲者有言古文以爲者皆可薈萃舉之以者用也能左右之曰以凡言以爲者用彼爲此也如來周所受瑞麥來麰也而以爲行來之來烏孝鳥也而以爲烏呼字朋古文鳳神鳥也而以爲朋攩字子十一月陽氣動萬物滋也而以爲人偁韋相背也而以爲皮韋西鳥在巢上也而以爲東西之西言以爲者凡六是本無其字依聲託事之明證本無來往字取來麥字爲之及其久也乃謂來爲來往正字而不知其本訓此許說段借之明文也其云古文以爲者洒下云古文以爲灑埽字疋下云古文以爲詩大雅字丂下云古文以爲巧字臤下云古文以爲賢字旅下云古文以爲魯衞之魯哥下云古文以爲歌字詖下云古文以爲頗字圖下云古文以爲靦字爰下云古文以爲車轅字𢾭下云周書以爲討字此亦皆所謂依聲託事也而與來烏朋子韋西六字不同者本有字而代之與本無字有異然或段借在先製字在後則段借之時本無其字非有二例惟前六字則段借之後終古未嘗製正字後十字則段借之後遂有正字爲不同耳許書又有引經說段借者如𡚦人姓也而引商書無有作𡚦謂鴻範段𡚦爲好也蔑火不明也而引周書布重蔑席釋云蒻席也謂顧命段蔑爲蒻也堲古文垐以土增大道上也而引唐書朕堲讒說殄行釋云堲疾惡也謂堯典段堲爲疾也圛回行也而引商書曰圛釋云圛者升雲半有半無謂鴻範段圛爲駱驛也枯槀也而引夏書唯箘輅枯釋云木名謂段枯槀之枯爲木名也此皆許偁經說段借而亦由古文字少之故與云古文以爲者正是一例大氏段借之始始於本無其字及其後也既有其字矣而多爲段借又其後也且至後代譌字亦得自冒於段借博綜古今有此三變以許書言之本無難易二字而以難鳥蜥易之字爲之此所謂無字依聲者也至於經傳子史不用本字而好用段借字此或古古積傳或轉寫變易有不可知而如許書每字依形說其本義其說解中必自用其本形本義之字乃不至矛盾自陷而今日有絕不可解者如悳爲愁憂爲行和既畫然矣而愁下不云悳也云憂也竊爲窒塞爲隔既畫然矣而窒下不云竊也云塞也但爲裼袒爲衣縫解既畫然矣而裼下不云但也云袒也如此之類在他書可以託言段借在許書則必爲轉寫譌字蓋許說義出於形有形以範之而字義有一定有本字之說解以定之而他字說解中不容與本字相背故全書譌字必一一諟正而後許免於誣許之爲是書也以漢人通借縣多不可

究詁學者不識何字爲本字何義爲本義雖有倉頡爰歷博學凡將訓纂急就元尚諸篇揚雄杜林諸家之說而其篆文既亂雜無章其說亦零星閒見不能使學者推見本始觀其會通故爲之依形以說音義而製字之本義昭然可知本義既明則用此字之聲而不用此字之義者乃可定爲段借本義明而段借亦無不明矣。

及宣王大史籀著大篆十五篇。與古文或異。大史官名籀人名也省言之曰史籀漢藝文志云史籀十五篇自注周宣王大史作大篆十五篇又云史籀篇者周時史官教學童書也然則其姓不詳記傳中凡史官多言史某而應劭張懷瓘顏師古及封演聞見記郭忠恕汗簡引說文皆作大史史籀或疑大史而史姓恐未足據大篆十五篇亦曰史籀篇亦曰史篇王莽傳徵天下史篇文字孟康云史籀所作十五篇古文書也此古文二字當易爲大篆大篆與倉頡古文或異見於許書十四篇中者備矣凡云籀文作某者是也或之云者不必盡異也蓋多不改古文者矣籀文字數不可知尉律諷籀書九千字乃得爲史此籀字訓讀書與宣王大史籀非可牽合或因之謂籀文有九千字誤矣大篆之名上別乎古文下別乎小篆而爲言曰史篇者以官名之曰籀篇籀文者以人名之而張懷瓘書斷乃分大篆及籀文爲二體尤爲非是又謂籀文亦名籀書尤非凡漢書元帝紀王尊傳嚴延年傳西域傳之馮嫽後漢書皇后紀之和熹鄧皇后順烈梁皇后或云善史書或云能史書皆謂便習隸書適於時用猶今人之工楷書耳而自應仲遠注漢書已云史書周宣王大史籀所作大篆十五篇也殊爲繆解許備史篇者三甄下云此燕召公名史篇名醜匋下云史篇讀與缶同姚下云史篇以爲姚易知史篇不徒載篆形亦有說解班志云建武時亡六篇唐玄度云建武中獲九篇章帝時王育爲作解說所不通者十有二三許蓋取王育說與

至孔子書六經。左丘明述春秋傳。皆㠯古文。六經易書詩禮樂春秋也始見小戴經解莊子天運孔子書六經以古文者以壁中經知之左氏述春秋傳以古文者於張蒼所獻知之皆見下文古文大篆二者錯見此云皆以古文兼大篆言之六經左傳不必有古文而無籀文也下文云取史籀大篆或頗省改兼古文言之不必所省改皆大篆而無古文也秦書八體一曰大篆二曰小篆不言古文知古文巳包於大篆中也王莽改定古文有六書一曰古文二曰奇字卽古文而異者三曰篆書卽小篆不言大篆知古文奇字二者內已包大篆也呂氏春秋云倉頡造大篆是古文亦可偁大篆之證

厥意可得而說。謂雖當詭更正文玩其所習蔽所希聞之世而眞古文之意未嘗不可說也

其後諸侯力政。不統於王。其後謂孔子殁而微言絕七十子終而大義乖也

惡禮樂之害己。而皆去其典籍。見孟子

分爲七國。韓趙魏燕齊楚秦

田疇異畮。如周制六尺爲步步百爲畮秦

孝公二百四十步為畮。車涂異軌。車之徹廣曰軌、因以軌名涂之廣、七國時、車不依徹廣八尺之定制、或廣或陝焉、涂不依諸侯經涂七軌、環涂五軌、野涂三軌之制、各以意為之、故曰車涂異軌也、律令異灋。如商鞅為左庶長、定變法之令、衣冠異制。如趙武靈王效胡服、為惠文冠、前插貂尾、又服鞾、齊王之側注冠、楚王之解豸冠、是也、言語異聲。文字異形。謂大行人屬瞽史諭書名、聽聲音之制廢、而各用其方俗語言、各用其私意省改之文字也、言語異聲、則音韻岐、文字異形、則體製惑、車同軌、書同文之盛、於是乎變矣、秦始皇帝初兼天下。丞相李斯乃奏同之。罷其不與秦文合者。以秦文同天下之文、秦文、即下文小篆也、本紀曰、二十六年、書同文字、斯作倉頡篇。藝文志曰、倉頡一篇、上七章、秦丞相李斯作、中車府令趙高作爰歷篇。志曰、爰歷六章、車府令趙高作、車上當有中字、伏儼曰、中車府令、主乘與路車者也、大史令胡毋敬作博學篇。志曰、博學七章、大史令胡毋敬作、司馬彪曰、大史令掌天時星厤、胡毋姓也、公羊音義史記索隱毋皆音無、或作父母字、非也、李之七章、趙之六章、胡毋之七章、各為一篇、漢志敢目合為倉頡一篇者、因漢時閭里書帥合為三篇、斷六十字以為一章、凡五十五章、並為倉頡篇故也、六十字為一章者凡五十五、然則自秦至司馬相如以前、小篆祇有三千三百字耳、淺人云、倉頡大篆有九千字、大篆至多三倍於小篆、其說之妄、不辨而可知矣、皆取史籀大篆。或頗省改。省、同媘、女部曰、媘、少減也、亦作消、水部曰、消、減也、省者、減其繇重、改者、改其怪奇、如民弟革酉、皆象古文之形、所謂改也、書中載秦刻石乜汝二字、此又刻石與其小篆異者、如古文之有奇字也、云取史籀大篆、或頗省改者、言史籀大籀則古文在其中、大篆既或改古文、小篆復或改古文大篆、或之云者、不盡省改也、不改者多、則許所列小篆、固皆古文大篆、其不云古文作某籀文作某者、古籀同小篆也、其既出小篆、又云古文作某、籀文作某者、則所謂或頗省改者也、所謂小篆者也。篆者、引書之謂、大史籀作者大篆、則謂李斯等作者小篆、以別之、小篆、藝文志作秦篆、凡許書中云篆書者、小篆也、云籀文者、大篆也、是時秦燒滅經書。滌除舊典。大發隸卒。興戍役。官獄職務繁。皆詳始皇本紀、初有隸書。以趣約易。趣、疾走也、而古文由此絕矣。藝文志曰、是時始造隸書矣、起於官獄多事、苟趨省易、施之於徒隸也、晉衞恆曰、秦既用篆、奏事繁多、篆字難成、即令隸人佐書、曰隸字、唐張懷瓘曰、秦造隸書、以赴急速、為官司刑獄用之、餘尚用小篆焉、按小篆既省改古文大篆、隸書又為小篆之省、秦時二書兼行、而古文大篆遂不行、故曰古文由此絕、秦時刻石皆用小篆、漢初人不識科斗、其證也。自爾秦書有八體。爾、此也。藝文志史籒十五篇、下卽次之以八體六技、而不言其篇數、韋昭注八體、用許說。一曰大篆。不言古文者、古文在大篆中也。上云古文由此絕、何也、古文大篆雖不行、而其體固在、刻符蟲書等未嘗不用之也。二曰小篆。其時所最重也。三曰刻符。魏書江式表符下有書字、符者、周制六節之一、漢制以竹長六寸、分而相合。四曰蟲書。新莽六體有鳥蟲書、所以書旛信也、此蟲書卽書旛信者。五曰摹印。卽新莽之繆篆也。六曰署書。木部曰、檢者書署也、凡一切封檢題字皆曰署、題榜亦曰署、冊部曰、扁者署也、從戶冊。七曰殳書。蕭子良曰、殳者伯氏之職也、古者文既記勞、武亦書殳、按言殳以包凡兵器題識、不必尊謂殳、漢之剛卯亦殳書之類。八曰隸書。所以便於官獄職務也、自刻符而下、其漢志所謂六技與、刻符旛信摹印署書殳書、皆不離大篆小篆而詭變、各自爲體、故與左書僻六技。漢興有草書。衞恆曰、漢興而有草書、不知作者姓名、至章帝時、齊相杜度號善作之、宋王愔曰、元帝時史游作急就章、解散隸體、麤書之、章草之始也、按草書之偁起於草槀、趙壹云、起秦之末、殆不始史游、其各字不連緜者曰章草、晉以下相連緜者曰今草、猶隸之有漢隸今隸也、漢人所書曰漢隸、晉唐以下楷書曰今隸、草書又爲隸書之省、文字之變已極、故許蒙八體而附著之於此、言其不可爲典要也、漢趙壹有非草書一篇。尉律。謂漢廷尉所守律令也、百官公卿表曰、廷尉秦官、掌刑辟、藝文志曰、漢興蕭何草律、刑法志所謂蕭何捃摭秦法、取其宜於時者、作律九章也、此以下至輒舉劾之、說漢律所載取人之制。學僮十七已上。僮、今之童字。始試。句絕、謂始應考試也。諷籒書九千字。乃得爲史。史各本作吏、今依江式傳正、周禮注曰、倍文曰諷、竹部曰、籒讀書也、毛詩傳曰、讀抽也、方言曰、抽讀[illegible]由卯籒、籒讀二文爲轉注、倘書克由繹之、由繹卽籒繹也、史記云、紬史記石室金匱之書、如淳云、抽徹舊書故事而次述之、紬亦卽籒字也、今本說文言部讀下云、誦書也、不合、故訓誦乃籒之誤耳、凡古卜箍抽繹卦爻本義而爲辭者、因以籒名之、今左傳作籀、俗作繇、許偁則作卜籒、籒之說明、而許所謂諷籒書者可明矣、諷籒書九千字者、諷謂能背誦尉律之文、籒書謂能取尉律之義、推演發揮而繙寫至九千字之多、諷若今小試之默經、籒書若今試士之時藝、上云始試、則此乃試之之事也、藝文志、試學童、諷書九千字以上、乃得爲史、無籒字、得爲史得爲郡縣史也、周禮史十有二人、注曰、史掌書者、又史掌官書以贊治、注曰、贊治若今起文書草也、後漢書百官志、郡太守郡丞、縣令若長、縣丞、縣尉、各置諸曹掾史。又以八體試之。八體、漢志作六體、考六體乃亡新時所立、漢初蕭何草律、當沿秦八體耳、班志固以試學童爲蕭何律文也、自學僮十七至輒舉劾之、許與班略異、而可互相補正、班云大史試學童許則云郡縣以諷籀書試之又以八體試之而後郡移大史試之此許詳於班也班云諷書許則云諷籀書此亦許詳於班也班云六體許則云八體此許覈於班也班云以爲尙書御史史書令史許云尙書史此班詳於許也班云吏民上書字或不正輒舉劾許不言吏民上書此亦班詳於許也班書之成雖在許前也而許不必見班書固別有所本矣

郡移大史并課。句絕最者㠯爲尙書史。

大史者大史令也幷課者合而試之也上文試以諷籀書九千字謂試其記誦文理試以八體謂試其字迹縣移之郡郡移之大史大史合試此二者最讀殿最之最其最者用爲尙書令史也尙書令史十八人二百石主書藝文志曰以爲尙書御史史書令史云史書令史者爲能史書之令史也漢人謂隸書爲史書故孝元帝孝成許皇后王尊嚴延年楚王侍者馮嫽後漢孝和帝和熹鄧皇后順烈梁皇后北海敬王睦樂成靖王黨安帝生毋左姬魏胡昭史皆云善史書大致皆爲適於時用如貢禹傳云郡國擇便巧史書者以爲右職又蘇林胡公云漢官假佐取內郡善史書者給佐諸府也是可知史書之必爲隸書向來注家釋史書爲大篆其繆可知矣石建自詭馬不足一馬援糾繆皋爲四羊其可證也蓋漢承秦後切於時用莫若小篆隸書也志兼言御史令史御史之令史郎百官志之蘭臺令史許不及之者以下文云字或不正輒舉劾之乃尙書所職非御史所職也○光武紀注引漢制度曰帝之下書有四一曰策書二曰制書三曰詔書四曰誡敕策書者編簡也其制長二尺短者半之篆書起年月日稱皇帝以命諸侯王三公以罪免亦賜策而以隸書用尺一木兩行惟此爲異也制書者帝者制度之命其文曰制詔三公皆璽封尙書令印重封露布州郡也詔書者詔告也其文曰告某官云如故事誡敕者謂敕刺史大守其文曰有詔敕某官他皆倣此按此知漢人除策諸侯王用木簡篆書外他皆用縑素隸書而巳絕無用大篆之事也

書或不正。輒舉劾之。

劾者用法以糾有罪也百宦志曰民曹尙書主凡吏民今本奪民字上書事然則吏民上書字或不正輒舉劾正民曹尙書事而令史實佐之者也此以上言漢初尉律之法如此

今雖有尉律不課。

今者許謂當其時也謂不試以諷籀尉律九千字也

小學不修。

謂不以八體試之也漢志自史籀十五篇下至杜林倉頡故一篇總之爲小學十家四十五篇謂之小學者八歲入小學所敎也

莫達其說久矣。

莫解六書之說也玉裁按漢之取人蕭何初制用律及八體書迄乎孝武依丞相御史言用通一藝以上補卒史乃後吏多文學之士合說文藝文志及儒林傳參觀可見蓋始用律後用經而文學由之盛始試八體後不試第聽閭里書師習之而小學衰矣故言今以惜之

孝宣皇帝時。召通倉頡讀者。

句絕此通倉頡讀者齊人而失其姓名藝文志云徵齊人能通倉頡讀者是也張敞從受之謂令張敞從此人學如

晁錯之從從伏生受尙書張叔等十餘人詣京師受業博士或學律令也

張敞從受之。藝文志曰倉頡多古字俗師失其讀宣帝時徵齊人能正讀者張敞從受之傳至外孫之子杜林爲作訓故按云倉頡多古字者謂倉頡篇中大半古文大篆且周秦時所用音義在漢時則爲古字如張揖古今字詁所記者是也俗師失其讀者失其音義也正讀者正其音義張敞字子高河東平陽人子吉吉子竦字伯松博學文雅過於敞郊祀志曰美陽得鼎獻之有司多以爲宜薦見宗廟張敞好古文字按鼎銘勸而上議曰此鼎殆周之所以褒賜大臣大臣子孫刻銘其先功藏之於宮廟者也不宜薦見宗廟制曰京兆尹議是

涼州刺史杜業。業漢書作鄰似當從許作業杜鄰字子夏本魏郡緐陽人也其母張敞女從敞子吉學問得其家書吉子竦又從鄰學問亦著於世尤長小學鄰子林亦有雅材其正文字過於鄰竦

沛人爰禮。沛依六篇邑部當作郝此亦從俗也亏部平下曰爰禮說其一端也

講學大夫秦近。講學大夫新莽所設官名儒林傳蕭秉陳俠歐陽政爲王莽講學大夫秦近或曰卽桓譚新論云秦近君說堯典篇目兩字至十餘萬言說曰若稽古三萬言者也

亦能言之。謂已上共五人皆能說倉頡讀也杜業在哀帝時爰禮秦近皆在平帝及亡新時

孝平皇帝時。徵禮等百餘人。令說文字未央廷中。㠯禮爲小學元士。孝平紀元始五年徵天下通知逸經古記天文麻算鍾律小學史篇方術本草及以五經論語孝經爾雅教授者在所爲駕一封軺傳遣詁京師至者數千人王莽傳曰元始四年徵天下通一藝教授十一人以上及有逸禮古書毛詩周官爾雅天文圖識鍾律月令兵法史篇文字通知其意者皆詣公車令記說廷中紀傳所說正是一事爰禮等百餘人說文字未央廷中正其時也禮等通小學史篇文字者也史篇孟康云史籒所作十五篇也玉裁按楊雄傳曰史篇莫善於倉頡是則凡小學之書皆得傳史篇藝文志曰至元始中徵天下通小學者以百數各令記字於庭中楊雄取其有用者以作訓纂篇

黃門侍郎楊雄。楊下木或從手者誤本傳奏羽獵賦除爲郎給事黃門

采㠯作訓纂篇。志曰訓纂一篇楊雄作楊雄傳曰史篇莫善於倉頡作訓纂

凡倉頡以下十四篇。凡五千三百四十字。羣書所載。略存之矣。凡者冣括也冣括者都數也倉頡已下十四篇謂自倉頡至於訓纂共十有四篇篇之都數也五千三百四十字字之都數也藝文志曰漢時閭里書師合倉頡爰歷博學三篇斷六十字以爲一章凡五十五章並爲倉頡篇此謂漢初倉頡篇祇有三千三百字也志又曰武帝時司馬相如作凡將篇無復字元帝時黃門令史游作急就篇成帝時將作大匠李長作元尙篇皆倉頡中正字也凡將則頗有出矣此謂三家所作惟凡將之字有出倉頡篇外者

也志又曰至元始中徵天下通小學者以百數各令記字於庭中楊雄取其有用者以作訓纂篇順續倉頡又易倉頡中重復之字凡八十九章此謂雄所作訓纂凡三十四章二千四十字合五十五章三千三百字凡八十九章五千三百四十字也班但言章數許但言字數而數適相合不數急就元尙者皆倉頡中字既取倉頡可不之數也不數凡將者凡將字雖或出倉頡外而必晐於訓纂中故亦不之數也訓纂續倉頡而無複倉頡之字且易倉頡中自複者故五千三百四十字一無重複也然則何以云十四篇也合李斯趙高胡毋敬司馬相如史游李長楊雄所作而言之計字則無複計篇則必備也本祇有倉頡爰歷博學凡將急就元尙訓纂七目又析之爲十四其詳不可聞矣漢初蓋倉頡爰歷博學爲三倉班於倉頡一篇自注云上七章則爰歷爲中博學爲下可知也自楊雄作訓纂以後班固作十三章和帝永元中郎中賈魴又作滂喜篇梁庾元威云倉頡五十五章爲上卷楊雄作訓纂記滂喜爲中卷賈升郎更續記彥鑑均爲下卷人偁爲三倉元魏江式亦云是爲三倉蓋自張揖作三倉訓詁陸璣詩疏引三倉說郭樸作三倉解詁魏晉時早有三倉之偁章昭注漢云班固十三章疑在倉頡下篇三十四章之內然則賈魴所作有三十四章而班之十三章在其中許所云五千三百四十字不數班賈所作也楊雄訓纂終於滂熹二字滂熹者言滂沱大盛賈魴用此二字爲篇目而終於彥均二字故庾氏云楊記滂喜賈記彥均隨志則云楊作訓纂賈作滂喜其實一也喜與蒸古通用熹者大盛之意彥音盤大也大學人之彥聖彥一作盤是也懷璐書斷云倉頡訓纂八十九章合賈廣班三十四章凡百二十三章文字備矣按八十九章五千三百四十字又增三十四章二千四十字凡七千三百八十字許全書凡九千三百五十三文蓋五千三百四十字之外他采者三千十三字班賈之篇未嘗不在网羅之內且班固而外亦且借歸漁獵之中班前於許賈則同時許即不見班賈之書而未央廷中百餘人所說楊雄所未采凡將所出倉頡外藝文志所云別字十三篇者具焉是皆許之所本也自倉頡至彥均章皆六十字凡十五句句皆四言許引幼子承詔郭注爾雅引考姚延年是也凡將七言如蜀都賦注引黃潤織美宜製禪藝文類聚引鐘磬竽笙筑坎侯是也急就今尙存前多三言後多七言元尙今無考若隨志所載班固大甲篇在昔篇蓋即在十三章內崔瑗飛龍篇蔡邕聖皇篇黃初篇吳章篇蔡邕女史篇皆由其字已具三倉中故不得列於三倉也者藝文志又偁倉頡傳一篇楊雄倉頡訓纂一篇杜林倉頡訓纂一篇杜林倉頡故一篇此四篇者又皆漢人釋倉頡篇十五章之作五十五章四言爲句如今童子所讀千字文此四篇者如顏師古王伯厚之釋急就篇也自倉頡至彥均漢魏時蓋皆以隷書書之或以小篆書之皆閭里書師所教習謂之史書

及亡新居攝。使大司空甄豐等。校文書之部。

校今之挍字也古無挍字借校字爲

之、自目爲應制作。王莽傳曰、莽奏起明堂辟雍靈臺、制度甚盛、立樂經、自言盡力制禮作樂事、頗改定古文。頗者、閒見之詞、於古文閒有改定、如疊字下、亡新以爲疊從三日大盛、改爲三田、是其一也、時有六書。與周禮保氏六書同名異實、莽之六書、即秦八體而損其二也、

一曰古文。孔子壁中書也。下文詳之、秦有小篆隸書、而古文由此絕、故惟孔子壁中書爲古文、故六書首此、

二曰奇字。即古文而異者也。分古文爲二、几下云、古文奇字人也、无下云、奇字橆也、許書二見、蓋其所記古文中字有之、不獨此二字矣、楊雄傳云、劉歆之子棻、嘗從雄學奇字、按不言大篆者、大篆即包於古文奇字二者中矣、張懷瓘謂奇字即籀文、其跡有石鼓文存、非是、

三曰篆書。即小篆。上文所謂小篆、秦始皇帝使下杜人程邈所作也。按此十三字、當在下文左書即秦隸書之下、上文明言李斯趙高胡毋敬皆取史籀大篆省改、所謂小篆、則作小篆之人既顯白矣、何容贊此、自相矛盾耶、況蔡邕聖皇篇云、程邈刪古立隸文、而蔡琰衛恆羊欣江式庾肩吾王僧虔酈道元顏師古亦皆同辭、惟傳聞不一、或晉時許書已譌、是以衛巨山疑而未定耳、下杜人程邈爲衛獄吏、得罪幽繫雲陽、增減大篆體、去其緐復、始皇善之、出爲御史、名書曰吏書、下杜江式張懷瓘皆作下邽、庾肩吾書品作下邳、邈說文無此字、蓋古祇作貌、

四曰左書。即秦隸書。左今之佐字、小徐本作左、而後大叔佐夏、不畫一、蓋許敍從俗作佐、後人或以古字改之、而又不盡改也、左書謂其法便捷、可以佐助篆所不逮、上文云、初有隸書、以趣約易、不言誰作、故此補之曰、秦始皇帝使下杜人程邈所作也、

五曰繆篆。所目摹印也。摹、規也、規度印之大小字之多少而刻之、繆讀綢繆之繆、上文秦文八體五曰摹印、

六曰鳥蟲書。所目書幡信也。幡當作旛、漢人俗字、以幡爲之、書旛謂書旗幟、書信謂書符卩、上文四曰蟲書、此曰鳥蟲書、謂其或像鳥、或像蟲、鳥亦備羽蟲也、按秦文八體、尙有刻符署書殳書、此不及之者、三書之體不離乎摹印書旛之體、故舉二以包三、古文則析爲二、以包大篆、莽意在復古應制作、故不欲襲秦制也、

壁中書者。已下尊崇古籀、述已作書之意、故承壁中書而釋之、魯恭王壞孔子宅而得禮記尙書春秋論語孝經。劉歆移書讓大常博士曰、魯恭王壞孔子宅、欲以爲宮、得古文於壞壁中、逸禮三十有九、書十六篇、藝文志曰、魯恭王壞孔子宅、欲以廣其宮、得古文尙書及禮記論語孝經凡數十篇、皆古字也、景十三王傳曰、於其壁中得古文經傳、按古文傳謂記及論語也、許所謂得禮者、禮古經也、志言禮古經五十六卷、出於魯淹中及孔氏、與后氏戴氏經十七篇相似、多三十九篇、十七篇即唐以後所謂儀禮、多出之三十九篇、漢儒莫爲之注、遂亡、○記者謂

禮之記也河間獻王傳禮與禮記為二此亦當云禮禮記轉寫奪一禮字耳志云記百三十一篇七十子後學者所記也明堂陰陽三十三篇古明堂之遺事也王史氏二十一篇七十子後學者也隨志劉向考校經籍得記百三十篇明堂陰陽記三十三篇孔子三朝記七篇王史氏記二十一篇樂記二十三篇凡五種合二百十四篇經典釋文敘錄引劉向別錄云古文記二百十四篇是也謂之古文記則以上皆為古文可知〇尚書者志言尚書古文經四十六卷為五十七篇以考伏生經二十九篇得多十六篇劉歆亦云得古文逸書十六篇要之伏生所有以及所無皆為古文矣〇春秋蓋謂春秋經也志言春秋古經十二篇是也春秋經傳班志不言出誰氏據許下云北平侯張蒼獻春秋左氏傳意經傳皆其所獻古經與傳別然則班云春秋古今十二篇左氏傳三十卷皆謂蒼所獻也而許以經系之孔壁以傳系之北平侯恐非事實或曰春秋二字衍文〇論語志云論語古二十一篇出孔子壁中兩子張篇是也齊論語則二十二篇魯論語則二十篇〇孝經者志云孝經古孔氏一篇二十二章是也孝經一篇十八章漢長孫氏江翁后蒼翼奉張禹各自名家經文皆同唯孔氏壁中古文為異〇以上皆古文以其出於壁中故謂之壁中書晉人謂之科斗文王隱曰大康元年汲郡民盜發魏安釐王冢得竹書漆字科斗之文科斗文者周時古文也其字頭麤尾細似科斗之蟲故俗名之焉據此則科斗文乃晉人里語而孔安國敘尚書乃有科斗文字之偁其為作偽固顯然可見矣

又北平侯張蒼獻春秋左氏傳。

孝惠三年乃除挾書之律張蒼當於三年後獻之然則漢之獻書張蒼最先漢之得書首春秋左傳而平帝時乃立博士何也秦禁挾書而蒼身為秦柱下御史逐藏左氏至漢弛禁而獻之亦可以知秦法之不行矣此亦壁中諸經之類也故類記之論衡說左傳卅篇出恭王壁中恐非事實

郡國亦往往於山川得鼎彝其銘即前代之古文皆自相似。

何休云亦者兩相須之意銘字不見於金部由古文士喪禮作名許從古文禮也而此作銘者不廢今字也似像也郡國所得秦以上鼎彝其銘即三代古文如郊祀志上有故銅器問李少君少君曰此器齊桓公十年陳於柏寢已而案其刻果齊桓公器又美陽得鼎獻之有司多以為宜薦見宗廟張敞按鼎銘勒而上議凡若此者亦皆壁中經之類也皆自相似者謂其字皆古文彼此多相類

雖叵復見遠流。

流小徐本作沫蓋誤

其詳可得略說也。

玄應引三倉曰叵不可也許可部無此字以可急言之即為不可如試可乃巳即試不可乃巳也而此有叵字者不廢今字也雖不可再見古昔原流之詳而其詳亦可得略說之就恭王所得北平所獻以及郡國所得鼎彝古文略具於是故王莽時六書不得古文使以壁中書為古文反古復始之道莫之能易也

而世人大共非訾。

禮記鄭注曰口毀曰訾

目爲好奇者也。故詭更正文。詭當作恑。變也。鄉壁虛造不可知之書。鄉俗用向爲之變亂常行。目燿於世。此謂世人不信壁中書爲古文非毀之謂好奇者改易正字向孔氏之壁憑空造此不可知之書指爲古文變亂常行以燿於世也正文常行世人謂秦隸書也諸生競逐說字解經誼。誼各本譌作諠今正誼義古今字藝文志曰後世經傳既已乖離博學者又不想多文闕疑之義而務碎義逃難便辭巧說破壞形體說五字之文至於二三萬言後進彌以馳逐故幼童而守一藝白首而後能言稱秦之隸書爲倉頡時書。云父子相傳。何得改易。謂諸生之爭逐說字解經義也稱秦隸書即倉頡書云此積古以來父傳之子者安能有所改易而乃謂其非古文乃輒別造不可知之書爲古文也說字以解經本無不合患在妄說隸書之字如下文所舉乃猥曰馬頭人爲長。謂馬上加人便是長字會意曾不知古文小篆長字其形見於九篇明辨晳也今馬頭人之字罕見蓋漢字之尤俗者人持十爲斗。今所見漢隸字斗作什與升字什字相混正所謂人持十也斗見十四篇小篆即古文也本是像形字虫者屈中也。蟲從三虫而往往叚虫爲蟲許多云蟲省聲是也但虫蟲見十三篇本像形字所謂隨體詰詘隸字祇令筆畫有橫直可書本非從中而屈其下也如許書於民酉字曰從古文之體小篆有變古文令可書者隸書亦有變小篆令可書者其道一也廷尉說律。至目字斷法。猶之說字解經義也苛人受錢。苛之字止句也。通典陳羣劉邵等魏律令序曰盜律有受所監臨受財枉法雜律有假借不廉令乙有所呵人受錢科有使者驗賂其事相類故分爲請賕律按訶責字見三篇言部俗作呵古多以苛字荷字代之漢令乙有所苛人受錢謂有治人之責者而受人錢故與監臨受財假借不廉使者得賂爲一類苛从艸可聲假爲訶字並非从止句也而隸書之尤俗者乃譌爲岢說律者曰此字从止句句讀同鉤謂止之而鉤取其錢其說無稽於字意律意皆大失今廣韵七歌曰苛止也虎何切玉篇止部云苛古文訶亦皆譌字耳而不若岢之甚若此者甚衆。不可勝書也皆不合孔氏古文。謬於史籀。文字以倉頡史籀爲正故必隸舉之不曰倉頡古文而曰孔氏古文者漢時惟孔子壁中書爲倉頡古文也鼎彝之銘則合於孔氏古文者也俗儒啚夫。啚俗本作鄙非啚者嗇也田夫謂之嗇夫翫其所習。蔽所希聞。不見通學。未嘗覩字例之條。字例之條謂指事象形形聲會意轉注叚借六書也藝文志曰安其所習毀所不見終以自蔽此學者之大患也怪舊埶而善野言。埶今藝字也五音韵譜作執亦通目其所知爲祕妙。（妙古作眇。妙取精細之意。故以目小之義引申叚借之。後人別製妙文。蔡邕題曹娥碑有幼婦之言。知其字漢末有之。許書不錄者。晩出之俗字也。而不廢此字者。可從者則不變。从女少聲。於古造字之義有合。古好从女子。妥从女爪。安从宀女。妟从女日。周禮媺从女𢼸。男女者。人之大欲存焉。故古造字多有取於此。凡俗字不若馬頭人人持十之已甚者。許所不廢也。）究洞聖人之微恉。（究窮也。洞同迵。迵者達也。恉者意也。）又見倉頡篇中。幼子承詔。（幼子承詔。蓋倉頡篇中之一句也。倉頡篇例四字爲句。今許書言部無詔字。蓋許以誥字包之。古曰誥。秦漢曰詔。義同音近。）因曰古帝之所作也。其辭有神僊之術焉。（曰大徐作號。幼子承詔。蓋指胡亥卽位事。俗儒啚夫既謂隸書卽倉頡時書。因謂李斯等所作倉頡篇爲黃帝之所作。以黃帝倉頡君臣同時也。其云幼子承詔者。謂黃帝乘龍上天而少子嗣位爲帝也。無稽之談。漢人乃至於此哉。）其迷誤不諭。豈不悖哉。（諭猶曉也。悖亂也。自世人大共非訾以下至此。皆言尉律不課。小學不修。莫達其說之害。蓋自不試以諷籀尉律九千字。不課以八體。書尊由通一藝進身。而不讀律則不知今矣。所習皆隸書。而隸書之俗體又日以滋孳。則不知古矣。以其滋孳之俗體說經。有不爲經害者哉。此許自言不得不爲說文解字之故。孟子曰。予豈好辨哉。予不得已也。古聖賢作述。皆必有所不得已焉爾。後魏江式亦以篆形謬錯。隸體失眞。追來爲歸。巧言爲辯。小兔爲㲋。神蟲爲蠶。皆不合古文。大篆及許氏說文。請撰集字書。號曰古今文字。）書曰。予欲觀古人之象。（虞書皐陶謨文。）言必遵修舊文。而不穿鑿。（倘書日月星辰山龍華蟲作會宗彝藻火黺綝黼黻希繡。以五采彰施于五色作服。日月以下像其物者。實皆依古人之像爲之。古人之像。卽倉頡古文是也。像形像事像意像聲。無非像也。故曰古人之像。文字包於像形。日月星辰山龍華蟲宗彝藻火黺綝黼黻。皆像其物形。卽皆古像形字。古畫圖與文字非有二事。帝舜始取倉頡依類像形之文。用諸衣裳以治天下。故知文字之用大矣。虙羲倉頡觀於天地人物之形而畫卦造書契。帝舜法伏羲倉頡之像形以爲旗章衣服之飾。大舜之智。猶修舊不敢穿鑿。況智不如舜者乎。）孔子曰。吾猶及史之闕文。今亡矣夫。（論語衞靈公篇文。）蓋非其不知而不問。人用己私。（私當爲厶。）是非無正。巧說衺辭。使天下學者疑。（藝文志曰。古制書必同文。不知則闕。問諸故老。至於衰世。是非無正。人用其私。故孔子曰。吾猶及史之闕文也。今亡矣夫。蓋傷其褻不正。）蓋文字者。（上蓋釋論語之辭。此蓋承上起下之辭。）經藝之本。（六藝字古當祇作埶。埶穜也。六經爲人所治。如穜植於其中。故曰六藝。後人穜埶字作蓺。六藝又加云作藝。蓋皆俗字。許書當）

是用埶、王政之始。前人所㠯垂後。後人所㠯識古。故曰本立而道生。知天下之至嘖而不可亂也。

上句論語學而篇文、下句易繫辭傳文、

今敘篆文。合㠯古籒。

此㠯下至蓋闕如也、自述作書之例也、篆文謂小篆也、古籒謂古文籒文也、許重復古、而其體例不先古文籒文者、欲人由近古以考古也、小篆因古籒而不變者多、故先篆文、正所㠯說古籒也、隸書則去古籒遠、難以推尋、故必先小篆也、其有小篆巳改古籒、古籒異於小篆者、則以古籒騈小篆之後、曰古文作某、籒文作某、此全書之通例也、其變例則先古籒後小篆、如一篇二下云、古文丄、丅下云、篆文二、先古文而後篆文者、以旁帝字从二、必立二部、使其屬有所從、凡全書有先古籒後小篆者、皆由部首之故也、

博采通人。至於小大。信而有證。

小大、論語云、賢者識其大者、不賢者識其小者、是也、中庸曰、無徵不信、可信者必有徵也、徵、證也、徵、譣也、許君博采通人、載孔子說、楚莊王說、韓非說、司馬相如說、淮南王說、董仲舒說、劉歆說、楊雄說、爰禮說、尹彤說、逯安說、王育說、莊都說、歐陽喬說、黃顥說、譚長說、周成說、官溥說、張徹說、寧嚴說、桑欽說、杜林說、衛宏說、徐巡說、班固說、傅毅說、皆所謂通人也、而賈侍中逵則許所從受古學者、故不書其名、必云賈侍中說、

稽譔其說。

稽、留止也、稽留而考之也、譔專敎也、譔音與詮同、詮具也、稽考詮釋、或以說形、或以說音、或以說義、三者之說、皆必取諸通人、其不言某人說者、皆根本六藝經傳、務得倉頡史籒造字本意、因形以得其義與音、而不爲穿鑿、

將㠯理羣類。

羣類謂如許沖所云、天地、鬼神、山川、草木、鳥獸、蚰蟲雜物、奇怪王制禮義、世間人事、靡不畢載、皆以文字之說說其條理也、

解謬誤。

謂說形說音說義有謬誤者、皆得解判之也、

曉學者。達神恉。

曉者明之也、達猶通也、恉者意也、達神恉者、使學者皆通懷於文字之形之音之義也、神恉者、指事象形形聲會意轉注叚借神妙之恉也、

分別部居。不相雜廁也。

居當作尻、凡居處字古用尻、後世乃用居爲之、許從俗也、廁猶置也、分別部居不相雜廁、謂分別爲五百四十部也、周之字書漢時存者史籒十五篇、其體式大約同後代三倉、許所引史篇三、姚下、匋下、奭下、略如後代倉頡傳、倉頡故、秦之倉頡爰歷博學、合爲倉頡篇者、每章十五句、每句四字、訓纂滂熹同之、凡將篇每句七字、急就同之、其體例皆雜取需用之字、以文理編成有韵之句、與後世千字文無異、所謂雜廁也、識字者略識其字、而其形或譌、其音義皆有所未諦、雖有楊雄之倉頡訓纂、杜林之倉頡訓纂、倉頡故、而散而釋之、隨字敷演、不得字形之本始、字音字義之所以然、許君以爲音生於義、義箸於形、聖人之造字、有義以有音、有音以有形、學者之識字、必審形以知音、審音以知義、聖人造字實自像形始、故合所有之字、分別其部爲五百四十、每部各建一首、而同首者則

曰凡某之屬皆从某於是形立而音義易明凡字必有所屬之首五百四十字可以統攝天下古今之字此前古未有之書許君之所獨創若網在綱如裘挈領討原以納流執要以說詳與史籀篇倉頡篇凡將篇亂雜無章之體例不可以道理計顏黃門曰其書檃梧有條例剖析窮根源不信其說則冥冥不知一點一畫有何意焉此冣爲知許者矣蓋舉一形以統衆形所謂檃梧有條例也就形以說音義所謂剖析窮根源也是以史篇三倉自漢及唐遞至放失而說文遂嫥行於世如左公毛公之詩傳春秋傳皆後出而率循獨永久勿替也按史游急就篇亦曰分別部居不雜厠而其所謂分別者如姓名爲一部衣服爲一部飲食爲一部器用爲一部急就之例如是勝於李斯胡毋敬趙高司馬相如楊雄所作諸篇散無友紀者故自述曰急就奇觚與衆異也然不無待於訓詁訓詁之法又莫若據形類聚故同一分別部居而功用殊矣

萬物咸覩。靡不兼載。

許沖云天地鬼神山川草木鳥獸蚰蟲雜物奇怪王制禮儀世間人事靡不畢載蓋史游之書以物類爲經而字緯之許君之書以字部首爲經而物類緯之也

厥誼不昭。爰明以諭。

誼兼字義字形字音而言昭明也諭告也許君之書主就形而爲之說解其篆文則形也其說解則先釋其義若元下云始也丕下云大也是也次釋其形若元下云从一从兀丕下云从一从不是也次說其音若兀爲聲丕爲聲及凡讀若某皆是也必先說義者有義而後有形也音後於形者審形乃可知音郎形郎音也合三者以完一篆說其義而轉注叚借明矣說其形而指事象形形聲會意明矣說其音而形聲叚借愈明矣一字必兼三者三者必互相求萬字皆兼三者萬字必以三者彼此迻遣互求說其義而轉注叚借明者就一字爲注合數字則爲轉注異字同義爲轉注異義同字則爲叚借故就本形以說義而本義定本義既定而他義之爲借形可知也故曰說其義而轉注叚借明也說其形而指事象形形聲會意明者說其形則某爲指事某爲象形某爲獨體之象形某爲合體某爲合二字之會意某爲合二字之形聲某爲會意衆有形聲皆可知也說其聲而形聲叚借愈明者形聲必用此聲爲形叚借必用此聲爲義

其偁易孟氏。書孔氏。詩毛氏。禮周官。春秋左氏。論語。孝經。

漢田何以易授丁寬寬授田王孫王孫授施讎孟喜梁丘賀喜授白光翟牧後漢洼丹觟陽鴻任安范升楊政皆傳孟氏易而虞翻自其高祖光至翻五世皆治孟易故仲翔孟學爲尤遂孟易者許君易學之宗也

孔氏有古文倘書孔安國以今文字讀之因以起其家司馬遷亦從安國問故遷書載堯典禹貢洪範徽子金滕諸篇多古文說孔氏者許書學之宗也

毛公趙人也治詩爲河間獻王博士毛氏者許學詩之宗也

高堂生傳士禮十七篇而禮古今五十六卷出壁中有大戴小戴慶氏之學許不言誰氏者許禮學無所主也古謂之禮唐以後爲之儀禮不言記者言禮以該

記也周官經六篇王莽時劉歆置博士古謂之周官經許鄭亦謂之周禮不言誰氏者許周禮學無所主也春秋古經十二篇左氏傳三十卷出壁中及張蒼家左氏者許春秋學之宗也論語不言誰氏者學無所主也孝經亦不言誰氏者學無所主也許沖以爲魯國三老所獻議郎衛宏所校以上謂班志之六藝九種而不言樂者以禮周官該樂也偁者揚也揚者舉也許書內多舉諸經以爲證以爲明諭厥誼之助

皆古文也。

此反對上文皆不合孔氏古文謬於史籀而言所謂萬物兼載爰明以諭者皆合於倉頡古文不謬於史籀大篆不言大篆者言古文以該大篆也所說之義皆古文大篆之義所說之形皆古文大篆之形所說之音皆古文大篆之音故曰皆古文也然則所稱六藝皆以言古文大篆即六藝之外所稱載籍如老子淮南王伊尹韓非司馬法之類六藝孟氏孔氏毛氏外所稱諸家如韓詩魯詩公羊春秋之類亦皆以言古文大篆也且逐字說之不必有所偁者無非以言古文大篆之字形字音字義也上文萬物咸覩靡不兼載厥誼不昭爰明以諭正謂全書皆發揮古文言其偁易孟氏書孔氏詩毛氏禮周官春秋左氏論語孝經謂全書中明諭厥誼往往取證於諸經非謂偁引諸經皆壁中古文本也易孟氏之非壁中明矣古書之言古文者有二一謂壁中經籍一謂倉頡所製文字雖命名本相因而學士當區別如古文尙書古文禮此等猶言古本非必古本字字皆古籀今本則絕無古籀字也且如許書未嘗不用魯詩公羊傳今文禮然則云皆古文者謂其中所說字形字音字義皆合倉頡史籀非謂皆用壁中古本明矣所說字形字音字義皆合倉頡史籀則周禮保氏所敎六書指事象形形聲會意轉注叚借字例之條大明於天下俗儒啚夫迷誤不諭者可昭然共諭矣

其於所不知。蓋闕如也。

此用論語子路篇語蓋闕疊韵字凡論語言如或單字孛如躩如是或重字申申如夭夭如是或疊韵雙聲字踧踖如鞠躬如蓋闕如是蓋舊音如割漢書儒林傳曰疑者丘蓋不言蘇林曰丘蓋不言不知之意也如淳曰齊俗以不言所不知爲丘蓋丘蓋荀卿書作區蓋區蓋丘區闕三字雙聲許全書中多箸闕字有形音義全闕者有三者中闕其二闕其一者分別覯之書凡言闕者十有四容有後人增竄者如單下大也从吅卑吅亦聲闕此謂从卑之形不可解也𨙨从反邑𠃛从反卂𠂎从反卪卯从卪𠂎沝从二水灥从三泉皆云闕謂其音讀缺也璺下直云闕謂形義音皆缺也戠下云闕从戈从音謂其義及讀若缺也

此十四篇。

後漢書儒林傳亦云許愼作說文解字十四篇傳於世蓋許不云十五卷也愼子沖乃合十四篇及敍稱十五卷以獻此後序錄家或云十四篇或云十五卷所以不同也

五百四十部也。

林罕字源偏旁小說增一部序云五百四十一字郭忠恕與夢英書云見寄偏旁五百三十九字張美和撰吳均增補復古編序說文以五百

四十二字為部、容相傳部數稍有異同、要異者甚歎、可存而不論也、

九千三百五十三文。重一千一百六十三。

今依大徐本所載字數覈之、正文九千四百卅一、增多者七十八文、重文千二百七十九、增多者百一十六文、此由列代有沾註者、今難盡為識別、而亦時可裁僞去太去甚、略見注申。

解說凡十三萬三千四百四十一字。

今依大徐所載說解字數、凡十二萬二千六百九十九、較少萬七百四十二字、此可證說解中歷代安刪字奪去字至於如此之多、篆文多於本始、說解少於厥初、其增損皆由後人、今未可強說耳、大史公自序內云、凡百三十篇、五十二萬六千五百字、實絫自序言之、然則許云解說十三萬三千四百四十一字者、實絫敍言之。

其建首也、立一為耑。

耑、物初生之題也、引申為凡始之稱、謂始於一部。

方㠯類聚、物㠯羣分。

類聚、謂同部也、羣分、謂異部也、

同條牽屬。

屬者、連也、

共理相貫。

貫古音冠、其字古作毋、毋者、穿也、同條共理、謂五百四十部相聯綴也、

雜而不越。

辵部曰、越、踰也、引易雜而不越、此作越者、彼依易文、此依俗用也、

據形系聯。

系者、縣也、聯者、連也、謂五百四十部次弟、大略以形相連次、使人記憶易檢尋、如八篇起人部、則全篇三十六部皆由人而及之是也、雖或有以義相次者、但十之一而已、部首以形為次、以六書始於象形也、每部中以義為次、以六書歸於轉注也、後許為字書者、字林最目之先後今不傳、嗣此顧希馮玉篇其目以義為次、而乖謬不可通者、如兄弟二字、於人儿父臣男民夫子我身女諸部之間、而不知兄之本義訓茲、長不訓䍐、弟之本義訓韋束次弟、不訓叔季、訓䍐、訓叔季者、其引申之義耳、如顧目次、則此二篆失其本義、又如毛部而部次於羽角皮革之間、而不知毛謂眉髮之屬、而謂人須、引申乃用於鳥獸、如顧目次、則此二篆失其本義、誤以人體系諸物體也、

引而申之。

古屈伸字多作詘信、亦作申、說文八部有仲篆、解云屈伸、近字也、謂由一形引之至五百四十形也、

㠯究萬原。

究者、窮也、謂天地鬼神山川草木鳥獸蚰蟲雜物奇怪、王制禮儀、世間人事、莫不畢舉、

畢終於亥。

畢猶竟也、終古作冬、冬者、四時盡也、引伸為凡盡之僃、後人叚終字為之、

知化窮冥。

知化窮冥、即易之知化窮神也、

于時大漢。

于譽也、

聖德熙明。

毛傳曰、緝熙、光明也、

承天稽唐。敷崇殷中。

故事謂光武封禪也、龔[illegible]天命、稽考唐堯故事、巡守至于岱宗、柴望秩于山川、用布尊崇之禮、大盛封泰山、禪梁父、升中于天、刻石紀號也、殷者、盛也、中猶成也、告成功也、

遐邇被澤。渥衍沛滂。

渥者、霑也、厚也、衍如水潮之盛溢也、滂者、沛也、沛之義不見於本篆下、而古書多用之、蓋古祗作米、水之大至、如草木之盛、後人乃叚沛水字為之、如盈暖字、水罙字、後人乃叚溫深也、

廣業甄微。學士知方。

謂光

武立五經十四博士初建三雍明帝即位親行其禮肅宗大會諸儒於白虎觀考詳同異又詔高才生受古文尚書毛詩穀梁左氏春秋以网羅遺逸孝和亦數幸東觀覽閱書林

探嘖索隱。厥誼可傳。

探取也嘖初也深也索者素之段借字小徐本作索誼義古今字自于時大漢至此謂當此經學大明之時而惟小學不修莫達其說翫其所習蔽所希聞故作此十四篇也

粵在永元困頓之季。

漢和帝永元十二年歲在庚子爾雅曰歲在庚曰上章在子曰困頓

孟陬之月。

爾雅曰正月為陬月

朔日甲申。

後漢書賈逵於和帝永元十三年卒時年七十二然則許之譔說文解字先逵卒一年用功伊始蓋恐失隊所聞也自永元庚子至建光辛酉凡歷二十二年而其子沖獻之

曾曾小子。

曾曾猶俗云層層也曾之言重也古者裔孫通曰曾孫是以詩謂成王為曾孫左傳曰曾孫蒯聵敢昭告皇祖文王

祖自炎神。

炎帝神農氏也居姜水因以為姓亦曰厲山氏厲山一作列山其後甫許申呂皆姜姓之後

縉雲相黃。

黃帝以雲紀官服虔曰其夏官為縉雲氏賈逵左傳解詁云縉雲氏姜姓也炎帝之苗裔當黃帝時任縉雲之官也按韋昭云黃帝滅炎帝之子孫而有天下非滅神農也

共承高辛。

共音恭謂共工也國語共工虞於湛樂淫失其身庶民弗助禍亂並興賈侍中云共工炎帝之後姜姓也顓頊氏衰共工氏侵陵諸侯與高辛氏爭王也淮南原道訓云共工與高辛氏爭為帝宗族殘滅繼嗣絕祀高注共工以水行霸於伏羲神農間者非堯時共工也按共工當高陽高辛嬗代之時故淮南書或云與顓頊爭為帝或云與高辛氏爭為帝所云顓頊者亦謂帝顓頊高陽之後裔耳高注謂在伏羲神農間非也張湛注列子云共工氏與霸於伏羲神農之間其後苗裔侍其強與顓頊爭為帝然則共工之後僞共工矣國語堯命禹治水共之從孫四岳佐之賈逵曰共共工也許釋共字訓為共工本國語云承高辛承者奉也受也諱其爭帝之事若言黃帝時有縉雲氏高辛時有共工夏禹[illegible]有大岳周時有呂叔此之謂世祿

大岳佐夏。呂叔作藩。

佐者左之俗字漢碑多作佐蓋既用左為ナ則造佐為左矣毛傳曰藩屏也帥部同屏者蔽也國語大子晉曰共之從孫四嶽佐伯禹皇天嘉之胙禹以天下賜姓曰姒氏曰有夏胙四岳國命為侯伯賜姓曰姜氏曰有呂韋注以國為氏也左傳言大岳亦言四岳外傳言四岳亦言四伯皆謂一人非謂四人毛傳云堯之時姜氏為四伯掌四嶽之祀述諸侯之職於周則有甫有申有齊有許也按大嶽姜姓為禹心呂之臣故封呂侯取其地名與心呂義合也呂侯歷夏殷之季而國微故周武王封文叔於許以為周藩屏杜預世族譜云許姜姓與齊同祖堯四嶽伯夷之後也大子晉曰申呂雖衰齊許猶在蓋東遷之初申呂未滅東遷以後齊許稱盛矣此云呂叔謂文叔也文叔者出於呂故謂之呂叔

俾侯于許。

許邑部作鄦云炎帝大嶽

之嗣甫侯所封讀若許然則字當作鄦爲叔重氏姓而此祇作許者其字蓋自詩春秋巳皆段許爲之漢時地理亦作許縣故仍而不改不欲駭俗此所謂本有其字依聲託事者依託既久不便更張汎覽古書惟史記鄭世家僅存鄦字蓋司馬所見載籍或存古字也地理志申在南陽宛縣王符潛夫論云申城在南陽宛北序山之下宛西三十里有呂按漢宛縣今爲河南南陽府城漢許縣今在河南許州州東三十里有故許昌城鄦下言甫侯所封此云呂叔所侯者甫郎呂也故詩言甫不言呂國語言呂不言甫尙書呂刑郎甫刑呂叔甫侯皆謂文叔也今地理志作大叔周穆王時呂侯是其胄也

世祚遺靈。

祚古作阼漢碑多作祚許從之世阼猶世祿也周語曰阼四岳國命爲侯伯許正用此阼字靈之言令也令善也古鼎彝銘以霝冬爲令終鄭箋毛詩曰靈譱也

自彼徂召。

謂自許往遷汝南召陵縣也左傳僖四年昭十四年定四年之召陵漢爲縣屬汝南晉改屬穎川今河南許州郾城縣縣東四十五里有故召陵城漢時召陵有萬歲里許氏所居也又有郎里見於許書闕駟說召陵曰召高也然則召同邵卩部曰邵高也是也

宅此汝瀕。

瀕厓也宅居也居此汝水之厓蓋自文叔以下二十四世當戰國初楚滅之後有遷召陵者爲許君之先許詳此者放史記之自序其先也

竊卬景行。

詩曰高山卬止景行行止八篇云卬望欲有所庶及也引詩高山卬止此又檃梧二句而稱之景行大道也

敢涉聖門。

聖門謂凡造六藝之五帝三王周公孔子左氏及倉頡史籒之門庭也

其弘如何。節彼南山。

言大道聖門之大比於南山之高峻也節高峻兒山部曰岊高山之日也詩之節蓋岊之段借字

欲罷不能。

罷猶置也

既竭愚才。

此六句自言用功等於顏苦孔之卓也

惜道之味。

甘下曰美也從口含一一道也

聞疑載疑。

穀梁傳曰春秋信以傳信疑以傳疑少儀曰毋身質言語注云聞疑則傳疑水經注曰聞疑書疑立乎後漢以說古文字之形音義其不能無疑者衆矣聞疑而載之於書以侯後世賢入君子所以衞道也如不爲此則六書之學絕矣司馬氏不爲史記則孔子左氏春秋之學絕矣皆干城大道勇敢而爲之者也皆不以小疵撿其大醇

演贊其志。

演長流也故凡推廣之曰演文王演周易是也贊者見也易曰幽贊於神明而生著孔子贊周易是也志者[illegible]也古志識同字演贊其志謂推演贊明惜道載疑所知識者也

次列微辭。

次猶敍也列猶隙也微同數數者眇也眇者今之妙字凡粗者爲惡情者爲妙易曰眇萬物而爲言文賦曰眇衆慮而爲言辭說也次列微辭謂敍隙其散眇之說解也說文解字皆微辭也於文言說於字言解者互言之說者說釋也解者判也

知此者稀。

稀猶少也自許而前自許而後知此道味者少矣劉歆作七略班固逃藝文志學者所奉爲高山景行者也而六藝略中以孝經爾雅小爾雅古今字爲孝經家以

史籀八體倉頡凡將急就元尙訓纂別字倉頡傳倉頡訓纂倉頡故爲小學家於小學家言周官六書象形象事象意象聲轉注叚借是矣而不知爾雅三卷爾雅一篇古今字一卷此與小學家之倉頡傳楊雄倉頡訓纂杜林倉頡訓纂倉頡故同爲訓詁之書古六書之論所謂轉注叚借者不當書而二之當合此爲小學類而以孝經五經雜議弟子職說合於論語家爲一家六藝九種易爲八種庶經與傳分別井然不當分合舛繆一至於斯也且曰象形象事象意象聲轉注叚借六者造字之本此語實爲巨繆指事象形形聲會意者造字之法也轉注叚借者用字之法也有史籀八體倉頡凡將急就元尙訓纂別字等篇以著指事象形形聲會意之文字乃有倉頡傳倉頡訓纂倉頡故等篇又自古有爾雅三卷二十篇小爾雅一篇古今字一卷皆所以說轉注叚借之用者其不當岐視明矣一而二之至令學者膠柱鼓瑟謂小學專爲字形六書爲六樣字形而爾雅之學乃別一事晦盲沈痼莫能箴其膏肓起其瘳疾許說之迴異於班者終古曾莫之知故知許所云知此者稀者信也許以九千三百五十三文當爾雅史籀篇倉頡篇之字形以每字之義當爾雅倉頡傳倉頡故之訓釋以象某形从某形从某聲說其形以某聲讀若某說其音二者補古人所未備其書以形爲主經之爲五百四十部以義緯之又以音緯之後儒苟取其義之相同相近者各比其類爲一書其條理精密勝於爾雅遠矣後儒苟各類其同聲者介以三百篇古音之部分如是爲一書周秦漢之韵具在此矣故許一書可以爲三書○劉班之以爾雅小爾雅古今字別於史籀篇倉頡篇及釋倉頡篇者蓋謂爾雅小爾雅所言者六經古字古義倉頡傳倉頡訓纂倉頡故所言者今字今義實有不同不知古今非有異字爾雅小爾雅所列之字未嘗出史籀十五篇倉頡凡將等篇外也但同此字而古今用者不同叚借依託致緐故又有說古今字之書班既以古今字一卷附於爾雅矣則應合諸小學家顯然也又況爾雅小爾雅古今字三者皆以統攝六藝附之小學則當專附之孝經則不當若五經雜議十八篇弟子職一篇說三篇皆非小學之言亦非孝經之詁孝經於六藝名經而實傳故宜以孝經及說孝經各篇及五經雜議十八篇弟子職一篇說三篇合於論語家爲學者幼少所習之傳

儻昭所尤。儻許書無此字漢書黨可徵幸叚黨爲之或然之詞也尤者訧之叚借字毛傳曰訧過也許曰訧辠也言此道既尟知者則稽譔此書雖以自信容或明昭過誤之處莫爲諟正乎

庶有達者。理而董之。庶冀也達者通人也理猶治也董督也正也督者如衣之循其裻縫也董與裻雙聲督與裻疊韻非通人不能治之非通人治之不能正其譌缺自有說文以來世世不廢而不融會其全書者僅同耳食强爲注解者往往眯目而道白黑其他字林字苑字統今皆不傳玉篇雖在亦非原書要之無此等書無妨也無說文解字則倉頡造字之精意周孔傳經之大恉薶縕不傳於終古矣玉裁之先百三公自河

南隨宋南渡居金壇縣十六代至先王父諱文食貧力學善誨後進不倦著書法心得錄生先考諱世續事父母至孝卅二歲喪親終其身每祭必泣以亦貧好學厲行授徒嚴課程善開導謂食人之食而訓其子弟必求無媿於心每誦先王父詩句云不種硯田無樂事不撐鐵骨莫支貧目是律己敎四子務讀經書勿溺時藝嘉慶六年生玄孫義正恩賜七葉衍祥扁並拜白金黃緞之賜八年年九十四終於蘇反葬於金壇大埧頭著有物恆堂制義長子卽玉裁也年十三學使者博野尹公諱會一錄取博士弟子授以朱子小學生平敬守是書年二十六舉於鄉歷任貴州玉屛四川巫山知縣四十六以父年已七十一遂引疾歸養五十五避橫逆奉父遷居蘇州閶門外下津橋始年二十八時識東原戴先生於京師好其學師事之遂成六書音均表五卷古文尙書撰異卅二卷詩經小學卅卷毛詩故訓傳畧說卅卷復以向來治說文解字者多不能通其條毌考其文理因悉心校其譌字爲之注凡三十卷謂許以形爲主因形以說音說義其所說義與他書絕不同者他書多段借則字多非本義許惟就字說其本義知何者爲本義乃知何者爲段借則本義乃段借之權衡也故說文爾雅相爲表裏治說文而後爾雅及傳注明說文爾雅及傳注明而後謂之通小學而後可通經之大義始爲說文解字讀五百四十卷既乃㮚栝之成此注發頫於乾隆丙申落成於嘉慶丁卯部析既緜疵類不免召陵或許其知己達者仍俟諸後人〇自其建首也至末皆用韻語耑分毌聯原此合古音第十三十四部也冥明中湊方此合古音第九第十第十一部也傳年申神辛藩靈瀕門山此合古音第十二第十三第十四部而靈讀爲令善字如易傳之眞清有時合用也能才疑辭尤之此古音之第一部也漢人用韵自元成至桓靈大氐同此一之下曰道立於一化成萬物亥之下曰亥而生子復從一起於六書每事爲二句亦皆韵語也

附錄

許沖上說文解字表

召陵萬歲里公乘艸莽臣沖稽首再拜上書皇帝陛下。臣伏見陛下神明盛德。承遵聖業。上考度於天。下流化於民。先天而天不違。後天而奉天時。萬國咸寧。神人以和。猶復深惟五經之妙。皆爲漢制。博采幽遠。窮理盡性。以至於命。先帝詔侍中騎都尉賈逵修理舊文。殊藝異術。王敎一耑。苟有可以加於國者。靡不悉集。易曰。窮神知化。德之盛也。書曰。人之有能有爲使羞其行而國其昌臣父故大尉南閤祭酒愼本從逵受古學蓋聖人不妄作皆有依據今五經之道昭炳光明而文字者其本所由生自周禮漢律皆當學六書貫通其意恐巧說衺辭使學者疑愼博問通人考之於逵作說文解字六藝羣書之詁皆訓其意而天地鬼神山川草木鳥獸蚰蟲雜物奇怪王制禮儀世間人事莫不畢載凡十五卷十三萬三千四百四十一字愼前以詔書校書東觀教小黃門孟生李喜等以文字未定未奏上今愼已病遣臣齎詣闕愼又學孝經孔氏古文說古文孝經者孝昭帝時魯國三老所獻建武時給事中議郎衞宏所校皆口傳官無其說謹撰具一篇幷上臣沖誠惶誠恐頓首頓首死辠死辠稽首再拜以聞皇帝陛下建光元年九月己亥朔二十日戊午上召上書者汝南許沖詣左掖門外會令幷齎所上書十月十九日中黃門饒喜以詔書賜召陵公乘許沖布四十匹卽日受詔朱雀掖門敕勿謝

江式 後魏陳留人字法安世傳篆籀訓詁之學歷官驍騎將軍洛陽宮殿門牓皆式所書延昌三年上表請修正文字云云詔如所請式於是撰集字書號曰古今文字大體依許氏說文爲本上篆下隸逾年卒其書竟未能成

文字源流表

臣聞伏羲氏作而八卦形其畫軒轅氏興而靈龜彰其彩古史倉頡覽二象之爻觀鳥獸之迹別創文字以代結繩用書契以維事宣之王庭則百工以敘載之方冊則萬品以明迄於

三代。厥體頗異。雖依類取制。未能悉殊倉氏矣。故周禮八歲入小學。保氏教國子以六書。一曰指事。二曰象形。三曰諧聲。四曰會意。五曰轉注。六曰假借。蓋是史頡之遺法也。及宣王太史史籀著大篆十五篇。與古文或同或異。時人謂之籀書。至孔子修六經。左邱明述春秋。皆以古文。厥意可得而言。其後七國殊軌。文字乖別。暨秦兼天下。丞相李斯乃奏蠲罷不合秦文者。斯作倉頡篇。車府令趙高作爰歷篇。太史令胡毋敬作博學篇。皆取史籀大篆。或頗省改。所謂小篆者也。於是秦燒經書。滌除舊典。官獄繁多。以趣約易。始用隸書。古文由此息矣。隸書者。始皇使下杜人程邈附於小篆所作也。世人以邈徒隸。卽謂之隸書。故秦有八體。一曰大篆。二曰小篆。三曰符書。四曰蟲書。五曰摹印。六曰署書。七曰殳書。八曰隸書。漢興有尉律學。復教以籀書。又習八體。試之課最。以爲尚書史。吏民上書。省字不正。輒舉劾焉。又有草書。莫知誰始。考其書形。雖無厥誼。亦一時之變通也。孝宣時。召通倉頡讀者。獨張敞從受之。涼州刺史杜業。沛人爰禮。講學大夫秦近。亦能言之。孝平時。徵禮等百餘人。說文字於未央宮中。以禮爲小學元士。黃門侍郞揚雄。採以作訓纂篇。及亡新居攝。自以運應制作。使大司馬甄豐校文字之部。頗改定古文。時有六書。一曰古文。孔子壁中書也。二曰奇字。卽古文而異者。三曰篆書。云小篆也。四曰佐書。秦隸書也。五曰繆篆。所以摹印也。六曰鳥蟲。所以書幡信也。壁中書者。魯恭王壞孔子宅而得尚書春秋論語孝經也。又北平侯張蒼獻春秋左氏傳。書體與孔氏相類。卽前代之古文矣。後漢扶風曹喜。號曰工篆。小異斯法。而甚精巧。自是後學。皆其法也。又詔侍中賈逵修理舊文。殊藝異術。王教一端。苟有可以加於國者。靡不悉集。逵卽汝南許愼古文學之師也。後愼嗟時人之好奇。歎俗儒之穿鑿。故撰說文解字十五篇。首一終亥。各有部屬。可謂類聚羣分。雜而不越。文質彬彬。最可得而論也。左中郎將陳留蔡邕。採李斯曹喜之法。以爲古今雜形。詔於太學立石碑。刊載五經。題書楷法。多是邕書也。後開鴻都。書畫奇能。莫不雲集。時諸方獻篆。無出邕者。魏初博士淸河張揖著埤倉廣雅古今字詁。究諸埤廣。綴拾遺漏。增長事類。抑亦於文爲益。然其字詁。方之許篇。古今體用。或得或失。陳留邯鄲淳亦與揖同時。博聞古藝。特善倉雅。許氏字指。八體六書。精究閑理。有名於揖。以書教諸皇子。又建三字石經於漢碑西。其文蔚煥。三體復宣。較之說文。篆隸大同。而古字小異。又有京兆韋誕河東衞覬二家。並號能篆。當時臺觀牓題寶器之銘。悉是誕書。咸傳之子孫。世稱其妙。晉世義陽王典祠令任城呂忱表上字林六卷。尋其況趣。附託許愼說文。而按偶章句。隱別古籀奇惑之字。文得正隸。不差篆意也。忱弟靜別仿故左校令李登聲類之法。作韻集五卷。使宮商龣徵羽各爲一篇。而文字與兄便是魯衞。音讀楚夏。時有不同。皇魏承百王之季。紹五運之緒。世易風移。文字改變。篆形謬錯。隸體失眞。俗學鄙習。復加虛造。巧談辯士。以意爲疑。炫惑於時。難以釐改。乃曰追來爲歸。巧言爲辯。小兔爲䨲。神蟲爲蠶。如斯甚衆。皆不合孔氏古書。史籒大篆。許氏說文。石經三字也。嗟夫。文字者。六籍之宗。王教之始。前人所以垂令。今人所以識古。臣六世祖瓊。家世陳留。往晉之初。與從父兄皆受學於衞覬。古篆之法。倉雅方言說文之誼。當時並收善譽。而祖遇洛陽之亂。避地河西。數世傳習。斯業所以不墜也。世祖太延中。牧犍內附。臣亡祖文威。杖策歸國。奉獻五世傳掌之書。古篆八體之法。時蒙褒錄。敍列儒林。官班文省。家號世業。臣藉六世之貲。奉遵祖考之訓。切慕古人之軌。企踐儒門之轍。求撰集古來文字。以許愼說文爲主。及孔氏尙書五經音註。籒篇爾雅。三倉。凡將方言。通俗文。祖文宗。埤蒼。廣雅。古今字詁。三字石經。字林。韻集。諸賦文字有六書之誼者。以類編聯。文無複重。統爲一部。其古籒奇惑俗隷諸體。咸使班於篆下。各有區別。訓詁假借之誼。隨文而解。音讀楚夏之聲。逐字而注。其所不知。則闕如也。脫蒙遂許。冀省百氏之觀。而同文字之域。典書祕書所須之書。乞垂敕給。幷學士五人。嘗習文字者。助臣披覽。書生五人。專令鈔寫。侍中黃門國子祭酒。一月一監。評議疑隱。庶無紕繆。所撰名目。伏聽明旨。

顏之推　北齊臨沂人。字介。卒於隋。著有家訓二十篇行世。其中如書證音辭等篇所述文字音韻之事。多爲六朝人遺說。陸法言作切韻序曰。捃選精切。除削疏緩。蕭顏多所決定。顏即謂之推也。

書證　節錄

尙書曰。惟影響。周禮云。土圭測影。影朝影夕。孟子曰。圖影失形。莊子云。罔兩問影。如此等字。

皆當爲光景之景。凡陰景者。因光而生。故卽謂爲景。淮南子呼爲景柱。廣雅云。晷柱挂景。並是也。至晉世葛洪字苑。傍始加彡。音杉、音於景反。而世間輒改治尚書周禮莊孟從葛洪字。甚爲失矣。

太公六韜。有天陳地陳人陳雲鳥之陳。論語曰。衞靈公問陳於孔子。左傳爲魚麗之陳。俗本多作阜傍車乘之車。按諸陳字。並作陳鄭之陳。夫行陳之義。取於陳列耳。此六書爲假借也。蒼雅及近世字書。皆無別字。唯王羲之小學章。獨阜傍作車。縱復俗行。不宜追改六韜論語左傳也。

詩云。黃鳥于飛。集於灌木。傳云。灌木。叢木也。此乃爾雅之文。故李巡注曰。木叢生曰灌。爾雅末章又云。木族生爲灌。族亦叢聚也。所以江南詩古本皆爲藂聚之藂。而古叢字似冣字。近世儒生因改爲冣。解云。木之冣高長者。案衆家爾雅及解詩。無言此者。唯周續之毛詩注音爲徂會反。劉昌宗詩注音爲在公反。又祖會反。皆爲穿鑿。失爾雅訓也。

也是語已及助句之辭。文籍備有之矣。河北經傳。悉略此字。其間字有不可得無者。至如伯也執殳。於旅也語。回也屢空。風風也。教也。及詩傳云。不戢戢也。不儺儺也。不多多也。如斯之類。儻削此文。頓成廢闕。詩言。青青子衿。傳曰。青衿。青領也。學子之服。按古者斜領下連於衿。故謂領爲衿。孫炎郭璞注爾雅。曹大家注烈女傳。並云。衿交領也。鄴下詩本。旣無也字。羣儒

因謬說云青衿青領是衣兩處之名皆以青爲飾用釋青青二字其失大矣又有俗學聞經傳中時須也字輒以意加之每不得所益誠可笑

張揖云宓今伏羲氏也孟康漢書古文注亦云宓今伏而皇甫謐云伏羲或謂之宓羲按諸經史緯候遂無宓羲之號虙字從虍音呼宓字從宀音綿下俱爲必末世傳寫遂誤以虙爲宓而帝王世紀因誤更立名耳何以驗之孔子弟子虙子賤爲單父宰卽虙羲之後俗字亦爲宓或復加山今兗州永昌郡城舊單父地也東門有子賤碑漢世所立乃云濟南伏生卽子賤之後是知虙之與伏古來通字誤以爲宓較可知矣

客有難主人曰今之經典子皆謂非說文所言子皆云是然則許愼勝孔子乎主人撫掌大笑應之曰今之經典皆孔子手迹耶客曰今之說文皆許愼手迹乎答曰許愼檢以六文貫以部分使不得誤誤則覺之孔子存其義而不論其文也先儒尙得改文從意何況書寫流傳耶必如左傳止戈爲武反正爲乏皿蟲爲蠱亥有二首六身之類後人自不得輒改也安敢以說文校其是非哉且余亦不專以說文爲是也其有援引經傳與今乖者未之敢從

又相如封禪書曰導一莖六穗於庖犧雙觡共抵之獸此導訓擇光武詔云非徒有豫養導擇之勞是也而說文云導是禾名引封禪書爲證無妨自當有禾名導然決非相如所用也禾一莖六穗於庖豈成文乎縱使相如天才鄙拙强爲此語則下句當云麟雙觡共抵之獸

不得云犧也。吾嘗笑許純儒。不達文章之體。如此之流。不足憑信。大抵服其爲書。隱括有條例。剖析窮根源。鄭玄註書。往往引其爲證。若不信其說。則冥冥不知一點一畫有何意焉。

音辭 合上顏氏家訓

夫九州之人。言語不同。生民已來。固常然矣。自春秋標齊言之傳。離騷目楚詞之經。此蓋其較明之初也。後有揚雄著方言。其書大備。然皆考名物之同異。不顯聲讀之是非也。逮鄭玄注六經。高誘解呂覽淮南。許愼造說文。劉熹製釋名。始有譬況假借以證音字耳。而古語與今殊別。其間輕重清濁。猶未可曉。加以外言內言急言徐言讀若之類。益使人疑。孫叔言創爾雅音義。是漢末人獨知反語。至於魏世。此事大行。高貴鄉公不解反語。以爲怪異。自茲厥後。音韻鋒出。各有土風。遞相非笑。指馬之諭。未知孰是。共以帝王都邑。參校方俗。考覈古今。爲之折衷。權而量之。獨金陵與洛下耳。南方水土和柔。其音清舉而切詣。失在浮淺。其辭多鄙俗。北方山川深厚。其音沈濁而鈋鈍。得其質直。其辭多古語。然冠冕君子。南方爲優。閭里小人。北方爲愈。易服而與之談。南方士庶。數言可辯。隔垣而聽其語。北方朝野。終日難分。而南染吳越。北雜夷虜。皆有深弊。不可具論。其謬失輕微者。則南人以錢爲涎。以石爲射。以賤爲羨。以是爲舐。北人以庶爲戍。以如爲儒。以紫爲姊。以洽爲狎。如此之例。兩失甚多。至鄴已來。唯見崔子豹崔瞻叔姪。李祖仁李蔚兄弟。頗事言詞。少爲切正。李季節著音譜決疑。時有錯失。陽休之造切韻。殊爲疏野。吾見兒女雖在孩稚。便漸督正之。一言訛替。以爲己罪矣。云爲品物。未考書記者不敢輒名。汝曹所知也。古今言語。時俗不同。著述之人。楚夏各異。蒼頡訓詁。反粺爲逋賣。反娃爲於乖。戰國策音刎爲免。穆天子傳音諫爲間。說文音戛爲棘。讀皿爲猛。字林音看爲口甘反。音伸爲辛。韻集以成仍宏登合成兩韻。爲奇益石分作四章。李登聲類以系音羿。劉昌宗周官音讀乘若承。此例甚廣。必須考校。前世反語。又多不切。徐仙民毛詩音反驟爲在遘。左傳音切椽爲徒緣。不可依信。亦爲衆矣。今之學士。語亦不正。古獨何人。必應隨其訛僻乎。通俗文曰。入室求曰搜。反爲兄侯。然則兄當音所榮反。今北俗通行此音。亦古語之不可用者。璵璠。魯之寶玉。當音餘煩。江南皆音藩屏之藩。岐山當音爲奇。江南皆呼爲神祇之祇。江陵陷沒。此音被於關中。不知二者何所承案。以吾淺學。未之前聞也。北人之音。多以舉莒爲矩。唯李季節云。齊桓公與管仲於臺上謀伐莒。東郭牙望桓公口開而不閉。故知所言者莒也。然則莒矩必不同呼。此爲知音矣。夫物體自有精麤。精麤謂之好惡。人心有所去取。去取謂之好惡。（上呼號、下烏故反、）此音見於葛洪徐邈。而河北學士讀尚書云。好（呼考反、）生惡（於各反、）殺。是爲一論物體。一就人情。殊不通矣。甫者男子之美稱。古書多假借爲父子。北人遂無一人呼爲甫者。亦所未喻。唯管仲范增之號。須依字讀耳。（管仲號仲父、范增號亞父、）案諸字書。焉字鳥名。或云語詞。皆音於愆反。自葛洪要用字苑分焉字音訓。若訓何訓安。當音於愆反。於焉逍遙。於焉嘉客。焉用佞。焉得仁之類是也。若送句及助詞。當音矣愆反。故稱龍焉。故稱血焉。有民人焉。有社稷焉。託始焉爾。晉鄭焉依之類是也。江南至今行此分別。昭然易曉。而河北混同一音。雖依古讀。不可行於今也。邪者未定之詞。左傳曰。不知天之棄魯邪。抑魯君有罪於鬼神邪。莊子云。天邪地邪。漢書云。是邪非邪之類是也。而北人卽呼爲也字。亦爲誤矣。難者曰。繫辭云。乾坤易之門戶邪。此又未爲定辭乎。答曰。何爲不爾。上先標問。下方列德以折之耳。江南學士讀左傳。口相傳述。自爲凡例。軍自敗曰敗。打破人軍曰敗。補敗反。諸記傳未見補敗反。徐仙民讀左傳。唯一處有此音。又不言自敗敗人之別。此爲穿鑿耳。古人云。膏粱難整。以其爲驕奢自足。不能尅勵也。吾見王侯外戚。語多不正。亦由內染賤保傅。外無賢師友故耳。梁世有一侯。嘗對元帝飲謔。自陳癡鈍。乃成颸段。元帝答之曰。颸異涼風。段非干木。謂郢州爲永州。元帝啟報簡文。簡文云。庚辰吳入。遂成司隸。如此之類。舉口皆然。元帝手教諸子侍讀。以此爲誡。河北切攻字爲古琮。與工公功三字不同。殊爲僻也。北世有人名暹。自稱爲纖。名琨。自稱爲衮。名洸。自稱爲汪。名㓚音藥。自稱爲獡音爍。非唯音韻舛錯。亦使其兒孫避諱紛紜矣。

陸法言　隋臨漳人。官承奉郎。仁壽初著切韻五卷。唐孫愐重爲刊定。改名唐韻。至宋陳彭年等奉敕重修。賜名廣韻。而猶題法言撰者。蓋廣韻雖頗有增附。而其分類二百六部。則仍其舊。今切原韻原書已佚。惟藉廣韻以考見陸氏著書大略。故廣韻實爲今存韻書之最古者。

切韻序

昔開皇初。有儀同劉臻等八人。同詣法言門。夜永酒闌。論及音韻。以今聲調。既自有別。諸家取捨。亦復不同。吳楚則時傷輕淺。燕趙則多傷重濁。秦隴則去聲爲入。梁益則平聲似去。又支(章移切)脂(旨夷切)魚(語居切)虞(遇俱切)共爲一韻。先(蘇前切)仙(相然切)尤(于求切)侯(胡溝切)俱論是切。欲廣文路。自可清濁皆通。若賞知音。卽須輕重有異。呂靜韻集。夏侯該韻略。陽休之韻略。周思言音韻。李季節音譜。杜臺卿韻略等。各有乖互。江東取韻。與河北復殊。因論南北是非。古今通塞。欲更捃選精切。除削疏緩。蕭顏多所決定。魏著作謂法言曰。向來論難。疑處悉盡。何不隨口記之。我輩數人。定則定矣。法言卽燭下握筆。略記綱紀。博問英辯。殆得精華。於是更涉餘學。兼從薄宦。十數年間。不遑修集。今返初服。私訓諸弟子。凡有文藻。卽須明聲韻。屏居山野。交游阻絕。疑惑之所。質問無從。亡者則生死路殊。空懷可作之歎。存者則貴賤禮隔。以報絕交之旨。遂取諸書音韻。古今字書。以前所記者。定之爲切韻五卷。剖析毫釐。分別黍累。何煩泣玉。未得縣金。藏之名山。昔怪馬遷之言大。持以蓋醬。今歎揚雄之口吃。非是小子專輒。乃述羣賢遺意。寧敢施行人世。直欲不出戶庭。于時歲次辛酉。大隋仁壽元年。

徐鉉　宋廬陵人。字鼎臣。初仕南唐。後入宋。累官散騎常侍。鉉精小學。及篆隸。嘗奉詔校定說文解字。並附以未收字爲新附字。視弟鍇所撰說文繫傳。尤爲精核。著有騎省集。

重修說文解字序

臣徐鉉等奉詔校定許愼說文十四篇。幷序目一篇。凡萬六百餘字。聖人之旨。蓋云備矣。稽夫八卦旣畫。萬象旣分。則文字爲之大輅。載籍爲之六轡。先王敎化。所以行於百代。及於物之功。與造化均。不可忽也。雖復五帝之後。改易殊體。六國之世。文字異形。然猶存篆籀之迹。不失形類之本。及暴秦苛政。散隸聿興。便於末俗。人競師法。古文旣絕。譌僞日滋。至漢宣帝時。始命諸儒修倉頡之法。亦不能復故。光武時。馬援上疏論文字之譌謬。其言詳矣。及和帝時。申命賈逵修理舊文。於是許愼采史籀李斯揚雄之書。博訪通人。考之於賈逵。作說文解字。至安帝十五年始奏上之。而隸書行之已久。習之益工。加以行草八分。紛然間出。返以篆籀爲奇怪。不復經心。至於六籍舊文。相承傳寫。多求便俗。漸失本原。爾雅所載草木魚鳥之名。肆意增益。不可觀矣。諸儒傳釋。亦非精究小學之徒。莫能矯正。唐大歷中。李陽冰篆迹殊絕。獨冠古今。自云斯翁之後。直至小生。此言爲不妄矣。於是刊定說文。修正筆法。學者師慕。篆籀中興。然頗排斥許氏。自爲臆說。夫以師心之見。破先儒之祖述。豈聖人之意乎。今之爲字學者。亦多從陽冰之新義。所謂貴耳賤目也。唐末喪亂。經籍道息。皇宋膺運。二聖繼明。人文國典。粲然光被。興崇學校。登進羣才。以文字者六藝之本。固當率由古法。乃詔取許愼說文解字。精加詳校。垂憲百代。臣等愚陋。敢竭所聞。蓋篆書堙替。為日已久。凡傳寫說文者非其人。故錯亂遺脫。不可盡究。今以集書正副本。及羣臣家藏者。備加詳考。有許慎注義序例中所載。而諸部不見。審知漏落。悉從補錄。復有經典相承傳寫。及時俗要用。而說文不載者。承詔附益之。以廣篆籀之路。亦皆形聲相從。不違六書之義者。其間說文具有正體。而時俗譌變者。則具於注中。其有義理乖舛。違戾六書者。並序列於後。俾夫學者無或致疑。大抵此書務援古以正今。不徇今而違古。若乃高文大册。則宜以篆籀著之金石。至於常行簡牘。則草隸足矣。又許慎注解。詞簡義奧。不可周知。陽冰之後。諸儒箋述。有可取者。亦復附益。猶有未盡。則臣等粗為訓釋。以成一家之學。時未有反切。後人附益。互有異同。孫愐唐韻行之已久。今並以孫愐音切為定。庶夫學者有所適從。食時而成。既異淮南之敏。縣金於市。曾非呂氏之精。塵瀆聖明。若臨冰谷。謹上。

徐鍇　鉉弟。字楚金。與兄齊名。稱大小徐。著說文繫傳。首為通釋許書。次為部敘、通詮、袪妄、類聚、錯綜、疑義、系述、諸篇。旁推交通。致為妍美。仕南唐。未及入宋而卒。

部敘　說文繫傳

一。天地之始也。一气之化也。天先成而地後定。天者上也。故次之以

丄。在上者莫若天。二（古文上字。）丄三光以示人。故次之以

示。

示者三㲋也。故次之以三。

通三才而後爲王。故次之以王。

玉者君子所以比德也。天地之精也。王者所服用也。故次之以玉。

玉雙爲玨。故次之以玨。

山澤以出气。山澤之精玉石以出也。故次之以气。

气象陶烝人事以成。故次之以士。

士事也。不可不一道。心惟微。故次之以丨。

丨一也。自丨而起者屮。故次之以屮。

屮艸之初也。故次之以艸。

艸之深爲蓐。故次之以蓐。

蓐之廣博爲茻。故次之以茻。

三者皆屮之屬也。丨初分爲小。小才可分也。故次之以小。

八實分之。故次之以八。

釆。分之明也。故次之以釆。

音辦、分者半也。故次之以半。

牲之大而分者莫若牛。故次之以牛。

犛牛之屬也。故次之以犛。

牛勞則善仰而告人。故次之以告。

告必以口。故次之以口。

口開爲凵。故次之以凵。

口犯反、開口而言必喧。故次

之以吅。吅、哭聲也。故次之以哭。哭而亡之。故次之以走。走必止。故次之以止。止之刺撥。故次之以癶。音撥、止必安步。故次之以步。步止於此。故次之以此。止守此者居正也。故次之以正。居正於是。故次之以是。是而有行必愼。故次之以辵。辵行且止也。愼者必安。故次之以彳。小安步也。安而引長之。故次之以廴。音引、引而有儀有儀可觀。故次之以㢟。丑僊反、㢟而後爲行。故次之以行。窮下而上。齒承之。故次之以齒。牙以齒屬。故次之以牙。足亦止也。故次之以足。古文足爲疋。故次之以疋。雅所二音、疋亦疏也。疏通者必品之。故次之以品。品三竅也。故次之以龠。龠亦編竹。故次之以冊。冊言之衆。故次之以㗊。音戢、戢多言之窮必卷舌。故次之以舌。舌干口。故次之以干干而谷故次之以谷渠卻反、谷口上上齶理也語必餘聲故次之以只只止而餘聲也止則訥故次之以㕯止而訥者言之句也故次之以句句之相糾也故次之以丩巳周反、言相傳爲古故次之以古古積久也故次之以十十之變爲卅所傳而積久者言也故次之以言二言必竞故次之以誩聲成文曰音故次之以音多言愼於愆故次之以䇂辛愆也艸之嶽崋猥出似辛故次之以丵丵必猥叢故次之以菐叢之衆猥必有廾故次之以廾或廾之或𠬜之故次之以𠬜𠬜之謂共故次之以共共者合異謀矯故次之以異異爲同衆共力也故次之以舁舁者臼之故次之以臼臼者敬敕持之也昧旦丕顯故次之以晨晨而炊故次之以

爨。爨而新故次之以

革。爨新以鬲。故次之以

鬲。鬲而烹飪。故次之以

䰜。力石反、和飪以爪。故次之以

爪。爪所以戟持。故次之以

丮。音戟、丮而不已必鬥。故次之以

鬥。丁侯反、能解爭者以一。一而有制。故次之以

又。又必有所佐。故次之以

ナ。左右以佐史。也。故次之以

史。史忠正也。中必有支。故次之以

支。手敏爲聿。故次之以

聿。敏於手者筆。故次之以

聿。聿筆也。筆所以規畫。故次之以

畫。畫界以相及。故次之以

隶。隶及也。規畫所及。以爲堅久也。故次之以

臤。口間反、臤堅也。堅以事君曰臣。故曰臣堅也。故次之以

臣。臣必有所執。故次之以

殳。殳以示殺。故次之以

殺。殺之字從殳。殳從几。王者三驅示殺。託於驅禽。故次之以

几。音殊、几鳥也。驅有法度。故次之以

寸。寸法度也。皮革之飭以示

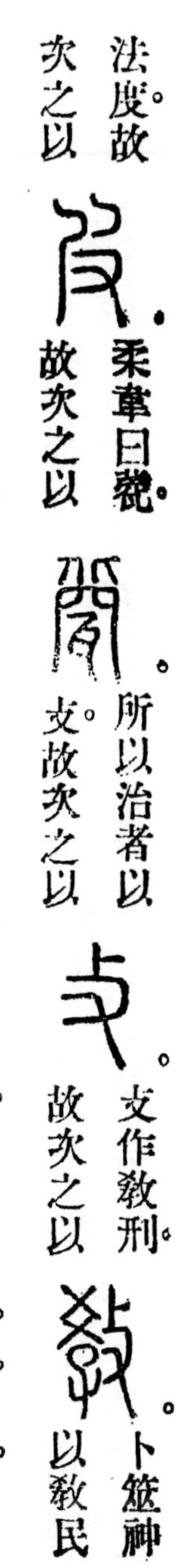

法度故次之以
柔韋曰㼱故次之以
所以治者以攴故次之以
攴作教刑故次之以
卜筮神以教民

也故曰爻効也効教也故次之以
卜而從乃可用故次之以
交以情言故次之以
交交也交之積故次之以

力尒反明而使人故次之以
𥄎舉目使人也目而使人故次之以
左右察之故次之以
目之飭以眉故

次之以
所以蔽眉目者盾故次之以
盾以通蔽眉目鼻故次之以
白亦自也故次之以
鼻百

出於白也皕二百也故次之以
鳥之習飛以气白气所由出也故次之以
習而翫之鳥之所以飛也鳥之自翫習者羽故次之以

有羽者隹故次之以
隹喜自奮故次之以
有角而奮者萑故次之以
萑所以異者角故次之以

𦫳　𦫳角也。目之角戾為苜。故次之以

苜　（音木）獸之美角者羊。故次之以

羊　羊之臭羴。故次之以

羴　（羶同）鳥之角

雈。雈似於𦫳也。故次之以

瞿　瞿。雈隼之視也。鳥雙為雔。故次之以

雔　（音雔）鳥之羣為雥。故次之以

雥　（音雜）鳥即隹也。故次之以

鳥　烏。鳥之異者。故次之以

烏　烏之言雜。雜久必弃之。故次之以

𠦒　（音般）𠦒所以弃也。𠦒除然後交材以冓。故次之以

冓　冓者初也。故次之以

幺　幺而微。故次之以

𢆶　（音幽）𢆶小也。小謹為叀。故次之以

叀　（音專）幽而微為玄。故次之以

玄　微而相成。亦相予而相承。故次之以

予　受予者多者逐。故次之以

放　放者落也。故次之以

𠬪　（平表反）落必殘。故次之以

𣦼　（音殘）𣦼而步。故次之以

歺　歺者死也。故次之以

死　肉去則為冎。故次之以

冎　冎而後骨。故次

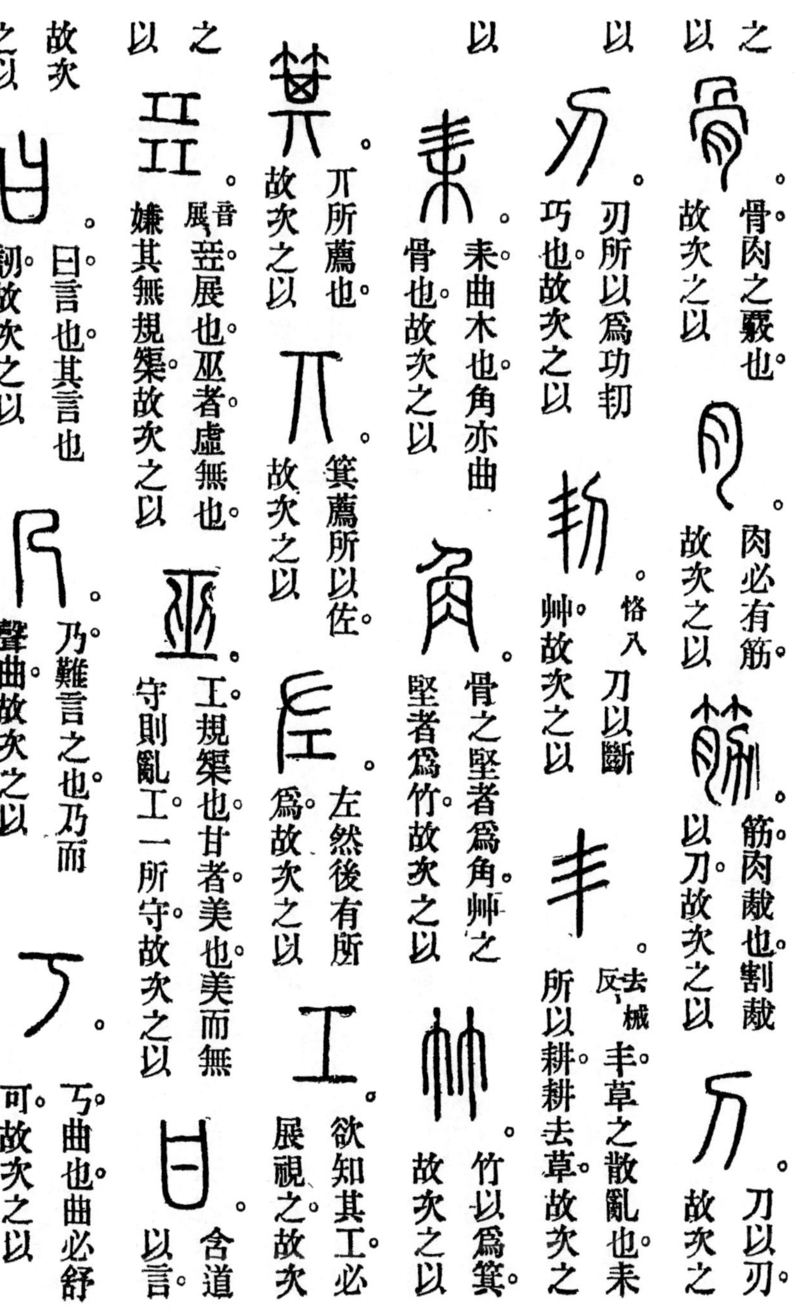

之以

骨肉之覈也故次之以

肉必有筋故次之以

筋肉覈也割覈以刀故次之以

刀以刃故次之以

刃所以爲功㓞巧也故次之以

恪入 刀以斷艸故次之以

去械反 丯草之散亂也耒所以耕耕去草故次之以

耒曲木也角亦曲骨也故次之以

骨之堅者爲角艸之堅者爲竹故次之以

竹以爲箕故次之以

丌所薦也故次之以

箕薦所以佐故次之以

左然後有所爲故次之以

欲知其工必展視之故次之以

音展 㠭展也巫者虛無也嫌其無規榘故次之以

工規榘也甘者美也美而無守則亂工一所守故次之以

含道以言故次之以

曰言也其言也詷故次之以

乃難言之也乃而聲曲故次之以

丂曲也曲必舒可故次之以

可。可必有所稽。故次之以兮。兮稽也。稽而遲留。留必舒。舒必形於聲。故次之以号。号必舒。故次之以亏。

亏舒也。言所以通旨。故次之以旨。旨通必喜。故次之以喜。喜而飾之以樂。故次之以壴。壴音駐。樂也。樂之聞者莫若鼓。故次之以

鼓。師有功則豈樂。故次之以豈。豈愷也。飲至以豆。故次之以豆。豆行豊。故次之以豊。豊尙豐。故次之以

豐。器以御。故次之以䖒。䖒陶器必文之。故次之以虍。虍音呼。虎文也。獸之文者虎。故次之以虎。虎怒虤。故次

之以虤。虤音顏。虎以飾彝器。故次之以皿。皿以稟於𠙴。故次之以𠙴。𠙴音祛。𠙴去也。故次之以去。去相違也。相違則爭。

爭必傷。傷則血。故次之以血。血明白而箸也。故次之以丶。丶竹甫反。箸也。丶之明者莫若丹。故次之以丹。丹而青。故次之以

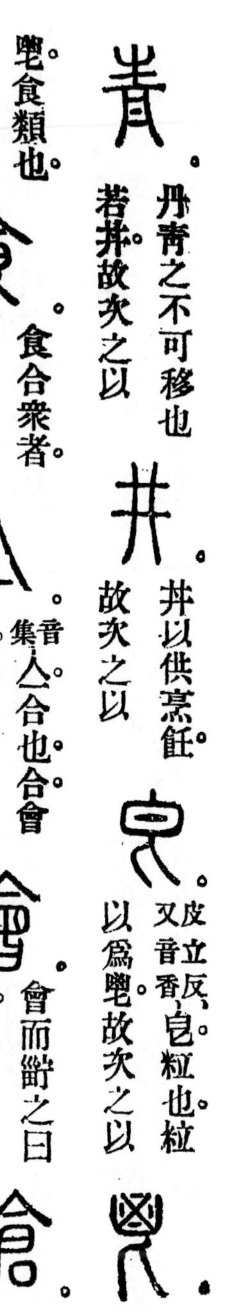

青。丹青之不可移也。若井故次之以井。井以供烹飪。故次之以皀。皮立反、又音香。皀粒也。粒以爲皀故次之以鬯。

鬯。食類也。故次之以食。食合衆者。故次之以亼。音集。亼合也。合會也故次之以會。會而斷之曰倉故次之以倉。

倉主入故次之以入。入於缶故次之以缶。矢亦所以主入故次之以矢。矢及高迴。故次之以高。山𠂤之高

在於冂故次之以冂。坰字、在𩫏之外故次之以𩫏。音鄘、京爲高丘鄘之外也故次之以京。高所以享故次之以

亯。許丈反、亯必滿故次之以畗。畗滿也滿厚故次之以㫗。厚字、厚者歛而取之故次之以㐭。廩字、廩

而受之故次之以嗇。嗇必有來。故次之以來。來麥也故次之以麥。周所降麥天所來也。來若有行故次之以

夊。夊行遲也。遲而相背爲舛。故次之以

舛。舛之蔓延相背。䑞故次之以

䑞。相背者韋也。故次之以

韋。韋違也。制韋而次弟之。故次之以

弟。弟者自後至也。故次之以

夂。竹几反。夂在後也。有所致必久。故次之以

久。違而久者磔之。故次之以

桀。桀磔也。桀於木。故次之以

木。木生於東。故次之以

東。林木之漸也。故次之以

林。林以生材。故次之以

才。才木也。木之大者。海之若木焉。故次之以

叒。音若。木長有所之。故次之以

之。之者必反。反而帀。故次之以

帀。帀而復出。故次之以

出。艸木之出𣎵然而盛。故次之以

𣎵。方末反。𣎵生也。故次之以

生。葉出毛然翹出。故次之以

乇。音謫。翹而埀。故次之以

𠂹。埀者艸木之華也。故次之以

華。木頭曲爲禾。故次之以

禾。音稽。曲而稽畱。故次之

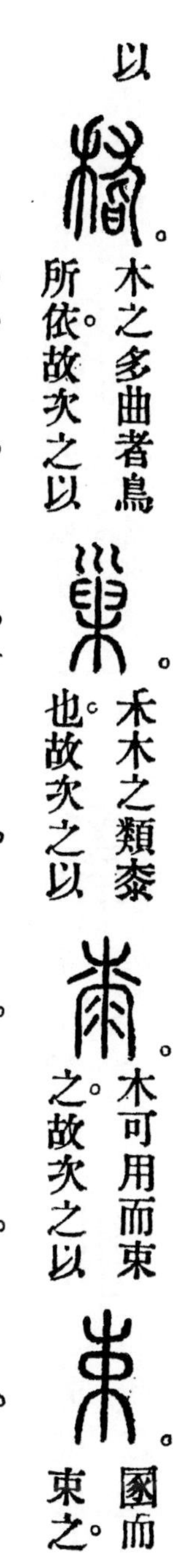

以
木之多曲者鳥所依故次之以
禾木之類桼也故次之以
木可用而束之故次之以
圂而束之故次之以
橐口之也故次之以
音韋、口而數之故次之以
物之庶者貝故次之以
邑有名數也故次之以
兩邑相對故次之以
音巷、物圜爲日日亦物也故次之以
日盛於旦故次之以
旦而倝盛故次之以
音幹、倝㫃盛也㫃之流偃蹇故次之以
音偃、光盛則莫故次之以
冥往則旦來故次之以
晶還而月繼之故次之以
日月有食之故次之以
食必明故次之以
明而夕故次之以
重夕爲多矣故次之以
日月避而其照逼也多區而其气同也故次之以
草木之成實者華马也故次之以
音含、马之連

累。故次之以
㯻。呼南反、㯻之結爲卤。故次之以
卤。音苕、禾麥之實。先後必齊。故次之以
齊。木之長。齊其刺。均也。故次之以
朿。音刺、木判之爲片。故次之以
片。析薪以灼。故次之以
鼎。鼏之鼎器之銘刻也。故次之以
克。克刻也。成而彔彔然。故次之以
彔。器成而食。故次之以
禾。禾之生必勻。故次之以
秝。秝等勻也。禾之黏黍。故次之以
黍。黍稷馨香。故次之以
香。穀之精爲米。故次之以
米。米而舂之。故次之以
毇。音毀、毇以臼。故次之以
臼。地之陷者凶。故次之以
凶。凶惡地也。地惡不理。以埶麻。故次之以
朩。𣏟也。故次之以
𣏟。匹賣反、已理者爲麻。故次之以
麻。尗。麻之屬也。故次之以
尗。禾黍麻尗之屬實在其耑。故次之以
耑。耑之盛者韭。故次之以
韭。盛而蔓者瓜。故次之以

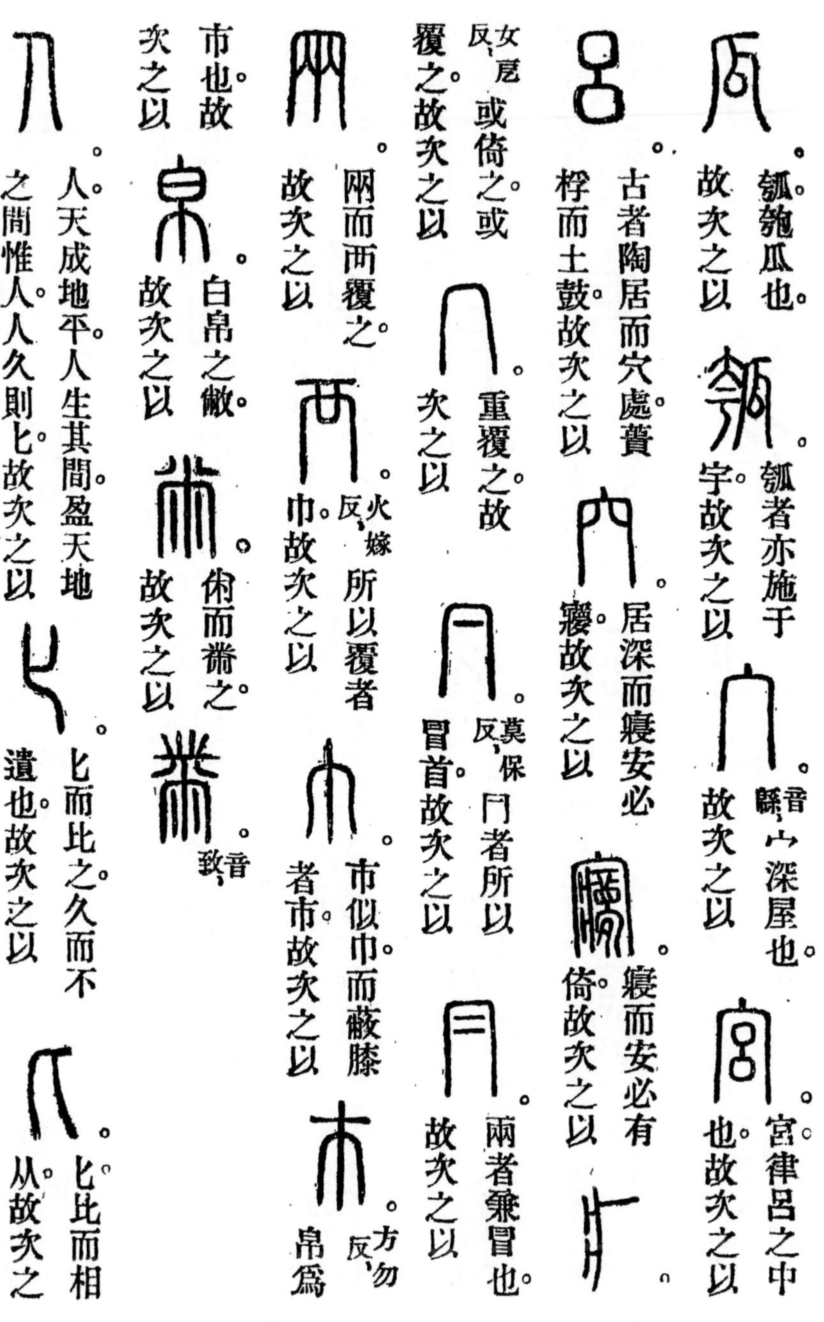

瓠匏瓜也。故次之以瓠者亦施于宇。故次之以音緜，宀深屋也。故次之以宮律呂之中也。故次之以

古者陶居而穴處。蕢桴而土鼓。故次之以居深而寢安。必寢。故次之以寢而安必有倚。故次之以

女戹反，或倚之。或覆之。故次之以重覆之。故次之以莫保反，冃者所以冒首。故次之以兩者兼冒也。故次之以

㒳而㒳覆之。故次之以火嫁反，所以覆者巾。故次之以市似巾而蔽膝者。市故次之以方勿反，帛為

市也。故次之以白帛之㡀。故次之以㡀而黹之。故次之以音致，

人天成地平。人生其間。盈天地之間惟人。人久則匕。故次之以匕而比之。久而不遺也。故次之以匕比而相从。故次之

以

反道相从爲比故次之以

有比者必有背故次之以

北背也背而求衆故次之以

牛金反、似衆也。衆依於丘故次之以

丘土之厚也。故次之以

壬者厚也。故次之以

裘衣之重也。故次之以

童子不衣裘。故次之以

老則毛髮先變。故次之以

毳細毛也。故次之以

尸者毛所主也。故次之以

尸者身也。以身爲尺度故次之以

屍尸之後。故次之以

寢不尸故次之以

臥以安身。故次之以

反身必有依。故次之以

音依、衣者身之飾。故次之以

衣所以明禮。故次之以

履禮也。履所以載人。故次之以

大夫方舟。故次之以

舟在人之下。几亦在下。故次之以

奇字人也、兒以口教其下。故次之以

先人所以

飾也。故次之以兂。簪字。先所以爲容。故次之以皃。兆所以蔽皃。故次之以𠑹。音古。擁蔽者有先也。故次之以先。先者勞。故次之以禿。禿者有所見。故次之以見。覞竝見也。故次之以覞。弋石反。見而欲之。故次之以欠。渴而飲。渴欠也。故次之以㱃。飲而次。故次之以次。疾延反。歓食急而逆。故次之以旡。音既。旡而頯其首。故次之以頁。音頡。頁面俱首也。故次之以百。故次之以面。鳥之逆者梟其首。故次之以県。公幺反。故次之以首。故次之以須。須者面之飾。故次之以彡。彡飾也。羽旄文事也。故次之以文。羽旄之彣。故次之以髟。備天下之飾者后。故次之以后。后出令於內。臣司政於外。故次之以司。臣節其政。卮節其酒。故次之以卮。卮所以節。故次之以卩。

印亦節制。故次之以

人之節制在於容色故次之以

節而放之。故次之以

音卿。卯所以立法故次之以

法所以包束人也故次之以

音包。勹包也。故次之以

包束之必亟。故次之以

音亟。茍敬也。敬近於事鬼故次之以

鬼者狀彷彿而私故次之以

音弗。故次之以

音私。彷彿者景鬼然故次之以

嵬然而高者山。故次之以

故次之以

音詵。山屵然而高故次之以

音枿。屵山岸也。依山而居故次之以

故次之以

旁巖而居者其地反仄故次之以

反仄而危。故次之以

形危者石。故次之以

石之久也。故次之以

長而動搖者勿故次之以

勿旗也。動而冄弱故次之以

冄冄者人之鬚故次之以

而鬚也。畜之多

而鬣者豕。故次之以豕。㣇其屬也。故次之以㣇。音悌、豕之屬鼻卷。故次之以彑。巳例反、豕性爲豚。故次之以豚。豚字、獸之長脊似於豚。故次之以豸。豸强獸也。獸之强者兕。故次之以兕。兕野獸也。蟲獸之畏人者虒易。故次之以易。野獸之大者象。故次之以象。象者大可像也。馬亦大獸也。故次之以馬。獸之神者廌。故次之以廌。鹿亦旅行羣食義獸也。故次之以鹿。鹿之羣行爲麤。故次之以麤。獸之善走㲋。故次之以㲋。丑略反、兔㲋屬也。故次之以兔。獸之以兔者莧。故次之以莧。音桓、莧善走。犬亦善走。故次之以犬。犬好爭。故次之以㹜。魚斤反、犬以捕獸。獸之穴者鼠。故次之以鼠。獸之强者能。能熊之屬也。熊屬穴居。故次之以能。故次之以熊。熊陽物也。熊熊然火之盛也。故次之以火。故次之以

炎。炎煙所箸者黑故次之以

黑。通黑者囪。故次之以

囪。窗字、煙火之欿。故次之以

焱。弋劍反、故次之以

炙。故次之以

赤。火者光炎大也。故次之以

大。大人形也。故次之以

亦。亦人掖也。掖䏶而側故次之以

夨。音側、夨者天𡗝也。故次之以

夭。夭相交。故次之以

交。脛劣而尣。故次之以

尣。音尫、尣者气不至於足也。氣在腹不通若壺。故次之以

壺。壺者中抑鬱。故次之以

壹。壹以防盜。故次之以

㚔。汝涉反、㚔盜也。奢爲盜夸。故次之以

奢。奢必亢。故次之以

亢。亢進之以

夲。音滔、本進也。進而不已必放。故次之以

夰。工皓反、放髟而大故次之以

亣。亣古文大也。亣亦人形。故次之以

夫。三十而立爲丈夫也。故次之以

立。雙立爲竝。故次之以

竝。竝者會也。

頭蓋所會爲囟故次之以

音信囟气所通也故次之以

思生於心故次之以

心生疑故次之以

才規反

惢疑也心大火也火水之妃也故次之以

二水故次之以

音箠人不得濟而頻故次之以

水始於微故次之以

畎字漸而之澮故次之以

澮字澮川澮距川故次之以

出於山爲泉故次之以

故次之以

音旬長流爲永故次之以

歧流分背爲𠂢故次之以

匹賣反水出於谷故次之以

山谷冰壯故次之以

水之烝液爲雨故次之以

雨而興雲故次之以

雲烝雨降魚生焉故次之以

故次之以

燕同尾故次之以

龍魚之長而能飛故次之以

故次之以

故次之以

疾飛

為孔。故次之以

飛孔者莫孔於乙。故次之以

音軋。飛背而疾若不復矣故次之以

去必有所至。故次之以

至而棲。故次之以

西方所食者鹵。故次之以

鹵所以為鹽。故次之以

鹽者門到而戶食之。故次之以

故次之以

耳者人之門。故次之以

𦣝耳之輔也。故次之以

𦣝指相應。故次之以

手臂所連為𠦬。故次之以

古淮反。𠦬在人之後。人之後隨人者也。女亦隨人故次之以

女以一自守。故次之以

音無。民人之蒙暗。民陰也。女亦陰也。故次之以

民閒則自放。故次之以

音夭。夭夭然自融曳。故次之以

亦右曳也。故次之以

音怡。土之附山將阤落為氏。阤乁也。故次之以

阤必有所止。故次之以

戈者

戟之平頭。所以抵。故次之以

戉戈之主也。故次之以

音鉞戉所執以主斷。我亦所執稱也。故次之以

鈎啄也。所以鈎

制罶止也。故次之以

巨月反、琴所以自禁心之散也。故次之以

制放心者所以自隱約。故次之以

音隱、能隱亡者。故次之

以

亡必有所襄挾。故次之以

音奚、匸襄挾也。有所襄者器。器有規榘。故次之以

音方、方所以爲曲器。故次之以

曲之屬爲甾。故次之以

音甾、甾亦瓦器。故次之以

瓦之穹隆狀弓。故次之以

故次之以

音強、弜。故次之以

弦者系。故次之以

音系、系者系也。故次之以

音冪、糸以爲素。故次之以

素糸也。故次之以

絲以爲网。故次之以

率网也。體攣然相牽。率者虫。故次之以

音虺、虫衆。蟲虫之

總也。故次之以䖵。故次之以蟲。風動蟲生。故次之以風。它之旁輪若回風。故次之以它。龜以它爲雄。故次之以龜。黽廣腰似龜。故次之以黽。卵蟲之化。故次之以卵。卵孚化地之性也。地數二。故次之以二。二土也。故次之以土。土之高。故次之以垚。音堯、土之黏。故次之以堇。垚高土也。堇卑土也。卑高雜可以居人。故次之以里。故次之以田。田相比。故次之以畕。音疆、田色黃。故次之以黃。田者男之事也。故次之以男。力於田。故次之以力。力尚協。故次之以劦。音叶、金生於土力而取之。故次之以金。金從衡量。故次之以幵。音肩、幵上平也。平者不失於圭勺。故次之以勺。几亦平。故次之以几。且者几也。故次之以且。斤在俎。故次之以

斤與斗者皆權量也。故次之以矛所以守。故次之以矛車所建也。故次之以自車所陟。故次之以丁回反。故次之以兩自中爲道。故次之以絫土自之屬也。故次之以音累。厽三絫也。故次之以宁四倘圍宁也。故次之以宁連叕周之。故次之以連叕者相亞也。故次之以亞交午也。故次之以至於內者九也。故次之以內獸迹也。故次之以火又反。嘼亦有甲。故次之以至於己藏詘蛇之象。故次之以有所藏者實也。故次之以庚木實也。故次之以癸字。十二辰以配日。故次之以至於終矣。

經傳治要卷三　小學著述序論　徐鍇　鄭樵

鄭樵 莆田人。字漁仲。博學强記。好爲考證倫類之學。紹興中。官樞密院編修。世稱夾漈先生。所著通志二百卷。其二十略中六書七音二種。敍述井井。於小學頗多闡明。雖不如樵自敍謂漢唐諸儒所不得而聞者。固亦一時之名作也。

六書略序

經術之不明。由小學之不振。小學之不振。由六書之無傳。聖人之道。惟藉六經。六經之作。惟務文言。文言之本。在於六書。六書不分。何以見義。經之有六書。猶弈之有二棋。博之有五木。弈之變無窮。不離二色。博之應無方。不離五物。苟二棋之無別。則白猶黑也。黑猶白也。何以明勝負。苟五木之不分。則梟猶盧也。盧猶梟也。何以決雌雄。小學之義。第一當識子母之相生。第二當識文字之有間。象形指事。文也。會意諧聲轉注。字也。假借。文字俱也。象形指事一也。象形別出爲指事。諧聲轉注一也。諧聲別出爲轉注。二母爲會意。一子一母爲諧聲。六書也者。象形爲本。形不可象。則屬諸事。事不可指。則屬諸意。意不可會。則屬諸聲。聲則無不諧矣。五不足而後假借生焉。一曰象形。而象形之別有十種。有天物之形。有山川之形。有井邑之形。有草木之形。有人物之形。有鳥獸之形。有蟲魚之形。有鬼物之形。有器用之形。有服飾之形。是象形也。推象形之類。則有象貌。象數。象位。象氣。象聲。象屬。是六象也。與象形並生。而統以象形。又有象形而兼諧聲者。則曰形兼聲。有象形而兼會意者。則曰形兼意。十形猶子姓也。六象猶適庶也。兼聲兼意猶姻婭也。二曰指事。指事之別。有兼諧聲者。則曰事兼聲。有兼象形者。則曰事兼形。有兼會意者。則曰事兼意。三曰會意。二母之合。有義無聲。四曰轉注。別聲與義。故有建類主義。亦有建類主聲。有互體別聲。亦有互體別義。五曰諧聲。母主形。子主聲者。諧聲之義也。然有子母同聲者。有母主聲者。有主聲不主義者。有子母互爲聲者。有三體主聲者。有諧聲而兼會意者。則曰聲兼意。六曰假借。不離音義。有同音借義。有借同音不借義。有協音借義。有借協音不借義。有因義借音。有因借而借。有語辭之借。有五音之借。有三詩之借。有十日之借。有十二辰之借。有方言之借。六書之道。備於此矣。臣舊有象類之書。極深研幾。盡制作之妙義。奈何小學不傳已久。見者不無疑駭。今取象類之義。約而歸於六書。使天下文字無所逃。而有目者可以盡曉。嗚呼。古者有尉律。所以敕小學也。學童十七已上始試諷籀書九千字。乃得爲吏。又以八體試之。郡移太史。并課最者以爲尙書史。書或不正。輒舉劾之。夫古文變而爲籀書。籀書變而爲篆隸。秦漢之人習篆隸。必試以籀書者。恐失其原也。後之學者。六書不明。篆籀罔措。而欲通經。難矣哉。且尉律者。廷尉治獄之律也。古人於獄訟之書。猶不敢苟簡。若是而況聖人之經乎。

七音略序

天地之大。其用在坎離。人之爲靈。其用在耳目。人與禽獸視聽一也。聖人制律所以導耳之聽。制字所以擴目之明。耳目根於心。聽明發於外。上智下愚自此分矣。雖曰皇頡制字伶倫制律。歷代相承。未聞其書。漢人課籀隸始爲字書。以通文字之學。江左競風騷始爲韻書。以通聲音之學。然漢儒識文字而不識子母。則失制字之旨。江左之儒識四聲而不識七音。則失立韻之源。獨體爲文。合體爲字。漢儒知以說文解字。而不知文有子母。生字爲母。從母爲子。子母不分。所以失制字之旨。四聲爲經。七音爲緯。江左之儒知縱有平上去入爲四聲。而不知衡有宮商角徵羽半商半徵爲七音。縱成經。衡成緯。經緯不交。所以失立韻之源。七音之韻。起自西域。流入諸夏。梵僧欲以其敎傳之天下。故爲此書。雖重百譯之遠。一字不通之處。而音義可傳。華僧從而定之。以三十六爲之母。重輕清濁。不失其倫。天地萬物之音。備於此矣。雖鶴唳風聲。雞鳴狗吠。雷霆驚天。蚊虻過耳。皆可譯也。況於人言乎。所以日月照處。甘傳梵書者。爲有七音之圖。以通百譯之義也。今宣尼之書。自中國而東則朝鮮。西則涼夏。南則交趾。北則朔易。皆吾故封也。故封之外。其書不通。何瞿曇之書。能入諸夏。而宣尼之書不能至跋提河。聲音之道。有障閡耳。此後學之罪也。舟車可通。則文義可及。今舟車所通。而文義所不及者。何哉。臣今取七音編而爲志。庶使學者盡傳其學。然後能周宣宣尼之書。以及人面之域。所謂用夏變夷。當自此始。臣謹按開皇二年。詔求知音之士。參定音樂。時有柱國沛公鄭譯。獨得其義。而爲議曰。考尋樂府鐘石律呂。皆有宮商角徵羽變宮變徵之名。七聲之內。三聲乖應。每加詢訪。終莫能通。先是周武帝之時。有龜茲人曰蘇祇婆。從突厥皇后入國。善胡琵琶。聽其所奏。一均之中。間有七聲。問之。則曰父在西域。號爲知音。世相傳習。調有七種。以其七調。校之七聲。冥若合符。一曰娑陁力。華言平聲。卽宮聲也。二曰雞識。華言長聲。卽南呂聲也。三曰沙識。華言質直聲。卽角聲也。四曰沙侯加濫。華言應聲。卽變徵聲也。五曰沙臘。華言應和聲。卽徵聲也。六曰般贍。華言五聲。卽羽聲也。七曰俟利箑。華言斛牛聲。卽變宮也。譯因習而彈之。始得七聲之正。然其就此七調。又有五旦之名。旦作七調。以華譯之。旦卽均也。譯遂因琵琶更立七均。合成十二。應十二律。律有七音。音立一調。故成七調十二律合八十四調。旋轉相交。盡者和合。仍以其聲考校太樂鐘律。乖戾不可勝數。譯爲是著書二十餘篇。太子洗馬蘇夔駁之。以五音所從來久矣。不言有變宮變徵。七調之作。實所未聞。譯又引古以爲據。周有七音之律。漢有七始之志。時何妥以舊學。牛宏以巨儒。不能精通。同加沮抑。遂使隋人之耳。不聞七調之音。臣又按唐楊收與安涗論琴。五絃之外。復益二絃。因言七聲之義。西京諸儒惑圜鐘函鐘之說。故其郊廟樂。惟用黃鐘一均。章帝時。太常丞鮑業始旋十二宮。夫旋宮以七聲爲均。均言韻也。古無韻字。猶言一韻聲也。宮商角徵羽爲五聲。加少宮少徵爲七聲。始得相旋爲宮之意。琴者。樂之宗也。韻者。聲之本也。皆主於七。名之曰韻者。蓋取均聲也。臣初得七音韻鑑。一唱而三歎。梵僧有此妙義。而儒者未之聞。及乎研究制字考證諧聲然後知皇頡史籀之書已具七音之作先儒不得其傳耳今作諧聲圖所以明古人制字通七音之妙又述內外轉圖所以明梵僧立韻得經緯之全釋氏以參禪為大悟通音為小悟雖七音一呼而聚四聲不召自來此其麤淺者耳至於紐躡杳冥盤旋寥廓非心樂洞融天籟通乎造化者不能造其閫字書主於母必母權子而行然後能別形中之聲韻書主於子必子權母而行然後能別聲中之形所以臣更作字書以母為主亦更作韻書以子為主今茲內外轉圖用以別音聲而非所以主子母也

顧炎武

清崑山人初名絳字寧人居亭林鎮因號亭林明諸生國亡周遊四方藏書自隨康熙時薦應鴻博修明史皆不就後卜居華陰以終炎武性耿介絕俗其學以博文有恥斂華就實為主所著音學五書考證精博推明古音之本然以正宋以來叶韻之誤遂為漢學家闢一由音求義之途又著日知錄左傳杜解補正石經考天下郡國利病書詩文集等數十種皆有名於世

音學五書序

記曰聲成文謂之音夫有文斯有音比音而為詩詩成然後被之樂此皆出於天而非人之所能為也三代之時其文皆本於六書其人皆出於族黨庠序其性皆馴化於中和而發之為音無不協於正然而周禮大行人之職九歲屬瞽史諭書名聽聲音所以一道德而同風俗者又不敢略也是以詩三百五篇上自商頌下逮陳靈以十五國之遠千數百年之久而

其音未嘗有異。帝舜之歌。皋陶之賡。箕子之陳。文王周公之繫。無弗同者。故三百五篇。古人之音書也。魏晉以下。去古日遠。詞賦日繁。而後名之曰韻。至宋周顒梁沈約而四聲之譜作。然自秦漢之文。其音已漸戾於古。至東京益甚。而休文作譜。乃不能上據雅南。旁摭騷子。以成不刊之典。而僅按班張以下諸人之賦。曹劉以下諸人之詩。所用之音。撰爲定本。於是今音行而古音亡。爲音學之一變。下及唐代以詩賦取士。其韻一以陸法言切韻爲準。雖有獨用同用之注。而其分部未嘗改也。至宋景祐之際。微有更易。理宗末年。平水劉淵始併一百六韻爲一百七韻。元黃公紹作韻會因之。以迄於今。於是宋韻行而唐韻亡。爲音學之再變。世日遠而傳日訛。此道之亡。蓋二千有餘歲矣。炎武潛心有年。既得廣韻之書。乃始發悟於中。而旁通其說。於是據唐人以正宋人之失。據古經以正沈氏唐人之失。而三代以上之音。部分秩如。至賾而不可亂。乃列古今音之變。而究其所以不同。爲音論二卷。考正三代以上之音。注三百五篇。爲詩本音十卷。注易。爲易音三卷。辨沈氏部分之誤。而一一以古音定之。爲唐韻正二十卷。綜古音爲十部。爲古音表二卷。自是而六經之文乃可讀。其他諸子之書。離合有之。而不甚遠也。天之未喪斯文。必有聖人復起。舉今日之音而還之淳古者。子曰。吾自衞反魯。然後樂正。雅頌各得其所。實有望於後之作者焉。

與李天生論古音書

三代六經之音失其傳也久矣。其文之存於世者。多後人所不能通。以其不能通。而輒以今世之音改之。於是乎有改經之病。始自唐明皇改尙書而後人往往效之。然猶曰舊爲某今改爲某。則其本文猶在也。至於近日鋟本盛行。而凡先秦以下之書。率臆徑改不復言其舊爲某。則古人之音亡。而文亦亡。此尤可歎者也。開元十三年敕曰。朕聽政之暇。乙夜觀書。每讀尙書洪範至無偏無頗。遵王之義。三復玆句。常有所疑。據其下文並皆協韻。惟頗一字實則不倫。又周易泰卦中。无平不陂。釋文云。陂字亦有頗音。陂之與頗。訓詁無別。其尙書洪範無偏無頗字。宜改爲陂。蓋不知古人之讀義爲我。而頗之未嘗誤也。易象傳。鼎耳革。失其義也。覆公餗。信如何也。禮記表記。仁者右也。道者左也。仁者人也。道者義也。是義之讀爲我。而其見於他書者。遽數之不能終也。王應麟曰。宣和六年。詔洪範復舊文爲頗。然監本猶仍其故。而史記宋世家之述此書。則曰毋偏毋頗。呂氏春秋之引此書。則曰無偏無頗。其本之傳於今者。則亦未嘗改也。易漸上九。鴻漸於陸。其羽可用爲儀。范諤昌改陸爲逵。朱子謂以韻讀之良是。而不知古人讀儀爲俄。不與逵爲韻也。小過上六。弗遇過之。飛鳥離之。朱子存其二說。謂仍當作弗過遇之。而不知古人讀離爲羅。正與過爲韻也。雜卦傳。晉晝也。明夷誅也。孫奕改誅爲昧。而不知古人讀晝爲注。正與誅爲韻也。楚辭天問。簡狄在臺。嚳何宜。玄鳥致詒女何嘉。後人改嘉爲喜。而不知古人讀宜爲牛何反。正與嘉爲韻也。招魂。魂兮歸來。北方不可以止些。增冰峨峨。飛雪千里些。歸來歸來。不可以久些。五臣文選本。作不可以久止。而不知古人讀久爲几。正與止爲韻也。老子。朝甚除。田甚蕪。倉甚虛。服文采。帶利劍。厭飲食。財貨有餘。是謂盜夸。楊愼改爲盜竽。謂本之韓非子。而不知古人讀夸爲刳。正與除爲韻也。淮南子原道訓。以天爲蓋。以地爲輿。四時爲馬。陰陽爲騶。乘雲陵霄。與造化者俱。縱志舒節。以馳大區。後人改騶爲御。據吳才老韻補引此作騶而不知古人讀騶爲鄒。正與輿爲韻也。史記龜策傳。雷電將之。風雨迎之。流水行之。侯王有德。乃得當之。後人改迎爲送。而不知古人讀迎爲昂。正與將爲韻也。太史公自序。有法無法。因時爲業。有度無度。因物與舍。今漢書司馬遷傳亦正作舍。而後人改爲合。不知古人讀舍爲恕。正與度爲韻也。柏梁臺詩。上林令曰。走狗逐兔張罝罘。今本改爲罘罝。又改爲罘罳。而不知古人讀罘爲扶之反。正與時爲韻也。揚雄後將軍趙充國頌。在漢中興。充國作武。赳赳桓桓。亦紹厥後。五臣文選本。改後爲緒。而不知古人讀後爲戶。正與武爲韻也。繁欽定情詩。何以結相於。金薄畫搔頭。後人改於爲投。而不知古人讀頭爲徒。正與於爲韻也。陸雲答兄平原詩。巍巍先基。重規累構。赫赫重光。遐風激驚。今本改驚爲鶩。而不知古人讀構爲故。正與驚爲韻也。齊武帝估客樂。昔經樊鄧役。阻潮梅根冶。深懷悵往事。意滿辭不敘。今本改冶爲渚。不知宋書百官志。江南有梅根及冶塘二冶。而古人讀冶爲墅。正與敘爲韻也。隋書載梁沈約歌赤帝辭。齊醍在堂。笙鏞在下。匪惟七百。無絕終古。今本改古爲始不知長無絕兮終古。乃九歌之辭而古人讀下爲戶。正與古爲韻也。詩曰汎彼柏舟在彼中河。髧彼兩髦。實維我儀之死矢靡他則古人讀儀爲俄之證也。易離九三。日昃之離不鼓缶而歌則大耋之嗟。則古人讀離爲羅之證也。張衡西京賦。徼道外周千廬內附衛尉八屯。巡夜警畫則古人讀晝爲注之證也。詩曰君子偕老副笄六珈委委佗佗如山如河。象服是宜。子之不淑。云如之何。則古人讀宜爲牛何反之證也。又曰何其久也。必有以也。又曰吉甫燕喜。既多受祉。來歸自鎬。我行永久。則古人讀久爲几之證也。左思吳都賦。橫塘查下。邑屋隆夸。長干延屬。飛甍舛互。則古人讀夸爲刳之證也。漢書敍傳舞陽鼓刀滕公廐騶。頴陰商販。曲周庸夫。攀龍附鳳。竝乘天衢。則古人讀騶爲鄒之證也。莊子不將不迎。應而不藏。故能勝物而不傷。又曰無有所將。無有所迎。則古人讀迎爲昂之證也。曲禮將適舍求毋固。離騷余固知謇謇之爲患兮。忍而不能舍也。指九天以爲正兮。夫惟靈修之故也。則古人讀舍爲恕之證也。秦始皇東觀刻石文。常職既定。後嗣循業。長承聖治。羣臣嘉德。祗誦聖烈。請刻之罘。則古人讀罘爲扶之反之證也。詩曰予曰有疏附。予曰有先後。予曰有奔奏。予曰有禦侮。則古人讀後爲戶之證也。史記龜策傳。今寡人夢見一丈夫。延頸而長頭。衣玄繡之衣。而乘輜車。則古人讀頭爲徒之證也。荀子肉腐出蟲。魚枯生蠹。怠慢忘身。禍災乃作。彊自取柱。柔自取束。邪穢在身。怨之所構。作束竝去聲。則古人讀構爲故之證也。馬融廣成頌。然後綏節舒容。裴回安步。降集波籞。川衡澤虞。矢魚陳罟。茲飛宿沙。田開古冶。翬終葵。揚關斧。刊重冰。撥蟄戶。測潛鱗。踵介旅。則古人讀冶爲墅之證也。詩曰。於以奠之。宗室牖下。誰其尸之。有齊季女。則古人讀下爲戶之證也。凡若此者。遽數之不能終也。其爲古人之本音而非叶韻。則陳第已辨之矣。若夫近日之鋟本又有甚焉。阮瑀七哀詩。冥冥九泉室。漫漫長夜臺。身盡氣力索。精魂靡所能。今本改能爲迴。不知廣韻十六咍部元有能字。姚寬證之以後漢書黃琬傳。欲得不能。光祿茂才。以爲不必是韲矣。張說隴右節度大使郭知運神道碑銘。河曲迴兵。臨洮舊防。手握金節。魂沈玉帳。千里送喪。三軍悽愴。唐文粹本改防爲阯。以叶上文喜祉諸字。不知廣韻四十一漾部元有防字。而峻岨塍埒。長城豁險。呑若亘防。已見於左思之蜀都賦矣。盧照鄰奉使益州詩、峻岨埒長城、高標呑亘防、正用蜀都賦語、今本盧詩改防爲舫、李白日夕山中有懷詩。久臥名山雲。遂爲名山客。山湀雲雯好。賞弄終日夕。月銜樓間峯。泉漱階下石。素心自此得。眞趣非外借。今本改借爲惜。不知廣韻二十二昔部元有借字。而傷美物之遂化。怨浮齡之如借。已見於謝靈運之山居賦矣。凡若此者。亦遽數之不能終也。其詳竝見唐韻正本字下、嗟夫。學者讀聖人之經。與古人之作。而不能通其音。不知今人之音不同乎古也。而改古人之文以就之。可不謂之大惑乎。昔者漢熹平四年。議郎蔡邕奏求正定五經文字。乃自書丹於碑。使工鐫刻。立於太學門外。後儒晚學。咸取正焉。魏正始中。又立古文篆隸三字石經。自是以來。古文之經。不絕於代傳寫之不同於古者。猶有所疑而考焉。天寶初詔集賢學士衞包改爲今文。而古文之傳遂泯。此經之一變也。漢人之於經。如先後鄭之釋三禮。或改其音而未嘗變其字。子貢問樂一章錯簡明白。而仍其本文不敢移也。註之於下而已。所以然者。述古而不自專。古人之師傳固若是也。及朱子之正大學繫辭。徑以其所自定者爲本文。而以錯簡之說註於其下。已大破拘攣之習。後人效之。周禮五官。互相更易。彼此紛紜。召南小雅。且欲移其篇第。此經之又一變也。聞之先人。自嘉靖以前。書之鋟本雖不精工。而其所不能通之處。註之曰疑。今之鋟本加精。而疑者不復註。且徑改之矣。以甚精之刻而行其徑改之文。無怪乎舊本之日微。而新說之愈鑿也。故愚以爲讀九經自考文始。考文自知音始。以至諸子百家之書。亦莫不然。不揣寡昧。僭爲唐韻正一書。而於詩易二經。各爲之音。曰詩本音。曰易音。以其經也。故列於唐韻正之前。而學者讀之。則必先唐韻正。而次及詩易二書。明乎其所以變。而後三百五篇與卦爻彖象之文可讀也。其書之條理最爲精密。竊計後之人必有患其不便於尋討。而更竄併入之者。而不得不豫爲之說以告也。夫子有言。齊一變至於魯。魯一變至於道。今之廣韻。固宋時人所謂菟園之册。家傳而戶習者也。自劉淵韻行。而此書幾於不存。今使學者睹是書而曰。自齊梁以來。周顒沈約諸人相傳之韻固如是也。則俗韻不攻而自絀。所謂一變而至魯也。又從是而進之五經三代之書。而知秦漢以下至於齊梁歷代遷流之失。而三百五篇之詩可弦而歌之矣。所謂一變而至道也。故吾之書。一循廣韻之次第。而不敢輒更。亦猶古人之意。且使下學者易得其門而入。非託之足下。其誰傳之。今鈔一帙附往。而考古之後。日知所亡。不能無所增益。則此之書猶未得為完本也。

戴震 休寧人。字東原。乾隆舉人。賜進士。充四庫全書纂修官。少從婺源江永遊。研精羣書。深通小學。由文字音韻以求訓詁。由訓詁以尋義理。故又長於考辨。近百餘年來言漢學者。莫不首屈一指。有戴氏遺書二十餘種行世。

答江慎修先生論小學書

說文所載九千餘文。當小學廢失之後。固未能一一合於古。即爾雅亦多不足據。姑以釋詁言之。如台朕賚畀卜陽予也。台朕陽當訓予我之予。賚畀卜訓賜予之予。不得錯見一句中。孔魄哉延虛無之言間也。郭氏注云。孔穴延魄虛無皆有間隙。餘未詳。考之說文。哉言之間也。言之間即詞助。然則哉之言。三字乃言之間。言為詞助。見於詩易多矣。豫射厭也。郭氏注云。詩曰。服之無射。豫未詳。豫蓋當訓厭足。厭飫之厭。射訓厭倦。厭憎之厭。此皆掇拾之病。其解釋詩書。緣詞生訓。非字義之本然者。不一而足。然今所有傳注。莫先毛詩。其為書又出爾雅後。爾雅。杜甘棠。梨山樆。榆白枌。立文少變。杜澀棠甘而名類可互見。杜赤棠白者棠。以棠見杜。杜甘棠以杜見棠。毛詩甘棠。杜也。誤。枌白榆也。不誤。杜甘曰棠。梨山生曰樆。榆白曰枌。朱子詩集傳於陳東門之枌云。枌白榆也。本毛詩。於唐山有樞云。榆白枌也。殆稽爾雅而失其讀。其他毛詩誤用爾雅者甚多。先儒言。爾雅往往取諸毛詩。非也。若說文䂙爾雅毛詩固最後。沿本處多要。亦各有師承。爾雅以衣涉水爲厲。繇帶已上爲厲。說文砅（字又作濿省用厲）履石。渡水也。引詩深則砅。詩之意以水深必依橋梁。乃可過。喻禮義之大防不可犯。若淺水則褰衣而過。尚不濡衣。酈道元水經注云。段國沙洲記。吐谷渾於河上作橋。謂之河厲。此可證橋有厲之名。衞詩。淇梁淇厲。竝舉。厲固梁之屬也。就茲一字。爾雅失其傳。說文得其傳。觸類推求。遽數之不能終其物。是知漢人之書。就一書中。有師承可據者。有失傳傅會者。說文於字體字訓。鏄漏不免。其論六書。則不失師承。劉歆班固云。象形象事象意象聲轉注假借。鄭衆云。象形會意轉注處事假借諧聲。所言各乖異失倫。說文序稱一指事。二象形。三形聲。四會意。五轉注。六假借。轉注考老字。後人不解。褱務齊切韻猥云。考字左迴。老字右轉。戴仲達周伯琦之書。雖正老字屬會意。考字屬諧聲。而不能不承用左迴右轉爲轉注。別舉側山爲𠂤反人爲匕等象形之變轉者當之。徐鉉徐鍇鄭樵之書。就考字傅會。謂祖考之考。古銘識通用丂。於丂之本訓轉其義。而加老省注明之。又如犬走貌爲猋。爾雅扶搖謂之猋。於猋之本訓轉其義。飇則偏旁加風注明之。此以諧聲中聲義兩近者當轉注。不特一類分爲二類甚難。且校義之遠近。必多穿鑿。王介甫字說。强以意解加之諧聲字。陸佃埤雅中時摭之。使按之理義不悖。如程子朱子論中心爲忠。如心爲恕。猶失六書本法。歧惑學者。今區分諧聲一類爲轉注。勢必強求其義之近似。況古字多假借。後人始增偏旁。其得盡證之使自爲類乎。楊桓又謂三體已上展轉附注是曰轉注。斯說之謬易見。而莫謬於蕭楚張有諸人轉聲爲轉注之說。雖好古如顧炎武。亦不復深省。說文於假借舉令長字。乃移而屬轉注。古今音讀莫考。如好惡之惡。今讀去聲。古人有讀入聲者。美惡之惡。今讀入聲。古人有讀去聲者。宋魏文靖論觀卦云。今轉注之說。則彖象爲觀示之觀。六爻爲觀瞻之觀。竊意未有四聲反切已前。安知不爲一音乎。據此言之。轉聲已不易定。轉注假借何以辨。今讀先生手敎曰。本義外展轉引伸爲他義。或變音。或不變音。皆爲轉注。其無義而但借其音。或相似之音。則爲假借。又曰。字之本義亦有不可曉者。震之疑不在本義之不可曉。而在展轉引伸爲他義。有遠有近。有似遠義實相因。有近而義不相因。有絕不相涉。而旁推曲取。又可強言其義。區分假借一類而兩之。殆無異區分諸聲一類而兩之也。六書之諧聲假借。竝出於聲。諧聲以類附聲而更成字。假借依聲託事。不更制字。或同聲。或轉聲。或聲義相倚而俱近。或聲近而義絕遠。諧聲具是數者。假借亦具是數者。後世求轉注之說不得。併破壞諧聲假借。此震之所甚惑也。說文老從人毛匕。言須髮變白也。考從老省丂聲。其解字體一會意一諧聲甚明。而引之於序。以實其所論轉注。不宜自相矛盾。是固別有說也。使許氏說不可用。亦必得其說。然後駁正之。何二千年間紛紛立說者衆。而以猥云左迴右轉者之謬悠。目爲許氏可乎哉。震謂考老二字屬諧聲會意者。字之體。引之言轉注者。字之用。轉注之云。古人以其語言立爲名類。通以今人語言。猶曰互訓云爾。轉相爲注。互相爲訓。古今語也。說文於考字訓之曰老也。於老字訓之曰考也。是以序中論轉注舉之。爾雅釋詁有多至四十字共一義。其六書轉注之法歟。別俗異言。古雅殊語。轉注而可知。故曰建類一首同意相受。大致造字之始。無所馮依。宇宙間事與形兩大端而已。指其事之實曰指事。一二上下是也。象其形之大體曰象形。日月水火是也。文字旣立。則聲寄於字。而字有可調之聲。意寄於字。而字有可通之意。是又文字之兩大端也。因而博衍之。取乎聲諧曰諧聲。聲不諧而會合其意曰會意。四者書之體止此矣。由是之於用。數字共一用者。如初哉首基之皆爲始。卬吾台予之皆爲我。其義轉相爲注曰轉注。一字具數用者。依於義以引伸。依於聲而旁寄。假此以施於彼曰假借。所以用文字者。斯其兩大端也。六者之次弟。出於自然。立法歸於易簡。震所以信許叔重論六書必有師承。而考老二字以說文證說文。可不復疑也。存諸心十餘載。因聞教未達。遂縱言之。

答問音韻三則

錢大昕　小傳見經傳序論。

問吳才老於三百篇有叶韻之說。而朱文公因之。厥後陳季立撰詩古音。屈宋古音。始知三百篇自有本音。至崑山顧氏撰音學五書。而古音粲然明白矣。然同時毛奇齡已有違言。豈古今音果大相遠乎。曰。古今音之別。漢人已言之。劉熙釋名曰。古者曰車聲如居。所以居人也。今曰車聲近舍。韋昭辨之云。古皆音尺奢反。從漢以來始有居音。此古今音殊之證也。但劉韋皆言古音而說正相反。實則劉是而韋非。蓋宏嗣生於漢季。漸染俗音。因詩王姬之車。君子之車皆與華韻。遂疑車當讀尺奢切。不知讀華爲呼瓜切。亦非古音也。古讀華如敷。詩有女同車與華琚都爲韻。攜手同車與狐烏爲韻。則車之讀居斷可知矣。自齊梁之世。周彥倫沈休文輩分別四聲以製韻譜。其後沈重作毛詩音。於今韻有不合者。謂之協句。如燕燕首章遠送於野。云協句宜音時預反。二章遠送於南。云協句宜音乃林反。所云協句。卽古音也。陸德明釋文創爲古人韻緩不煩改字之說。於沈所云協句者。皆如字讀。自謂通達無礙。而不知三百篇諧暢明白。未嘗緩也。使沈重音尚存。較之吳才老叶韻。豈不簡易而可信乎。協句亦謂之協韻。邶風寧不我顧。釋文徐音古。此亦協韻也。後放此。陸元朗之時已有韻書。故於今韻不收者。謂之協韻。協與叶同。顏師古注漢書。又謂之合韻。合猶協也。是吳才老叶韻之所自出矣。叶韻實由古今異音而作。而吾謂言叶韻不如言古音。蓋叶韻者以今韻爲宗。而强古人以合之。不知古人自有正音也。古人因文字而定聲音。因聲音而得詁訓。其理一以貫之。漢魏以降。方俗遞變。而聲音與文字漸不相應。賴有三百篇及羣經傳記諸子騷賦具在。學者讀其文。可以得其最初之音。此顧氏講求古音。其識高出於毛奇齡輩萬倍。而大有功於藝林者也但古人亦有一字而異讀者。文字偏傍相諧。謂之正音。語言清濁相近。謂之轉音。音之正有定而音之轉無方。正音可以分別部居。轉音則祇就一字相近假借互用。而不通於他字。如難與那聲相近。故儺從難而入歌韻。難又與泥相近。故臡從難而入齊韻。非謂歌齊兩部之字盡可合於寒桓也。宗與尊相近。故春秋傳伯宗或作伯尊。臨與隆相近。故雲漢詩以臨與躬韻。鞏與固相近。故瞻卬詩以鞏與後韻。非謂魂侵侯之字盡可合於東鍾也。其以義轉者。如躬之義爲身。卽讀躬如身。詩無遏爾躬。與天爲韻。易震不於其躬於其鄰。躬與臨韻。非謂眞先之字盡可合於東鍾也。賡之義爲續。說文以賡爲續之古文。蓋尙書乃賡載歌。孔安國讀賡爲續。非陽庚之字盡可合於屋沃也。又如溱洧之溱。本當作潧。說文潧水出鄭國。引詩潧與洧方渙渙兮。此是正音。而毛詩作溱者。讀潧如溱以諧韻耳。溱卽潧之轉音。不可據說文以糾詩之失。韻亦不可據詩以疑說文之妄作。又不可執潧溱相轉。而謂蒸眞兩部之字盡可通也。如謂吾言不信。則試引而申之。夫增與潧皆曾聲也。毛詩於魯頌烝徒增增。云增增衆也。此爾雅釋訓之正文。而於小雅室家溱溱。亦云溱溱衆也。文異而義不異。豈非以溱增聲相近。而讀增爲溱。不獨假其音。并假其字乎。古人有韻之文。正音多而轉音少。則謂轉韻爲協。固無不可。如以正音爲協。則傎到甚矣。顧氏謂一字止有一字。於古人異讀者。輒指爲方言。固未免千慮之一失。而於古音之正者。斟酌允當。其論入聲尤中肯棨。後有作者總莫能出其範圍。若毛奇齡輩不知而作。嘵嘵謷謷。置勿與辯可也。問古今言音韻者。皆以眞諄爲一類。耕清爲一類。而孔子贊易於此兩類往往互用。崑山顧氏因謂五方之音。雖聖人有不能改者。信有之乎。曰此顧氏之輕於持論。以一孔之見。窺測聖人也。夫士女之謳吟。詞旨淺近。聖賢之制作。義理閎深。深則難曉。淺則易知。七月末章。已有歧音。清廟一什。半疑無韻。非無韻也。古音久而失其傳耳。夫依形尋聲。雖常人可以推求。轉注假借。非達人不能通變。如但以偏旁求音。則將謂國風之諧暢。勝於雅頌之聱牙。而周公亦囿於方音矣。有是理乎。且後儒所疑於彖象傳者。不過民平天淵諸字。此古人雙聲假借之例。非畢兩部而混之也。民冥聲相近。故屯象以韻正。讀民如冥也。（瞑古眠字。宋玉招魂以瞑與身韻。）平便聲相近。故觀象以韻賓民。讀平如便也。淵音近環。與營聲相近。故訟象以韻成正。讀淵如營也。天汀聲相近。故乾象以韻形成。乾文言以韻情平。讀天如汀也。此例本於維清之禋成禎烈文之訓刑。夫子亦猶行古之道而已矣。古人訓膺爲胸。故膺有壅音。說文膺胸也。釋名膺壅也。氣壅塞也。蒙彖以應韻中功。比象以應韻中窮。亦讀應爲壅也。未濟象以極與正韻。朱文公疑極當作敬。顧氏以其非韻。遂置之不論。予謂極從亟。亟敬聲相近。廣雅亟敬也。方言自關而西秦晉之間。凡相敬愛謂之亟。則朱說非無稽。但不必破字耳。革象以炳蔚君爲韻。按說文著從草君聲。讀若威。漢律婦告威姑。威姑者君姑也。君威同音。則蔚與君本相諧。

而炳虥聲亦相近。蓋讀炳如虥也。說文虥虎文彪也。與易義相應。是漢儒傳易固有作虥字者矣。豫象以凶與正韻。中正本雙聲字。（古無知照二母之分、醫書有忡怔亦取雙聲、）艮象以中正也。亦與躬終爲韻。則正與凶亦可韻也。象傳無不韻之句。獨此三卦顧氏所不能通。而并刪其文。殊失闕疑求是之旨。今以雙聲通之。則渙然釋矣。古人之立言也。聲成文而爲音。有正音以定形聲之準。有轉音以通文字之窮。轉音之例。以少從多。不以多從少。顧氏知正音而不知轉音。有扞格而不相入者。則諉之於方音。甚不然也。五方言語不通。知其一而不知其它。是之爲拘於方。如實神質切。亦讀如滿。久讀如九。亦讀如几。易傳皆兼用之。此正聖人不拘方音之證。民平天淵亦猶是耳。顧可以輕議聖人哉。

問顧氏論古音。皆以偏旁得聲。合於說文之旨。然亦有自相矛盾者。如旂沂圻皆以從斤爲古音。則近亦從斤也。乃援詩會言近止與偕邇韻。謂古音記當改入志韻。何邪。曰。凡字有正音。有轉音。近既從斤。當以其隱切爲正。其讀如幾者轉音。非正音也。如頎人其頎。亦頎之轉音。禮記頎乎其至。讀頎爲懇者。乃其正音耳。倩從靑而與盼韻。顒從禺而與公韻。實從貫而與室韻。怓從奴而與逑韻。皆轉音。而非正音。禮記相近坎壇。鄭康成讀相近爲禳祈。祈未必不可讀爲近也。三百篇中用韻之字。不及千名。烏能盡天下之音。顧氏但以所見者爲正。宜其齟齬而不相入矣。仇從九聲。古人讀九本有糾鬼二音。故關雎以仇韻鳩。兔罝以仇韻逵。

顧氏不知九有二音。乃謂仇當有二音。如毋戎與難之類。然三百篇中亦不過四五字而已。予謂三百篇中轉音之字甚多。七月之陰。雲漢之臨。蕩之諶。小戎之驂。車攻之調同。桑柔之瞻。文王之躬。（釋詁，躬身也。）生民之稷。北門之敦。召旻之頻。正月之局。皆轉音也。毛公詁訓傳每寓聲於義。雖不破字。而未嘗不轉音。小旻之是用不集。訓集爲就。卽轉從就音。鴛鴦之秣之摧之。訓摧爲莝。卽轉從莝音。瞻卬之無不克鞏。訓鞏爲固。卽轉從固音。載芟之匪且有且。訓且爲此。卽轉從此音。明乎聲隨義轉。而無不可讀之詩矣。識字當究其源。源同則流不當有異。求本衣裘字。借爲求與之義。求祈聲相近。故又有渠之切之音。後人於求加衣。仍取求聲。非衣聲也。裘本一字。而顧氏析而二之。若鴻溝之不可越。且同一從求之字也。而讀俅爲渠之切。讀觩絿爲巨鳩切。同一從九之字也。而讀仇爲渠之切。讀鳩爲居求切。不知求九元有兩音也。睘從袁聲。故字之從睘者皆在山仙韻。而獨行睘睘。乃與菁韻。讀環者睘之正音。讀煢者睘之轉音也。黍稷字本在職德韻。而生民首章稷與夙育韻。讀如謖者稷之轉音也。簡兮以翟與籥爵韻。君子偕老則與髢揥韻。考褕翟闕翟字或作狄。狄有剔音。正與髢協。是翟有兩音也。舊與舅皆從臼聲。三百篇中舅與咎韻。（伐木）亦與首阜韻。（頍弁）舊與時韻。（蕩）亦與里哉韻。（召旻）舅從正音。舊從轉音也。知一字不妨數音。而辯其孰爲正孰爲轉。然後能知古音。知三百篇之音。然後無疑於易之音。予蓋深愛顧氏考古之勤。而惜其未達乎聲音之變也。

錢塘　大昕族子字學淵一字禹美號漑亭乾隆進士官江寧府教授肆力經史於聲音文字尤有神解著有史記三書釋疑、淮南天文訓補注、述古編等書

與王無言論說文書

得足下春月書知在京師主吳稷堂家以足下之淹雅而又得賢主人從此聲名隱然動海內矣僕少好說文解字一書暇輒觀之遂能漸悟其旨嘗以爲文字之作雖別爲六書求其要領實不越乎形聲而已建首之文形之本也亦聲之本也有形卽有聲至於聲形相切文字日繁而其條理要自雜而不越天子又時爲之考定其是非是以文字之本音至周尚存秦漢之際天子不考文民間多以方語亂之本音由是漸亡許氏出於東京時取先漢所傳古文二篆作爲是書而其分部主形而不主聲一部之中衆聲雜奏形之疑似分別甚明而聲無統紀故其書有以聲爲形如句劦諸部者（句部文三、拘笱鉤、當入手竹金三部、而入句部、劦部文三、協勰恊、當入心思十三部、而入劦部、）則幾自亂其例矣夫文字惟宜以聲爲主聲同則其性情旨趣殆無不同若夫形特加於其旁以識其爲某事某物而已固不當以之爲主也然僕豈好爲異說哉蓋亦嘗反諸制文之理矣文者所以飾聲也聲者所以達意也聲在文之先意在聲之先至制爲文則聲具而意顯以形加之爲字字百而意一也意一則聲一聲不變也此所謂文字之本音也今試取說文所載九千餘文就其聲以考之其意大抵可通其不可遽通者反之而卽得矣且以童

子時誦習者證之。如政者正也。仁者人也。誼者宜也。非孔子之言乎。然則因聲見意者周人之法也。可以明文字之宜何主矣。僕以此竊不自揆欲別爲一書以申其鄙陋之見顧以其事勢拙而於學無補因循者且十餘年。今年春始奮然爲之。取許氏之書離析合并重立部首系之以聲而采經傳訓詁及九流百氏之語以證焉。凡三閱月草創甫竟數十年之後庶幾其有成矣。然僕豈以是爲著作乎哉。亦出於無憀耳。士君子讀書宜務知大者遠者。而其餘俱可略也。是故於經宜考聖王之制作。而不必溺於訓詁之說。於史宜觀豪傑之謨略。而不當纖悉於事迹同異之間。始吾之所講者。皆可見諸行事。然後爲有用之學耳。昔蘇明允取戰國策及遷固之史而熟讀之。遂自比於賈誼。而二子亦皆宰相之材。明允之學知史而不知經。故近於從橫。然不可謂非偉特之士也。南宋而後不爲章句小儒者獨有一陳同甫耳。僕雖好語此而才不足以逮其志。何敢妄有所撰論。許氏一書直可畢此生矣。世唯足下知我。故不覺一吐其狂言。

汪中　江都人。字容甫。乾隆拔貢生。博學工文。治經宗漢學。家言嘗作國朝六先生頌。（顧炎武、閻若璩、胡渭、梅文鼎、惠棟、戴震）謂顧氏開漢學風氣之先。戴氏出而集其成。所著述學內外篇有名於世。

釋三九上

一奇二偶。一二不可以爲數。二并一則爲三。故三者數之成也。積而至十。則復歸於一。十不可以爲數。故九者數之終也。於是先王之制禮。凡一二之所不能盡者。則以三爲之節。三加三推之屬是也。三之所不能盡者。則以九爲之節。九章九命之屬是也。此制度之實數也。因而生人之措詞。凡一二之所不能盡者。則約之三以見其多。三之所不能盡者。則約之九以見其極多。此言語之虛數也。實數可稽也。虛數不可執也。何以知其然也。易近利市三倍。詩如賈三倍。論語焉往而不三黜。春秋傳三折肱爲良醫。楚詞作九折肱。此不必限以三也。論語季文子三思而後行。雌雉三嗅而作。孟子書陳仲子食李三咽。此不可知其爲三也。論語子文三仕三已。史記管仲三仕三見逐於君。三戰三走。田忌三戰三勝。范蠡三致千金。此不必其果爲三也。故知三者虛數也。楚詞雖九死其猶未悔。此不能有九也。詩九十其儀。史記若九牛之亡一毛。又腸一日而九迴。此不必限以九也。孫子善守者藏於九地之下。善攻者動於九天之上。此不可以言九也。故知九者虛數也。推之十百千萬。固亦如此。故學古者通其語言。則不膠其文字矣。

釋三九中

古之名物制度。不與今同也。古之語。不與今同也。故古之事不可盡知也。若其辭則又有二焉。曰曲。曰形容。何以知其然也。曲禮歲凶年穀不登。膳不祭肺。禮食殺牲則祭先。周人以肺。不祭肺。則不殺也。鄭義。然不云不殺。而云不祭肺。坊記大夫不坐羊。士不坐犬。古者殺生食其肉。坐其皮。不坐犬羊。是不無故殺之。鄭義。然不云不無故殺之。而云不坐犬羊。春秋傳。衞懿公好鶴。鶴有乘軒者。鶴無樂乎軒。好鶴者不求其行遠。謂以卿之秩寵之。以卿之祿食之也。故曰鶴實有祿位。然不云祿卿而云乘軒。論語。孔子見冕者。雖褻必以貌。冕非常服。當其行禮夫人而以貌也。惟卿有元冕。云冕者。斥其人也。謂上大夫也。然不云上大夫而云冕者。此辭之曲者也。祭義。雜記。晏平仲祀其先人。豚肩不揜豆。豚實於俎。不實於豆。豆徑尺。併豚兩肩不容不揜。此言乎其儉也。本鄭義。樂記。武王克商。未及下車。而封黃帝堯舜之後。夫封必於廟因祭策命。不可於車上行之。此言乎以是爲先務也。詩。嵩高維嶽。峻極於天。此言乎其高也。本劉勰義。此辭之形容者也。周人尙文。君子之於言。不徑而致也。是以有曲焉。辭不過、其意則不鬯。是以有形容焉。名物制度。可攻也。語可通也。至於二者。非好學深思。莫知其意焉。故學古者。知其意。則不疑其語言矣。

釋三九下

孔子曰。父在觀其志。父沒觀其行。三年無改於父之道。可謂孝矣。三年者。言其久也。何以不改也。爲其爲道也。若其非道。雖朝沒而夕改可也。何以知其然也。昔者鯀陻洪水。汨陳其五行。彝倫攸斁。天乃不畀洪範九疇。鯀則殛死。禹乃嗣興。彝倫攸敘。天乃畀禹洪範九疇。蔡叔啟商。惎間王室。其子蔡仲改行帥德。周公以爲卿士。見諸王而命之以蔡。此改乎其父者也。

不寧。惟是虞舜側微。父頑母嚚。象傲。克諧以孝。烝烝乂。不格姦。祗載見瞽瞍。夔夔齊栗。瞽瞍亦允若。曾子曰。君子之所謂孝者。先意承志。諭父母於道。此父在而改於其子者也。是非以不改爲孝也。然則何以不改也。爲其爲道也。三年云者。雖終其身可也。自斯義不明。而後章惇高拱之邪說出矣。

朱駿聲　吳縣人。字豐芑。號允倩。道光舉人。授黟縣訓導。著說文通訓定聲。其書變許氏以形分部之例。而以聲母爲主。以從其得聲者隸之。共十八部。每字各就其本義轉注叚借。逐條注釋。如網在綱。有條不紊。惟其轉注叚借二名。不從許說。而自爲義例。大略與蕭楚張有顧炎武江永諸人之解爲近。而剖析異同。特爲精密。實足自立一說。又有說雅古今韻準二種。今並附於說文通訓定聲書後。

說文通訓定聲自序

天地間有形而後有聲。有形聲而後有意與事。四者文字之體也。意之所通而轉注起焉。聲之所比而叚借生焉。二者文字之用也。竊謂轉注肇於黃倉。形體寡而衍義。叚借濫於秦火。傳寫雜而失眞。而幻丸之屬。反正推移。造字之轉注不離乎指事也。咸需之倫。悉顉通變。造字之叚借不外乎諧聲也。至於叢脞參差。連緜而始肖。其誼弟兄爾汝。依託而本無其文。取類多耑。拘虛少悟。不知叚借者。不可與讀古書。不明古音者。不足以識叚借。此說文通訓定聲一書所爲記也。夫三代秦漢之嬗。聲以世遷。九州南北之迻。言因方易。欲擕古今之舌而出於一軌。固所不能。將執經史之文。而斂以一筒。尤有不可。然則當如之何。曰。以字之體定一聲。以經之韻定衆聲。以通轉之理定正聲變聲。三者皆從其朔而已。曷言乎以字之形定一聲也。東重童龍。數傳祇循其舊。東帝啻適。萬變不離其宗。融強秋梓之省文。徵諸古籀。迹狄豐農之犀響。正於昔聞。豕冢兀元。轉由一語。禼雜廿竊。從岦网聲。呂禹容尊。於重文而得母。棘弜卯䶒。因闕讀而疑音。此齊桓伐莒之謀。東郭能言其狀。光武命名之義。九禾可訂其聲者也。曷言乎以經之韻定衆聲也。火諸衣稱。知與燬字同評。朝叶苗高。信自舟聲少變。侮雖每而異母。朋猶鳳而殊風。音別求裘。部分截雀。或句中而安韻。召旻歲旱之章。或一語而成歌。周頌駿奔之什。靡膴伊減。腜湎當證之韓嬰。螟螣舂揄。蟘舀堪稽於許慎。考工鄭注。其鏄斯掆。掘子王籛。誶予不顧。焞爲推而怛爲憩。可讀班書。答爲對而瞢爲熒。當從古寫。淺巇卽羣經之嬖。脩翹誤俗字之僞。求福不邪。易儺而語言方合。飲酒之餞。變饇而義訓始通。此鄁商之誦。湯可用九有爲九域。楚莊之傄武。疑以一句爲一章者也。曷言乎以通轉之理定正聲變聲也。關叔卽爲管叔。甫侯本是呂侯。驩兜匪異渾敦。屠蒯原同杜蕢。荄滋易言箕子。伊尹詩頌阿衡。連山禮箸厲山。帝俊書偁帝舜。若茲之類。厥有三端。其同音者。扶服蒲伏。與匍匐而兼偁。遹迆逶迤。偕委蛇而竝用。气借氣而餼出。艸假草而阜興。鄦國爲許。而三傳皆同。頌皃作容。而四始代誦。種穜酢醋。因音而互譌。㤅愛㥑憂。以聲而昧本。嚋屬害曷。語詞不必元文。叔少昆蠶。稱謂相承別字是也。其疊韵者。洚水猶之洪水。畜君原是好君。序榭豫可校禮經。毒篤竺試讎漢史。貉伯禡皆禱牲之用。褧絅縈總枲布之名。明都孟諸。洵非兩地。燭趨。涿聚。故是一人。陳易氏而爲田。苡改姓而作弋。辛夷可爲新雉。蟬焉豈異亶安。薰香用以代葷。義不妨於相戾。孳息取以爲止。訓亦見其交通是也。其雙聲者。和桓波播。禹貢可詳。侮務鬭仇。雅詩偶借。奠定帝舌。音之轉。圭蠲涓脣吻之通。密勿蠠沒。與黽勉非殊。踟躕躊躇。視峙躇不異。黼裘示省。獮義可思。素衣朱綃。繡文宜訂。台余卬我。皆施身自謂之言。戎若伊而。悉㞐口稱人之語。懆懆多譌慘慘。儦儦或讀伾伾。誐假胡何。出音微分。侈歛徒但地特。助詞本𠮷正文。開口雅而閉口烏。啞啞亦其天籟。燕人厖而周人貉。蛘蛘又屬方言。馬莽蕭蛸。更姓祇憑語轉。蠅羊鵜隼。殊文不過聲移。桉諸詩歌。相曰胥更抑曰懿。參之古語。罄爲俔亦鼎爲當是也。此何休之讀公羊。所以有長言短言之辨。而高誘之注淮南。又別有緩气急气之分也。若夫如此爲爾。之焉爲旃。兩字便成翻語。蒺藜卽茨。茅蒐卽韎。三代自有合音。目少眇而手延挺。自諸以成字。婁係鄒而於引越。相足而爲言。斯又吳昭魏炎之儔。注書掫爲切紐。沈約彥倫之輩。行文律以四聲者矣。夫所見異辭。陸元郎文羅經典。有志復古。陳季立音溯詩騷。余少歲蟲彫。中年蠖伏。哦陳編而洞席。憶緒論於趨庭。旁及六書。自據一得。部標十八。派以析而支以分。毋列一千。聲爲經而義爲緯。將使讀古書者。應弦合節。無聱牙詰詘之疑。

治經義者。討葉沿根。有掉臂游行之樂。渴半生之目力。精漸銷亡。殫十載之心。稽業才艸剏。汜濫未竟。蹐繆尙多。思不能書。先爲此敍。非敢謂萬川會海。導西京爾雅之原。亦庶幾百世本支。演南閣說文之譜云。尒道光十有三年。歲在昭陽大芒洛涂月。元和朱允倩駿聲譔

轉注

小學之綱有三。曰形體。曰音聲。曰訓詁。周官保氏以六書敎國子。象形指事會意者。形體之事也。諧聲者。音聲之事也。轉注者。訓詁之事也。知斯三者。而後知叚借。叚借者。亦訓詁之事。而實音聲之事也。惟轉注一法。言人人殊。許叔重說文解字敍曰。建類一首。同意相受。考老是也。孫愐切韻云。考字左回。老字右轉。戴仲達六書故。周伯琦六書正譌。別舉側山爲阜。反人爲匕之類當之。徐楚金則就考字傅會。謂祖考之考。古銘識通用丂。於丂之本訓轉其義。而加老注明之。犬走爲猋。爾雅扶搖謂之猋。於猋之本訓轉其義。颷則加風注明之。鄭夾漈通志略又妄分建類主義。建類主聲。互體別聲。互體別義四事。楊桓六書統則謂三體已上。展轉附注。此皆以形體言轉注者也。國朝戴東原始發互訓之恉。其言曰。轉相爲注。猶互相爲訓。老注考。考注老。爾雅釋詁有多至四十字共一義者。卽轉注之法。故一字具數用者曰叚借。數字共一用者曰轉注。而吾鄉江叔澐曰。轉注統於意。轉注者轉其意也。如挹彼注茲之注。故立老字爲部首。卽所謂建類一首。考與老同意。故受老字而從老省。考之外者耋壽

耇之類皆是說文解字一書分部五百四十。卽建類也。始一終亥。卽一首也。云凡某之屬皆从某。卽同意相受也。凡合兩字以成一誼者爲會意。取一意以槩數字者爲轉注。二君以訓詁解轉注。說有根據。可謂突過前人矣。竊嘗論之。謂考字左回。老字右轉者。考係形聲。老屬會意。釋涉今隸。紕繆顯然。謂側山爲阜。反人爲匕者。此指山人已成之形。爲阜匕續生之事。卽所謂指事。象形者。因形而製字。指事者。因字而生形也。謂丂字加老。𦒻字加風。是以形聲中聲義隔者爲諧聲。聲義近者爲轉注。穿鑿之弊。必至有如王荊公字說者。至若妄分建類互體四門。以考老履屨等字爲建類主義。以鳳凰羅䍜等字爲建類主聲。以啼啻唯售等字爲互體別聲。以猶猷愚㥥等字爲互體別義。既無條理。且多俗字。舛繆尨雜。直以此事爲兒戲矣。謂三體以上展轉附注。三體四體。不過數字。悉屬會意。或兼諧聲。淺之談。不足置辨。大抵言形體者。綱領既乖。彊設條目。所謂差之毫釐。謬以千里也。惟互訓之說。於六事剖判分明。然亦有未盡然者。夫六書皆以立教也。保氏於國子既教以會意之老。則考之訓焯然知之。既教以形聲之考。則老之訓亦焯然知之。而復合考老以重申疊究。不已贅乎。況創。傷也。傷。創也。裼。但也。但。裼也之類。同意相受矣。不可謂建類一首。而考仲子宮。老實不足以盡考。楚師老矣。考亦不足以代老。又何說也。且謂爾雅皆轉注。則亦混於叚借。何以言之。初哉首基。哉者。菑之間也。不得轉注爲始。始則才之叚借也。錫畀予貺。錫者。釗也。不得轉注爲賜。賜卽錫之叚借也。爾雅注彡章。許書注文字。注彡章則哉生明。錫土姓可曰始曰賜。注文字則哉爲詞。錫爲金。不得曰始曰賜。體用之間致不侔矣。吾所謂未盡然者此也。竊以轉注者卽一字而推廣其意。非合數字而雷同其訓。許君自敘考老之恉。惟江氏分部之說得之。許不曰老孝而曰考老者。部末孝字子亦會意。意不專受於老也。雖然轉注一法。許實誤解。正有不必爲前賢諱者。許書所謂同意相受。惟老履疒瘮數部耳。他如木部有植物。有器物。水部有地事。有人事。日部有日星之日。有日時之日。尸部有橫人之尸。有屋宇之尸。首雖一而意不同焉。不特此也。保氏果以是立敎。則凡形聲之字。皆卽轉注之字。六書何以條分。余故曰轉注者。體不改造。引意相受。令長是也。叚借者。本無其意。依聲託字。朋來是也。凡一意之貫注。因其可通而通之爲轉注。一聲之近似。非其所有而有之爲叚借。就本字本訓而因以展轉引申爲他訓者曰轉注。無展轉引申而別有本字本訓可指名者曰叚借。依形作字。覩其體而申其義者。轉注也。連綴成文。讀其音而知其意者。叚借也。叚借不易聲而役異形之字。可以悟古人之音語。轉注不易字而有無形之字。可以省後世之俗書。叚借數字供一字之用。而必有本字。轉注一字具數字之用。而不煩造字。轉者旋也。如發軔之後。愈轉而愈遠。轉者還也。如軌轍之一。雖轉而同歸。試卽以考譬之。胡考之休。爲本訓。老也。考槃在澗。爲轉注。成也。弗鼓弗考。爲叚借。攷也。攷者考字之訓也。又試以令譬之。自公令之。爲本訓。命也。秦郎中令爲轉注。官也。令聞令望爲叚借。善也。善者。靈字之訓。實良字之訓也。轉注無他字而卽在本字。故轉注居叚借之前。叚借有本字而偶用別字。故叚借附六書之末。若此則訓詁之法。備六書之誼。全保氏之教。箸雖起北海南閣諸大師。質之應亦不易斯言。事比當仁。理惟求是。故不避專輒而箸其說云。

叚借

說文解字發明象形指事會意形聲四書。而轉注叚借二者。則略而不備。言轉注若革朋來韋能州西七字。言叚借若屮疋詖鼔嵒爰哥㝵縣完罪併臭洒姚鎬十六字。又引經史及或說若玎嗟等五十餘字。箸者如斯而已。夫叚借之原三。有後有正字。先無正字之叚借。如爰古爲車轅。洒古爲灑埽。有本有正字。偶書他字之叚借。如古以𡊅爲疾。古以莧爲嗇。有承用已久。習訛不改。廢其正字。嫥用別字之叚借。如用草爲艸。用容爲頌也。叚借之例四。有同音者。如德之爲悳。服之爲㞺。有疊韵者。如冰之爲掤。馮之爲淜。有雙聲者。如利之爲賴。答之爲對。有合音者。如茺蔚爲蓷。蒺藜爲茨也。叚借之用八。有同聲通寫字。如气質槪書氣稟動蛘乃作靜。妝仁誼通用。威義將衛總爲紛帥。今國書凡同聲字。統爲一體。作書時依其文義而顚倒上下之。知爲某字某意。卽其理也。別有託名𢟪識字。如戊癸取之戈兵。卯丣假於門戶。有單辭形況字。如率爾。原非畢網。幡然。豈是觚巾。有重言形況字。如朱朱狀夫雞聲。關關用為鳥語。有疊韻連語。如窈窕無與心容。蒙戎非關艸寇。有雙聲連語。如易爻多說次且。書歌肇言叢脞。有助語之詞。如能爲可通。疋歎於焉。或託飛禽。有發聲之詞。如弟兄異乎君臣爾汝同於乃若。此皆本無正文。依聲託事。誼不在形而在音。意不在字而在神。神似則字原不拘。音肖則形可不論。故凡語詞習用之字。如者矣乎哉嗞諾吁否。皆乃兮於乍各曾毋。倘知曰粤唯寧歟曷每。从言从口从凶从欠从丂从八。非是則皆叚借也。叚借之理。疊韻易知。雙聲難知。非博覽旁求。潛心精討。烏能觀其會通。與古人心心印合。如相告語乎。

王筠 安邱人。字菉友。道光舉人。官山西寧鄉知縣。博涉經史。尤深說文之學。兼取鐘鼎金石文字。以資助考證。所著說文句讀說文釋例二書。一則訓詁明確。一則條理通達。經緯相參。全體豁然。又有文字蒙求一種。摘取說文要字。以六書分類。注釋簡明。於初學尤便。

六書總說 節錄說文釋例

漢書藝文志曰。六書爲象形象事象意象聲轉注假借。造字之本也。顏注曰。象形爲畫成其物。隨體詰屈。日月是也。象事即指事也。謂視而可識。察而見意。上下是也。象意即會意也。謂比類合誼。以見指撝。武信是也。象聲即形聲。謂以事爲名。取譬相成。江河是也。轉注爲建類一首。同意相受。考老是也。假借爲本無其字。依聲託事。令長是也。文字之義。總歸六書。故曰立字之本也。

筠案。六書次第。似班書首象形爲是。通志曰。六書也者。象形爲本。案會意形聲誠爲繼起、若象形指事、各立門戶、相對相當、不可分本末、特以虛實論之、形先事後耳、似不可言爲本、形不可象。似當云無形可象、則屬諸事。事不可指。物亦有會意字、林鏖之類是也、似不可單承指事、則屬諸意。意不可會。則屬諸聲。聲則無不諧矣。五不足。而後假借生焉。不言轉注者、上文云、諧聲別出爲轉注、業誤以轉注幷入形聲中、故不及、許君首指事。似不可解。楊錫觀曰。文字之作。因事而起。其說似未確。余弟範曰。說文開卷卽列一上兩部。故先之也。余笑曰。一畫開天。無所不統矣。然是說仍未確。姑存之。

造字之本。此句未允。說見後。

顏注承用說文。惟察而見意。不同今本。案視而可識。指字形言。察而見意。指字義言。令本似無分別。蓋顏籀所據爲古本也。印林曰。物與屈識與意誼與撝名與成首與受字與事皆叶韻。作見則非韻。

周官保氏鄭注。六書象形會意轉註此字似誤、漢時恐未有此字、然足證自古相傳、皆以注爲訓釋也、處事假借諧聲也。賈疏云。六書象形之等。皆依許氏說文。云象形者。日月之類是也。象日月形體而爲之。云會意者。武信之類是也。人言爲信。止戈爲武。會合人意。以合訓會是也、然謂合人意則非、故云會意也。云轉註者。考老之類是也。建類一首。文意相受。左右相註。通志曰、立類爲母、從類爲子、母主義、子主聲、主義者、是母爲主而轉其子、主聲者、是以子爲主而轉母、似卽此說、故名轉註。云處事者。上下之類是也。人在一上爲上。人在一下爲下。不特與說文背、果如所言、是會意也、各有其處。處事者、處置此事、讀爲去聲非、事得其宜。故名處事也。云假借者令長之類是也。一字兩用。故名假借也。云諧聲者。即形聲一也。以造字之本言之、則云諧聲自可、蓋先有江河之名、而後有江河之字、其所以成字者在工可之聲、故曰可也、若以用字之法論之、則云形聲乃爲賅備、如杠柯亦以工可爲聲、而既以木定其形、則杠爲步渡、柯爲斧柄矣、不得偏重聲也、江河之類是也。皆以水爲形。以工可爲聲。但書有六體。形聲實多。若江河之類。是左形右聲。鳩鴿之類。是右形左聲。草藻之類。是上形下聲。婆娑之類。印林曰、說文有媻無婆、是上聲下形。圃國之類。是外形內聲。闤闠衡銜之類。是外聲內形。闤闠仍是外形內聲、衡從角大會意、非形也、銜則純乎會意、當易以聞問閣閩等字、而從行聲者、無在外之字可易、惟衡從衍省聲耳、此形聲之等有六也。

鄭注次第。即不可曉。五經文字序曰、周禮保氏掌養國子以道、敎之六書、謂象形指事會意形聲轉注假借六者、造字之本也、案張氏既引保氏、則所列名目、當出鄭注、而次序不同、今本或張氏所據鄭注、爲未經倒亂之本、賈氏別據倒亂之本乎、然二人時代不隔、疑莫能明也、賈疏尤謬。特以其爲古說列諸卷首。而以鄙見附書於左。

筠案此書名以說文解字者。說其文。解其字也。通志曰。獨體爲文。合體爲字是也。觀乎天文。觀乎人文。而文生焉。天文者自然而成。有形可象者也。人文者人之所爲。有事可指者也。故文統象形指事二體。字者孳乳而寖多也。合數字以成一字者。皆是即會意形聲二體也。四者爲經。造字之本也。轉注假借爲緯。用字之法也。或疑既分經緯。即不得名曰六書。不知六書之名。後賢所定。非皇頡先定此例而後造字也。猶之左氏釋春秋例皆以意逆志。比類而得其情。非孔子作春秋先有此例也。詩有六義，亦以風雅頌爲經，賦比興爲緯，說文敘解釋六書乃全部之條例也。然考之說解。言象形矣。云從某從某。卽是言會意矣。云從某某聲。卽是言形聲矣。而指事惟於上下二字言之。仍不出敘所言之外。且下字說解。小徐作從反上爲下。大徐始作指事耳。餘惟叜字大徐曰指事。叀巳二字。大徐引小徐曰指事。然叜以會意定指事。非指事純例。叀以會意定象形。巳則純乎象形。蓋二徐皆不知指事也。故繫傳多誤以會意爲指事。大徐不引。則勝小徐之一端也。若夫轉注假借。則全書未嘗言及。遂有謂許君明於象形諧聲。昧於其餘者。噫。是未潛心之故。豈可以訾許君哉。凡其或言或不言者。皆屬詞之體當然。而非有明昧於其間也。說文每出一字。必先說其義。後說其形。此定例也。如屮下云。艸木初生也。此字義也。象出形。有枝莖也。此字形也。苟不出象形二字。將何以爲詞哉。至於轉注假借。爲形事意聲四者之緯。故老下云考也。考下云老也。老從人毛匕，則會意也，考從老省，丂聲，則形聲也，以此推之，凡轉注字皆然，故知轉注假借，卽在形事意聲四者之中，乃用字之例，非造字之本，仍以敘文所出之兩字見其例。則欠部歔欷也。欷歔也。言部諷誦也。誦諷也。同在一部。是謂建類一首。其訓互通。是謂同意相受。至明白矣。設於歔下云與欷轉注。諷下云與誦轉注。人將不訾其不知轉注。轉訾其不成詞矣。然考老同部同義。而且疊韻。此例之至狹者也。從而廣之。則交部褢。衺也。衣部衺。褢也。雖非建類一首。猶是同意相受也。更推廣之。爾雅釋詁。則尤浩博無涯涘矣。獨是敘於假借舉令長爲例。而本字下竝其假借之義不見。較之考老似尤疏闊者。則以全書說解半皆假借也。卽以開首一句言之。惟凡思也。太滑也。是惟初太始一句。卽有二字假借。苟依本訓。而曰思初滑始。尙可通乎。然則假借者觸目卽是。啟口皆然。其不待強聒。又彰彰矣。惟六書之中。指事最少。而又最難辨。以許君所舉上下二字推之。知其例爲至嚴。所謂視而可識。則近於象形。察而見意。則近於會意。然物有形也。而事無形。會兩字之義。以爲一字之義。而後可會。而丄丅之兩體。固非古本切之丨。於悉切之一也。一有訓爲天者。然以解下之一可也。若以解上之一。則物有在天之上者乎。且奚必在天之下。卽吾之局腳几在書案之下。獨不爲下乎。則此書案卽下之一也。是以天解下之一。而亦不可也。一有訓爲地者。然以解上之一可也。若以解下之一。則物有在地之下者乎。且奚必在地之上。卽吾之此冊在書案之上。獨不爲上乎。則此書案卽上之一也。是以地解上之一。而亦不可也。惟有二丄三丅以兩畫成爲一字。上下本非物也。然視之而已識上下之形。兩畫既皆非字。則幾無以爲義。然察之而已見上下之意。總之以大物覆小物。以大物載小物。於是以長一況大物。以短一或丨況小物。了然於心目間。而無形之事。竟成爲有形之字矣。然而短一縱橫惟意。長一可橫不可縱者。何也。此小大之辨也。博者必厚。其縱數不待表而著。小物則或博而卑。或狹而高。要爲大物之所能覆載而已。試觀天之下。地之上。山嶽則巍然峙也。是丄丅之形也。邱陵則逶迤相屬也。是二二之形也。明乎此。而指事不得混於象形。更不得混於會意矣。余於其他。偶舉爲例。惟指事必盡出之。段茂堂嚴鐵橋皆知指事而不盡言。蓋將待我開山也。故逐字區其族類。以告來世。

六書次第。自唐以來。易其先後者。凡數十家。要以班書爲是。象形指事皆獨體也。而有物然後有事。故宜以象形居首。會意形聲皆合體也。而會意兩體皆義。形聲則聲中太半無義。且俗書多形聲。其會意者千百之一二耳。卽此足知其先後矣。轉注假借在四者之中。而先後亦不可淆者。轉注合數字爲一義。假借分一字爲數義也。故以六書分爲三耦論之。象形實。指事虛。物有形。事無形也。會意實。形聲虛。合二字三字以爲意。而其義已備。形聲則不能賅備。如煉鍊一字。所煉者金。鍊之以火。鏝槾一字。其器兼用金木。而皆分爲兩體。此尤不能賅備之明驗也。轉注實。假借虛。考自成爲考。老自成爲老。其訓互通。而各有專義也。卽桷榱挹抒同爲一物一事。而名從主人。各有所謂。而不可改也。若夫令爲號令。而借爲令善。長爲久長。而借爲君長。須於上下文法求之。不能據字而直說之。故爲虛也。凡變亂班書之次者。皆不察其虛實者也。

班志列象聲於象意之後。勝於許君列形聲於會意之前。何也。形聲一門。兼象形指事會意以爲聲。於省聲尤可見矣。肘從肉寸會意。故紂酎等字從肘省得聲。苟不先有會意之肘。將何以爲聲乎。此舉大體而言、古文亦有形聲字、如言字是也、篆文亦有指事象形字、如古名乞、後名燕是也、一字之蘊。形聲義盡之。卽六書之名。亦可以形聲義統之。卽如天字。一大其形也。顚其義也。他前切其聲也。兼明之而一字之蘊盡矣。象形。形也。指事會意。義也。形聲轉注假借。皆聲也。夫轉注假借。在形事意聲四者之中。而可專屬之聲者。假借固無不以聲借也。有去形存聲者。石鼓文。其魚佳可。卽維何也。是爲省借。有字外加形者。檀弓子蓋言子之志於公乎。然則蓋行乎。鄭注蓋當作盍。商頌百祿是何。儋何其本義也。左隱三年傳引作荷是也。是謂增借。而省之增之。其聲無不同者。故亦借。及偏旁不同而聲同之字。如禮云。射之爲言者繹也。知射古音繹。繹斁同從睪聲。振鷺在此無斁。中庸引之作射也。凡云古字通用者、乃注疏家體例固然、實係以聲借用、非其字本通也、首手尺赤皆通、則亦無不可通、此類以不效古人爲是、至於轉注。則同一物也。而命之者不同。則字不同。同一事也。而謂之者不同。則字不同。古人用字。貴時不貴古。尙書用茲、論語用斯、孟子用此、時不同也。聿筆弗不律、地不同也、皆取其入耳卽通也、推之、周人言山必南山、衛人言水必淇水、豈以遠稱博引爲豪哉、今人好用古字、乃不足之證、非有餘之證、文之雅俗、在乎意義、不在字體也、取其地之方言而制以爲字。取足達其意而已。而聖人所生之地不同也。唐虞三代。遞處於山西河南陝西之境。孔子又生於山東。各用其地之方言。不得少轉注一門矣。故同一持也。而縣持曰挈。脅持曰拑。閱持曰揲。握持曰摯。則不同也。然此猶有縣脅閱握之分也。乃揄㨍批𢪛皆捽也。姣媛皆美也。娛嬉皆樂也。義無異而名不同也。以至爾雅釋詁。一名而累數十字未已。是又兼假借而爲轉注者矣。蓋意有輕重。則語之所施。亦有輕重。是以假借者。一字而數義。何爲其數義也。口中之聲同也。轉注者數字而一義。何爲其數字也。口中之聲不同也。故其始也。呼爲天地。卽造天地字以寄其聲。呼爲人物。卽造人物字以寄其聲。是聲者造字之本也。及其後也。有是聲。卽以聲配形而爲字。形聲一門之所以廣也。綜四方之異。極古今之變。則轉注之所以分著其聲也。無其字而取其同聲之字以表之。卽有其字。亦取同聲之字以通之。則假借之所以薈萃其聲也。是聲者用字之極也。聲之時用大矣哉。

聲音遞變。字以孳焉。卽如母古音如米。玉篇嬃莫奚莫移二切。齊人呼母。嬭乃弟切。母也。姐茲也切。引說文蜀人呼母。案彌米音近。爾又彌之聲。今呼嬭如乃。（玉篇、嬭、又女蟹切、乳也、音與乃近、）則以雙聲字當本字音也。且古音疽又米之聲轉。然則嬃彌姐三字。仍是母字。其聲旣變。其形因以變耳。廣韻媽莫補切。母也。案今俗呼爲馬平聲。蓋馬古音如某。是又母字之變也。惟嬤字別一音。不由母字變耳。又如古謂之糗。今謂之麨。幽宵古音遞轉。是以如此。玉篇糗有尺沼切。是卽麨之音也。印林曰。母古音在之部。米古音在脂部。謂母古音如米者非也。今人之口舌之脂不能別。非古音本然也。然求古音近米而屬之部之字。竟不可得。吾無以譬況之。江晉三諧聲表與某字並定爲古莫海切。部分是矣。從之可也。然母米雖不同部。其轉音則相似。所以母轉而爲嬃嬭也。嬃嬭並由尒得聲。與米同在脂部。嬭又轉而爲姐爲媽。且聲馬聲並魚部。蝃蝀。毋與雨韻。當卽是讀姐讀嫣也。卽孃字亦未必不由轉音。蓋魚部字與陽部字古亦相轉。如離騷九疑繽其並迎。與告余以吉故韻。迎卬聲古音在陽部。春秋寶乾圖移河爲界在齊呂壇閼八流以自廣。呂廣爲韻。皆魚陽通轉之證。然則孃卽姐嫣之轉未可知也。譬之我爲吾爲予。又爲卬。爲姎爲陽。亦此理也。至馬字古音亦不如某某之部。馬魚部。江晉三定爲莫戶切是也。

部首本無深意。祇是有從之者便爲部首耳。如延字可隸廴部。然以延字附其下。則從延丿聲。文義不順。故不然也。然亦有無從之之字而爲部首者。則必象形指事字也。如能熊羆本一類之物。然熊在能部可也。苟以羆字附其下。則從熊罷省聲之詞不順。故能字獨爲部也。是以有可附麗者。卽象形字亦或在部中。如互附䇘下是也。不得以始一終亥大體有義。遂依小徐部敘字字求義。如序卦傳之不可遂易者。以致周章不通也。

象形指事字。必是三古所作。而許君附之他部而不使自爲一部。以符制作先後之序者。亦有其故。象形字之不爲部首者。𠃬附田部。𠷎下。厶附又部。厷下。朋附鳥部。鳳下。[illegible]附采部。番下。朮附禾部。秫下。[illegible]附金部。[illegible]下。互附竹部。䇘下。臾附艸部。蕢下。此許君省繁爲簡之法也。苟以𠃬厶朋[illegible]朮[illegible]互臾爲部首。而以𠷎鳳厷番秫[illegible]䇘蕢爲之重文。則多此八部。與全書以小篆領字之例不符。故雲䨱箕旣爲部首。而仍不以[illegible]求其冠部爲䨱䨱籯三字無所附麗也。若其他之一字爲部者。惟它有重文蛇。可以入虫部。若夫冡有古文兒。而兒不可入几部也。𡿨有古文甽。然將入田部。則川爲主義。將入川部。則失增𡿨爲巜增巜爲川之義也。至於舄焉。則以下半相似。入之烏部。主以上半相似。入之丶部。壼以口義可附。入之口部。故知五百四十部者。欲其分明。而苟有可附。即附之。不欲其零星混目也。惟乙萬回三字似當各爲一部。乙象電形。當是古文電字。不當以爲指事兼會意字。萬亦象形。不當以爲從内。回字象淵及雷形。小篆回變錯也。指事字之不爲部首者。丽附鹿部麗下。與畕字一類。同意。畕本田畕。加田仍是本義。丽本兩鹿皮。加鹿仍是本義。故可入其部也。凡此類字。皆是遞增偏旁。會意字亦有之。或昔爲正文。域腊附其下。次序爲合。衡爲正文。奧附其下。則次序不合可知。許君亦多因便。初無一定不易之例也。

許君自敘曰。同條牽屬。共理相貫。此謂部首之大綱。以義爲次也。又曰。雜而不越。據形系聯。此謂部首之細目。不能據義者。以形相系而濟其窮也。自唐李騰以其叔父陽冰書集爲部首。謂之說文字源。見崇文總目及金石錄。林罕因之。亦謂之字源。此篤信許君而失其意者也。說文重別。故立部首以統之。若謂之字源。則惟象形指事乃可謂之源耳。然互𠄎皆象形之純體。丅中乚屰皆指事之純體。而附於它部者。以其無所統也。部首而從他部所屬之字者。凡三十七。如異鼻皆從丌部之畀。史用皆從丨部之中。不當以畀與中爲源乎。且形聲字之不得爲源也。人所易明。而瓠從大部之夸。黃從火部之炗。何以解之。是知尊說文者尚不知所尊。則毁說文者愈不足置辯矣。

陳澧 小傳見經傳序論。

小學五則 東塾讀書記

爾雅訓詁同一條者。其字多雙聲。郝蘭皋義疏云。凡聲同聲近聲轉之字。其義多存乎聲。卷一澧謂此但言雙聲。卽足以明之矣。有今音非雙聲。而古音雙聲者。可以其字之諸聲定之。又可以古無輕脣音及古音不分舌頭舌上定之。錢辛楣說。見養新錄卷五。郝氏所謂聲近聲轉。卽指此也。如大也一條內。弘宏洪三字雙聲。介假京景簡六字雙聲。溥丕二字雙聲。訏憮二字雙聲。昄廢二字雙聲。奕宇淫三字雙聲。至也一條內。艘格二字雙聲。到弔二字雙聲。來戾二字雙聲。又大也一條內。廓字以郭爲聲。古音讀如郭。則與介假諸字雙聲。墳字今輕脣音古讀重脣音。則與昄雙聲。釋文昄沈旋蒲板反、施乾蒲滿反、至也一條內。詹與至雙聲。古音不分舌頭舌上。則詹讀如儋。與到弔雙聲。凡同在一條內而雙聲者。本同一意。意之所發而聲隨之。故其出音同。惟音之末不同耳。音末不同者。蓋以時有不同。地有不同故也。其音之出則仍不改。故成雙聲也。方言虔儇慧也、秦謂之謾、晉謂之懇帑、陳魏之間謂之帔、自關而東或謂之襬牀、齊魯之間謂之篸、陳楚之間或謂之第簿、宋魏陳楚江淮之間謂之苗、或謂之麴、郭注云、此直語、楚聲轉也、觀於方言、則爾雅益明矣、說文句部字皆句聲。此在說文爲變例。夢溪筆談云。王聖美治字學。演其義爲右文。古之字書皆從左文。凡字其類在左。其義在右。如木類其左皆從木。所謂右文者。如戔小也。水之小者曰淺。金之小者曰錢。歹而小者曰殘。貝之小者曰賤。如此之類。皆以戔爲義也。卷十四、戴東原云。諧聲字半主義。半主聲。說文九千餘字。以義相統。今作諧聲表。若盡取而列之。使以聲相統。條貫而下如譜系。則亦必傳之絕作也。答段若膺論韻書、澧案王氏右文之書。今不傳。戴氏有此說而未著此書。錢溉亭程彝齋江晉三皆嘗爲之。見溉亭與王無言書、彝齋撰洪稚存漢魏音後序、晉三諧聲表、而皆未見刻本。惟姚文僖說文聲系有刻本耳。澧少時亦作此書。用段氏十七部分爲十七卷。每卷若干部。以所諧之聲爲部首。諸其聲者。下一字書之。又諧此字之聲者。又下一字書之。有高下至四五列者。名曰說文聲表。久已寫定。而亦未刻也。

子思曰。事自名也。聲自呼也。中論貴驗篇引、此聲音之理最微妙者也。程子云。凡物之名字。自與音義氣理相通。天未名時。本亦無名。只是蒼蒼然也。何以便有此名。蓋出自然之理。音聲發於其氣。遂有此名此字。二程遺書卷一、此說亦微妙。孔沖遠云。言者意之聲。書者言之記。尚書序疏、此二語尤能達其妙旨。蓋天下事物之象。人目見之則心有意。意欲達之則口有聲。意者象乎事物而構之者也。聲者象乎意而宣之者也。聲不能傳於異地。留於異時。於是乎書之爲文字。文字者。所以爲意與聲之跡也。未有文字以聲爲事物之名。既有文字以文字爲事物之名。故文字謂之名也。

鄭庠分古韻爲六部。東冬江陽庚青蒸爲一部。皆收鼻音也。眞文元寒刪先爲一部。皆收舌抵齶音也。侵覃鹽咸爲一部。皆收閉脣音也。支微齊佳灰爲一部。支韻之末直往不收。但清音如伊。濁音如怡。微齊佳灰之末亦如伊怡。故與支爲一部也。魚虞韻之末亦直往不收。但清音如於烏。濁音如余胡。蕭肴豪尤之末一如烏胡。當與魚虞爲一部。鄭庠分爲二部。未當也。歌麻二韻亦直往不收。歌之末如阿、何。麻之末如譁華。此當用開口呼之字、譁華二字當合口呼、尚未精密、乃借用耳、合爲一部。鄭庠以此合於魚虞非也。段懋堂云。鄭氏說合於漢魏及唐杜甫韓愈所用而於周秦未能合。六書音均表、澧謂雖於古韻未能合。然若移蕭肴豪尤與魚虞同一部。歌麻自爲一部。則於今韻之大界限甚明也。澧細審之、鼻音卽字母疑母之出音也、舌抵齶音卽泥母孃母之出音也、閉脣音卽明母之出音也、直往不收者卽影喻曉匣四母之出音也、

國朝諸儒小學。度越千古。其始由於顧亭林作音學五書。亭林之意。惟欲令人識古音。乃古音明而古義往往因之而明。此亭林始願不及者也。蓋字形字音所以載字義者也。諸儒讀說文而識字形。讀音學五書而識字音。其識字義。乃自然之理。此猶生於三代之世。識其文字及語音。自識其所言之意也。吾輩生諸老先生之後。實爲厚幸。讀其書二三年。無不通曉。不須更費心力。但持此以讀經。可以通經矣。卽不能通經。而但通小學。亦非俗士矣。

馬建忠　丹徒人。字眉叔。嘗遊學法國。精法律學。官至道員。著文通一書。推廣訓詁諸儒之說。參考西籍。分別字義。定爲八部。而說明其體用。自言爲古今來特創之書。訖今垂三十年。賡續仿作者。雖不乏人。而徵引之博。辯說之明。猶未見有足與並稱者。不可謂非清代文學最後之一名著也。別著有適可齋言紀行。

文通序

昔古聖開物成務。廢結繩而造書契。于是文字興焉。夫依類象形之謂文。形聲相益之謂字。形也。聲也。閱世遞變。而相沿譌謬。至不可殫極。上古渺矣。漢承秦火。鄭許輩起。務究元本而小學乃權輿焉。自漢而降。小學旁分。各有專門。歐陽永叔曰爾雅出于漢世。正名物講說資之。于是有訓詁之學。許慎作說文。于是有偏旁之學。篆隸古文。爲體各異。於是有字書之學。五聲異律。清濁相生。而孫炎始作字音。于是有音韻之學。吳敬甫分三家。一曰體制。二曰訓詁。三曰音韻。胡元瑞則謂小學一端。門徑十數。有博于文者。義者。音者。跡者。考者。評者。統類而要刪之。不外訓詁音韻字書三者而已。三者之學。至我朝始稱大備。凡詁釋之難。點畫之細。音韻之微。靡不詳稽旁證。求其至當。然其得失異同。匿庸與嗜奇者。又往往互相主奴。聚訟紛紜。莫衷一是。則以字形字聲。閱世而不能不變。今欲于已變之後。以返求夫未變之先。難矣。蓋所以證其未變之形與聲者。第據此已變者耳。藉令沿源討流。悉其元本所是正者。一字之疑。一音之訛。一畫之誤已耳。殊不知古先造字。點畫音韻。千變萬化。其賦以形而命以聲者。原无不變之理。而所以形其形而聲其聲者。神其形聲之用者。要有一成之律。貫乎其中。歷千古而无或少變。蓋形與聲之最易變者。就每字言之。而形聲變而猶有不變者。就集字成句言之也。易曰。艮其輔。言有序。詩曰。出言有章。曰有序。曰有章。卽此有形有聲之字。施之于用。各得其宜。而著爲文者也。傳曰。物相雜謂之文。釋名謂會集衆采以成錦繡。會集衆字以成詞誼。如錦繡然也。今字形字聲之最易變者。則載籍極博。轉使學者无所適從矣。而會集衆字以成文。其道終不變者。則古无傳焉。士生今日而不讀書爲文章則已。士生今日而讀書爲文章。將發古人之所未發。而又與學者以易知易能。其道奚從哉。學記謂比年入學。中年考校。一年視離經辨志。其疏云。離經。謂離析經理。使章句斷絕也。通雅引作離經辨句。謂麗于六經。使時習之。先辨其句讀也。徐邈音豆。皇甫茂正云。讀書未知句度。下視服杜。度卽讀。所謂句心也。然則古人小學。必先講解經理斷絕句讀也明矣。夫知所以斷絕句讀。必先知所以集字成句成讀之義。劉氏文心雕龍云。夫人之立言。因字生句。積句成章。積章成篇。篇之彪炳。章无疵也。章之明靡。句无玷也。句之清英。字不妄也。振本而末從。知一而萬畢矣。顧振本知一之故。劉氏亦未有發明。慨夫蒙子入塾。首授以四子書。聽其終日伊吾。及少長也。則爲之師者。就書衍說。至于逐字之部分類別。與夫字與字相配成句之義。且同一字也。有弁于句首者。有殿于句尾者。以及句讀先後參差之所以然。塾師固昧然也。而一二經師自命與攻乎古文詞者。語之及此。罔不曰此在神而明之耳。未可以言傳也。噫嘻。此非循其當然而不求其所以然之蔽也哉。後生學者。將何考藝而問道焉。上稽經史。旁及諸子百家。下至志書小說。凡措字遣辭。苟可以述吾心中之意。以示今而傳後者。博引相參。要皆有一成不變之例。愚故罔揣固陋。取四書三傳史漢韓文。爲歷代文詞升降之宗。兼及諸子語策。爲之字櫛句比。繁稱博引。比例而同之。觸類而長之。窮古今之簡篇。字裏行間。渙然冰釋。皆有以得其會通。輯爲一書。名曰文通。部分爲四。首正名。天下事之可學者。各自不同。而其承用之名。亦各有主義而不能相混。佛家之根塵法相。法律家之以准皆各及其卽若。與夫軍中之令。司官之式。皆自爲條例。以及屈平之靈修。莊周之因是。鬼谷之捭闔。蘇張之縱橫。所立之解。均不可移置他書。若非預爲詮解。標其立義之所在而爲之界說。閱者必洸洋而不知所謂。故以正名冠焉。次論實字。凡字有義理可解者。皆曰實字。卽其字所有之義而類之。或主之。或賓之。或先焉。或後焉。皆隨其義以定其句中之位。而措之乃各得其當。次論虛字。凡字无義理可解。而惟用以助辭氣之不足者。曰虛字。劉彥和云。至於夫惟蓋故者。發端之首唱。之而於以者。劄句之舊體。乎哉矣也。亦送末之常科。虛字所助。不外此三端。而以類別之者。因是已。字類既判。而聯字分疆。胥有定准。故以論句讀終焉。雖然。學問之事。可授受者規矩方圓。其不可授受者。心營意造。然卽其可授受者。以深求夫不可授受者。而劉氏所論之文心。蘇轍氏所論之文氣。要不難一蹴貫通也。余特怪伊古以來。皆以文學有不可授受者在。併其可授受者而不一講焉。爰積十餘年之勤求深討以成此編。蓋將探夫自有文字以來至今未宣之秘奧。啟其緘縢。導後人以先路。掛一漏萬。知所不免。所望後起有同志者悉心領悟。隨時補正。以臻美備。則愚十餘年力索之功。庶不泯也已。

文通後序

荀卿子曰。人之所以異於禽獸者。以其能羣也。夫曰羣者。豈惟羣其形乎哉。亦曰羣其意耳。而所以羣今人之意者則有話。所以羣古今人之意者則惟字。傳曰。形聲相益之謂字。夫字形之衡從曲直。邪正上下。內外左右。字聲之抑揚開塞。合散出入。高下清濁。其變幻莫可端倪。微特同此頂圓方趾散處於五大洲者。其字之祖梵祖伽盧祖倉頡。而為左行為右行為下行之各不相似而不能羣。卽同所祖。而世與世相禪。則字形之由圓而方。由繁而簡。字聲之由舌而齒而脣。而遞相變。羣之勢亦幾於窮且盡矣。然而言語不達者。極九譯而辭意相通矣。形聲或異者。通訓詁而經義孔昭矣。蓋所見為不同者。惟此已形已聲之字。皆人為之也。而亙古今。塞宇宙。其種之或黃或白或紫或黑之鈞是人也。天皆賦以此心之所以能意。意之所以能達之理。則常探討畫革旁行諸國語言之源流。若希臘若拉丁之文詞而屬比之。見其字別種而句司字。所以聲其心而形其意者。皆有一定不易之律。而因以律夫吾經籍子史諸書。其大綱蓋無不同。於是因所同以同夫所不同者。是則此編之所以成也。而或曰。吾子之於西學。其形而上者性命之精微。天人之交際。與夫天律人律之淑身淑世。以及古今治教之因革。下至富國富民之體用。縱橫捭闔之權策。而度數重化水熱光電製器尙象之形而下者。浩浩乎。淵淵乎。深者測黃泉。高者出蒼天。大者含元氣。細者入無間。既無不目寓而心識之。間嘗徵其用於理財使事。恢恢乎其有餘矣。今下闢之撫初成。上下交困。而環而伺者與國六七。岌岌乎。識時務者方將孔孟西學。芻狗文字也。今吾子亦出所學以乘時焉。何勞精疲神於人所唾棄者為。是時不馮唐而子自馮唐也。何居。曰天下無一非道。而文以載之。人心莫不有理。而文以明之。然文以載道而非道。文以明理而非理。文者所以循是而至於所止。而非所止也。故君子學以致其道。予觀察泰西童子入學。循序而進。未及志學之年。而觀書為文無不明習。而後視其性之所近。肆力於數度格致法律性理諸學。而專精焉。故其國無不學之人。而人各學有用之學。計吾國童年能讀書者固少。讀書而能文者又加少焉。能及時為文。而以其餘年講道明理。以備他日之用者。蓋萬無一焉。夫華文之點畫結構。視西學之切音雖難。而華文之字法句法。視西文之部分類別。且可以先後倒置。以達其意度。波瀾者則易。西文本難也。而易學。如彼華文本易也。而難學。如此者則以西文有一定之規矩。學者可循序漸進。而知所止境。華文經籍雖亦有規矩。隱寓其中。特無有為之比儗而揭示之。遂使結繩而後。積四千餘載之智慧才力。無不一一消磨於所以載道所以明理之文。而道無由載。理無暇明。以與夫達道明理者之西人相角逐焉。其賢愚優劣有不待言矣。斯書也。因西文已有之規矩。於經籍中求其所同所不同者。曲證繁引以確知華文義例之所在。而後童蒙入塾能循是而學文焉。其成就之速。必無遜於西人。然後及其年力富强之時。以學道而明理焉。微特中國之書籍。其理道可知。將由是而求西文所載之道所明之理。亦不難精求而會通焉。則是書也。不特可羣吾古今同文之心思。將舉夫宇下之凡以口舌點畫以達其心中之意者。將大羣焉。夫如是。胥吾京陔億兆之人民而羣其材力。羣其心思。以求夫實用。而後能自羣不爲他羣所羣。則爲此書者。正可謂識當時之務。光緒二十四年九月初九日。丹徒馬建忠又序。

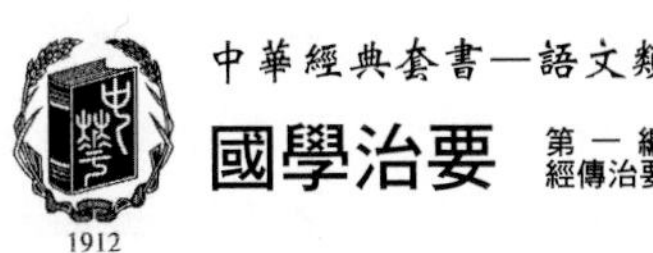

作　　者／張文治　編
主　　編／劉郁君
美術編輯／中華書局編輯部

出 版 者／中華書局
發 行 人／張敏君
行銷經理／王新君
地　　址／11494 台北市內湖區舊宗路二段181巷8號5樓
客服專線／02-8797-8396　　　傳　　真／02-8797-8909
網　　址／www.chunghwabook.com.tw
匯款帳號／華南商業銀行　　西湖分行
　　　　　179-10-002693-1　中華書局股份有限公司

法律顧問／安侯法律事務所
製版印刷／維中科技有限公司　海瑞印刷品有限公司
出版日期／2015年11月三版一刷
版本備註／據1971年12月二版復刻重製
定　　價／NTD 480（平裝）

國家圖書館出版品預行編目（CIP）資料

國學治要：第一編 經傳治要 / 張文治編. --
三版. -- 臺北市 : 中華書局, 2015.11
冊 ; 公分. -- (中華語文叢書)
ISBN 978-957-43-2886-4(第1冊 : 平裝)

1.漢學

030　　　104020474

NO.H1004-1
ISBN 978-957-43-2886-4（平裝）